Das innere System der einkommensteuerrechtlichen Gewinnrealisierung

T0316903

Europäische Hochschulschriften

Publications Universitaires Européennes
European University Studies

Reihe II
Rechtswissenschaft

Série II   Series II
Droit
Law

Bd./Vol. 4799

PETER LANG
Frankfurt am Main · Berlin · Bern · Bruxelles · New York · Oxford · Wien

Sina Baldauf

Das innere System der einkommensteuerrechtlichen Gewinnrealisierung

Unter besonderer Berücksichtigung der unentgeltlichen Übertragung von Sachgesamtheiten nach § 6 Abs. 3 EStG

PETER LANG
Internationaler Verlag der Wissenschaften

Bibliografische Information der Deutschen Nationalbibliothek
Die Deutsche Nationalbibliothek verzeichnet diese Publikation
in der Deutschen Nationalbibliografie; detaillierte bibliografische
Daten sind im Internet über <http://www.d-nb.de> abrufbar.

Zugl.: Leipzig, Univ., Diss., 2008

Gedruckt auf alterungsbeständigem,
säurefreiem Papier.

15
ISSN 0531-7312
ISBN 978-3-631-57882-7

© Peter Lang GmbH
Internationaler Verlag der Wissenschaften
Frankfurt am Main 2009
Alle Rechte vorbehalten.

Printed in Germany 1 2 3 4 5 7

www.peterlang.de

Meinen Großeltern
Ilse und Werner

Vorwort

Diese Arbeit wurde der Juristenfakultät der Universität Leipzig im Wintersemester 2006/2007 als Dissertation vorgelegt. Sie berücksichtigt Literatur und Rechtsprechung bis Ende Oktober 2006.

Zum erfolgreichen Abschluß der Arbeit haben zahlreiche Personen beigetragen, denen ich an dieser Stelle danken möchte. Mein Dank gilt meinem Doktorvater, Herrn Prof. Dr. Holger Stadie, der die Anregung zu dem vorliegenden Thema gab und die Dissertation mit Rat betreute. Herrn Prof. Dr. Markus Kotzur, LL.M. danke ich herzlich für die Erstellung des Zweitgutachtens. Dank gebührt zudem Frau Prof. Dr. Anna Leisner-Egensperger, die die Erstellung des Drittgutachtens übernahm.

Ich danke meinen Eltern, Angelika und Günter Baldauf, für die umfassende Unterstützung und Förderung während meiner gesamten schulischen und universitären Ausbildung. Erwähnung finden sollen außerdem meine Studienfreunde, denen ich für den wertvollen Austausch und die wunderbare Zeit in Leipzig danke.

Mein größter Dank gilt meinen Großeltern Ilse und Werner Baldauf. Sie waren stets für mich da und haben durch ihre großzügige Unterstützung meine Promotion erst ermöglicht. Ihnen ist diese Arbeit gewidmet.

Köln, im August 2008   Sina Baldauf

Inhaltsübersicht

Inhalt

Einleitung

Die Tatbestände der steuerlichen Gewinnrealisierung wurden über eine Mehrzahl von Gesetzen verstreut. Die Vorschriften sind unvollständig und vor allem wegen der Verweisung auf die Grundsätze ordnungsmäßiger Buchführung konkretisierungs- und ergänzungsbedürftig. Daraus folgert Beisse[1] zu Recht, das Gesetz biete kein äußeres System. Greift man beispielhaft den § 6 Abs. 5 EStG heraus und betrachtet seine Entwicklung seit dem Steuerentlastungsgesetz 1999/2000/2002[2] (StEntlG), drängen sich auch Zweifel an einem inneren System der Gewinnrealisierung auf:

Bis 1998 bildete der sog. Mitunternehmererlaß[3] die Grundlage für die Behandlung der Übertragung von Wirtschaftsgütern innerhalb einer Mitunternehmerschaft – ein Gesetz fehlte. Das StEntlG bewirkte – ideologisch-fiskalisch motiviert – die „Abschaffung"[4] des Mitunternehmererlasses, die lediglich für 1999 und 2000 Geltung erlangte. Während bisher die Besteuerung der stillen Reserven aufgeschoben werden konnte, waren sie nun aufzudecken. Das Steuersenkungsgesetz (StSenkG)[5] des Jahres 2000 sollte wiederum den mittelstandsfreundlichen Mitunternehmererlaß revitalisieren und bestimmte für Übertragungen nach § 6 Abs. 5 S. 3 EStG kurzerhand die gegenteilige Rechtsfolge. Die Änderungsdynamik mündete schließlich in das Unternehmenssteuerfortentwicklungsgesetz (UntStFG)[6] zur Reparatur des StSenkG im Interesse einer „Klarstellung". Die angeordnete Rückwirkung für 2001 hatte zur Folge, daß § 6 Abs. 5 EStG in der Fassung des StSenkG in Teilbereichen nie wirksam wurde. Vor diesem Hintergrund bemerkt Hoffmann[7]: „Die ab 1999 gültige Einführung und die darauf folgenden Reparaturen und rückwirkenden Wiederaufhebungen der ... Vorschriften stellen einen kaum mehr zu überbietenden Musterfall für (teilweise) überflüssige, ideologisch-fiskalisch vorgefaßte, überstürzte und undurchdachte Gesetzgebung dar."

§ 6 Abs. 5 EStG in seinen verschiedenen Versionen zeigt, daß Steuergesetze mitunter zu Wegwerfgesetzen verkommen. Die juristische Qualität der Vorschriften leidet unter einer an tagespolitischen Zielen orientierten Steueränderungsgesetzgebung: So hatte die Regelung des § 6 Abs. 5 S. 3 EStG in der Fassung des StEntlG zu Protesten der Wirtschaft geführt, denen sich die Legislative

---

[1] BEISSE, Ruppe, Gewinnrealisierung im StR, DStJG 4, S. 13, 18.
[2] BGBl. I 1999, 402; BStBl. I 1999, 304.
[3] BMF, BStBl. I 1978, 8.
[4] Im Einzelnen dazu HOFFMANN, L/B/P, EStG, § 6 Rn. 1000.
[5] BGBl. I 2000, 1433; BStBl. I 2000, 1428.
[6] BGBl. I 2001, 3858.
[7] HOFFMANN, L/B/P, EStG, § 6 Rn. 1000.

schließlich beugte. Nach deren Erläuterungen[8] war die Neufassung der Norm weder durch Veränderungen in der Steuergesetzgebung noch durch einkommensteuerliche Grundsätze der Gewinnermittlung begründet, sondern allein durch Bedürfnisse der Praxis veranlaßt. Die Gesetzesänderung erfolgte nicht aus besserer einkommensteuerlicher Erkenntnis[9], so daß laut Patt[10] der § 6 Abs. 5 EStG in der Fassung des StSenkG zu keiner steuersystematischen Argumentation taugt. Auch der Vorgängerregelung in der Fassung des StEntlG wird vorgeworfen, sie diene lediglich der Gegenfinanzierung[11].

Zur Abhängigkeit der Legislative von Lobbyismus und Wahlkampf gesellt sich der Unwillen der Parlamentarier, den Steuernormen ein sinnvolles formales Gerüst zu schmieden. Die Vielzahl punktueller Änderungen vergrößert das allgemeine Chaos in der äußeren „Systematik". Dadurch scheitert die systematische Methode der Gesetzesauslegung, die sich auf die formale Stoffanordnung stützt[12]. Mit den Gesetzesüberschriften, dem Gesetzesaufbau sowie der Stellung des einzelnen Rechtssatzes in der Gliederung des Gesetzes kann bei der Auslegung von Gewinnrealisierungsnormen kaum gearbeitet werden. So bleibt beispielsweise unklar, was § 6 Abs. 5 EStG, der nach Wortlaut und Plazierung eine reine Bewertungsvorschrift ist, dem Grunde nach eigentlich regelt: Handelt es sich bei den Übertragungen um tauschähnliche Transaktionen, für die eine von § 6 Abs. 6 S. 1 EStG abweichende Bewertung angeordnet wird, oder sollen Entnahmen und Einlagen im Sinne des § 4 Abs. 1 EStG abweichend von § 6 Abs. 1 Nr. 4, 5 EStG bewertet werden? Oder trifft beides nicht zu und weshalb bedarf es dann überhaupt einer Bewertungsvorschrift? Diese Fragen verleiten Reiss[13] zu dem Vorwurf, der Gesetzgeber wolle mit der Bewertungsvorschrift des § 6 Abs. 5 EStG die Einordnung der Übertragungen dem Grunde nach umgehen, da er unter Berücksichtigung der Entwicklung der Norm „gefährliches Gelände" betreten würde.

Schon dieser oberflächliche Blick auf einzelne Regelungen verdeutlicht, daß das äußere „System" kaum Schlüsse auf die Wertungen und Prinzipien zuläßt, die der steuerlichen Gewinnrealisierung eventuell zugrunde liegen. Die Anwendung der Besteuerungstatbestände kommt jedoch nicht ohne Kenntnisse über das innere System der Gewinnrealisierung aus. Denn den entscheidenden Hin-

---

[8]   Nicht amtliche Begründung zum Beschlußvorschlag des Vermittlungsausschusses (BTDrucks. 14/3760), der mit der endgültigen Gesetzesfassung übereinstimmt, zitiert nach WENDT ua., H/H/R, StRef I, § 6 EStG Anm. R 12.
[9]   WENDT ua., H/H/R, StRef I, § 6 EStG Anm. R 24.
[10]   PATT, H/H/R, StRef I, § 6 EStG Anm. R 132.
[11]   REISS, StuW 2000, 399, 402; KLOSTER/KLOSTER, GmbHR 2000, 1129.
[12]   TIPKE, StRO I, S. 61f.; CANARIS, Systemdenken und Systembegriff in der Jurisprudenz, S. 19.
[13]   REISS, StuW 2000, 399, 403.

weis auf den Inhalt einzelner Tatbestandsmerkmale liefert die teleologische Methode der Gesetzesauslegung, die sich am Zweck und den Wertungen der jeweiligen Norm orientiert. Deshalb verfolgt die vorliegende Untersuchung das Ziel, die der steuerlichen Gewinnverwirklichung zugrunde liegenden Prinzipien zu ermitteln und ein inneres System der Gewinnrealisierung – sollte es existieren – herauszuarbeiten.

Dazu sollen die wesentlichen Rechtsgrundlagen der einkommensteuerlichen Gewinnrealisierung analysiert werden. Es gilt, die durch sie verwirklichten Prinzipien aufzudecken und die einzelnen Tatbestandsmerkmale zu bestimmen. Zum Gegenstand der Untersuchung gehört sowohl die Verfassungsmäßigkeit der Normen als auch ihre Rechtmäßigkeit vor dem Hintergrund der europäischen Grundfreiheiten. Die Behandlung sämtlicher Regelungen der steuerlichen Gewinnrealisierung würde den Rahmen der Arbeit sprengen. Der Schwerpunkt liegt daher auf der Analyse der Rechtsgrundlagen der Veräußerung, des Tausches und der Entnahme von Wirtschaftsgütern sowie der Aufgabe des Betriebs im EStG. Von den Vorgängen, für die das Gesetz eine Buchwertfortführung vorsieht, soll die unentgeltliche Übertragung von Sachgesamtheiten nach § 6 Abs. 3 EStG besondere Berücksichtigung finden.

Erster Teil: Rechtsgrundlagen der Gewinnrealisierung und der Buchwertfortführung

Das steuerrechtliche Legalitätsprinzip schreibt die Gesetzmäßigkeit der Besteuerung vor: Die Auferlegung von Steuerlasten ist nur zulässig, sofern und soweit sie durch Gesetz angeordnet ist. Dieser sog. Vorbehalt des Gesetzes wird für das Steuerrecht aus den Art. 2 Abs. 1, Art. 20 Abs. 3, Art. 14 Abs. 1 S. 2, Abs. 3 S. 2 GG abgeleitet14 und findet ferner seinen Ausdruck im einfachen Gesetz, in den §§ 3 Abs. 1, 38 AO. Die Gesetzmäßigkeit der Besteuerung gebietet es, die der steuerlichen Gewinnrealisierung zugrunde liegenden Prinzipien auf der Basis des Gesetzestextes zu entwickeln.

§ 1 Rechtsgrundlagen der Gewinnrealisierung

I. Gewinnbegriff des Einkommensteuergesetzes

§ 4 Abs. 1 S. 1 EStG enthält die Legaldefinition des Gewinns. Danach ist Gewinn der Unterschiedsbetrag zwischen dem Betriebsvermögen am Schluß des Wirtschaftsjahres und dem Betriebsvermögen am Schluß des vorangegangenen Wirtschaftsjahres, vermehrt um den Wert der Entnahmen und vermindert um den Wert der Einlagen.

1. Bedeutung

Die Gewinndefinition in § 4 Abs. 1 S. 1 EStG knüpft an die in § 2 Abs. 2 EStG niedergelegte dualistische Einkünfteermittlung an: Die Einkünfte aus Land- und Forstwirtschaft, aus Gewerbebetrieb und selbständiger Arbeit sind der Gewinn (sog. Gewinneinkünfte, § 2 Abs. 2 Nr. 1 EStG), dagegen ergeben sich die Einkünfte aus nichtselbständiger Arbeit, aus Kapitalvermögen, aus Vermietung und Verpachtung sowie die sonstigen Einkünfte im Sinne des § 22 EStG aus dem Überschuß der Einnahmen über die Werbungskosten (sog. Überschußeinkünfte, § 2 Abs. 2 Nr. 2 EStG). Die Relevanz des Gewinnbegriffs beschränkt sich dennoch nicht auf die Gewinneinkunftsarten. Vielmehr erlangt der Gewinn auch dann Bedeutung, wenn die Quelle der Überschußeinkünfte veräußert wird (§ 17 und § 23 Abs. 3 S. 1 iVm § 22 S. 1 Nr. 2 EStG).

Der steuergesetzliche Gewinnbegriff ist maßgeblich für den Betriebsvermögensvergleich nach § 4 Abs. 1 EStG, liegt aber auch dem Betriebsvermögensvergleich der buchführenden Gewerbetreibenden gemäß § 5 EStG zugrunde. Da die vereinfachte Gewinnermittlung nach § 4 Abs. 3 EStG im Gesamtergebnis

---

[14] LANG, Tipke/Lang, StR, § 4 Rn. 152-155.

aller Ermittlungsperioden eines Betriebs mit der Gewinnermittlung nach § 4 Abs. 1 EStG übereinstimmen muß (Grundsatz der Gesamtgewinngleichheit[15]), bildet der Gewinnbegriff des § 4 Abs. 1 S. 1 EStG auch die Basis für die Überschußrechnung nach § 4 Abs. 3 EStG. Letztere Norm schafft keinen neuen und selbständigen Gewinnbegriff, sondern nur eine vereinfachte Technik der Gewinnermittlung[16].

2. Wesenselemente

Der Gewinn wird nach § 4 Abs. 1 S. 1 EStG durch den Vergleich zweier Schlußbilanzvermögen bestimmt. Diese Methode garantiert die Einbeziehung *aller* Vermögenszu- und -abgänge einer Periode in die Gewinnermittlung. Dem Gewinnbegriff wohnt mithin das sog. Totalitätsprinzip im Sinne der Reinvermögenszugangstheorie inne. Das Totalitätsprinzip gebietet die Versteuerung des *gesamten* disponiblen Einkommens durch den Bürger[17]. Nach der Reinvermögenszugangstheorie ist Einkommen der „Zugang von Reinvermögen in einer Wirtschaft während einer gegebenen Periode"[18]. Durch die vollständige Erfassung des periodischen Reinvermögenszugangs unterscheiden sich die Gewinneinkünfte grundlegend von den Überschußeinkünften, sog. Dualismus der Einkünfteermittlung. Die Quantifizierung der Überschußeinkünfte ist an die Quellentheorie angelehnt, nach der Einkommen die „Gesamtheit der Sachgüter [ist], welche in einer bestimmten Periode (Jahr) dem einzelnen als Erträge dauernder Quellen der Gütererzeugung ... zur Verfügung stehen"[19]. Vermögensveränderungen „im Zustande einer Quelle, welche nicht in ihrer bestimmungsgemäßen Verwendung zur Ertragszielung ihren Ursprung haben", sollen hingegen nicht zum Einkommen gehören[20]. Die Quellentheorie unterscheidet demnach zwischen den als Einkommen zu qualifizierenden laufenden Einkünften und den nicht zum Einkommen zählenden Wertveränderungen im sog. Stammvermögen (Quellenvermögen) einschließlich der Wertrealisation durch Veräußerung. Deshalb unterliegen bei den Überschußeinkunftsarten die Einkünfte aus der Veräußerung der Einkunftsquelle nur ausnahmsweise der Einkommensteuer, vgl. §§ 17, 22 Nr. 2, 23 EStG. Im Gegensatz dazu schließt die Gewinndefinition des § 4 Abs. 1 S. 1 EStG alle Einkünfte aus der Veräußerung von Betriebsvermögen

---

[15]   BFH, BStBl. II 2000, 120, 121; BFH, BStBl. II 1990, 830, 834f.; HEY, Tipke/Lang, StR, § 17 Rn. 257.
[16]   BFH, BStBl. II 1975, 526, 528; HEY, Tipke/Lang, StR, § 17 Rn. 257; HEINICKE, Schmidt, EStG, § 4 Rn. 10.
[17]   LANG, Tipke/Lang, StR, § 9 Rn. 1; ders., Bemessungsgrundlage der ESt, S. 167.
[18]   v. SCHANZ, FinArch. 13. Jg. (1896), 1, 7.
[19]   FUISTING, Die Preußischen direkten Steuern, Bd. 4, S. 110.
[20]   FUISTING, Die Preußischen direkten Steuern, Bd. 4, S. 147.

7

ein. Diese Verwirklichung des Totalitätsprinzips ist ein Wesenselement des Gewinnbegriffs, durch das der Gesetzgeber die vollständige Erfassung steuerlicher Leistungsfähigkeit sicherzustellen sucht[21]. Gemäß § 4 Abs. 1 S. 1 EStG ist für die Gewinnermittlung der Unterschiedsbetrag der Schlußbilanzvermögen um den Wert der Entnahmen und Einlagen zu korrigieren. Dadurch soll der periodische Reinvermögenszugang auf den Gewinn oder Verlust reduziert werden, der *in einem Betrieb erwirtschaftet* worden ist[22]. Entnahmen sind alle Wirtschaftsgüter, die der Steuerpflichtige dem Betrieb für betriebsfremde Zwecke im Laufe des Wirtschaftsjahres entnommen hat, § 4 Abs. 1 S. 2 EStG[23]. Durch die Hinzurechnung der Entnahme zum Unterschiedsbetrag der Schlußbilanzvermögen wird diese Gewinnabschöpfung rückgängig gemacht. Einlagen sind alle Wirtschaftsgüter, die der Steuerpflichtige dem Betrieb im Laufe des Wirtschaftsjahres zugeführt hat, § 4 Abs. 1 S. 5 EStG. Die Korrektur um den Wert der Einlage hat zur Folge, daß ein nicht im Betrieb erwirtschafteter Vermögenszufluß nicht zum Gewinn des Betriebs gehört. Das zweite Wesenselement des Gewinnbegriffs liegt damit in der Erfassung nur der *betrieblich* erwirtschafteten bzw. betrieblich veranlaßten Wertveränderungen des Betriebsvermögens, nicht der *privat* veranlaßten.

3. Problematik der Gewinnrealisierung

Es stellt sich die Frage, ob die Wesenselemente des Gewinnbegriffs genügen, um die Probleme der Gewinnrealisierung zu lösen: Verdeutlicht § 4 Abs. 1 S. 1 EStG, durch welche Geschäftsvorfälle bzw. zu welchem Zeitpunkt Gewinn begründet wird und zu versteuern ist?

---

[21] Dazu ausführlich unter 2. Teil, A.

[22] HEINICKE, Schmidt, EStG, § 4 Rn. 43, 48; LANG, Ruppe, Gewinnrealisierung im StR, DStJG 4, S. 45, 53.

[23] Gemäß dem „Entwurf eines Gesetzes über steuerliche Begleitmaßnahmen zur Einführung der Europäischen Gesellschaft und zur Änderung weiterer steuerrechtlicher Vorschriften (SEStEG)", Stand 04.07.2006, veröffentlicht auf der Homepage des Bundesfinanzministeriums, sollen nach § 4 Abs. 1 S. 2 EStG weitere Sätze eingefügt werden: „Einer Entnahme für betriebsfremde Zwecke steht der Ausschluß oder die Beschränkung des Besteuerungsrechts der Bundesrepublik Deutschland hinsichtlich des Gewinns aus der Veräußerung oder der Nutzung eines Wirtschaftsguts gleich. ..." Dieser Entstrickungstatbestand stellt einen Fremdkörper in der Gewinndefinition des § 4 Abs. 1 S. 1, 2 EStG dar. Denn während die Hinzurechnung der Entnahmen der Neutralisierung betriebsfremder Vorgänge im Rahmen der Gewinnermittlung dient, verfolgt der neue S. 3 zusammen mit der zugehörigen Bewertungsvorschrift den Zweck, die Besteuerung stiller Reserven im Betriebsvermögen sicherzustellen. Durch das SEStEG soll in § 6 Abs. 1 Nr. 4 S. 1 EStG der den Satz abschließende Punkt durch ein Semikolon ersetzt und folgender Halbsatz angefügt werden: „in den Fällen des § 4 Abs. 1 S. 3 ist die Entnahme mit dem gemeinen Wert anzusetzen."

Aus der isolierten Betrachtung nur des § 4 Abs. 1 S. 1 EStG erwächst der Eindruck, daß jeder betrieblich veranlaßte Wertzuwachs des Betriebsvermögens im Laufe eines Wirtschaftsjahres Gewinn darstellt. Bezieht man aber die Bewertungsvorschriften des EStG in die Untersuchung ein, wird man feststellen, daß beim Betriebsvermögensvergleich nicht der „wirkliche" Wert des Betriebsvermögens für die Gewinnermittlung maßgebend ist. § 6 Abs. 1 Nr. 1 S. 1 und Nr. 2 S. 1 EStG, der die Bewertung der zum Betriebsvermögen gehörenden Wirtschaftsgüter regelt, schreibt nämlich den fortlaufenden Ansatz der Anschaffungs- bzw. Herstellungskosten für die aktiven Wirtschaftsgüter vor. Dadurch weist die Bilanz Wertsteigerungen der Wirtschaftsgüter, solange diese sich im Betriebsvermögen befinden, nicht aus. Entgegen § 4 Abs. 1 S. 1 EStG führt damit nicht jede Wertsteigerung im Betriebsvermögen zu einem Gewinn. Der Zuwachs des Wertes eines Wirtschaftsguts bildet zunächst stille Reserven. Stille Reserven entstehen immer dann, wenn Aktiva gar nicht bilanziert oder unterbewertet werden und wenn Passiva fingiert oder überbewertet werden[24]. Sie sind Teile des Eigenkapitals, die aus der Bilanz nicht zu ersehen sind[25]. Verschwinden Wertsteigerungen in stillen Reserven, kommt es erst bei deren Aufdeckung zu einer Gewinnauswirkung des Wertzuwachses. Die Frage, wann die stillen Reserven aufzudecken und als Gewinn zu versteuern sind, kann der Gewinnbegriff des § 4 Abs. 1 S. 1 EStG nicht beantworten[26].

Allerdings meint ein Teil der Literatur[27], aus dem Gewinnbegriff den Grundsatz ableiten zu können, daß nur der *realisierte* Reinvermögenszugang zu besteuern sei. Die Wertzuwachsbesteuerung durch die Hinzurechnung der Entnahmeteilwerte dürfe nur als Ausnahme verstanden werden[28]. Zwar folge dies noch nicht aus der Reinvermögenszugangstheorie, die nicht nach realisiertem Reinvermögen oder Zugang von Betriebs- oder Privatvermögen differenziere: Mehrdeutige Äußerungen[29] des Hauptvertreters der Lehre, *v. Schanz*, seien nicht als ein Eintreten für die Besteuerung nur der realisierten Gewinne zu interpretieren[30]. Durch den Begriff des Betriebs in § 4 Abs. 1 S. 1 EStG werde aber das

---

[24] HEY, Tipke/Lang, StR, § 17 Rn. 210.

[25] HEY, Tipke/Lang, StR, § 17 Rn. 210.

[26] COSTEDE, StuW 1996, 19, 20.

[27] LANG, Ruppe, Gewinnrealisierung im StR, DStJG 4, S. 45, 59; BEISSE, Ruppe, Gewinnrealisierung im StR, DStJG 4, S. 13, 14.

[28] LANG, Ruppe, Gewinnrealisierung im StR, DStJG 4, S. 45, 59.

[29] V. SCHANZ, FinArch. 13. Jg. (1896), 1, 44: „Nicht absehen kann man aber von der Thatsache, daß beim Realisieren Gewinn oder Verlust gemacht wird. ... In dem Moment der Realisierung müssen sich die Steuerpflichtigen gleichstehen, und das geschieht, indem man die bis zum Moment der Realisierung sich ergebenden Wertmehrungen und Wertminderungen im Einkommen berücksichtigt."

[30] LANG, Ruppe, Gewinnrealisierung im StR, DStJG 4, S. 45, 53f. und Fn. 24; a.A.: LION, Festg. v. Schanz, Bd. 2, S. 273ff.; SCHNEIDER, FS Leffson, S. 101, 105ff., 108ff.

Markteinkommenskonzept verwirklicht[31], gemäß dem nur solche Einkünfte der Besteuerung unterworfen sind, die *am Markt erwirtschaftet* wurden. Das Merkmal des Erwirtschaftens bilde das Realisationselement, das die Querverbindung zum kaufmännischen Realisationsprinzip herstelle[32]. Nach dem kaufmännischen Realisationsprinzip (§ 252 Abs. 1 Nr. 4 letzter Hs. HGB) ist ein Gewinn nur dann zu berücksichtigen, wenn er realisiert ist, wenn er also durch einen Umsatzakt auf dem Markt erwirtschaftet worden ist[33].

Dem Betriebsbegriff in § 4 Abs. 1 S. 1 EStG allein läßt sich jedoch nicht entnehmen, daß Wertsteigerungen der Wirtschaftsgüter des Betriebsvermögens zunächst stille Reserven und nicht Gewinn bilden. Zu dieser Erkenntnis bedarf es der Bewertungsvorschriften des EStG und damit des Anschaffungswertprinzips. Ohne Zuhilfenahme des § 6 Abs. 1 Nr. 1 und 2 EStG[34] gelingt es auch *Lang* nicht, dem Gewinnbegriff die Wertung zuzusprechen, daß nur der *realisierte* Reinvermögenszugang der Besteuerung unterliegt. Die Legaldefinition des Gewinns selbst stellt nicht auf die Realisierung des Wertzuflusses ab.

Entgegen *Lang* gehört mithin das Realisationsprinzip nicht zu den Wesenselementen des Gewinnbegriffs. Da § 4 Abs. 1 S. 1 EStG *jeden* betrieblich veranlaßten Wertzuwachs Gewinn nennt, obwohl zumindest die Wertsteigerungen der Wirtschaftgüter – solange sie Teil des Betriebsvermögens sind – nicht zum Gewinn gehören, ist die Legaldefinition des Gewinns *allein* nicht geeignet, um Fragen der Gewinnrealisierung zu beantworten. Das Problem, wann Gewinn entsteht, muß anders gelöst werden.

II. Maßgeblichkeit der Grundsätze ordnungsmäßiger Buchführung

Bei den Grundfragen der Gewinnrealisierung geht es im wesentlichen um die präzisen Ansätze der Vermögenszuflüsse und –abflüsse. Diese werden durch die handelsrechtliche Buchführung, in der alle Geschäftsvorfälle verzeichnet sind, ermöglicht. Anstatt die periodisch genaue Gewinn- und Verlustrealisierung positiv zu regeln, hat sich der Steuergesetzgeber den aufgrund der Handelsbilanzen angestellten Vermögensvergleich zunutze gemacht. Er knüpft für die steuerliche Gewinnermittlung zunächst daran an, daß die Betriebsvermögensvermehrung in der Handelsbilanz für den Kaufmann das ausweist, was er im Wirtschaftsjahr „verdient" hat[35]. Im Grundsatz wird also die Handelsbilanz für die Besteuerung übernommen. Der entsprechende Verweis ins Handelsrecht, auch Maßgeblichkeitsgrundsatz genannt, ist in § 5 Abs. 1 S. 1 EStG verankert: Wurde die Han-

[31] LANG, Ruppe, Gewinnrealisierung im StR, DStJG 4, S. 45, 55.
[32] LANG, Ruppe, Gewinnrealisierung im StR, DStJG 4, S. 45, 58.
[33] CREZELIUS, Kirchhof, EStG, § 5 Rn. 52, 151.
[34] LANG, Ruppe, Gewinnrealisierung im StR, DStJG 4, S. 45, 59.
[35] KNOBBE-KEUK, Bilanz- u. UnternehmensStR, S. 18.

delsbilanz nach den Grundsätzen ordnungsmäßiger Buchführung (GoB) erstellt, bildet sie die Grundlage für die steuerliche Gewinnermittlung. § 4 Abs. 1 S. 1 EStG enthält im Gegensatz zu § 5 Abs. 1 S. 1 EStG keine ausdrückliche Verweisung auf die handelsrechtlichen GoB. Aus der Erwähnung der GoB in § 4 Abs. 2 S. 1 EStG wird aber auf deren Geltung für den Betriebsvermögensvergleich nach § 4 Abs. 1 S. 1 EStG geschlossen: Die handelsrechtlichen GoB sind als historisch gewachsene Ausprägung der in § 4 Abs. 2 S. 1 EStG angesprochenen „allgemeinen" GoB grundsätzlich auch bei der Gewinnermittlung nach § 4 Abs. 1 EStG zu beachten[36]. Ferner stellt § 141 Abs. 1 S. 2 AO klar, daß die GoB durch die Land- und Forstwirte anzuwenden sind, die nach § 141 AO buchführungspflichtig sind und ihren Gewinn nach § 4 Abs. 1 EStG ermitteln. Nach einhelliger Ansicht[37] sind für den Betriebsvermögensvergleich die GoB auch dann maßgebend, wenn der Land- und Forstwirt sowie der Freiberufler freiwillig Bücher führen.

Im Rahmen der vereinfachten Gewinnermittlung nach § 4 Abs. 3 EStG regelt das Einkommensteuergesetz in § 11 den Zu- und Abfluß von Betriebseinnahmen und –ausgaben. Gemäß § 11 Abs. 1 S. 4 und Abs. 2 S. 3 EStG läßt die Norm die Vorschriften über die Gewinnermittlung (§§ 4 Abs. 1, 5 EStG) unberührt. Der Gesetzgeber meint damit die Maßgeblichkeit der GoB[38].

Der Maßgeblichkeitsgrundsatz wird jedoch insoweit eingeschränkt, als nach § 5 Abs. 6 EStG die steuerlichen Vorschriften über Entnahmen und Einlagen, über die Zulässigkeit der Bilanzänderung, über die Betriebsausgaben, über die Bewertung und über die Absetzungen für Abnutzung oder Substanzverringerung zu befolgen sind. Das Maßgeblichkeitsprinzip gilt mithin nicht, wenn die Bilanzansätze in der Handelsbilanz gegen die genannten steuerrechtlichen Vorschriften verstoßen.

III. Ausfüllung des Gewinnbegriffs durch die steuerrechtlichen Gewinnermittlungsvorschriften

Was unter einer Gewinnrealisation zu verstehen ist, hat der Gesetzgeber nicht positivrechtlich definiert. Es gibt keinen allgemeinen gesetzlichen Tatbestand der Gewinnrealisierung. In verschiedenen Gesetzen sind lediglich Einzeltatbestände der steuerrechtlichen Gewinnermittlung zu finden, die den Gewinnbegriff

---

[36] BFH, BStBl. II 1990, 830, 834; BFH, BStBl. II 1990, 57, 59; BFH, BStBl. II 1992, 94, 95; WACKER, Blümich, § 4 EStG Rn. 9, 23; LANG, Ruppe, Gewinnrealisierung im StR, DStJG 4, S. 45, 62; BEISSE, Ruppe, Gewinnrealisierung im StR, DStJG 4, S. 13, 16.

[37] BFH, BStBl. II 1990, 830, 834; WACKER, Blümich, § 4 EStG Rn. 23; LANG, Ruppe, Gewinnrealisierung im StR, DStJG 4, S. 45, 61; BEISSE, Ruppe, Gewinnrealisierung im StR, DStJG 4, S. 13, 16.

[38] Amtliche Begründung zum EStG 1934, RStBl. I 1935, 33, 41.

des § 4 Abs. 1 S. 1 EStG ausfüllen. Gemäß der unvollständigen Klarstellung in § 4 Abs. 1 S. 6 EStG gehören dazu die Vorschriften über die Betriebsausgaben, über die Bewertung und über die Absetzung für Abnutzung oder Substanzverringerung.

Im einzelnen wird der steuerrechtliche Gewinnbegriff durch folgende Regelungen konkretisiert:

- die Abgrenzung des Betriebsvermögens vom Privatvermögen;
- die Abgrenzung der Betriebsausgaben von den nicht abzugsfähigen Privatausgaben (§ 4 Abs. 4, 4a, 5, 6 und § 12 EStG);
- die Bewertung und Abschreibung der Wirtschaftsgüter nach den §§ 6 ff. EStG, insbesondere der Ansatz der Anschaffungs- bzw. Herstellungskosten nach § 6 Abs. 1 Nr. 1 S. 1 und Nr. 2 S. 1 EStG sowie die Bewertung der Entnahme nach § 6 Abs. 1 Nr. 4, Abs. 5 S. 1 EStG;
- die Vorschriften des EStG zur Veräußerung und zum Tausch von einzelnen Wirtschaftsgütern und Sachgesamtheiten: § 6 Abs. 6, § 16 Abs. 1, § 17[39], §§ 22 Nr. 2, 23 EStG;
- die Normen des EStG zur Entnahme einzelner Wirtschaftsgüter und zur Aufgabe von Sachgesamtheiten: § 4 Abs. 1 S. 2 iVm § 6 Abs. 1 Nr. 4, § 16 Abs. 3 EStG;
- das Bilanzsteuerrecht der Personengesellschaft: § 15 Abs. 1 S. 1 Nr. 2, § 16, § 6 Abs. 5 EStG;
- spezielle Gewinnermittlungsvorschriften des Außensteuerrechts: §§ 1, 6 AStG;
- Gewinnrealisierungsnormen des Körperschaftsteuerrechts: §§ 11, 12, 13 KStG sowie die verdeckte Gewinnausschüttung nach § 8 Abs. 3 S. 2 KStG;
- Regelungen der Gewinnrealisierung im UmwStG: die Realisierungswahlrechte nach § 3 S. 1 und § 11 Abs. 1 S. 2 UmwStG, die Vorschriften zum Übernahmegewinn in § 4 Abs. 4 und § 12 Abs. 2 UmwStG, die Gewinnverwirklichungsvorschriften in § 8, § 11 Abs. 2, § 20 Abs. 4, § 21 und § 24 Abs. 3 UmwStG[40].

---

[39] Gemäß Art. 1 Nr. 5 SEStEG (Entwurf S. 3f., Stand 04.07.2006) soll § 17 EStG umfangreichen Änderungen und Ergänzungen unterworfen werden.
[40] Gemäß Art. 6 SEStEG (Entwurf S. 14ff., Stand 04.07.2006) soll das UmwStG grundlegend überarbeitet werden, um es an aktuelle Entwicklungen des Europarechts anzupassen (insbesondere an die Regelungen zur Europäischen Gesellschaft (SE) und zur Europäischen Genossenschaft (SCE) sowie an die Änderungsrichtlinie zur Fusionsrichtlinie), um einheitliche Rechtsgrundsätze für alle inländischen und grenzüberschreitenden Umstrukturierungen von Unternehmen zu schaffen (Globalisierung) und um deutsche Besteuerungsrechte zu wahren.

§ 2 Rechtsgrundlagen der Buchwertfortführung

In die Entwicklung eines Systems der Gewinnrealisierung muß das Institut der Buchwertfortführung einbezogen werden. Denn die Fortführung der Buchwerte eines Wirtschaftsgutes schließt eine Gewinnverwirklichung gerade aus. Beide Vorgänge sind untrennbar miteinander verwoben.

I. Begriff

Der Gesetzgeber bedient sich nicht des Begriffs der Buchwertfortführung oder Buchwertverknüpfung. Die Bezeichnung wurde vielmehr von der Rechtsprechung und der steuer- und wirtschaftsrechtlichen Literatur entwickelt. Aus diesem Grund herrscht keine Einigkeit über den Inhalt des Begriffs. Gemäß dem *Gabler-Wirtschaftslexikon* ist „Buchwertfortführung" der Ausdruck für die Bewertung eines Wirtschaftsgutes bei seinem Erwerb nicht mit dem Marktwert, sondern mit dem Buchwert des Rechtsvorgängers[41]. Die Buchwertfortführung diene der Sicherung der späteren Besteuerung der stillen Reserven, wenn bei einem Eigentumsübergang auf deren Aufdeckung und Versteuerung verzichtet wurde[42]. Dieser zwar anschaulichen Definition gelingt es nicht, die Komplexität des Begriffs zu erfassen.

Die Buchwertfortführung im engeren Sinn bezeichnet eine Technik der Übertragung von Vermögenswerten in einen anderen Bereich der Bilanzierung: Der Vermögenswert in der abgebenden Bilanz darf mit dem Buchwert bewertet werden, wenn die aufnehmende Bilanz diesen Wertansatz übernimmt[43]. Auf diese Weise werden die im Buchansatz enthaltenen stillen Reserven in einen anderen Bereich der Bilanzierung übertragen, ohne daß sie zu diesem Zeitpunkt aufgedeckt und versteuert werden müssen[44].

Der Begriff der Buchwertfortführung im weiteren Sinn löst sich von der bilanztechnischen Behandlung des Übertragungsvorgangs. Er wird verwendet für die Übertragung von Wirtschaftsgütern, Betrieben, Teilbetrieben oder Gesellschaftsrechten zwischen verschiedenen Betrieben desselben Steuerpflichtigen oder den Betrieben verschiedener Steuerpflichtiger ohne Versteuerung der stillen Reserven[45]. Der Ausdruck erfaßt dabei nicht nur die Verlagerung stiller Reserven auf ein anderes Steuersubjekt oder auf einen anderen Betrieb desselben

---

[41] SELLIEN, Gabler-Wirtschaftslexikon, A-E, „Buchwertfortführung".
[42] SELLIEN, Gabler-Wirtschaftslexikon, A-E, „Buchwertfortführung".
[43] TROOST, Buchwertfortführung, S. 4.
[44] TROOST, Buchwertfortführung, S. 4.
[45] TROOST, Buchwertfortführung, S. 5; LANG, Bemessungsgrundlage der ESt, S. 353ff.; ders., Ruppe, Gewinnrealisierung im StR, DStJG 4, S. 45ff.; HEY, Tipke/Lang, StR, § 17 Rn. 203; KLINGBERG, Blümich, § 13 UmwStG Rn. 15.

Steuersubjekts, sondern auch das Überspringen stiller Reserven von einem Wirtschaftsgut auf ein anderes Wirtschaftsgut *desselben* Betriebsvermögens eines Steuerpflichtigen[46] (so wirken beispielsweise § 13 Abs. 1 UmwStG sowie das Tauschgutachten des BFH[47]). Beim letztgenannten Übertragungsvorgang gehen Wirtschaftsgut und stille Reserven getrennte Wege. Um alle jemals anerkannten Buchwertfortführungsfälle berücksichtigen zu können, soll hier von diesem weiten Sinngehalt ausgegangen werden.

Eingeschränkter ist das Begriffsverständnis von *Reiß*: Er definiert Buchwertfortführung als Übergang der stillen Reserven auf ein anderes Steuersubjekt[48]. Ist mit dem Buchwertansatz in der aufnehmenden Bilanz nicht zugleich die interpersonelle Verlagerung stiller Reserven verbunden, spricht *Reiß* nicht von Buchwertfortführung[49]. Dem wird vorliegend nicht gefolgt.

Ausgenommen von der Bezeichnung Buchwertfortführung ist das Überspringen stiller Reserven nach § 6 b EStG: Hier gehen die stillen Reserven nicht *unmittelbar* mit der Übertragung der Wirtschaftsgüter über. Statt dessen kommt es durch die Veräußerung der Wirtschaftsgüter zunächst zur Gewinnrealisierung, vgl. § 6 b Abs. 1, 2 EStG. Erst der Erwerb der Ersatzwirtschaftsgüter bzw. die Bildung einer Rücklage führen zur Verlagerung der stillen Reserven. Im Falle der Anschaffung oder Herstellung eines Ersatzwirtschaftsguts geschieht dies durch Abzug des realisierten Gewinns von den Anschaffungs- oder Herstellungskosten.

II. Bedeutung

Sinn und Zweck der Buchwertfortführung ist der Aufschub der Besteuerung der stillen Reserven. Die fehlende Aufdeckung der Wertsteigerungen anläßlich der Übertragung des Wirtschaftsguts hat nicht den endgültigen Verlust des Steueranspruchs zur Folge, sondern die Besteuerung wird lediglich auf einen späteren Zeitpunkt verschoben. Werden im Anschluß an den steuerneutralen Übertragungsvorgang die Voraussetzungen eines Gewinnverwirklichungstatbestandes erfüllt, kommt es endlich zur Versteuerung der stillen Reserven.

---

[46] KLINGBERG, Blümich, § 13 UmwStG Rn. 15; BÄRWALDT, Haritz/Benkert, § 13 UmwStG Rn. 2.
[47] BFH, BStBl. III 1959, 29ff.
[48] REIß, K/S/M, EStG, § 16 Rn. B 78.
[49] REIß, K/S/M, EStG, § 16 Rn. B 75, 78.

14

III. Gesetzliche Verankerung

Ausgehend vom Begriff der Buchwertfortführung im *weiten* Sinn ordnen folgende Vorschriften die Verlagerung der stillen Reserven an bzw. gewähren ein Buchwertfortführungswahlrecht:

- § 6 Abs. 3 EStG zwingt zur Buchwertverknüpfung bei der unentgeltlichen Übertragung einer Sachgesamtheit;
- § 6 Abs. 5 S. 1 EStG betrifft die Überführung eines einzelnen Wirtschaftsguts zwischen verschiedenen Betriebsvermögen eines Steuerpflichtigen;
- § 6 Abs. 5 S. 2, 3 EStG behandeln Übertragungsvorgänge im Zusammenhang mit einer Mitunternehmerschaft;
- § 16 Abs. 3 S. 2 EStG gebietet die Buchwertfortführung im Zuge der Realteilung einer Mitunternehmerschaft;
- die §§ 3, 4 Abs. 1, 9 Abs. 1 UmwStG regeln ein Wahlrecht zum Ansatz des Buchwerts beim Übergang des Vermögens einer Körperschaft auf eine Personengesellschaft oder eine natürliche Person;
- die §§ 11 Abs. 1 S. 1, 12 Abs. 1 S. 1 UmwStG gewähren ein Buchwertfortführungswahlrecht im Falle der Verschmelzung oder Vermögensübertragung einer Körperschaft auf eine andere Körperschaft; nach § 12 Abs. 2 S. 1 UmwStG bleibt ein Übernahmegewinn der übernehmenden Körperschaft außer Ansatz – hierbei handelt es sich jedoch nicht um einen Fall der Buchwertverknüpfung: Zwar werden die stillen Reserven in den Anteilen an der übertragenden Körperschaft nicht besteuert, es findet aber kein Übergang dieser stillen Reserven in einen anderen Bereich der Bilanzierung statt. Durch die Neutralisierung des Übernahmegewinns außerhalb der Bilanz[50] soll der Gefahr einer Doppelerfassung vorgebeugt werden, da der Übertragungsgewinn bereits auf Seiten der übertragenden Körperschaft steuerpflichtig ist[51]. Ein Aufschub der Besteuerung des Übertragungsgewinns wird mittels Buchwertfortführung durch §§ 11 Abs. 1 S. 1, 12 Abs. 1 S. 1 UmwStG ermöglicht.
- § 13 Abs. 1 UmwStG regelt die Konsequenzen des Vermögensübergangs anläßlich einer Verschmelzung unter Körperschaften bei denjenigen Gesellschaftern der Überträgerin, die für ihre bisherigen Anteilsrechte an der Überträgerin Anteilsrechte an der übernehmenden Körperschaft erhalten: Die Norm statuiert die Verlagerung der stillen Reserven in den Anteilen an

---

[50] KLINGBERG, Blümich, § 12 UmwStG Rn. 26; FROTSCHER, Frotscher/Maas, § 12 UmwStG Rn. 27; DÖTSCH, D/P/P/J, UmwStG, § 12 Rn. 16; WISNIEWSKI, Haritz/Benkert, UmwStG, § 12 Rn. 19.
[51] FROTSCHER, Frotscher/Maas, § 12 UmwStG Rn. 27.

der übertragenden Körperschaft auf die Anteile an der übernehmenden Körperschaft;
- § 20 Abs. 2 und 4 UmwStG schafft ein Wahlrecht zur Buchwertfortführung bei der Einbringung einer Sachgesamtheit in eine Kapitalgesellschaft gegen Gewährung von Gesellschaftsrechten;
- ein entsprechendes Wahlrecht räumt § 24 Abs. 2 S. 1, Abs. 3 S. 1 UmwStG bei der Einbringung einer Sachgesamtheit in eine Personengesellschaft ein[52].

IV. Tauschgutachten des BFH

Das Tauschgutachten des BFH[53], dem zum Teil die Qualität von Gewohnheitsrecht beigemessen wurde[54], erlaubt den erfolgsneutralen Tausch von Anteilen an Kapitalgesellschaften: Durch den Tausch werde ein Gewinn nicht realisiert, wenn bei wirtschaftlicher Betrachtung wegen der Wert-, Art- und Funktionsgleichheit der getauschten Anteile die Nämlichkeit der hingegebenen mit den erlangten Anteilen bejaht werden kann. Indem das Gutachten die Bewertung des erworbenen Anteils mit dem Buchwert des hingegebenen Anteils zuläßt, ermöglicht es die Übertragung stiller Reserven von einem Wirtschaftsgut auf ein anderes Wirtschaftsgut innerhalb *eines* Betriebsvermögens. Das Tauschgutachten betrifft Beteiligungen, die im Betriebsvermögen gehalten werden. Seine Grundsätze wurden aber auch auf im Privatvermögen befindliche Anteile im Sinne des § 17 EStG angewendet[55]. In letzterem Fall kann zwar nicht von Buchwertfort-

[52] Gemäß Art. 6 SEStEG (Entwurf S. 14ff., Stand 04.07.2006) soll das UmwStG grundlegend überarbeitet werden, um es an aktuelle Entwicklungen des Europarechts anzupassen (insbesondere an die Regelungen zur Europäischen Gesellschaft (SE) und zur Europäischen Genossenschaft (SCE) sowie an die Änderungsrichtlinie zur Fusionsrichtlinie), um einheitliche Rechtsgrundsätze für alle inländischen und grenzüberschreitenden Umstrukturierungen von Unternehmen zu schaffen (Globalisierung) und um deutsche Besteuerungsrechte zu wahren.

[53] BFH, BStBl. III 1959, 29ff.

[54] KNOBBE-KEUK, Bilanz- u. UnternehmensStR, S. 927; WEBER-GRELLET, Schmidt, EStG, 17. Aufl., § 5 Rn. 634; THÖMMES/SCHEIPERS, DStR 1999, 609, 614; THIEL, StbJb. 1994/95, 185, 189; ders., StbJb. 1992/93, 318; **dagegen** JÄSCHKE, Lademann, EStG, § 17 Rn. 112 jedenfalls für Anteile im Privatvermögen; DONATH/ZUGMAIER, BB 1997, 2401, 2405f.; EBLING, FS Klein, S. 801, 808f.; RIEMENSCHNEIDER, Der Tausch in der Handels- und Steuerbilanz, S. 159ff.

[55] OFD Düsseldorf, DStR 1989, 782; BMF, DStR 1998, 292 Tz. 13; WEBER-GRELLET, Schmidt, EStG, 17. Aufl., § 17 Rn. 103; KNOBBE-KEUK, Bilanz- u. UnternehmensStR, S. 927; HÖRGER, L/B/P, EStG, § 17 Rn. 105; HONERT/NEUMAYER, GmbHR 1998, 1101, 1102; WASSERMEYER, DB 1990, 855, 856; **dagegen** GOSCH, Kirchhof, EStG, § 17 Rn. 105 Fn. 11; JÄSCHKE, Lademann, EStG, § 17 Rn. 112; KUPKA, DB 1998, 229, 233; EBLING, FS Klein, S.

führung im engeren Sinne gesprochen werden, da im Bereich der Überschußein-kunftsarten keine Bilanzierung stattfindet. Gelten aber die Wertungen des Tauschgutachtens, dann handelt es sich beim Tausch von Anteilen nach § 17 EStG um einen steuerneutralen Übertragungsvorgang, der zu den Fällen der Buchwertfortführung im weiteren Sinne zählt. Die erhaltenen Anteile sind mit den Anschaffungskosten der hingegebenen Anteile zu bewerten[56], so daß es zur Verlagerung der Wertsteigerungen in den hingegebenen Anteilen auf die erhal-tenen Anteile kommt. Die spätere Besteuerung der Wertzuwächse sichert § 17 EStG.

Schon vor Inkrafttreten des StEntlG 1999/2000/2002[57] (StEntlG) und damit zur Zeit der Anwendung des Tauschgutachtens wurde der Tausch als Gewinn-realisierungstatbestand verstanden[58]. Mit der Aufnahme dieser Erkenntnis ins Gesetz (§ 6 Abs. 6 S. 1 EStG) ging jedoch die Abschaffung der Ausnahmevor-schriften des Tauschgutachtens einher. Durch die Einführung des § 6 Abs. 6 S. 1 EStG verwirklichte der Gesetzgeber seine in der Gesetzesbegründung[59] doku-mentierte Absicht, die Geltung des Tauschgutachtens zu beenden.

Auch die Mehrheit der Literatur[60] versteht die neue Bewertungsregel als Mit-tel der Beseitigung des richterrechtlichen Tauschgutachtens. Doch eine beachtli-che Zahl von Vertretern der Lehre[61] bestreitet das.

1. Argumente für die Fortgeltung

Für Anteile an Kapitalgesellschaften sowohl im Betriebs- als auch im Privat-vermögen wird die Fortgeltung des Tauschgutachtens angenommen[62]. Das An-

---

801, 805ff.; SCHNEIDER, K/S/M, EStG, § 17 Rn. B 13, die die Anwendung der Grundsätze des Tauschgutachtens vor allem wegen Fehlens einer gesetzlichen Grundlage ablehnen - das Gutachten der Rechtssprechung könne keine Geltung als Gewohnheitsrecht beanspruchen.

[56] BMF, DStR 1998, 292 Tz. 4.

[57] BGBl. I 1999, 402; BStBl. I 1999, 304.

[58] KNOBBE-KEUK, Bilanz- u. UnternehmensStR, S. 927.

[59] BTDrucks. 14/23, S. 172f.

[60] FISCHER, Kirchhof, EStG, § 6 Rn. 190; GOSCH, Kirchhof, EStG, § 17 Rn. 105; WE-BER-GRELLET, Schmidt, EStG, § 17 Rn. 98; LANG, Tipke/Lang, StR, 17. Aufl., § 9 Rn. 417; EILERS/R. SCHMIDT, H/H/R, § 17 EStG Anm. 70; EBLING, Blümich, § 17 EStG Rn. 137; SCHNEIDER, K/S/M, EStG, § 17 Rn. B 12; JÄSCHKE, Lademann, EStG, § 17 Rn. 111; SEIBT, DStR 2000, 2061, 2072; HÖRGER/MENTEL/SCHULZ, DStR 1999, 565, 574.

[61] Siehe nachfolgende Fn.

[62] Die künftige Anwendbarkeit des Tauschgutachtens auf Beteiligungen im Privatvermö-gen proklamierend PATT, H/H/R, StRef I, § 6 EStG Anm. R 156; HÖRGER, L/B/P, EStG, § 17 Rn. 105; DAUTEL, BB 2002, 1844, 1845; die Fortgeltung des Tauschgutachtens nicht auf An-teile im Privatvermögen beschränkend THÖMMES/SCHEIPERS, DStR 1999, 609, 614; ECK-STEIN, H/H/R, § 6 EStG Anm. 1483; HOFFMANN, L/B/P, EStG, § 6 Rn. 1401; HERZIG, FS

liegen des Gesetzgebers, die Begünstigung abzuschaffen, habe keinen hinreichenden Niederschlag im Wortlaut der eingeführten Norm gefunden[63]. § 6 Abs.
6 S. 1 EStG spiegele nur das wider, was nach allgemeinen Grundsätzen ohnehin
stets gegolten habe[64]. Im Hinblick auf den gewohnheitsrechtlichen Stellenwert
des Tauschgutachtens sei eine ausdrückliche Regelung des Inhalts notwendig
gewesen, daß Ausnahmen von der Gewinnrealisierung künftig nicht mehr zugelassen würden[65]. Für den steuerneutralen Tausch von Anteilen im Privatvermögen wird vorgebracht, eine dem § 6 Abs. 6 S. 1 EStG entsprechende Regelung
sei in § 17 EStG nicht erfolgt[66].

Abweichend hiervon rechtfertigt ein Teil des Schrifttums[67] die weitere Buchwertfortführung auf der Grundlage des Tauschgutachtens wie folgt: Bestehe
wirtschaftliche Identität der getauschten Anteile, also Nämlichkeit im Sinne des
Tauschgutachtens, dann könne begrifflich gar kein Austauschgeschäft stattge-
funden haben. Da die hingegebenen und die erworbenen Anteile unter wirtschaftlicher Betrachtungsweise identisch seien, fehle es an einem Anschaffungsvorgang, so daß die Definition der Anschaffungskosten in § 6 Abs. 6 S. 1
EStG nicht greife. Die Ablehnung der Gewinnrealisierung stelle die notwendige
Folge des Nichtvorliegens eines Austausch- bzw. Anschaffungsgeschäfts dar[68].

Laut *Herzig*[69] ist das Tauschgutachten als teleologische Reduktion der Ge-
winnrealisierungstatbestände anzusehen: Das Prinzip der Besteuerung nach der
Leistungsfähigkeit gebiete die Erfolgsneutralität des Anteilstauschs; notwendige
Umstrukturierungen dürften nicht erschwert oder verhindert werden.

FS Widmann, S. 393, 396ff.; OFD Frankfurt a.M. im Einvernehmen mit dem BMF, GmbHR
2001, 684.
[63] HOFFMANN, L/B/P, EStG, § 6 Rn. 1401; HÖRGER, L/B/P, EStG, § 17 Rn. 105;
HERZIG, FS Widmann, S. 393, 400; THÖMMES/SCHEIPERS, DStR 1999, 609, 614; DAUTEL,
BB 2002, 1844, 1845.
[64] ECKSTEIN, H/H/R, § 6 EStG Anm. 1483; HOFFMANN, L/B/P, EStG, § 6 Rn. 1401;
HERZIG, FS Widmann, S. 393, 396, 400; THÖMMES/SCHEIPERS, DStR 1999, 609, 614.
[65] THÖMMES/SCHEIPERS, DStR 1999, 609, 614.
[66] PATT, H/H/R, StRef I, § 6 EStG Anm. R 156; HÖRGER, L/B/P, EStG, § 17 Rn. 105.
[67] ECKSTEIN, H/H/R, § 6 EStG Anm. 1483; HERZIG, FS Widmann, S. 393, 398ff.
[68] ECKSTEIN, H/H/R, § 6 EStG Anm. 1483.
[69] HERZIG, FS Widmann, S. 393, 396ff. Auch nach KNOBBE-KEUK, Bilanz- u. UnternehmensStR, S. 927, und RIEMENSCHNEIDER, Der Tausch in der Handels- und Steuerbilanz,
S. 159ff., handelt es sich bei dem Tauschgutachten um eine teleologische Reduktion.

2. Anteile im Betriebsvermögen

a. Auslegung des § 6 Abs. 6 S. 1 EStG

Nach ihrem Wortlaut regelt die Vorschrift die Höhe der Anschaffungskosten im Falle des Erwerbs eines einzelnen Wirtschaftsguts durch Tausch: Die Anschaffungskosten bemessen sich nach dem gemeinen Wert des hingegebenen Wirtschaftsguts. Für eine Ausnahme von dieser Rechtsfolge enthält der Wortlaut keine Anhaltspunkte. Die grammatisch-philologische Methode der Gesetzesauslegung gelangt mithin zu dem Ergebnis, daß die Norm die Aufdeckung der stillen Reserven im hingegebenen Wirtschaftsgut in *allen* Fällen des Tauschs bezweckt.

Auch nach der Begründung zum Gesetzentwurf[70] bleibt für die Anwendung der Grundsätze des Tauschgutachtens kein Raum: „Für betriebliche Umstrukturierungsmaßnahmen hat der Gesetzgeber mit dem ... UmwStG ein umfängliches und ausreichendes Instrumentarium [zum Besteuerungsaufschub] zur Verfügung gestellt. Der Gesetzgeber hat damit gleichzeitig zum Ausdruck gebracht, daß darüber hinaus weitere, gesetzlich nicht beschriebene Begünstigungen nicht gewollt sind. ... Die Grundsätze des sog. Tauschgutachtens des BFH ... sind damit überholt." Nach der historisch-genetischen Methode der Auslegung ist daher von der Abschaffung des steuerneutralen Tauschs von Beteiligungen im Betriebsvermögen auszugehen.

Entgegen einiger Vertreter der Literatur[71] hat die Absicht des Gesetzgebers hinreichenden Niederschlag in der neuen Bewertungsregelung gefunden. § 6 Abs. 6 S. 1 EStG ordnet für den Tausch generell die Gewinnrealisierung an. Der Wortlaut der Norm schließt den Tausch von Anteilen an Kapitalgesellschaften im Betriebsvermögen ein. Durch die gesetzliche Normierung des Anschaffungskostenbegriffs wurde eine für alle Tauschvorgänge einheitliche Bewertungsvorschrift geschaffen. Einer ausdrücklichen Erklärung im Gesetzestext, daß die Regel keine Ausnahmen duldet, bedarf es nicht. Denn die Nichtzulassung von Abweichungen folgt schon aus dem Schweigen des Gesetzes, aus der Entstehungsgeschichte der Vorschrift sowie aus der gesetzlichen Systematik[72]. Sofern den im Tauschgutachten entwickelten Ausnahmen überhaupt der Stellenwert von Gewohnheitsrecht zukam, wurde dieses durch ein Parlamentsgesetz ordnungsgemäß abgelöst. Nicht verkannt werden darf dabei, daß die Bedeutung des Tauschgutachtens vor allem in der Feststellung lag, „der Tausch von Anteils-

---

[70] BTDrucks. 14/23, S. 172f.

[71] Hoffmann, L/B/P, EStG, § 6 Rn. 1401; Hörger, L/B/P, EStG, § 17 Rn. 105; Herzig, FS Widmann, S. 393, 400; Thömmes/Scheipers, DStR 1999, 609, 614; Dautel, BB 2002, 1844, 1845.

[72] Siehe folgender Absatz.

rechten an Kapitalgesellschaften führ[e] grundsätzlich zur Verwirklichung der im Buchwert der hingegebenen Anteile enthaltenen stillen Rücklagen"[73]. Nur diesen Grundsatz hat die Legislative zu Gesetzesrecht erhoben, nicht dagegen dessen Ausnahmen. In einer vom Statutenrecht geprägten Rechtsordnung erscheint es abwegig, vom Normgeber die ausdrückliche gesetzliche Feststellung der künftigen Unanwendbarkeit der durch Richterrecht geschaffenen Ausnahmen zu verlangen.

Die Unzulässigkeit einer Buchwertfortführung auf der Basis des Tauschgutachtens läßt sich ferner aus der Systematik der gesetzlichen Vorschriften ableiten: Die Regelung des § 21 Abs. 1 S. 4 UmwStG, die ausdrücklich auf die im Tauschgutachten wurzelnden Ausnahmen von der Gewinnrealisierung Bezug nahm, wurde gleichzeitig mit der Einführung des § 6 Abs. 6 S. 1 EStG gestrichen[74]. Dies ist ein deutliches Anzeichen dafür, daß das Richterrecht durch abschließende gesetzliche Bestimmungen ersetzt werden sollte. Der Gesetzgeber hat für einige Fälle des Anteilstauschs die Vermeidung der Gewinnrealisierung ausdrücklich geregelt. Neben den §§ 20 Abs. 1 S. 2, Abs. 2, 4 und 23 Abs. 4 S. 1 UmwStG ist kein Raum für eine Buchwertfortführung nach dem Tauschgutachten. Seit dem UmwStG 1995[75] werden Umstrukturierung und Reorganisation von Unternehmen in einem früher nicht gekannten Ausmaß privilegiert. Laut *Jäschke* und *Wassermeyer* hat das Tauschgutachten, dessen Grundsätze für ein völlig anderes steuerliches Umfeld entwickelt worden waren, schon durch das UmwStG 1995 seinen Sinn verloren[76]. Jedenfalls aber folgt aus den aktuellen Begünstigungen des EStG und des UmwStG, daß gesetzlich nicht beschriebene Ausnahmen von der Gewinnrealisierung nicht zugelassen sind.

Eckstein[77] muß schließlich entgegengehalten werden, daß ein Tausch ebenso wie ein Kauf zum Erwerb eines Vermögensgegenstandes von einem anderen Rechtssubjekt führt, so daß das für die Anwendung des in § 6 Abs. 1 Nr. 1, 2, Abs. 6 S. 1 EStG normierten Anschaffungskostenprinzips notwendige Tatbestandsmerkmal einer Anschaffung erfüllt ist. Auch der Tausch von Anteilen an Kapitalgesellschaften ist eine Veräußerung der hingegebenen und ein entgeltlicher Erwerb der erhaltenen Anteile und damit ein Anschaffungsvorgang. Zwar stellt das Tauschgutachten des BFH fest, die im Steuerrecht gebotene wirtschaft-

---

[73] BFH, BStBl. III 1959, 29, 30; gl. Ansicht ist ECKSTEIN, H/H/R, § 6 EStG Anm. 1475; zur veränderten handelsrechtlichen Behandlung des Tauschs seit dem Tauschgutachten vgl. HOFFMANN, L/B/P, EStG, § 6 Rn. 196.

[74] § 21 Abs. 1 S. 4 UmwStG wurde aufgehoben durch Gesetz v. 24.3.1999, BGBl. I 1999, 402 (StEntlG 1999/2000/2002).

[75] UmwStG v. 28.10.1994, BGBl. I 1994, 3267.

[76] JÄSCHKE, Lademann, EStG, § 17 Rn. 112; WASSERMEYER, DB 1990, 855; ders., StbJb. 1992/93, 317; ders., BB 1994, 1, 6.

[77] Vgl. oben unter 1. Teil, B., IV., 1.

liche Betrachtungsweise könne abweichend von der bürgerlich-rechtlichen Beurteilung ausnahmsweise zu dem Ergebnis führen, daß beim Anteilstausch kein Anschaffungsgeschäft und kein Tauschvertrag vorliege, weil die hingegebenen und die eingetauschten Anteile wirtschaftlich identisch seien[78]. Dieser Einschätzung hat sich der Gesetzgeber[79] jedoch ausdrücklich nicht angeschlossen: Er bestimmte in § 6 Abs. 6 S. 1 EStG die Höhe der Anschaffungskosten mit dem Ziel, die Wertungen des Tauschgutachtens aus der Welt zu schaffen.

Teilergebnis: Die Auslegung des § 6 Abs. 6 S. 1 EStG gelangt zu dem Ergebnis, daß sich die Höhe der Anschaffungskosten beim Tausch von im Betriebsvermögen gehaltenen Anteilen an Kapitalgesellschaften nicht länger nach dem Tauschgutachten des BFH richtet.

b. Teleologische Reduktion des § 6 Abs. 6 S. 1 EStG

Ausnahmsweise ist der Rechtsanwender berechtigt, eine Regelung durch Einschränkung ihres Anwendungsbereichs zu korrigieren, um die Wertentscheidung des Gesetzgebers zu verwirklichen[80]. Dazu muß die Vorschrift entgegen ihrem Wortsinn, aber gemäß der immanenten Teleologie des Gesetzes einer Begrenzung bedürfen, die im Normtext nicht enthalten ist[81]. Vor dem Hintergrund des Demokratieprinzips und der Gewaltenteilung setzt die teleologische Reduktion jedoch ein Regelungsversehen voraus. Dem Gesetzgeber muß bei der Verwandlung eines bestimmten Ziels in einen gesetzlichen Tatbestand der Fehler unterlaufen sein, daß ein Sachverhalt zwar dem Wortlaut unterfällt, vom Regelungszweck aber nicht umfaßt wird.

Die Gewinnrealisierung durch Tausch von Anteilen an Kapitalgesellschaften ist kein Versehen: Denn mit dem Erlaß des § 6 Abs. 6 S. 1 EStG beabsichtigte der Gesetzgeber gerade, die künftige Anwendung der Ausnahmeregelungen des Tauschgutachtens zu unterbinden. Diesen Willen verdeutlicht nicht nur die Gesetzesbegründung, sondern auch die Systematik der Gewinnrealisierungs- und Buchwertfortführungsvorschriften des EStG und des UmwStG[82]. Eine teleologische Reduktion scheidet daher aus.

---

[78] BFH, BStBl. III 1959, 29, 32.
[79] BTDrucks. 14/23, S. 172f.
[80] BVerfG, BVerfGE 88, 145, 167; TREDER, Methoden und Technik der Rechtsanwendung, S. 65.
[81] LARENZ/CANARIS, Methodenlehre, S. 210.
[82] Vgl. oben 1. Teil, B., IV., 2., a.

3. Anteile im Privatvermögen

Vor Erlaß des StEntlG wurden die Wertungen des Tauschgutachtens auch auf Beteiligungen nach § 17 EStG angewandt[83]. Ein Teil der Lehre[84] ist insoweit von der Fortgeltung des Tauschgutachtens überzeugt: Dem Gesetzgeber sei der Ausschluß des steuerneutralen Tauschs nicht gelungen, weil er eine dem § 6 Abs. 6 S. 1 EStG entsprechende Regelung nicht in § 17 EStG aufgenommen habe[85]. Dem kann nicht gefolgt werden.

Wer die Aufnahme einer dem § 6 Abs. 6 S. 1 EStG entsprechenden Bestimmung in § 17 EStG fordert, verkennt die Systematik beider Vorschriften: § 6 Abs. 6 S. 1 EStG betrifft die Ermittlung der Einkünfte, die im Rahmen der *Gewinn*einkunftsarten erzielt werden. Die Norm regelt die Bewertung von Wirtschaftsgütern des *Betriebs*vermögens. Für den Fall des Erwerbs im Wege des Tausches legt sie fest, daß sich die Anschaffungskosten nach dem gemeinen Wert des *hingegebenen* Wirtschaftsguts bemessen. Hintergrund der Vorschrift ist das Anschaffungskostenprinzip des § 6 Abs. 1 Nr. 1 und 2 EStG, gemäß dem die Wirtschaftsgüter des Betriebsvermögens mit ihren Anschaffungs- oder Herstellungskosten zu bewerten sind. Bis zum Erlaß des StEntlG war der Begriff der Anschaffungskosten im EStG überhaupt nicht geregelt; er wurde dem Handelsrecht entnommen (§ 255 HGB). Die handelsrechtliche Definition galt auch, wenn der Anschaffungsvorgang nicht durch die Hingabe von Geld als Gegenleistung, sondern durch die Hingabe von anderen Wirtschaftsgütern vollzogen wurde. Dann bestimmte man den Erwerbsaufwand anhand des gemeinen Werts des hingegebenen Wirtschaftsguts. Dieser Anschaffungskostenbegriff hat mit § 6 Abs. 6 S. 1 EStG Eingang ins Gesetz gefunden. Infolge der Bewertung werden die stillen Reserven des hingegebenen Wirtschaftsguts aufgedeckt, so daß der Tausch die Qualität eines Realisationstatbestandes erlangt.

Im Unterschied zu § 6 Abs. 6 S. 1 EStG befaßt sich § 17 EStG nicht mit der Anschaffung von Betriebsvermögen, sondern mit der *Veräußerung* von *Privat*vermögen. Für bestimmte zum Privatvermögen gehörende Anteile an einer Kapitalgesellschaft durchbricht § 17 EStG den Grundsatz, daß die Veräußerung von Privatvermögen einkommensteuerrechtlich irrelevant ist: Die Vorschrift ordnet den Veräußerungsgewinn den Einkünften aus Gewerbebetrieb zu und regelt – wie die §§ 16 und 23 EStG – die Ermittlung dieses Veräußerungsgewinns.

---

[83] OFD Düsseldorf, DStR 1989, 782; BMF, DStR 1998, 292 Tz. 13; WEBER-GRELLET, Schmidt, EStG, 17. Aufl., § 17 Rn. 103; KNOBBE-KEUK, Bilanz- u. UnternehmensStR, S. 927; HÖRGER, L/B/P, EStG, § 17 Rn. 105; HONERT/NEUMAYER, GmbHR 1998, 1101, 1102; WASSERMEYER, DB 1990, 855, 856.

[84] PATT, H/H/R, StRef I, § 6 EStG Anm. 156; HÖRGER, L/B/P, EStG, § 17 Rn. 105; DAUTEL, BB 2002, 1844, 1845.

[85] PATT, H/H/R, StRef I, § 6 EStG Anm. 156; HÖRGER, L/B/P, EStG, § 17 Rn. 105.

Tauschvorgänge sind vom Begriff der Veräußerung in den §§ 16, 17 und 23 EStG unproblematisch umfaßt: Eine Veräußerung im Sinne des § 17 Abs. 1 S. 1 EStG ist die Übertragung zumindest des wirtschaftlichen Eigentums an den Anteilen von einer Person auf eine andere gegen Entgelt[86]. Zum Entgelt gehört jede geldwerte Zuwendung des Erwerbers, neben Geld also auch andere Wirtschaftsgüter und Leistungen[87]. Für die steuerrechtliche Beurteilung des Tauschs von Beteiligungen im Privatvermögen spielt § 6 Abs. 6 S. 1 EStG folglich überhaupt keine Rolle[88]. Selbst im Hinblick auf die Rechtsfolge der Gewinnrealisierung besteht ein wesentlicher Unterschied zwischen den §§ 16, 17, 23 EStG und § 6 Abs. 6 S. 1 EStG: Anders als beim Tausch von Einzelwirtschaftsgütern im Betriebsvermögen kommt es für die Aufdeckung der stillen Reserven nach den §§ 16, 17 und 23 EStG nicht auf den gemeinen Wert des hingegebenen Gegenstandes an. Veräußerungspreis beim Tausch von Sachgesamtheiten bzw. Privatvermögen ist der gemeine Wert des *erlangten* Wirtschaftsguts[89]. Nach alldem erweist sich das Verlangen nach einer dem § 6 Abs. 6 S. 1 EStG entsprechenden Regelung in § 17 EStG als wenig sinnvoll.

Der Gewinnrealisierungstatbestand des § 17 EStG sieht für den Fall des Tausches von Anteilen im Privatvermögen die Aufdeckung der versteckten Wertsteigerungen vor. Ausnahmen nach dem Vorbild des Tauschgutachtens des BFH sind weder im Wortlaut angedeutet noch ergeben sie sich aus der Entstehungsgeschichte oder der systematischen Einordnung der Vorschrift. Sollte der Zweck des § 17 EStG dennoch ein Absehen von der Gewinnrealisierung gebieten, könnte er nur im Wege der teleologischen Reduktion verwirklicht werden. Dann müßte die Nichtberücksichtigung der Privilegierungen des Tauschgutachtens im Tatbestand des § 17 EStG eine *planwidrige* Unvollständigkeit des Gesetzes, also ein Versehen des Gesetzgebers darstellen[90]. Das ist jedoch ausgeschlossen: Bei der Aufnahme des § 6 Abs. 6 S. 1 ins EStG durch das StEntlG ging es der Legislative gerade um die Außerkraftsetzung des Tauschgutachtens[91]. Zwar betrifft § 6 Abs. 6 S. 1 EStG allein die Beteiligungen im *Betriebs*vermögen, doch behandelt das Tauschgutachten ebenfalls nur diese Anteile. Im Gutachten findet sich der ausdrückliche Hinweis, daß die entwickelten Ausnahmen von der Ge-

---

[86] WEBER-GRELLET, Schmidt, EStG, § 17 Rn. 96; GOSCH, Kirchhof, EStG, § 17 Rn. 100.

[87] REIß, Kirchhof, EStG, § 16 Rn. 85; GOSCH, Kirchhof, EStG, § 17 Rn. 105; WACKER, Schmidt, EStG, § 16 Rn. 21.

[88] GLANEGGER, Schmidt, EStG, § 6 Rn. 546; WEBER-GRELLET, Schmidt, EStG, § 23 Rn. 71; DAUTEL, BB 2002, 1844, 1845.

[89] WACKER, Schmidt, EStG, § 16 Rn. 279; WEBER-GRELLET, Schmidt, EStG, § 17 Rn. 138; WEBER-GRELLET, Schmidt, EStG, § 23 Rn. 71.

[90] LARENZ/CANARIS, Methodenlehre, S. 194.

[91] Vgl. oben 1. Teil, B., IV., 2., a.

winnrealisierung nicht auf andere Tauschvorgänge übertragen werden dürfen[92]. Die Anwendbarkeit der Begünstigungen auf Anteile im Sinne des § 17 EStG war zu keinem Zeitpunkt allgemein anerkannt[93]. Deshalb brauchte der Gesetzgeber nicht explizit klarzustellen, daß sich die Abschaffung des Tauschgutachtens auch auf Anteile im Privatvermögen bezieht. Im Gegenteil: Hätte er die Fortgeltung des Tauschgutachtens gewollt, wäre eine Kodifizierung der Ausnahmen von der Gewinnrealisierung notwendig gewesen. Statt dessen beseitigte der Gesetzgeber den § 21 Abs. 1 S. 4 UmwStG, der ausdrücklich auf das Tauschgutachten Bezug nahm. Andererseits existieren in den §§ 20 Abs. 1 S. 2, Abs. 2, 4 und 23 Abs. 4 S. 1 UmwStG für einige Fälle des Anteilstauschs Regelungen zum Besteuerungsaufschub, die auch für im Privatvermögen gehaltene Beteiligungen gelten[94]. All das spricht für ein beredtes Schweigen des Gesetzgebers zu einer Privilegierung nach dem Tauschgutachten. Ein erfolgsneutraler Tausch soll nur dann zulässig sein, wenn er im Gesetz festgeschrieben ist. Da der gesetzgeberische Plan *bewußt* keine Abweichung von der Gewinnrealisierung gemäß dem Tauschgutachten vorsieht, kommt eine teleologische Reduktion des § 17 EStG nicht in Frage.

4. Ergebnis

Eine Buchwertfortführung beim Tausch von Anteilen an Kapitalgesellschaften darf nicht auf das Tauschgutachten des BFH gestützt werden. Spätestens mit der Einführung des § 6 Abs. 6 S. 1 EStG durch das StEntlG hat das Richterrecht seinen Anwendungsbereich verloren.

---

[92] BFH, BStBl. III 1959, 29, 32.
[93] Gegen die Anwendung GOSCH, Kirchhof, EStG, § 17 Rn. 105 Fn. 11; JÄSCHKE, Lademann, EStG, § 17 Rn. 112; KUPKA, DB 1998, 229, 233; EBLING, FS Klein, S. 801, 805ff.; SCHNEIDER, K/S/M, EStG, § 17 Rn. B 13.
[94] SCHMITT, Schmitt/Hörtnagl/Stratz, § 20 UmwStG Rn. 143, § 23 UmwStG Rn. 87.

Zweiter Teil: Der Gewinnrealisierung zugrunde liegende Prinzipien

Nach dem Verständnis der herrschenden Wertungsjurisprudenz[95] beruhen die Regeln einer Rechtsordnung auf bestimmten Wertungen, die das sog. innere System dieser Rechtsordnung bilden. Getragen wird das innere System von den Prinzipien als ordnungsstiftende Grundwertungen. Zur Offenlegung des inneren Systems der Gewinnrealisierung bedarf es der Analyse, welche Prinzipien als Säulen der steuerlichen Gewinnverwirklichung dienen:

§ 3 Leistungsfähigkeitsprinzip

Der Gleichheitssatz des Art. 3 Abs. 1 GG gibt die grundlegende Gerechtigkeitsvorstellung des Grundgesetzes wider. Im Steuerrecht bildet der allgemeine Gleichheitssatz die Basis für die Verwirklichung des Grundsatzes der Steuergerechtigkeit[96]. Dabei ist das Leistungsfähigkeitsprinzip der systemtragende Vergleichsmaßstab für Fiskalzwecknormen: Die Steuerlasten sind auf die Steuerpflichtigen im Verhältnis der wirtschaftlichen Leistungsfähigkeit zu verteilen[97]. Nach der st. Rspr. des BVerfG gilt dies insbesondere im Einkommensteuerrecht, das auf die Leistungsfähigkeit des einzelnen Steuerpflichtigen hin angelegt sei[98]. Das Leistungsfähigkeitsprinzip wird weltweit und in allen steuerwissenschaftlichen Disziplinen als Fundamentalprinzip gerechter Besteuerung anerkannt[99].

Gemäß § 2 EStG ist das *Einkommen* ein Maßstab, Leistungsfähigkeit zu messen. Im Tatbestand des steuerbaren Einkommens gibt § 2 EStG dem steuerlichen Leistungsfähigkeitsprinzip als allgemeiner Rechtserkenntnisquelle eine konkrete, anwendungsfähige Ausprägung[100]. Die finanzielle Kraft einer Person, die sich im Einkommen ausdrückt, wird als Hauptindikator der Leistungsfähigkeit angesehen[101].

Uneinigkeit herrscht darüber, wann Leistungsfähigkeit gegeben ist, was also den „richtigen" Einkommensbegriff auszeichnet. Aus § 2 EStG geht zunächst

[95] Umfassend LARENZ/CANARIS, Methodenlehre der Rechtswissenschaft, S. 263ff.
[96] BVerfG, BVerfGE 6, 55, 67; BVerfG, BVerfGE 8, 51, 68f.; BVerfG, BVerfGE 43, 108, 118ff.; BVerfG, BVerfGE 61, 319, 343ff.; BVerfG, BVerfGE 66, 214, 223; BVerfG, BVerfGE 82, 60, 86f.
[97] BVerfG, BVerfGE 6, 55, 67; BVerfG, BVerfGE 8, 51, 68f.; BVerfG, BVerfGE 43, 108, 118ff.; BVerfG, BVerfGE 61, 319, 343ff.; BVerfG, BVerfGE 66, 214, 223; BVerfG, BVerfGE 82, 60, 86f.; KIRCHHOF, K/S/M, EStG, § 2 Rn. A 268; BIRK, StuW 2000, 328, 329.
[98] Siehe insb. BVerfG, BVerfGE 61, 319, 343f.; 82, 60, 86.
[99] Nachweis bei TIPKE, StRO I, S. 479ff., insb. S. 488ff.
[100] KIRCHHOF, StuW 1985, 319, 326f.
[101] KIRCHHOF, K/S/M, EStG, § 2 Rn. A 269; RUPPE, H/H/R, Einf. ESt Anm. 540; BIRK, StuW 2000, 328, 330.

hervor, daß die Einkommensteuer das Ist-, nicht das Soll-Einkommen belastet; das Steuerrecht fordert nicht vom Erwerbsfähigen einen angemessenen Einsatz seiner Arbeits- und Kapitalkraft zum Wohl der Allgemeinheit, sondern zieht nur denjenigen zur Finanzierung der Staatsaufgaben heran, der freiwillig erworben hat[102].

Während die Leistungsfähigkeit häufig verstanden wird als Fähigkeit, Steuern zu zahlen[103], leiten andere die Leistungsfähigkeit aus dem die Bedürfnisbefriedigung bestimmenden wirtschaftlichen Potential des Steuerpflichtigen ab[104]. Vor dem Hintergrund dieser Auseinandersetzung existiert eine weitere Kontroverse: Ein Teil der steuerwissenschaftlichen Literatur ist der Meinung, nur der realisierte Vermögenszuwachs bedeute eine Steigerung der Leistungsfähigkeit[105]. Im Gegensatz dazu stellen andere die These auf, jede nicht realisierte Wertsteigerung des Vermögens erhöhe die wirtschaftliche Leistungsfähigkeit[106]. Letztere Ansicht stützt sich auf die Reinvermögenszugangstheorie, nach der Einkommen der „Zugang von Reinvermögen in einer Wirtschaft während einer gegebenen Periode" ist[107]. Dieses Konzept zielt darauf ab, die steuerliche Leistungsfähigkeit am gesamten Bedürfnisbefriedigungspotential des Steuerpflichtigen zu messen[108]. Deshalb erfaßt die Reinvermögenszugangstheorie nicht nur Vermögenszu- und –abgänge im juristischen Sinne einschließlich unrealisierter Wertsteigerungen und Zuwendungen, insbesondere Geschenke und Erbschaften, sondern darüber hinaus auch private Nutzungen und Wertschöpfungen[109].

Dieser Einkommensbegriff ist am besten geeignet, die wirtschaftliche Leistungsfähigkeit umfassend, unterschiedslos und folgerichtig widerzuspiegeln[110]. Je weiter der Einkommensbegriff gefaßt ist, desto eher wird er dem Charakter

---

[102] KIRCHHOF, K/S/M, EStG, § 2 Rn. A 3; ders., StuW 1985, 319, 324.

[103] KIRCHHOF, K/S/M, EStG, § 2 Rn. A 7, 276, 279; ders., StuW 1985, 319, 323, 325, 327; RUPPE, H/H/R, Einf. ESt Anm. 543; VOGEL, StuW 1974, 193, 199; FELIX, StBKongRep 1980, 129, 132; WITTMANN, StuW 1993, 35, 44, 45f.

[104] HALLER, FinArch., NF, Bd. 36, S. 222; TIPKE, Ruppe, Gewinnrealisierung im StR, DStJG 4, S. 1, 2.

[105] KNOBBE-KEUK, Bilanz- u. UnternehmensStR, S. 269; dies., DStR 1985, 494; KIRCHHOF, StuW 1985, 319, 327; TROOST, Buchwertfortführung, S. 252f.; SCHNEIDER, FS Leffson, S. 101ff.

[106] HALLER, Die Steuern, S. 60f.; TIPKE, Ruppe, Gewinnrealisierung im StR, DStJG 4, S. 1, 2f.; THIEL, J., Ruppe, Gewinnrealisierung im StR, DStJG 4, S. 183, 187, 204; SCHAUMBURG, Ruppe, Gewinnrealisierung im StR, DStJG 4, S. 247, 256; COSTEDE, StuW 1996, 19, 23; DÖRING, DStR 1977, 271, 272ff.; KINDOR, Tausch, S. 93, 94, 95.

[107] v. SCHANZ, FinArch. 13. Jg. (1896), 1, 7.

[108] Vgl. zur Reinvermögenszugangstheorie die Erläuterungen von LANG, Tipke/Lang, StR, § 8 Rn. 32.

[109] v. SCHANZ, FinArch. 13. Jg. (1896), 1, 24.

[110] Das erkennen auch LANG, Tipke/Lang, StR, § 8 Rn. 31f.; HEY, Tipke/Lang, StR, § 17 Rn. 202; TIPKE, StRO I, S. 502.

einer Leistungsfähigkeitssteuer gerecht. Schon der nicht realisierte Wertzuwachs des Vermögens führt zu einer Steigerung der Leistungsfähigkeit des Steuerpflichtigen: Denn zu den für die Bedürfnisbefriedigung geeigneten Vorteilen gehören nicht nur liquide Mittel. Vielmehr können die im Vermögen enthaltenen stillen Reserven zusammen mit dem jeweiligen Wirtschaftsgut am Markt verkauft oder getauscht werden, wobei in dieser Leistung die Leistungsfähigkeit des Steuerpflichtigen verkörpert ist[111]. Die Leistungskraft eines Unternehmers steckt in seinem gesamten Betriebsvermögen, welches ihn befähigt, Leistungen am Markt zu erbringen. Die Möglichkeiten eines Individuums, zu konsumieren und Steuern zu zahlen, erschöpfen sich nicht in den realisierten Wertsteigerungen. Jeder Wertzuwachs des Vermögens – auch der nicht realisierte – steigert die Leistungs- und Bedürfnisbefriedigungsmöglichkeiten des Steuerpflichtigen in der Wirtschaft. Die Leistungsfähigkeit ist die Fähigkeit zur Leistung am Markt und nicht lediglich die Fähigkeit zur Leistung von Steuern[112].

Mit dem Verständnis der steuerlichen Leistungsfähigkeit als bloße *Zahlungsfähigkeit* läßt sich das geltende Einkommensteuerrecht nicht in Einklang bringen[113], denn die Mehrheit der Gewinnrealisierungstatbestände des EStG schreibt die Besteuerung von Geschäftsvorfällen trotz fehlenden Zuflusses liquider Mittel vor: Die Übertragung eines Wirtschaftsguts im Wege des Tausches führt wegen der §§ 6 Abs. 6 S. 1, 16 Abs. 1, 17 Abs. 1 S. 1, 22 Nr. 2, 23 Abs. 1 S. 1 EStG zur Besteuerungen der stillen Reserven, obwohl der Steuerpflichtige durch den Tausch keinerlei liquide Mittel zur Steuerzahlung erhält. Auch anläßlich der Überführung eines Wirtschaftsguts aus dem Betriebs- in das Privatvermögen verlangt der Staat die Aufdeckung der stillen Reserven und damit die Zahlung von Steuern, trotz daß es an einem Geldzufluß beim Steuerpflichtigen fehlt (§ 4 Abs. 1 S. 1, 2, § 6 Abs. 1 Nr. 4 EStG). Dasselbe gilt für die Aufgabe eines Gewerbebetriebs (§ 16 Abs. 3 EStG). Dem deutschen Einkommensteuerrecht liegt folglich keinesfalls das Prinzip zugrunde, den Bürger immer erst dann mit Steuern zu belasten, wenn dieser über liquide Mittel verfügt. Ein solcher Grundsatz würde gegen die Gleichmäßigkeit der Besteuerung verstoßen – das Leistungsfähigkeitsprinzip ist kein Zahlungsfähigkeitsprinzip.

Gegen das Leistungsfähigkeitsprinzip wird eingewandt, es sei inhaltsleer[114] bzw. zu vieldeutig, um aus ihm konkrete Schlüsse ziehen zu können[115]. Wäh-

---

[111] COSTEDE, StuW 1996, 19, 23; KINDOR, Tausch, S. 93, 94, 95; DÖRING, DStR 1977, 271, 274.

[112] COSTEDE, StuW 1996, 19, 23; KINDOR, Tausch, S. 93, 94, 95; DÖRING, DStR 1977, 271, 274.

[113] COSTEDE, StuW 1996, 19, 23; KINDOR, Tausch, S. 94, 95; LUCKEY, StuW 1979, 129, 137; TIPKE, Ruppe, Gewinnrealisierung im StR, DStJG 4, S. 1, 3.

[114] LITTMANN, FS Neumark, S. 113ff.

rend ein Teil der Kritiker um die Ausfüllung und Präzisierung des Grundsatzes bemüht ist[116], wollen andere vom Prinzip der Besteuerung nach der Leistungsfähigkeit Abschied nehmen[117]. Letztere Auffassung verkennt den Rang des Leistungsfähigkeitsprinzips: Es handelt sich um einen Primärgrundsatz des Steuerrechts, der ein inneres System von Rechtsprinzipien leitet, die das Leistungsfähigkeitsprinzip konkretisieren und dadurch eine dogmatisch verifizierbare Ordnung des Steuerrechts substantiieren[118]. Aus dem Rang eines in der Prinzipienhierarchie obersten Rechtsgrundsatzes folgt seine Konkretisierungsbedürftigkeit: Durch Subprinzipien, Legislativakte, Judikatur und wissenschaftliche Dogmatik wird das Leistungsfähigkeitsprinzip bis hin zur einzelnen Steuerfolge verwirklicht oder auch eingeschränkt[119].

Aus diesem Grund darf nicht vom Vorliegen steuerlicher Leistungsfähigkeit im Sinne der Reinvermögenszugangstheorie unmittelbar auf die Berechtigung zur Steuererhebung durch den Staat geschlossen werden. Die Wertsteigerung im Betriebsvermögen gibt zwar an, daß die für die Besteuerung vorausgesetzte Leistungskraft gegeben ist. Sie bestimmt aber nicht schon den Zeitpunkt, in dem die Leistungskraft von der Einkommensteuer abgeschöpft werden darf oder muß[120]. Das zeigt bereits die aus dem Anschaffungswertprinzip (§ 6 Abs. 1 Nr. 1, 2 EStG) folgende Zulässigkeit stiller Reserven. Aus dem Leistungsfähigkeitsprinzip allein läßt sich daher nicht ableiten, wann die Gewinnrealisierung und mit ihr die Besteuerung zu erfolgen hat. Der Grundsatz der Besteuerung nach der wirtschaftlichen Leistungsfähigkeit ist nur eines von mehreren Ordnungsprinzipien, die den Einkommensbegriff präzisieren.

Ergebnis: Das auf Art. 3 Abs. 1 GG basierende Leistungsfähigkeitsprinzip stellt eine der Säulen der steuerlichen Gewinnrealisierung dar. Die Leistungsfähigkeit des Steuerpflichtigen ergibt sich aus dem wirtschaftlichen Potential, das ihm zur Bedürfnisbefriedigung zur Verfügung steht. Deshalb steigern schon die nicht realisierten Vermögenswertsteigerungen die Leistungsfähigkeit.

---

[115] BVerfG, BVerfGE 43, 108, 120; 47, 1, 29; KNOBBE-KEUK, Bilanz- u. UnternehmensStR, S. 269; dies., DStR 1985, 494; KRUSE, StuW 1980, 226, 232; ARNDT, FS Mühl, S. 17, 29f., 35ff.; BODENHEIM, Der Zweck der Steuer, S. 234ff.; GASSNER/LANG, Das Leistungsfähigkeitsprinzip im Einkommen- und Körperschaftsteuerrecht, S. 121.
[116] SCHNEIDER, FinArch., NF, Bd. 37, S. 26ff.
[117] LITTMANN, FS Neumark, S. 113ff.; GASSNER/LANG, Das Leistungsfähigkeitsprinzip im Einkommen- und Körperschaftsteuerrecht, S. 121.
[118] LANG, Tipke/Lang, StR, § 4 Rn. 83; KIRCHHOF, K/S/M, EStG, § 2 Rn. A 275, 282; BIRK, StuW 2000, 328, 329.
[119] LANG, Tipke/Lang, StR, § 4 Rn. 83; ders., Ruppe, Gewinnrealisierung im StR, DStJG 4, S. 45, 50, 74; TIPKE, StRO I, S. 492ff.; ders., StuW 1976, 293, 305; RUPPE, H/H/R, Einf. ESt Anm. 540, 543; BIRK, StuW 2000, 328, 329f.; ders., StuW 1983, 293, 297; KIRCHHOF, StuW 1985, 319, 320, 327.
[120] COSTEDE, StuW 1996, 19, 23.

§ 4 Realisationsprinzip

I. Gesetzliche Verankerung im Steuerrecht

Einen weiteren Anknüpfungspunkt der Einkommensteuer bildet das den Rein-vermögenszugang beschneidende Markteinkommen: Der Gesetzgeber hat die Reinvermögenszugangstheorie zugunsten eines pragmatischen, aus einem enu-merativen Katalog von sieben Einkunftsarten bestehenden Einkommensbegriffs eingeschränkt[121]. Gemeinsames Merkmal dieser Einkunftsarten ist, „daß die ih-nen zugrunde liegenden Tätigkeiten oder Vermögensnutzungen auf eine größere Zahl von Jahren gesehen der Erzielung positiver Einkünfte oder Überschüsse dienen"[122]. Das Einkommensteuerobjekt „Summe der Einkünfte" im Sinne des § 2 Abs. 3 EStG spiegelt folglich das sog. Markteinkommen wider[123]. Gemäß der Markteinkommenstheorie[124] unterliegen der Einkommensteuer Einkünfte, die durch eine Erwerbstätigkeit am Markt mit der Absicht, einen Überschuß von Einnahmen / Erträgen über Aufwendungen zu erzielen, erwirtschaftet worden sind. § 15 Abs. 2 S. 1 EStG enthält den deutlichsten Hinweis auf das Marktein-kommenskonzept, indem die Vorschrift den Gewerbebetrieb als Beteiligung am wirtschaftlichen Verkehr mit Gewinnabsicht definiert.

Zu den Fundamentalkonkretisierungen des Markteinkommens gehört das Realisationsprinzip[125]. Nach diesem Grundsatz werden Wertsteigerungen des Vermögens bis zum Zeitpunkt der Realisation nicht in der Bilanz ausgewiesen. Dadurch entstehen stille Reserven, die erst durch einen Umsatzakt am Markt Erfolgswirksamkeit erlangen. Ein Gewinn darf also erst dann deklariert werden, wenn er durch Umsatz verwirklicht ist; die bloße (nicht auf dem Markt bestätig-te) Wertsteigerung der Wirtschaftsgüter wirkt sich bilanziell nicht aus. Bis zum Umsatz bleiben die Wirtschaftsgüter mit ihren Anschaffungs- oder Herstel-lungskosten bilanziert. Dieses Anschaffungswertprinzip ist offenkundiger Be-standteil des Realisationsprizips. Indem der Steuergesetzgeber die Bewertung mit den Anschaffungs- bzw. Herstellungskosten in § 6 Abs. 1 Nr. 1 und 2 EStG vorschreibt, verwirklicht er das Realisationsprinzip im Steuerrecht. Der allge-meine Gewinnbegriff des § 12 Abs. 1 S. 1 EStG 1925 iVm der Bewertungsvor-

---

[121] BT-Drucks. 7/1470, 211; dazu LANG, Bemessungsgrundlage der ESt, S. 39ff.; ders., Tipke/Lang, StR, § 9 Rn. 53.

[122] BFH, BStBl. II 1984, 751, 766; ähnlich auch WITTMANN, StuW 1993, 35, 39.

[123] LANG, Tipke/Lang, StR, 17. Aufl., § 8 Rn. 30; WITTMANN, StuW 1993, 35, 37, 39.

[124] RUPPE, Tipke, Übertragung von Einkunftsquellen, DStJG 1, S. 7, 17ff.; ders., H/H/R, Einf. ESt Anm. 17; LANG, Bemessungsgrundlage der ESt; mit der Besteuerung des Marktein-kommens setzt sich auch WITTMANN, StuW 1993, 35ff. auseinander.

[125] LANG, Tipke/Lang, StR, § 8 Rn. 33; HEY, Tipke/Lang, StR, § 17 Rn. 202; WITTMANN, StuW 1993, 35, 38.

schrift des § 19 Abs. 1 S. 1 EStG 1925 sahen noch den Ansatz der Wirtschaftsgüter des Anlage- und Umlaufvermögens grundsätzlich mit dem *gemeinen* Wert
vor. Durch § 6 Nr. 1 und 2 EStG 1934 wurde jedoch das Anschaffungswertprinzip zum allgemeinen Wertmaßstab erhoben.

Das Realisationsprinzip stellt eine besondere Ausprägung des handelsrechtlichen Vorsichtsprinzips (§ 252 Abs. 1 Nr. 4 HGB) dar[126]. Als zu den GoB gehö-
rend findet das Realisationsprinzip mithin auch über § 5 Abs. 1 S. 1 EStG Eingang in das Steuerrecht. Außerdem wird vertreten, die Geltung des Realisationsprinzips sei in § 2 Abs. 1 S. 1 EStG dadurch angedeutet, daß Einkünfte der Einkommensteuer nur und erst dann unterliegen, wenn der Steuerpflichtige sie „erzielt" hat[127]. Konturen erhält das Realisationsprinzip schließlich durch die zahlreichen Realisationstatbestände des EStG: Die §§ 6 Abs. 6 S. 1, 16 Abs. 1 S. 1,
17 Abs. 1 S. 1, 22 Nr. 2, 23 Abs. 1 S. 1 EStG knüpfen für die Besteuerung an
einen Realisationsakt im wirtschaftlichen Sinne an.

II. Gründe für die Verankerung im Steuerrecht

Die Bedeutung des Realisationsprinzips für die Gewinnrealisierung ist vor allem
im Aufschub der Besteuerung von Wertsteigerungen im Vermögen bis zur Realisation durch den Steuerpflichtigen zu sehen. Während das Leistungsfähigkeitsprinzip die Besteuerung schon jedes Wertzuwachses erlaubt, konkretisiert und
begrenzt das Realisationsprinzip den Leistungsfähigkeitsgrundsatz dahingehend,
daß nicht realisierte Wertsteigerungen noch keinen Gewinnausweis und damit
keinen Steuerzugriff auslösen.

Sinn und Zweck sowie die Berechtigung einer solchen Einschränkung des
Leistungsfähigkeitsprinzips sollen nachfolgend untersucht werden:

1. Zweck des Realisationsprinzips im Handelsrecht

Das Realisationsprinzip ist nicht nur im Steuerrecht, sondern auch im Handelsrecht ein wesentlicher Bestandteil der Bilanzierungs- und Gewinnrealisierungs-
grundsätze. Während jedoch das Ziel *steuerlicher* Bilanzierung darin liegt, den
tatsächlich erwirtschafteten Periodengewinn vollständig zu erfassen, um daran
die Leistungsfähigkeit des Steuerpflichtigen zu messen und um dem Gebot
gleichmäßiger Besteuerung zu genügen, verfolgt das Realisationsprinzip im
Rahmen der *handelsrechtlichen* Bilanzierung andere Zwecke: Neben der Dokumentation dient es dem Gläubigerschutz, der Schuldendeckungskontrolle, der
Anteilsbewertung, der Sicherung einer gesetzlichen Ausschüttungssperre, der

---

[126] Hey, Tipke/Lang, StR, § 17 Rn. 201; Moxter, BB 1984, 1780.
[127] Zugmaier, H/H/R, § 2 EStG Anm. 11a; Wittmann, StuW 1993, 35, 39.

Ermittlung des unbedenklich ausschüttbaren Gewinns, der Entscheidungsfindung über die Gewährung oder Kündigung von Krediten sowie der kritischen Selbstinformation des Unternehmens[128]. Aufgrund dieser Zielrichtungen legen es die handelsrechtlichen Bilanzierungsvorschriften vor allem darauf an, den Ausweis eines zu hohen Gewinns zu verhindern[129]. Erfolgt demnach die Bilanzierung nach Handelsrecht, wird aus Vorsicht zu einem eher niedrigen Gewinnausweis tendiert, in der Steuerbilanz dagegen soll im Interesse des Fiskus der wirkliche Gewinn (meist höher als gemäß Handelsbilanz) erfaßt werden[130]. Die entgegengesetzten Intentionen der steuerrechtlichen und der handelsrechtlichen Bilanzierung zeigen, daß das Realisationsprinzip *nicht* aufgrund seiner im Handelsrecht begründeten Zweckbestimmung ins Steuerrecht übernommen worden sein kann. Die Motivation für die Anwendung des Realisationsprinzips bei der Ermittlung des steuerlichen Einkommens muß eine andere sein.

2. Sozialpflichtigkeit des Markteinkommens

Zur Rechtfertigung der Besteuerung nur der *am Markt realisierten* Vermögenswertsteigerungen beruft sich *Kirchhof* auf die Sozialbindung des Eigentums gemäß Art. 14 Abs. 2 GG[131]. Nach dem verfassungsrechtlichen Ausgangsbefund sei die Besteuerung Kerninhalt einer privatnützigen Eigentumsordnung, denn durch die prinzipielle Entscheidung für die Privatwirtschaft und gegen die Staatswirtschaft bei stetigem staatlichen Finanzbedarf werde die steuerliche Teilhabe der öffentlichen Hand am Erfolg privatnützigen Wirtschaftens zum notwendigen Inhalt einer privatnützigen Eigentumsordnung[132]. Die Eigentumsgarantie des Art. 14 Abs. 1 GG und das Grundrecht der Berufsfreiheit in Art. 12 Abs. 1 GG schützten das Einkommen in seinem Bestand und seiner Privatnützigkeit und ließen die Besteuerung nur im Rahmen der verfassungsrechtlich vorgesehenen Sozialbindung zu[133]. Diese Sozialgebundenheit des Einkommens gründe auf der Abhängigkeit des Erwerbs gleichermaßen von einer Individual-

---

[128] KNOBBE-KEUK, Bilanz- u. UnternehmensStR, S. 18; WEBER-GRELLET, Steuerbilanzrecht, S. 58; KLEINLE, H/H/R, § 5 EStG Anm. 219f.; PEZZER, Doralt, Probleme des Steuerbilanzrechts, DStJG 14, S. 3, 17; BREDEEK, Zur steuerlichen Gewinnverwirklichung beim Tausch, S. 62.

[129] KNOBBE-KEUK, Bilanz- u. UnternehmensStR, S. 18; BREDEEK, Zur steuerlichen Gewinnverwirklichung beim Tausch, S. 62.

[130] KNOBBE-KEUK, Bilanz- u. UnternehmensStR, S. 19; WEBER-GRELLET, Steuerbilanzrecht, S. 58; KLEINLE, H/H/R, § 5 EStG Anm. 219; PEZZER, Doralt, Probleme des Steuerbilanzrechts, DStJG 14, S. 3, 17; SCHNEIDER, BB 1978, 1577, 1579; BREDEEK, Zur steuerlichen Gewinnverwirklichung beim Tausch, S. 62.

[131] KIRCHHOF, Gutachten F zum 57. Deutschen Juristentag, S. 14ff.

[132] KIRCHHOF, Gutachten F zum 57. Deutschen Juristentag, S. 15.

[133] KIRCHHOF, Gutachten F zum 57. Deutschen Juristentag, S. 15f.

leistung und *vom Markt*: Das Erzielen von Einkommen sei ein Vorgang des wirtschaftlichen Begegnens mit dem Mitbürger, mit dem staatlich organisierten und geförderten Markt unter Nutzung der vom Staat angebotenen rechtlichen Ordnung[134]. Einkommenserwerb sei individueller Vermögenszugang durch individuelle Nutzung gemeinschaftlich angebotener Erwerbsmöglichkeiten, wobei die Einkommensteuer den Anteil des Staates an diesem durch die Gemeinschaft ermöglichten individuellen Erwerb realisiere[135]. Bei der Erzielung seines Einkommens stütze sich der Steuerpflichtige auf die staatlich bereitgestellten Rechtsgrundlagen für das Produzieren und Erwerben, nutze die Vorgaben staatlicher Währungs-, Handels-, Stabilisierungs- und sonstiger Wirtschaftspolitik und sei auf die Anerkennung des eigenen Leistungsangebots durch die Nachfrager angewiesen[136]. Diese Grundlage für die Sozialbindung des Individualeinkommens rechtfertige seine Besteuerung und verweise auf die marktabhängige Erwerbsgrundlage als Tatbestandsvoraussetzung für die Einkommensteuer[137]. Steuerbar seien daher nicht die Individualeinnahmen – das bloße Reicherwerden –, sondern die aus dem tatbestandlich verfestigten Marktzugang erworbenen *Entgelte*[138]. Die Sozialpflichtigkeit des am allgemeinen Markt erworbenen, deshalb von der Allgemeinheit vermittelten Einkommens nehme die *nicht* am Markt realisierten Vermögenswertsteigerungen von der Steuerbarkeit aus[139].

Kirchhof muß entgegengehalten werden, daß sich seine – äquivalenztheoretischen Überlegungen angenäherte – Argumentation zwar zur Legitimation einer Steuer als solcher, nicht aber zur Begründung eines Realisationsprinzips im Rahmen der einkommensteuerlichen Gewinnverwirklichung eignet. Denn das Zur-Verfügung-Stellen der Rechtsordnung durch den Staat und die staatliche Wirtschaftspolitik bilden die Basis nicht nur für das Erzielen von Entgelten am Markt. Vielmehr stellen diese „Leistungen" des Staates auch die Grundlage für andere Anknüpfungsmomente der Besteuerung dar, nämlich für den Vermögensbestand, die Vermögensverwendung und selbstverständlich auch für *nichtmarktbestätigte* Wertsteigerungen im Vermögen[140]. Es leuchtet außerdem nicht ein, warum die Staaten bei der Besteuerung auf das Welteinkommen des Steuerpflichtigen zurückgreifen dürfen, obwohl sie nicht zur Entstehung der ausländi-

---

[134] KIRCHHOF, Gutachten F zum 57. Deutschen Juristentag, S. 16, 18; insoweit zustimmend WITTMANN, StuW 1993, 35, 42f.
[135] KIRCHHOF, Gutachten F zum 57. Deutschen Juristentag, S. 17f.; insoweit zustimmend WITTMANN, StuW 1993, 35, 43.
[136] KIRCHHOF, Gutachten F zum 57. Deutschen Juristentag, S. 17f.
[137] KIRCHHOF, Gutachten F zum 57. Deutschen Juristentag, S. 17.
[138] KIRCHHOF, Gutachten F zum 57. Deutschen Juristentag, S. 17.
[139] KIRCHHOF, Gutachten F zum 57. Deutschen Juristentag, S. 19.
[140] Ebenso WITTMANN, StuW 1993, 35, 43f.; SÖHN, FS Tipke, S. 343, 350; STEICHEN, FS Tipke, S. 365, 371.

schen Einkünfte beigetragen haben[141]. Die aus der Inanspruchnahme der staatlichen Ordnung abgeleitete Sozialpflichtigkeit von Erworbenem läßt sich mithin einerseits nicht auf das *Markt*einkommen beschränken und andererseits nicht auf ausländische Einkünfte erweitern. *Kirchhofs* Ansatz taugt nicht zur Rechtfertigung des Realisationsprinzips im Steuerrecht.

Zu bedenken ist ferner, daß es bei der Einkommensteuer um Belastungsgerechtigkeit – hergestellt durch das Leistungsfähigkeitsprinzip – geht, nicht dagegen um Austauschgerechtigkeit nach dem Äquivalenzprinzip[142]. Die den Bürgern auferlegten Steuern sind in ihrer Gesamtheit zwar das Äquivalent für die Leistungen, die der Staat im Rahmen seiner Aufgabenerfüllung erbringt[143]. Die Steuerleistung des einzelnen Steuerpflichtigen oder einer Gruppe Steuerpflichtiger stellt aber nicht das Entgelt für bestimmte Leistungen des Gemeinwesens an diesen Bürger oder diese Gruppe dar[144]. Auch das Aufkommen aus den einzelnen Steuern läßt sich nicht äquivalent bestimmten staatlichen Leistungen zuordnen; das Aufkommen aus sämtlichen Steuern wird als Einheit betrachtet und darf zur Deckung der Kosten des Staates herangezogen werden[145]. Da es unmöglich ist, die Gruppe der Nutznießer staatlicher Leistungen mit der Gruppe der Steuerschuldner in Übereinstimmung zu bringen[146], wurde das Äquivalenzprinzip als Steuerverteilungsmaßstab schon Ende des 18. Jahrhunderts vom Leistungsfähigkeitsprinzip kontinuierlich verdrängt. Das Markteinkommensprinzip und das Realisationsprinzip als dessen Konkretisierung können nur Subprinzipien des Leistungsfähigkeitsprinzips sein, nicht jedoch umgekehrt[147].

3. Praktikabilität der Vermögenserfassung und –bewertung

Die Extension des Einkommensteuerobjekts im Sinne der Reinvermögenszugangstheorie wird als völlig unpraktikabel bezeichnet[148]. Verletzungen des Gleichheitssatzes durch Erfassungs- und Bewertungsschwierigkeiten wären angeblich vorprogrammiert, würde man den Reinvermögenszugang tatsächlich besteuern[149]. Da sich Marktvorgänge relativ gut erfassen ließen, sei der Markt-

---

[141] STEICHEN, FS Tipke, S. 365, 371f.
[142] TIPKE, StRO II, S. 615ff.; LANG, Tipke/Lang, StR, 17. Aufl., § 8 Rn. 31; das erkennt auch KIRCHHOF, Gutachten F zum 57. Deutschen Juristentag, S. 12.
[143] TIPKE, StRO II, 1. Aufl., S. 559.
[144] TIPKE, StRO II, 1. Aufl., S. 559.
[145] TIPKE, StRO II, 1. Aufl., S. 559.
[146] LANG, Tipke/Lang, StR, § 4 Rn. 87.
[147] SÖHN, FS Tipke, S. 343, 351.
[148] LANG, Tipke/Lang, StR, § 8 Rn. 33; TIPKE, StRO II, 1. Aufl., S. 566.
[149] LANG, Tipke/Lang, StR, § 8 Rn. 33; ders., Tipke/Lang, StR, § 4 Rn. 107, 104; TIPKE, StRO II, 1. Aufl., S. 566.

einkommensbegriff demgegenüber anwendungsfreundlich[150]. Das Markteinkommensprinzip nehme den Einkommensbegriff der Reinvermögenszugangstheorie auf das Praktikable zurück[151]. Probleme bereite schon die Herstellung der Steuergleichheit in Bereichen *marktoffenbaren* Erwerbens, beispielsweise bei Zins- und Schattenwirtschaftseinkünften, faktisch unmöglich sei sie in der privaten Wertschöpfungssphäre[152]. Zu befürchtende Vollzugsdefizite zwängen folglich zur Nichtbesteuerung unrealisierter Vermögenswertsteigerungen[153]. Versuche, eine Wertzuwachssteuer einzuführen, scheiterten bisher stets daran, daß sich der Tageswert des Vermögens nicht mit der erforderlichen Genauigkeit ermitteln ließe[154]. Die sich aus der Schätzung des Wertes von Wirtschaftsgütern ohne Börsen- oder Marktpreis ergebenden Fehler und Manipulationsmöglichkeiten seien aus Gründen der Gleichmäßigkeit der Besteuerung untragbar[155]. Erst im Zeitpunkt der Veräußerung könne man den Vermögenszuwachs als Differenz zwischen dem erzielten Marktpreis und dem Anschaffungswert des veräußerten Wirtschaftsguts eindeutig bestimmen. Die Preisbildung am Markt vollziehe sich durch den Ausgleich gegenläufiger Interessen und trage damit regelmäßig eine spezifische Richtigkeitsgewähr in sich[156]. Diese Erwägungen hätten den Gesetzgeber zur Verankerung des Realisationsprinzips im Steuerrecht bewegt.

Diese Ansicht ist nicht frei von Widersprüchen: Eine zeitnahe Bewertung von Wirtschaftgütern wird im Rahmen der Vermögensaufstellung seit langem durchgeführt. Auffällig ist auch, daß die „unüberwindlichen praktischen Schwierigkeiten" bei der Ermittlung von Tageswerten immer nur dann ins Feld geführt werden, wenn es um Tageswerte geht, die *über* den Anschaffungskosten liegen[157]. Bei Tageswerten, die *niedriger* sind als die Anschaffungskosten, scheint es merkwürdigerweise solche „unüberwindlichen Hindernisse" nicht zu geben, denn ihr Ansatz wird im Zuge des Prinzips kaufmännischer Vorsicht seit Jahrzehnten praktiziert[158]. Es verwundert sehr, daß sich niedrigere Tageswerte leicht, höhere aber so schwer ermitteln lassen. Im übrigen kommt das Einkommensteuerrecht in den Fällen der Entnahme und Betriebsaufgabe auch nicht ohne die Erfassung von nicht realisierten Wertzuwächsen aus. Den vorgebrachten Zweifeln an der praktischen Durchführbarkeit der Vermögenserfassung und -bewertung fehlt mithin die Plausibilität. Sie sind nicht in der Lage, die Nichtbe-

---

[150] LANG, Tipke/Lang, StR, § 8 Rn. 33.

[151] LANG, Bemessungsgrundlage der ESt, S. 30f., 169.

[152] LANG, Tipke/Lang, StR, § 8 Rn. 33.

[153] THIEL, Ruppe, Gewinnrealisierung im StR, DStJG 4, S. 183, 187.

[154] THIEL, Ruppe, Gewinnrealisierung im StR, DStJG 4, S. 183, 188.

[155] THIEL, Ruppe, Gewinnrealisierung im StR, DStJG 4, S. 183, 188.

[156] WITTMANN, StuW 1993, 35, 39.

[157] DÖRING, DStR 1977, 271, 275.

[158] DÖRING, DStR 1977, 271, 275.

steuerung unrealisierter Wertsteigerungen als gleichheitssatzkonform zu legitimieren.

4. Erfassung sicherer Leistungsfähigkeit

Zur Rechtfertigung eines Realisationsprinzips im Steuerrecht wird zudem vorgebracht, anders als der nicht realisierte Wertzuwachs sei das realisierte Einkommen ein *sicherer* Indikator steuerlicher Leistungsfähigkeit[159]. Die in der Verfassung verankerten Gebote des Leistungsfähigkeits- und des Verhältnismäßigkeitsprinzips wiesen den Steuergesetzgeber dazu an, für die Besteuerung auf möglichst sichere Werte abzustellen: Der Gesetzgeber habe von mehreren möglichen Werten den auszuwählen, der die Gefahr der Übermaßbesteuerung am wahrscheinlichsten ausschließt, also einen hinreichend sicheren[160]. Daraus folge ein Vorrang der Werte, die durch einen Umsatzakt ausgewiesen sind, also ein Realisationsaktprinzip[161]. Nicht realisierte Wertsteigerungen von Wirtschaftsgütern bildeten nicht immer sichere und dauerhafte Vermögenspositionen[162]. Manifestiert der Steuerpflichtige aber seine Fähigkeit, Leistungen am Markt zu erbringen, durch die *tatsächliche* Leistung, dann beweise er das sichere Vorliegen seiner Leistungskraft[163]. Deshalb stelle die tatsächliche Leistungserbringung am Markt einen wirklich zuverlässigen Maßstab für den Vergleich der Leistungsfähigkeit von Steuerpflichtigen dar.

Vor dem Hintergrund des Spannungsverhältnisses einer Besteuerung nach der wirtschaftlichen Leistungsfähigkeit und einer möglichst sicheren Besteuerung ist die Schlüssigkeit dieser Argumentation zu bezweifeln: Mit der Erhöhung der Anforderungen an die Feststellung *sicherer* Leistungsfähigkeit gehen stets Abstriche bei der Erfassung der *vollständigen* Leistungsfähigkeit des Steuerpflichtigen einher. Zugunsten einer gleichmäßigen Besteuerung der Bürger nach ihrer wirtschaftlichen Leistungsfähigkeit muß kritisch geprüft werden, ob nicht realisierte Wertsteigerungen des Betriebsvermögens tatsächlich unsicherere Werte darstellen als durch Umsatzakt realisierte Vermögenszuwächse bzw. ob das Weniger an Sicherheit zur adäquaten Verwirklichung des Gleichheitssatzes in Kauf genommen werden muß. Dabei ist zu berücksichtigen, daß zahlreiche Fälle exi-

---

[159] LANG, Tipke/Lang, StR, § 8 Rn. 33.

[160] LANG, Bemessungsgrundlage der ESt, S. 276, 344.

[161] LANG, Bemessungsgrundlage der ESt, S. 344.

[162] LANG, Bemessungsgrundlage der ESt, S. 344; PEZZER, Doralt, Probleme des Steuerbilanzrechts, DStJG 14, S. 3, 24; THIEL, Ruppe, Gewinnrealisierung im StR, DStJG 4, S. 183, 188.

[163] LANG, Bemessungsgrundlage der ESt, S. 276, 344; PEZZER, Doralt, Probleme des Steuerbilanzrechts, DStJG 14, S. 3, 24; THIEL, Ruppe, Gewinnrealisierung im StR, DStJG 4, S. 183, 188.

36

stieren, in denen sich die Wertsteigerung *nach* der Realisation als viel unsicherer erweist als vorher. Im Gegensatz zum unbebauten Grundstück kann der Verkaufserlös in Form von Bargeld gestohlen werden[164]. In diesem Extremfall war der Wertzuwachs vor dem Umsatzakt sicherer als danach. Wurde ein Grundstück gegen ein Aktienpaket eingetauscht, dann war die im Grundstück ruhende unrealisierte Wertsteigerung vor dem Tausch weniger gefährdet als hinterher der Wert der Aktien. Da das eingetauschte Gut immer im Wert fallen kann, liegt beim Tauschgeschäft nach dem Umsatzgeschäft keine sicherere Leistungsfähigkeit vor als vor dem Realisationsakt. Die Möglichkeit des Kapitalverlustes ist mithin keine Frage der Realisation oder Nichtrealisation, sondern allein des unterschiedlichen Risikos verschiedener Vermögenspositionen[165]. Während Grundstücke und Bargeld grundsätzlich zu den eher sicheren Vermögenswerten gehören, besteht bei Aktien im allgemeinen eine größere Gefahr des Wertverlustes. Im Falle einer hohen Geldwertinflation bzw. der Errichtung einer Mülldeponie oder eines Kernkraftwerks in der unmittelbaren Nähe eines Grundstücks beurteilt sich die Sicherheit der Vermögenspositionen allerdings genau umgekehrt. Mit der Realisation der in einem Wirtschaftsgut ruhenden stillen Reserven kann das Vorliegen besonders sicherer Leistungsfähigkeit mithin nicht begründet werden. Der Ansicht, die das Realisationsprinzip im Steuerrecht mit dem Vorliegen sicherer Vermögenswerte im Anschluß an den Umsatzakt am Markt rechtfertigt, ist die Zustimmung zu versagen.

5. Fiskalisches Interesse an der Erhaltung der Besteuerungsgrundlagen

Laut *Thiel*[166] ist die Frage, ob nur die realisierten oder auch die nicht realisierten Vermögenszuwächse Einkommen bilden, weniger eine Frage der steuerlichen Gerechtigkeit als der wirtschaftlichen Vernunft. Trifft dies zu, dann kommt folgender Ansatz[167,168] für eine Rechtfertigung des Realisationsprinzips im Steuer-

---

[164] Beispiel von DÖRING, DStR 1977, 271, 275.
[165] DÖRING, DStR 1977, 271, 275.
[166] THIEL, Ruppe, Gewinnrealisierung im StR, DStJG 4, S. 183, 187.
[167] Vertreten durch COSTEDE, StuW 1996, 19, 24; ALBACH, StbJb. 1970/71, 287, 313ff. Letzterer begründet mit dem fiskalischen Interesse an der Schonung des Steuerpflichtigen jedoch nicht das Realisationsprinzip, sondern leitet aus dem Ansatz noch weitreichendere Konsequenzen für die Gewinnrealisierung ab: Bei der Veräußerung des Anlagevermögens eines Betriebes sei eine Gewinnverwirklichung und Besteuerung gänzlich ausgeschlossen, weil Gewinn nur durch die Nutzung der Wirtschaftsgüter, nicht aber durch die Veräußerung der Produktionsmittel erzielt werden könne. Ein Austausch einzelner Wirtschaftsgüter innerhalb der Produktionsmittel diene nur der Aufrechterhaltung und qualitativen Verbesserung des Anlagevermögens und verbiete daher eine Gewinnrealisierung.
[168] Die Begründung zu § 30 EStG 1925 (RT III 1924/25, Drucks. Nr. 795, S. 23), dem Vorläufer des § 16 EStG, weist darauf hin, daß der Sinn des Zusammenspiels zwischen dem

recht in Betracht: Die Schonung des Steuerpflichtigen durch einen Aufschub der Besteuerung liegt im Interesse des Fiskus, denn man soll die Hühner nicht schlachten, die die goldenen Eier legen – eine alte finanzwissenschaftliche Besteuerungsregel[169]. Doch genau dies täte der Staat, würde er die durch nicht realisierte Wertsteigerungen im Betriebsvermögen erlangte Leistungsfähigkeit des Unternehmers umgehend durch Steuerbelastung beeinträchtigen oder zerstören. Die Erhaltung und Förderung der unternehmerischen Wirtschaftskraft stellt ein existentielles Anliegen des Steuerstaates dar, da nur der funktionierende Betrieb eine lukrative Quelle für Steuereinnahmen bildet. Ein übermäßiges Schröpfen des Gewerbetreibenden mit der Folge des Verlustes der Wettbewerbsfähigkeit am Markt widerspricht schlicht der Vernunft des Fiskus.

Auf diesen wirtschaftlichen Überlegungen scheinen das Anschaffungswert- und das Realisationsprinzip zu basieren: Denn die angeordnete Bildung stiller Reserven führt dazu, daß die Besteuerung der betrieblichen Wertsteigerungen unterbleibt, solange der Steuerpflichtige mit den Wirtschaftsgütern in seinem Betrieb arbeitet. Erst bei der Veräußerung oder dem Tausch der Wirtschaftsgüter am Markt kommt es zum Zugriff auf die „gespeicherten" stillen Reserven. Zum Zeitpunkt des Umsatzaktes hört das weggegebene Wirtschaftsgut auf, dem Unternehmen in seiner gegenständlichen Form zu dienen, so daß die Beendigung der Schonung des Steuerpflichtigen naheliegt. Die für das Betriebsmittel erhaltene Gegenleistung befähigt den Unternehmer, die Steuer zu zahlen, ohne auf die übrige betriebliche Substanz zurückgreifen zu müssen. Gemessen am Interesse des Fiskus an der Erhaltung der ertragreichen Steuerquellen ist folglich der Realisationsakt der erste Moment, der sich zur Belastung eignet.

Das fiskalische Bedürfnis, den Fortbestand von Unternehmen und damit das Steueraufkommen zu sichern, vermag jedoch nicht das Realisationsprinzip zu legitimieren. Denn die steuerliche Gewinnrealisierung unterliegt dem Gebot der gerechten Verteilung der Steuerlast auf die Bürger nach dem Kriterium der wirtschaftlichen Leistungsfähigkeit. Der Gesichtspunkt der fiskalischen Vernunft muß hinter die Verwirklichung des Gleichheitssatzes zurücktreten. Entgegen *Thiel* ist die Frage, ob nur die realisierten oder auch die nicht realisierten Vermögenszuwächse Einkommen bilden, durchaus und vorrangig eine Frage der steuerlichen Gerechtigkeit und erst untergeordnet eine Frage der wirtschaftli-

---

Gewinnbegriff des § 4 EStG und der Bewertungsnorm des § 6 Abs. 1 EStG darin besteht, den Unternehmer zu schonen, um den Erhalt des Unternehmens zu gewährleisten. Bei der Beratung des Geldentwertungsgesetzes im Jahr 1923 im Steuerausschuß des Reichstages führte die Reichsregierung aus (Drucks. Nr. 5600 S. 8): „Das Privileg hat der Gewerbetreibende nicht um seiner selbst willen, sondern um einer volkswirtschaftlichen Notwendigkeit willen, nämlich der Erhaltung des produktiven Kapitals."

[169] Vgl. TIPKE, StRO I, S. 420; ALBACH, StbJb. 1970/71, 287, 314.

chen Zweckmäßigkeit. Daher scheiden fiskalische Motive als Rechtfertigungsgrundlagen des Realisationsprinzips aus.

6. Grundsatz der maßvollen Besteuerung des Eigentums

Die Rechtfertigung für das Realisationsprinzip im Steuerrecht ist in den durch die Verfassung vorgegebenen Grenzen der Besteuerungsgewalt zu suchen.

a. Der „ideale" Besteuerungsgegenstand

Die Grenzen der Besteuerungsgewalt werden – neben dem Gleichbehandlungsgrundsatz – durch die wirtschaftsorientierten Grundrechte gezogen, die deutlich in die Richtung einer marktwirtschaftlichen Ordnung weisen[170]. So statuiert Art. 14 GG eine grundsätzlich privatnützige Eigentumsordnung, in der die Wirtschaftsgüter und deren ökonomische Nutzbarkeit prinzipiell der privaten Hand zugewiesen sind. Daneben schützen Art. 12 GG die Berufs- und Gewerbefreiheit, Art. 9 GG die gemeinsame wirtschaftliche Betätigung und Art. 2 Abs. 1 GG die Privatautonomie sowie die Wettbewerbsfreiheit. Durch diese Grundrechte wird eine materiell verfassungsrechtliche Grundentscheidung für ein dezentrales und freies Wirtschaften unter Privaten getroffen, auch wenn Art. 2 Abs. 1, 9, 12 und 14 GG „nur" bereichsspezifische Freiheitsverbürgungen mit jeweils eigenen verfassungsrechtlichen Schranken enthalten[171].

Aus der Garantiefunktion der wirtschaftsorientierten Grundrechte leiten Vertreter der Literatur einen Grundsatz der größtmöglichen steuerlichen Rücksichtnahme auf die wirtschaftliche Dispositionsautonomie der Individuen ab[172]. Der Fiskus verwirkliche dann eine solche Rücksichtnahme, wenn die Steuer den Zensiten nicht zur Vornahme wirtschaftlicher Dispositionen zwingt, sondern an bereits *vor Steuern* vorgenommene Dispositionen anknüpft[173]. Der Steuergegenstand des Markteinkommens entfalte mithin freiheitssichernde Funktion, indem er die Steuerpflicht an die Ausübung und das wirtschaftliche Ergebnis privatautonomer Initiative koppelt[174]. Diese Bindung verbürge größtmögliche ökonomische Handlungsfreiheit, weil sie zwischen Steuerpflicht und wirtschaftlicher Disposition ein Junktim des Inhalts schaffe, daß die steuerliche Leistungspflicht

---

170 WITTMANN, StuW 1993, 35, 40.

171 WITTMANN, StuW 1993, 35, 41.

172 WITTMANN, StuW 1993, 35, 46; NEUMARK, Grundsätze der Besteuerung in Vergangenheit und Gegenwart, S. 52.

173 BEISER, ÖStZ 2001, 335; KIRCHHOF, Gutachten F zum 57. Deutschen Juristentag, S. 14; WITTMANN, StuW 1993, 35, 46.

174 BEISER, ÖStZ 2001, 335; WITTMANN, StuW 1993, 35, 46.

dem privatautonomen Wirtschaften *nachfolgt*[175]. Vor diesem Hintergrund stelle das *realisierte* Einkommen den „idealen" Steuergegenstand dar[176].

Nicht verkannt werden darf jedoch, daß der Steuergesetzgeber nicht nur dem Gebot der Rücksichtnahme auf die wirtschaftliche Dispositionsfreiheit des Steuerpflichtigen unterliegt, sondern ebenso zur gleichmäßigen Verteilung der Steuerlast auf die Bürger nach Maßgabe der wirtschaftlichen Leistungsfähigkeit aus Art. 3 Abs. 1 GG verpflichtet ist. Die wirtschaftsorientierten Freiheitsrechte der Art. 2 Abs. 1, 9, 12 und 14 GG können daher in Kollision mit dem allgemeinen Gleichbehandlungsgrundsatz geraten. Da schon die nicht realisierte Vermögenswertsteigerung eine Erhöhung der Leistungsfähigkeit des Steuerpflichtigen bedeutet, so daß der Zugriff des Fiskus auf die nicht liquiden stillen Reserven den Gleichheitssatz verwirklichen würde, wächst die Wahrscheinlichkeit einer nicht mehr zu rechtfertigenden Verletzung des Art. 3 Abs. 1 GG, je länger die Besteuerung zur Gewährleistung der größtmöglichen Dispositionsfreiheit des Steuerpflichtigen aufgeschoben wird. Die Feststellung des verfassungsrechtlich „idealen" Besteuerungsgegenstandes erfordert daher eine Abwägung zwischen der Garantiefunktion der wirtschaftsorientierten Grundrechte und den Verbürgungen des allgemeinen Gleichheitssatzes. Werden beide Verfassungspositionen in einen angemessenen Ausgleich gebracht, ergibt sich daraus der richtige Zeitpunkt für die Aufdeckung der stillen Reserven. Der konkrete Gehalt des dispositionsbezogenen Rücksichtnahmegebots läßt sich allerdings nur aus dem Schutzbereich und den Schranken der einzelnen Freiheitsrechte der Art. 2 Abs. 1, 9, 12 und 14 GG ableiten[177], so daß die Berechtigung des Realisationsprinzips im Steuerrecht unter Heranziehung der speziellen Wirtschaftsgrundrechte eruiert werden muß.

Der „ideale" Besteuerungsgegenstand ergibt sich mithin aus dem Ausgleich der Garantien der einzelnen wirtschaftsorientierten Grundrechte mit den Anforderungen, die der allgemeine Gleichheitssatz an den Steuergesetzgeber stellt. Dies ist der Maßstab für die Rechtfertigung eines Realisationsprinzips im Steuerrecht.

---

[175] Wittmann, StuW 1993, 35, 46.
[176] Wittmann, StuW 1993, 35, 46.
[177] Wittmann, StuW 1993, 35, 46.

b. Abwägung zwischen dem Grundsatz der maßvollen Besteuerung des Eigentums und dem Leistungsfähigkeitsprinzip

aa. *Grundsatz der maßvollen Besteuerung des Eigentums*

Der Rechtsstaat soll gemäß Art. 14 Abs. 1 S. 1 GG das Eigentum und das Erbrecht gewährleisten. Zwar hat das BVerfG aus der Eigentumsgarantie zunächst lediglich einen Schutz gegen die konfiskatorische Steuer abgeleitet: Art. 14 GG schütze das Vermögen nicht gegen Eingriffe durch die Auferlegung von Geldleistungspflichten[178]; ein Verstoß gegen das Grundrecht könne erst dann in Betracht kommen, wenn die Geldleistungspflichten den Pflichtigen *übermäßig* belasten und seine Vermögensverhältnisse *grundlegend beeinträchtigen* würden[179]. Seit Beginn der siebziger Jahre wird jedoch die Eigentumsgarantie durch die Staats- und Steuerrechtswissenschaft[180] als Vermögensschutzgarantie gegen übermäßige Besteuerung ausgebaut. Dabei soll Art. 14 GG insbesondere vor einem übermäßigen Eingriff in die *Substanz* des Vermögens schützen. Diesem Bemühen der Lehre trugen schließlich die Einheitswertbeschlüsse des BVerfG[181] von 1995 Rechnung: Sie vollzogen einen grundlegenden Wandel der Rechtsprechung zu Art. 14 GG, dem man nunmehr das von *Kirchhof*[182] entwickelte Prinzip eigentumsschonender Besteuerung entnimmt. Die grundsätzliche Anwendbarkeit des Art. 14 GG zur Begrenzung der Besteuerungsgewalt wird fortan nicht mehr geleugnet. „Eigentum" im Sinne des Art. 14 Abs. 1 S. 1 GG definiere nicht ein Wirtschaftsgut, das gegen steuerlichen Zugriff abzuschirmen wäre, sondern umgrenze den Handlungsspielraum des Eigentümers[183]. Grundlage der Eigentümerfreiheit sei das Gesamtvermögen[184]. Das Einkommensteuerobjekt, der periodische Zuwachs an Eigentum, sei angemessen zu belasten[185].

---

[178] BVerfG, BVerfGE 4, 7, 17; BVerfG, BVerfGE 8, 274, 330; BVerfG, BVerfGE 10, 89, 116; BVerfG, BVerfGE 14, 221, 241; BVerfG, BVerfGE 19, 119, 128/129; BVerfG, BVerfGE 23, 288, 314; BVerfG, BVerfGE 38, 61, 102.

[179] BVerfG, BVerfGE 14, 221, 241; BVerfG, BVerfGE 19, 119, 128/129; BVerfG, BVerfGE 23, 288, 315; BVerfG, BVerfGE 38, 61, 102.

[180] Insb. KIRCHHOF, Besteuerungsgewalt und Grundgesetz, S. 20ff.; LEISNER, Wertzuwachsbesteuerung und Eigentum; JACHMANN, Steuergesetzgebung zwischen Gleichheit und wirtschaftlicher Freiheit; VOGEL, FS Maurer, S. 297; ders., FS 50 Jahre BVerfG, S. 527, 532ff.

[181] BVerfG, BVerfGE 93, 121ff. (Vermögensteuer); 93, 165ff. (Erbschaftsteuer).

[182] KIRCHHOF, StuW 1980, 366 bzw. VVDStRL 39, 281, LS 1: „Ein Grundrecht des Eigentümers ... fordert eine eigentumsschonende Deckung des staatlichen Finanzbedarfs."

[183] KIRCHHOF, StuW 1980, 366, 367 bzw. VVDStRL 39, 281, 282, LS 7 a.

[184] KIRCHHOF, StuW 1980, 366, 367 bzw. VVDStRL 39, 281, 282, LS 7 a.

[185] KIRCHHOF, StuW 1980, 366, 367 bzw. VVDStRL 39, 281, 284, Anlage 1 a.

Zur Feststellung der konkreten Kriterien der Verhältnismäßigkeit, welche den Grenzverlauf zwischen dem Bereich der angemessenen steuerlichen Belastung und dem Bereich der übermäßigen Besteuerung bestimmen, ist das rechtsstaatliche Übermaßverbot heranzuziehen[186]. Das Übermaßverbot schränkt die Gestaltungsfreiheit des Steuergesetzgebers ein und konkretisiert dadurch das Prinzip eigentumsschonender Besteuerung.

Neben das Leistungsfähigkeitsprinzip gesellt sich folglich das Prinzip maßvoller Besteuerung des Eigentumszuwachses als zweiter fundamentaler verfassungsrechtlicher Eckpfeiler der Besteuerung stiller Reserven.

bb. Abwägung

Der angemessene Ausgleich beider Prinzipien führt zu folgendem Ergebnis: Das Gebot einer wirtschaftlich maßvollen Besteuerung des Eigentums präzisiert das Leistungsfähigkeitsprinzip dahingehend, daß stille Reserven im Regelfall erst bei ihrer Realisierung durch einen Umsatzakt am Markt aufzulösen und zu besteuern sind[187]. Durch den Aufschub der Besteuerung der Vermögenswertsteigerungen bis zur Veräußerung des Wirtschaftsguts wird ein Eingriff in die nicht liquide Substanz vermieden. Mit dem Realisationsakt wandelt sich der Wertzuwachs in liquide Mittel um, die dem Steuerpflichtigen die Entrichtung der Steuer ermöglichen. Unverhältnismäßig wäre es, wenn der Steuerpflichtige trotz gesicherten Steueranspruchs mangels Realisierung von Gewinn gezwungen wäre, die Wirtschaftsgüter zu veräußern oder zu beleihen, um Mittel für die Steuerzahlung freizusetzen[188]. Die Veräußerung oder Beleihung der Substanz muß ultima ratio sein und kann nur dann als zulässig erachtet werden, wenn andernfalls der Steueranspruch unterginge oder gefährdet würde, der Staat also einen endgültigen Steuerausfall erleiden würde oder befürchten müßte[189]. Besteht diese Gefahr jedoch nicht, so muß der Fiskus bis zur Veräußerung warten[190]. Das Leistungsfähigkeitsprinzip wird folglich durch das Prinzip einer wirtschaftlich maßvollen Eigentumsbesteuerung, welches seinen einfachgesetzlichen Niederschlag im Realisationsprinzip gefunden hat, moderiert, sofern das nicht zum endgültigen Steuerausfall führt. Mithin ist das Realisationsprinzip als ein Subprinzip des Leistungsfähigkeitsprinzips anzusehen, das dieses ausfüllt und einschränkt[191].

---

[186] TIPKE, Ruppe, Gewinnrealisierung im StR, DStJG 4, S. 1, 4f.; LANG, Ruppe, Gewinnrealisierung im StR, DStJG 4, S. 45, 80.
[187] LANG, Ruppe, Gewinnrealisierung im StR, DStJG 4, S. 45, 81; REIß, K/S/M, EStG, § 16 Rn. B 80 und Fn. 158a.
[188] BEISER, ÖStZ 2001, 335; TIPKE, Ruppe, Gewinnrealisierung im StR, DStJG 4, S. 1, 5.
[189] TIPKE, Ruppe, Gewinnrealisierung im StR, DStJG 4, S. 1, 5.
[190] TIPKE, Ruppe, Gewinnrealisierung im StR, DStJG 4, S. 1, 5.
[191] TIPKE, StRO I, S. 504; REIß, K/S/M, EStG, § 16 Rn. B 80 und Fn. 158a.

Nach alldem bildet das Markteinkommen den verfassungsoptimierten Besteue-rungsgegenstand[192].

Der Nichtbesteuerung unrealisierter Wertsteigerung und damit der Anerken-nung eines die Liquidation abwartenden Realisationsprinzips wird entgegen-gehalten, daß sich der Fiskus mit seinem Steueranspruch nicht nach der Liquidi-tät der Bürger richten müsse, sondern daß er von den Bürgern erwarten könne, daß sie ihre Liquidität am Steueranspruch des Staates orientieren[193]. Erbschafts-teuer beispielsweise müsse auch dann bezahlt werden, wenn die gesamte Erb-masse aus Immobilien besteht[194]. Das Realisationsprinzip begründe die Gefahr, daß die Bürger unliebsamen Steuerzahlungen durch Transaktionsverzicht aus-weichen[195]. Die Bestimmung des Zeitpunkts der Steuerzahlung bliebe der Will-kür des Pflichtigen überlassen[196]. Durch Beleihung werde der Steuerpflichtige außerdem in die Lage versetzt, die Wertsteigerung auch ohne Verkauf des Wirt-schaftsgutes zur Konsumfinanzierung zu verwenden[197]. Die Beschaffung der erforderlichen Mittel zur Steuerzahlung durch Kreditaufnahme sei vor diesem Hintergrund zumutbar[198]. Die Besteuerung erst der realisierten Gewinne laufe auf einen Besteuerungsaufschub mit oft hohem Zinsgewinn für den Steuer-pflichtigen hinaus[199].

Beachtenswert ist vor allem folgendes Argument: Das Realisationsprinzip be-einträchtige die Gleichmäßigkeit der Besteuerung, da seine Vorzüge nur einem bestimmten Kreis von Steuerbürgern zugute kämen: Nur die Wertsteigerungen von Sachvermögenspositionen, nicht aber die Wertsteigerungen aus Geldvermö-genspositionen (Zinsgutschriften) genießen nämlich die steuerhemmende Wir-kung des Realisationsprinzips[200]. Zwar sei es jedem Bürger freigestellt, ob und wo er investieren möchte; tatsächlich beschränkten sich aber die Investitionstä-tigkeiten der „kleinen Anleger" fast ausnahmslos auf Geldvermögenspositio-nen[201]. Aus Mangel an Erfahrung, Risikofreude und Kapitalgröße hielten sie sich von Sachvermögenspositionen fern, so daß de facto nur diejenigen in den Genuß des Realisationsprinzips kämen, die sich ein Engagement in Sachvermö-genspositionen leisten können[202]. Betrachteten der Kontensparer und der Grund-

[192] WITTMANN, StuW 1993, 35 ff.

[193] DÖRING, DStR 1977, 271, 275.

[194] DÖRING, DStR 1977, 271, 275.

[195] DÖRING, DStR 1977, 271, 276.

[196] DÖRING, DStR 1977, 271, 272, 276.

[197] DÖRING, DStR 1977, 271, 273, 276.

[198] DÖRING, DStR 1977, 271, 276; THIEL, Ruppe, Gewinnrealisierung im StR, DStJG 4, S. 183, 187.

[199] THIEL, Ruppe, Gewinnrealisierung im StR, DStJG 4, S. 183, 188.

[200] DÖRING, DStR 1977, 271, 276.

[201] DÖRING, DStR 1977, 271, 276.

[202] DÖRING, DStR 1977, 271, 276.

stückseigentümer ihr Vermögen als langfristige Kapitalanlage, dann wachse außerdem bei gleicher Rendite vor Steuern die Vermögensposition des Grundstückseigentümers nach Steuern viel schneller als die Vermögensposition des Kontensparers[203].

Die Argumente für einen grundsätzlichen Verzicht auf die Besteuerung nicht liquider Wertsteigerungen gemäß dem Realisationsprinzip sind jedoch so gewichtig, daß diese Ungleichbehandlung von Geld- und Sachvermögen in Kauf genommen werden muß: Zum einen sind für die vorgeschlagene Beleihung des Wirtschaftgutes erhebliche Kreditkosten zu zahlen, die zur Steuerbelastung hinzutreten[204]. Nicht zu unterschätzen ist ferner die durch die Verschuldenssituation hervorgerufene Rufschädigung[205]. Außerdem ist eine Beleihung der Vermögensposition nicht in jedem Fall möglich: Hat der Steuerpflichtige die Grenzen der Verschuldung erreicht, ist er doch zum Verkauf des Wirtschaftsguts gezwungen, um Mittel für die Steuerzahlung freizusetzen. Die Unzumutbarkeit des Verweises auf den Verkauf der Vermögensposition wird durch folgendes Beispiel[206] deutlich: Ein Bauer betreibt einen landwirtschaftlichen Betrieb auf kargem Boden, als bekannt wird, daß ein Großunternehmen in der Gegend ein Zweigwerk errichten möchte. Allein durch das Bekanntwerden dieses Plans steigt der Wert des Grund und Bodens binnen weniger Wochen um ein Vielfaches. Trotzdem hat der Bauer nicht die Absicht, seinen Betrieb aufzugeben. Dazu wäre er jedoch gezwungen, gäbe es das Realisationsprinzip – das den Eigentumsschutz verwirklicht – nicht. Nötigt die Wertzuwachsbesteuerung den Steuerpflichtigen zu Verkäufen, so kann dies schließlich zu einem Zeitpunkt geschehen, in dem der Markt einen angemessenen Kaufpreis nicht hergibt. Ungünstige Marktchancen würden demnach Vermögenseinbußen bewirken, die den Steuerpflichtigen zusätzlich zur Besteuerung belasten[207]. Bis zum Realisationsakt muß das Gebot der steuerlichen Gleichbehandlung (auch von Geld- und Sachvermögensinhabern) daher zugunsten einer maßvollen Besteuerung des Eigentums zurücktreten.

---

[203] DÖRING, DStR 1977, 271, 276.

[204] LANG, Bemessungsgrundlage der ESt, S. 154; ders., Tipke/Lang, StR, § 4 Rn. 107, 103.

[205] LANG, Bemessungsgrundlage der ESt, S. 154.

[206] Nach DÖRING, DStR 1977, 271, 276.

[207] LANG, Bemessungsgrundlage der ESt, S. 154.

cc. Teilergebnis

Das Leistungsfähigkeitsprinzip und der Grundsatz der maßvollen Belastung des Eigentums bilden fundamentale verfassungsrechtliche Eckpfeiler der Besteuerung stiller Reserven. Schon der nicht realisierte Vermögenswertzuwachs steigert die Leistungsfähigkeit des Steuerpflichtigen, so daß ein sofortiger Zugriff des Fiskus den Anforderungen des Gleichheitssatzes genügen würde. Das Prinzip der maßvollen Besteuerung des Eigentums gebietet jedoch ein Abwarten bis zum Zeitpunkt der Realisation der stillen Reserven, da in diesem Moment liquide Mittel zur Steuerzahlung freigesetzt werden; vorher ist die Vermögenssubstanz des Bürgers zu schonen. *Bis* zum Umsatzakt genießt der Eigentumsschutz Vorrang vor der konsequenten Verwirklichung des Leistungsfähigkeitsprinzips. Das Realisationsprinzip ist folglich das Ergebnis des angemessenen Ausgleichs beider Verfassungsgrundsätze.

c. Vereinbarkeit des Realisationstatbestandes des Tauschs mit dem Grundsatz der maßvollen Besteuerung des Eigentums

Zu klären bleibt, wie sich der Realisationstatbestand des Tausches, konkretisiert durch die Bewertungsvorschrift des § 6 Abs. 6 S. 1 EStG, mit dem soeben herausgearbeiteten Verhältnis von Leistungsfähigkeitsprinzip und Eigentumsschutz vereinbaren läßt. Gemäß § 6 Abs. 6 S. 1 EStG bemessen sich die Anschaffungskosten eines Wirtschaftsguts, das durch Tausch erworben wird, nach dem gemeinen Wert des hingegebenen Wirtschaftsguts. Der Tausch von Betriebsvermögen löst folglich eine Besteuerung der stillen Reserven des hingegebenen Wirtschaftsguts aus, obwohl dem Steuerpflichtigen im Zuge des Umsatzaktes *keine* liquiden Mittel zufließen. Hier läuft der durch das Realisationsprinzip verwirklichte Grundsatz der maßvollen Besteuerung des Eigentums – in dem Zeitraum ab der Vornahme des Tauschgeschäfts – leer.

Dennoch ist es verfassungsrechtlich gerechtfertigt, den Tausch von Wirtschaftsgütern zu den Gewinnrealisierungstatbeständen zu zählen. Denn der Ausgleich zwischen dem Gebot der Belastungsgleichheit nach Art. 3 Abs. 1 GG und dem Grundsatz der maßvollen Besteuerung des Eigentums gemäß Art. 14 GG gelangt *ab* der Vornahme des Umsatzgeschäfts zu einem anderen Ergebnis als *bis* dahin: Während *bis* zur Realisation der Wertsteigerungen das Leistungsfähigkeitsprinzip durch das Erfordernis einer maßvollen Besteuerung des Eigentums verdrängt wird, genießt *ab* dem Umsatzakt die Besteuerung nach der wirtschaftlichen Leistungsfähigkeit Vorrang gegenüber dem Eigentumsschutz. Ein Abwarten des Fiskus über den Zeitpunkt der Realisation hinaus hätte nämlich zur Folge, daß die stillen Reserven im weggegebenen Wirtschaftsgut nicht mehr bei dem Steuerpflichtigen erfaßt werden können, der sie gebildet hat. Darin liegt ein Verstoß gegen das Subjektsteuerprinzip[208] als Ausfluß der Besteuerungsgleichheit: Die gerechte Verteilung der Steuerlast auf die Bürger nach ihrer wirtschaftlichen Leistungsfähigkeit setzt denknotwendig voraus, daß die Wertsteigerungen bei dem Steuersubjekt belastet werden, in dessen Vermögen sie entstanden sind. Mit dem Realisationsakt ist aber der letzte Moment gekommen, um die stillen Reserven beim richtigen Steuerpflichtigen aufzudecken. Geschieht das nicht, gehen sie im Zuge des Tauschgeschäfts zusammen mit dem Wirtschaftsgut auf ein anderes Steuersubjekt über. Führt der übernehmende Steuerpflichtige die Buchwerte nicht fort, kann der Steueranspruch des Staates nicht einmal mehr bei diesem verwirklicht werden; er geht verloren. Der Aufschub der Besteuerung gemäß dem Grundsatz der maßvollen Belastung des Eigentums muß folglich dann ein Ende finden, wenn dem Leistungsfähigkeitsprinzip nicht länger genügt werden kann. Das ist im Moment des Realisationsaktes der Fall, denn dann löst sich die Bindung zwischen den stillen Reserven und dem Steuerpflichtigen, der sie gebildet hat. Eigentumsschutz und Übermaßverbot müssen zugunsten des Gleichheitssatzes zurücktreten. Auch diese Wertung liegt dem steuerlichen Realisationsprinzip zugrunde.

Beim Tausch könnte eine Verletzung des Subjektsteuer- und damit des Leistungsfähigkeitsprinzips allerdings dadurch vermieden werden, daß man die Wertsteigerungen vom hingegebenen auf das im Tauschwege empfangene Wirtschaftsgut verlagert. Dieses Vorgehen hätte allerdings zur Folge, daß es im Belieben des Steuerpflichtigen stünde, die steuerliche Erfassung der stillen Reserven zu ermöglichen oder aber endlos aufzuschieben. Zwar bliebe die Besteuerung des Wertzuwachses beim Steuerpflichtigen gesichert, sie könnte aber über Generationen hinweg verzögert werden, was dem Bürger einen unermeßlichen Zinsgewinn bescheren würde[209]. Aus diesem Grund mahnt *Lang*[210] zu Recht, daß ein Zuwarten mit der Besteuerung über den Zeitpunkt des Umsatzaktes hinaus einen schwunghaften Tauschhandel entstehen ließe. Je weiter die Aufdeckung der stillen Reserven hinausgeschoben wird, desto weniger tragbar ist die Nichtbesteuerung vor dem Hintergrund des allgemeinen Gleichheitssatzes. Trotz fehlender Freisetzung liquider Mittel zur Steuerzahlung muß deshalb der Zugriff des Fiskus im Zeitpunkt der Realisation durch Tausch erfolgen.

---

[208] Zum Subjektsteuerprinzip ausführlich unter 2. Teil, C.
[209] THIEL, Ruppe, Gewinnrealisierung im StR, DStJG 4, S. 183, 188.
[210] LANG, Ruppe, Gewinnrealisierung im StR, DStJG 4, S. 45, 91.

d. Ergebnis

Das Realisationsprinzip im Steuerrecht ist das Ergebnis des angemessenen Ausgleichs der Anforderungen des Leistungsfähigkeitsprinzips mit dem Gebot der maßvollen Besteuerung des Eigentums. Trotz gegebener Leistungsfähigkeit verbietet der Grundsatz der maßvollen Besteuerung des Eigentums die Belastung nicht realisierter Wertsteigerungen, weil frühestens durch den Umsatzakt am Markt liquide Mittel zur Steuerzahlung freigesetzt werden. *Bis* zur Realisierung der stillen Reserven genießt der Schutz der Vermögenssubstanz Vorrang vor der Verwirklichung des Leistungsfähigkeitsprinzips. Mit dem Umsatzakt aber kehrt sich dieses Verhältnis um: Das Tauschgeschäft bildet die letzte Möglichkeit, um die stillen Reserven bei dem Steuerpflichtigen zu erfassen, der sie gebildet hat. Ein Zuwarten des Fiskus über diesen Zeitpunkt hinaus würde die Verwirklichung des Leistungsfähigkeitsprinzips endgültig vereiteln. Deshalb müssen *ab* dem Realisationsakt der Eigentumsschutz und das Übermaßverbot auch dann hinter das Prinzip der Besteuerung nach der wirtschaftlichen Leistungsfähigkeit zurücktreten, wenn keine liquiden Mittel zugeflossen sind. Der Umsatzakt am Markt ist mithin der richtige Zeitpunkt für die Besteuerung der stillen Reserven eines Wirtschaftsguts. Dieses Realisationsprinzip bringt das Leistungsfähigkeitsprinzip mit dem Grundsatz der maßvollen Besteuerung des Eigentums in Einklang und gehört daher zu den systemtragenden Prinzipien der steuerrechtlichen Gewinnrealisierung.

§ 5 Subjektsteuerprinzip

I. Grundsätzliche Geltung im Einkommensteuerrecht

Steuersubjekt und Schuldnerin der Einkommensteuer ist nach § 1 EStG die natürliche Person. Gemäß § 2 Abs. 1 S. 1 EStG unterliegen der Einkommensteuer die Einkünfte, die *der Steuerpflichtige erzielt* hat. Der Einkommensbegriff des EStG ist mithin *subjekt*bezogen ausgestaltet. Es gilt der Grundsatz der Individualbesteuerung bzw. das Subjektsteuerprinzip[211], wonach Bemessungsgrundlage und progressiver Tarif der Einkommensteuer auf die einzelne natürliche Person zu beziehen sind. Aus diesem Dogma folgt, daß jede Person die von ihr erwirtschafteten Einkünfte zu versteuern hat[212]. Daher ist eine Übertragung von Einkünften/stillen Reserven oder Einkunftsquellen grundsätzlich nicht zulässig[213]. Vielmehr stellt sich in der Person eines jeden Einkommensteuersubjekts die Frage, welche Einkünfte die Person erwirtschaftet hat.

Die Anknüpfung der Einkommensteuer an die natürliche Person ist sachgerecht, denn ein System gerechter Lastenausteilung muß sich letztlich auf den Menschen, auf den leistungsfähigen Staatsbürger beziehen. Das Leistungsfähigkeitsprinzip ist untrennbar mit dem Subjektsteuerprinzip verbunden; das Merkmal der Leistungsfähigkeit ist gerichtet auf die natürliche Person. Deren die Leistungsfähigkeit verkörpernder Totalgewinn soll die Grundlage der Besteuerung bilden. Der auf Art. 3 Abs. 1 GG basierende Grundsatz der Gleichheit und Gleichmäßigkeit des Besteuerungszugriffs kann demnach nur unter Zugrundelegung eines Subjektsteuerprinzips realisiert werden. Erkennt man das Leistungsfähigkeitsprinzip als Fundamentalprinzip der Gewinnrealisierung und Einkommensbesteuerung an, ist man gleichzeitig gezwungen, das Subjektsteuerprinzip als Verwirklichung dieses Grundsatzes[214] zu akzeptieren. Die sachliche Recht-

---

[211] BFH, BStBl. III 1962, 351, 353; LANG, Tipke/Lang, StR, § 9 Rn. 22; ders., Ruppe, Gewinnrealisierung im StR, DStJG 4, S. 45, 46f.; TIPKE, Ruppe, Gewinnrealisierung im StR, DStJG 4, S. 1, 10; BEISSE, Ruppe, Gewinnrealisierung im StR, DStJG 4, S. 13, 14; KIRCHHOF, Kirchhof, EStG, § 2 Rn. 68; ZUGMAIER, H/H/R, § 2 EStG Anm. 14; EBLING, Blümich, § 1 EStG Rn. 48; JÄSCHKE, Lademann, EStG, § 2 Rn. 11f.; KÖNEMANN, Der Grundsatz der Individualbesteuerung im Einkommensteuerrecht; BECKER, Der „Grundsatz der Individualbesteuerung" im deutschen Einkommensteuerrecht.

[212] LANG, Tipke/Lang, StR, § 9 Rn. 22; TIPKE, Ruppe, Gewinnrealisierung im StR, DStJG 4, S. 1, 10; TRZASKALIK, Ruppe, Gewinnrealisierung im StR, DStJG 4, S. 145, 159; KIRCHHOF, Kirchhof, EStG, § 2 Rn. 68; REIß, Kirchhof, EStG, § 16 Rn. 7.

[213] LANG, Tipke/Lang, StR, § 9 Rn. 22; JÄSCHKE, Lademann, EStG, § 2 Rn. 14; TRZASKALIK, Ruppe, Gewinnrealisierung im StR, DStJG 4, S. 145, 159.

[214] KIRCHHOF, Kirchhof, EStG, § 2 Rn. 25; LANG, Ruppe, Gewinnrealisierung im StR, DStJG 4, S. 45, 46f.; JÄSCHKE, Lademann, EStG, § 2 Rn. 11f.; TIPKE, StRO I, S. 497; ders.,

fertigung des Prinzips der Individualbesteuerung ergibt sich ferner aus der Entscheidung des Grundgesetzes, jedes erworbene Einkommen als Privateigentum zu qualifizieren und als grundrechtlich geschützte Rechtsposition dem Individualeigentümer zuzurechnen[215].

Die zahlreichen im EStG und UmwStG normierten Durchbrechungen[216] des Subjektsteuerprinzips verleiten allerdings zu der Annahme, die Subjektbindung des Einkommensbegriffs sei aufgehoben. So gehen Vertreter der Lehre[217] davon aus, daß sich die Anwendung des Grundsatzes der Nichtübertragbarkeit stiller Reserven auf den Bereich entgeltlicher Übertragungsvorgänge reduziert. *Keuk*[218] spricht sogar dem Subjektsteuerprinzip insgesamt die Geltung ab.

Das Dogma der Individualbesteuerung besteht jedoch nach wie vor. Eine Übertragung stiller Reserven von einem auf einen anderen Steuerpflichtigen ist mit dem System der Einkommensbesteuerung im Grundsatz nicht vereinbar. Die einkommensteuerliche Belastungsentscheidung des Gesetzgebers in den §§ 1, 2 EStG zielt mit dem Einkommen als Steuergegenstand eindeutig auf die Erfassung der ganzen Leistungsfähigkeit einer natürlichen Person ab. Damit verbindet sich zwingend die Forderung, daß die von einem bestimmten Steuersubjekt gebildeten stillen Reserven zu irgendeiner Zeit von eben diesem Steuersubjekt versteuert werden sollen. Es wäre verfehlt, aufgrund der bestehenden Ausnahmen davon auszugehen, die Übertragung stiller Reserven auf einen anderen Steuerpflichtigen sei erlaubt. Die Erhebung der Abweichungen zu einer Regel bedarf der sachlichen Rechtfertigung, die nicht gelingt. Vielmehr gebieten die Verfassungsmaximen des Gleichheitssatzes und der Eigentumsgarantie gerade die grundsätzliche Beachtung des Subjektsteuerprinzips durch den Fiskus. Mithin ist von einem Verbot der intersubjektiven Verlagerung stiller Reserven auszugehen und zu untersuchen, ob die existierenden Durchbrechungen einer Rechtfertigung zugänglich sind.

Ruppe, Gewinnrealisierung im StR, DStJG 4, S. 1, 10; EBLING, Blümich, EStG, § 1 Rn. 23; RUPPE, H/H/R, Einf. ESt Anm. 2, 5.

[215] KIRCHHOF, K/S/M, EStG, § 2 Rn. A 84; JÄSCHKE, Lademann, EStG, § 2 Rn. 11.

[216] Vgl. u.a. § 6 Abs. 3 EStG, der unter 2. Teil, C., II. genauer analysiert wird.

[217] LUCKEY, StuW 1979, 129, 136; WOERNER, DStZ A 1977, 299, 307: „Einen allgemeinen Grundsatz, daß stille Reserven stets bei demjenigen erfaßt werden müssen, der sie erzielt hat, kennt das Einkommensteuerrecht nicht (vgl. § 7 Abs. 2 EStDV). Bei entgeltlichen Vorgängen dagegen wird man nicht ignorieren dürfen, daß die vertragschließenden Parteien durch die Vereinbarung eines den Buchwert übersteigenden Entgelts selbst Daten gesetzt haben, die zur Gewinnrealisierung führen."; REIß, K/S/M, EStG, § 16 Rn. B 94: „[Das Subjektsteuerprinzip] läßt – außerhalb des … unentgeltlichen Betriebsübergangs – eine Verlagerung der Besteuerung des erwirtschafteten Vermögenszuwachses auf ein anderes Steuersubjekt nicht zu."

[218] KEUK, DB 1972, 1643, 1647: „Die Stillen Reserven haften eben nicht an der Person des Betriebsinhabers, sondern an den Wirtschaftsgütern des Betriebsvermögens."

II. Durchbrechung des Subjektsteuerprinzips durch § 6 Abs. 3 S. 1 Hs. 1, S. 3 EStG

Der Grundsatz, daß die Einkünfte von dem zu versteuern sind, der sie erwirtschaftet hat, wird vom Steuergesetzgeber nicht ausnahmslos durchgehalten. Vielmehr begründen Normen des EStG und des UmwStG Ausnahmen vom Gebot der Individualbesteuerung, indem sie die Übertragung der stillen Reserven eines Wirtschaftsguts auf ein anderes Steuersubjekt gestatten oder anordnen. Die Prüfung der Rechtfertigung sämtlicher Durchbrechungen des Subjektsteuerprinzips würde den Rahmen dieser Arbeit sprengen. Deshalb soll allein die Frage beantwortet werden, ob sich die Regelung des § 6 Abs. 3 S. 1 Hs. 1, S. 3 EStG widerspruchsfrei in das bisher herausgearbeitete System der Gewinnrealisierung einfügt.

§ 6 Abs. 3 S. 1 Hs. 1 EStG schreibt für die unentgeltliche Übertragung eines Betriebs, Teilbetriebs oder Anteils eines Mitunternehmers an einem Betrieb den Ansatz der Wirtschaftsgüter mit ihren Buchwerten bei der Ermittlung des Gewinns des bisherigen Rechtsinhabers vor. Zugleich bestimmt § 6 Abs. 3 S. 3 EStG die Fortführung der Buchwerte durch den Rechtsnachfolger. Die Bewertungsvorschriften bewirken, daß die stillen Reserven in den Wirtschaftsgütern unversteuert von einem Steuersubjekt auf ein anderes übergehen. Von den Regelungen werden u.a. Übertragungsvorgänge aufgrund einer Schenkung oder einer vorweggenommenen Erbfolge unter Vereinbarung von Versorgungsleistungen[219] erfaßt. Die Anordnung des Buchwertansatzes für die Gewinnermittlung des Rechtsvorgängers und die Buchwertfortführungspflicht des Rechtsnachfolgers haben zur Folge, daß die Versteuerung der stillen Reserven nicht bei dem Steuerpflichtigen erfolgt, der sie gebildet hat. Hierbei handelt es sich um einen Verstoß gegen den Grundsatz der Individualbesteuerung.

III. Rechtfertigung der Durchbrechung

Eine Rechtfertigung der Mißachtung des Subjektsteuerprinzips gelingt vor dem Hintergrund des oben erläuterten Gewinnverwirklichungssystems, wenn die Buchwertfortführung nach § 6 Abs. 3 S. 1 Hs. 1, S. 3 EStG den Wertungen der herausgearbeiteten Prinzipien entspricht bzw. diese konsequent fortentwickelt oder sachgerecht modifiziert.

---

[219] HEY, Tipke/Lang, StR, § 17 Rn. 225; GLANEGGER, Schmidt, EStG, § 6 Rn. 473, 156.

1. Die Regelung im herausgearbeiteten System der Gewinnrealisierung

Im Zeitpunkt der unentgeltlichen Übertragung eines Betriebs, Teilbetriebs oder Mitunternehmeranteils ist die wirtschaftliche Leistungsfähigkeit des übertragenden Steuerpflichtigen in Form von nicht liquiden Vermögenswertsteigerungen gegeben[220]. Ein Umsatzakt am Markt, der gemäß dem Realisationsprinzip die Aufdeckung der stillen Reserven auslöst, findet jedoch nicht statt – die von § 6 Abs. 3 S. 1 Hs. 1, S. 3 EStG umfaßte Verschiebung von Gütern erfolgt außerhalb der Einrichtungen der Wirtschaftsordnung und ohne die Gewährung einer Gegenleistung. Aus der Abwägung zwischen dem Grundsatz der maßvollen Besteuerung des Eigentums und dem Leistungsfähigkeitsprinzip folgt grundsätzlich ein Aufschub der Besteuerung bis zum Realisationsakt[221]. Im Falle der unentgeltlichen Übertragung eines Betriebs, Teilbetriebs oder Mitunternehmeranteils erweist sich aber als problematisch, daß die stillen Reserven trotz fehlenden Realisationsakts den bisherigen Rechtsinhaber verlassen, so daß die entstandene Leistungsfähigkeit nicht mehr bei ihm abgeschöpft werden kann, sofern der Fiskus bis zum Vorliegen eines Umsatzakts abwarten muß. Folglich ist der Aspekt der Subjektbezogenheit des Leistungsfähigkeitsprinzips in die Abwägung mit dem Grundsatz der maßvollen Besteuerung des Eigentums einzubeziehen:

Einerseits spiegeln die stillen Reserven eine Leistungsfähigkeit wider, die im Zeitpunkt der unentgeltlichen Übertragung letztmalig bei dem Steuersubjekt belastet werden kann, in dessen Vermögen sie entstanden ist. Andererseits fließen dem Pflichtigen anläßlich des Übertragungsvorgangs keine liquiden Mittel zu, so daß der Steuerzugriff zu einem Eingriff in die nicht liquide Substanz führen würde. Insoweit gleicht die Situation der des Tausches von Wirtschaftsgütern, der gemäß § 6 Abs. 6 S. 1 EStG die Aufdeckung der stillen Reserven nach sich zieht. Im Gegensatz zum Tausch erhält der Steuerpflichtige im Rahmen des Übertragungsakts nach § 6 Abs. 3 S. 1 Hs. 1, S. 3 EStG allerdings nicht nur keine *liquiden* Mittel, sondern überhaupt keine Gegenleistung. Hinsichtlich der Tauschgeschäfte wurden oben[222] folgende Wertungen des Gewinnverwirklichungssystems herausgearbeitet: *Bis* zum Tausch genießt der Eigentumsschutz Vorrang vor der konsequenten Verwirklichung des Leistungsfähigkeitsprinzips; dagegen kommt *ab* dem Tauschvorgang dem Grundsatz der Besteuerung nach der wirtschaftlichen Leistungsfähigkeit der Vorrang gegenüber dem Eigentumsschutz zu, weil ein Abwarten des Fiskus über den Zeitpunkt der Realisation hinaus den Verlust der Besteuerungsmöglichkeit bei dem Subjekt zur Folge hat, in dessen Vermögen die Wertsteigerungen entstanden sind; ein Verstoß gegen das

---

[220] Vgl. oben 2. Teil, A.
[221] Vgl. oben 2. Teil, B., II., 6., b.
[222] Vgl. oben 2. Teil, B., II., 6., c.

Subjektsteuerprinzip ist im Hinblick auf die gerechte Verteilung der Steuerlast nicht hinnehmbar. Diese Wertungen legen nahe, die Aufdeckung der stillen Reserven im Zeitpunkt der unentgeltlichen Übertragung von Wirtschaftsgütern zu diktieren, da die Erfassung des Vermögenszuwachses bei dem Steuerpflichtigen, der ihn gebildet hat, dem Eigentumsschutz vorzugehen scheint. Der im Fehlen einer Gegenleistung liegende Unterschied zum Tausch findet aber durch § 6 Abs. 3 S. 1 Hs. 1, S. 3 EStG Berücksichtigung: Die Besteuerung wird aufgeschoben.

Welche Idee liegt dieser Entscheidung zugrunde? Läßt sich der Verzicht auf den Steuerzugriff mit den aufgezeigten Grundsätzen der steuerlichen Gewinnrealisierung rechtfertigen oder beruht die Schaffung des Buchwertprivilegs auf ganz anderen Interessen?

2. Rechtfertigung anhand des Systems der Gewinnrealisierung

Um beurteilen zu können, ob sich die Durchbrechung des Subjektsteuerprinzips in das Gewinnrealisierungssystem einfügt, muß der Zweck der Begünstigungsvorschrift durch Auslegung ermittelt werden. Der Wortlaut des § 6 Abs. 3 S. 1 Hs. 1, S. 3 EStG gibt das Telos der Buchwertfortführungsregelung nicht preis. Aus der Entstehungsgeschichte, vor allem aber aus der systematischen Einordnung der Privilegierung ergibt sich folgendes Bild:

a. Verlagerung der Leistungsfähigkeit auf den Rechtsnachfolger

Man könnte meinen, daß durch das Nichterzielen einer Gegenleistung seitens des Übertragenden dessen Leistungsfähigkeit im Gewand der stillen Reserven auf den Rechtsnachfolger verlagert wird, so daß es in Verwirklichung des Leistungsfähigkeitsprinzips ausnahmsweise gerechtfertigt wäre, die Besteuerung erst beim Empfänger der Zuwendung vorzunehmen. In diesem Sinne begründet *Reiß*[223] die Buchwertfortführung: „Die Verschonung steht ... nicht in einem prinzipiellen Widerspruch zum Leistungsfähigkeitsprinzip. Vielmehr ist zu bedenken, daß ... das Leistungsfähigkeitsprinzip gebietet, die Besteuerung bei dem Subjekt vorzunehmen, das den Vermögenszuwachs erwirtschaftet und durch Umsatzakt realisiert hat. ... Bei der unentgeltlichen Betriebsübertragung ... entfällt der Betrieb als Grundlage künftiger Einkünfteerzielung. Dem darf der Gesetzgeber dadurch Rechnung tragen, daß er die Zuwendung hier nicht als Ausdruck der Leistungsfähigkeit des Schenkers behandelt, sondern umgekehrt den Zuwachs an Leistungsfähigkeit beim Beschenkten dann besteuert, wenn dieser ... den beim Schenker eingetretenen, aber noch nicht realisierten, Vermö-

---

[223] REIß, K/S/M, EStG, § 16 Rn. B 132.

52

genszuwachs realisiert." Das Subjektsteuerprinzip braucht nach dieser Ansicht dann nicht beachtet zu werden, wenn die entstandene Leistungsfähigkeit vollständig auf ein anderes Steuersubjekt übergeht. Die Durchbrechung des Grundsatzes der Individualbesteuerung wird mit der Erfüllung des Leistungsfähigkeitsprinzips gerechtfertigt.

Dieser Theorie nimmt *Reiß* jedoch selbst die Schlüssigkeit, indem er für den Fall der Schenkung von Einzelwirtschaftsgütern zu Recht ausführt, daß „die Zuwendung ... als Ausdruck einer Leistungsfähigkeit des Schenkers verstanden werden [kann]"[224]. Denn wie die Veräußerung und der Tausch stellen auch die Schenkung oder jede andere unentgeltlichen Übertragung eine Demonstration der Leistungsfähigkeit des Übertragenden dar – eine Differenzierung zwischen der Zuwendung von Einzelwirtschaftsgütern und Sachgesamtheiten entbehrt jeder Grundlage. Schon die nicht realisierte Wertsteigerung des Betriebsvermögens verkörpert die Leistungsfähigkeit des Steuerpflichtigen im Sinne eines Bedürfnisbefriedigungspotentials. Die Verwendung dieses Potentials zur unentgeltlichen Bereicherung eines anderen statt zum Erwerb von Konsumgütern ändert nichts daran, daß sich in der Weggabe von Wirtschaftsgütern und stillen Reserven die Leistungsfähigkeit des Bürgers widerspiegelt. Der Zugriff des Fiskus auf die manifestierte Leistungsfähigkeit ist legitim und hat bei dem Steuerpflichtigen zu erfolgen, der sie geschaffen hat. Den Grundsatz der Gleichheit der Besteuerung aus Art. 3 Abs. 1 GG kann das Leistungsfähigkeitsprinzip nur durch eine strenge Subjektbindung umsetzen. Mit der Verlagerung der Leistungsfähigkeit auf einen anderen läßt sich ein Besteuerungsaufschub nicht begründen; andernfalls entfiele in sämtlichen Übertragungsfällen die Rechtfertigung für den Steuerzugriff. Der fehlende Mittelzufluß anläßlich der unentgeltlichen Übertragung könnte allenfalls im Rahmen des Grundsatzes der maßvollen Besteuerung des Eigentums Berücksichtigung finden[225].

Teilergebnis: Durch die Anordnung der Buchwertfortführung verwirklicht § 6 Abs. 3 S. 1 Hs. 1, S. 3 EStG nicht das Leistungsfähigkeitsprinzip.

b. Fehlender Abschluß des Erwerbsvorgangs

Auch ein anderer, von *Reiß*[226] vertretener Ansatz für die Legitimation der Buchwertfortführung nach § 6 Abs. 3 S. 1 Hs. 1, S. 3 EStG zielt auf die Leistungsfähigkeit des Steuerzahlers ab: Erst mit der Realisation durch einen Umsatzakt sei der Vorgang der Erwirtschaftung eines Ertrages durch das Steuersubjekt voll verwirklicht. Für den Fall der unentgeltlichen Übertragung von Sachge-

---

[224] REIß, K/S/M, EStG, § 16 Rn. B 132.
[225] Vgl. unten 2. Teil, C., II., 2., c.
[226] REIß, K/S/M, EStG, § 16 Rn. B 80.

samtheiten verbiete das Realisationsprinzip die Besteuerung der stillen Reserven, weil der Erwerbsvorgang noch nicht abgeschlossen sei. Die Nichtbesteuerung beim Rechtsvorgänger stehe im Einklang mit dem prinzipiellen Verständnis des Leistungsfähigkeitsprinzips, denn mangels Realisation habe der bisherige Betriebsinhaber den Ertrag nicht vollständig erwirtschaftet.

Hier verkennt *Reiß* die Bedeutung des Realisationsprinzips: Nicht im Fehlen besteuerungswürdiger Leistungsfähigkeit liegt die Ursache für den Aufschub der Besteuerung bis zum Umsatzakt. Vielmehr setzt das Realisationsprinzip den Grundsatz der maßvollen Besteuerung des Eigentums um. Es sind Gesichtspunkte des Eigentumsschutzes und des Übermaßverbots, die den Fiskus zum Abwarten bis zum Umsatz am Markt bewegen. Da bereits jede nicht realisierte Wertsteigerung die Leistungsfähigkeit des Steuerpflichtigen erhöht, kann die Buchwertfortführung nach § 6 Abs. 3 S. 1 Hs. 1, S. 3 EStG nicht darauf gestützt werden, der Ertrag sei seitens des Rechtsvorgängers noch nicht voll erwirtschaftet. Die fehlende Einnahme von Mitteln beeinflußt nicht die Beurteilung der Leistungsfähigkeit des bisherigen Betriebsinhabers im Zeitpunkt des Übertragungsvorgangs. Sie wirkt sich aber möglicherweise[227] auf die Beantwortung der Frage aus, wann die Besteuerung dem Gebot einer maßvollen Belastung des Eigentums genügt.

Teilergebnis: Durch die Anordnung der Buchwertfortführung verwirklicht § 6 Abs. 3 S. 1 Hs. 1, S. 3 EStG nicht das Leistungsfähigkeitsprinzip.

c. Grundsatz der maßvollen Besteuerung des Eigentums

Eine Erklärung für die Privilegierung des § 6 Abs. 3 S. 1 Hs. 1, S. 3 EStG könnte in den Verfassungsmaximen der Eigentumsgarantie und des Übermaßverbots zu finden sein. Der Umstand, daß der Übertragungsvorgang keine Gegenleistung auslöst, die den bisherigen Betriebsinhaber zur Begleichung der Steuerschuld befähigen würde, zwingt den Fiskus möglicherweise zum Besteuerungsverzicht. In der Tat ordnet das Realisationsprinzip für die Fälle des fehlenden Umsatzaktes den Aufschub der Besteuerung an, um so den Grundsatz der maßvollen Belastung des Eigentums zu verwirklichen. Ist allerdings die Durchsetzung des Steueranspruchs bei dem Subjekt gefährdet, in dessen Vermögen die Wertsteigerungen entstanden sind, genießt das Subjektsteuerprinzip häufig Vorrang vor dem Schutz des Eigentums vor übermäßiger Belastung: Eine entsprechende Rangordnung gilt bei der Besteuerung von Tauschvorgängen sowie von Entnahmen und Betriebsaufgaben. In diesen Fällen wird die Kollision von Eigentumsgarantie und Übermaßverbot mit dem Grundsatz der individuellen Besteuerung nach der Leistungsfähigkeit zuungunsten des Art. 14 Abs. 1 GG gelöst. „Obersten

---

[227] Vgl. unten 2. Teil, C., II., 2., c.

Gebot" der Gewinnrealisierung scheint folglich die gleichmäßige Verteilung der Steuerlast auf die Bürger anhand von Leistungsfähigkeits- und Subjektsteuerprinzip zu sein. Diese These wäre jedoch widerlegt, wenn § 6 Abs. 3 S. 1 Hs. 1, S. 3 EStG die Durchbrechung des Subjektsteuerprinzips aus Gründen des Eigentumsschutzes erlauben würde. Tatsächlich begründen Vertreter der Literatur[228] die Gestattung der Buchwertfortführung mit dem Grundsatz der maßvollen Besteuerung des Eigentums: Die durch das Realisationsprinzip konkretisierten Verfassungsprinzipien des Eigentumsschutzes und des Übermaßverbots rechtfertigten es, die Buchwerte selbst beim Überspringen der stillen Reserven auf ein anderes Steuerrechtssubjekt beizubehalten. Zuwendungsvorgänge würden systemgerecht aus dem Markteinkommenstatbestand ausgegrenzt[229]. Die Buchwertfortführung verhindere die Substanzbesteuerung des ruhenden Vermögens und schränke das Leistungsfähigkeitsprinzip sachgerecht ein[230].

Dieser Argumentation kann nicht gefolgt werden: Zwar ist ein Vorrang des Eigentumsschutzes vor dem Subjektsteuerprinzip bei unentgeltlichen Übertragungsvorgängen durchaus bedenkenswert, weil der Empfänger der Zuwendung Vorteile erlangt, ohne dafür eine Gegenleistung erbringen zu müssen. Ihm ist der Zugriff des Fiskus deshalb eher zuzumuten als dem Übertragenden, denn letzterer müßte für die Steuerzahlung sein zurückbehaltenes Eigentum heranziehen, während der Empfänger – ohne Berührung seines Vermögens – auf die Zuwendung zurückgreifen könnte. Basierte aber die Buchwertfortführung nach § 6 Abs. 3 S. 1 Hs. 1, S. 3 EStG tatsächlich auf der Intention des Gesetzgebers, das Eigentum des Zuwendenden vor übermäßiger Besteuerung zu schützen, dann müßte der Besteuerungsaufschub für den unentgeltlichen Übergang von Sachgesamtheiten und Einzelwirtschaftsgütern gleichermaßen gelten. Dies ist nicht der Fall. Eine dem § 6 Abs. 3 S. 1 Hs. 1, S. 3 EStG entsprechende Privilegierung existiert für die unentgeltliche Übertragung von Einzelwirtschaftsgütern nicht. Zwar ermöglicht § 6 Abs. 5 S. 3 i.V.m. S. 1 EStG die Buchwertfortführung für unentgeltliche Übertragungen von Einzelwirtschaftsgütern von einem Steuersubjekt auf ein anderes. Die Regelung betrifft allerdings nur die Sonderfälle der Überführung zwischen dem Gesamthandsvermögen einer Mitunternehmerschaft auf der einen und dem Betriebs- oder Sonderbetriebsvermögen eines Mitunternehmers auf der anderen Seite bzw. zwischen den Sonderbetriebsvermögen verschiedener Mitunternehmer derselben Mitunternehmerschaft. Ferner läßt § 16 Abs. 3 S. 2 EStG den steuerneutralen Übergang von Einzelwirtschaftsgütern im Rahmen der Realteilung einer Mitunternehmerschaft zu. An-

---

[228] LANG, Tipke/Lang, StR, 17. Aufl., § 9 Rn. 405, 424; HEY, Tipke/Lang, StR, § 17 Rn. 203, 220.

[229] LANG, Tipke/Lang, StR, 17. Aufl., § 9 Rn. 425; HEY, Tipke/Lang, StR, § 17 Rn. 221.

[230] LANG, Tipke/Lang, StR, 17. Aufl., § 9 Rn. 424; HEY, Tipke/Lang, StR, § 17 Rn. 220.

sonsten aber verwirklicht die unentgeltliche Weggabe eines Einzelwirtschaftsguts den Tatbestand der Entnahme gemäß § 4 Abs. 1 S. 2 EStG und führt aufgrund der Bewertung mit dem Teilwert gemäß § 6 Abs. 1 Nr. 4 S. 1 EStG zur
Aufdeckung und Versteuerung der stillen Reserven. Den Schutz des Eigentums
vor einem übermäßigen Steuerzugriff kann der Gesetzgeber folglich nicht im
Blick gehabt haben, als er das Buchwertfortführungsprivileg des § 6 Abs. 3 S. 1
Hs. 1, S. 3 EStG schuf.

Da im Realisationsprinzip die Eigentumsgarantie und das Übermaßverbot
aufgehen, ist die Aussage verfehlt, das Realisationsprinzip genieße Vorrang vor
dem Subjektsteuerprinzip[231]. Denn die Mißachtung des Subjektsteuerprinzips
durch die Steuerneutralität der unentgeltlichen Übertragung von Sachgesamtheiten beruht nicht auf den Wertungen des Realisationsprinzips. Das Realisationsprinzip ist auch in den Fällen des § 6 Abs. 3 S. 1 Hs. 1, S. 3 EStG nicht in der
Lage, den Grundsatz der Individualbesteuerung auszuheben.

Teilergebnis: Durch die Anordnung der Buchwertfortführung verwirklicht § 6
Abs. 3 S. 1 Hs. 1, S. 3 EStG nicht das Realisationsprinzip bzw. den Grundsatz
der maßvollen Besteuerung des Eigentums.

d. Teilergebnis

Die Auslegung des § 6 Abs. 3 S. 1 Hs. 1, S. 3 EStG gelangt zu dem Teilergebnis, daß der Zweck der Begünstigungsvorschrift nicht in den bislang herausgearbeiteten Leitlinien der steuerlichen Gewinnrealisierung zu finden ist. Eine
Rechtfertigung der Durchbrechung des Subjektsteuerprinzips durch Heranziehung, Fortentwicklung oder Modifikation der aufgezeigten Gewinnverwirklichungsprinzipien gelingt nicht. Dem Verzicht auf die Besteuerung der stillen
Reserven müssen andere Interessen zugrunde liegen.

3. Sozialzwecknorm[232] zum Erhalt betrieblicher Einheiten

Die Ungleichbehandlung der unentgeltlichen Übertragung von Einzelwirtschaftsgütern und Sachgesamtheiten lenkt den Blick auf den Umstand, daß § 6
Abs. 3 S. 1 Hs. 1, S. 3 EStG gerade und ausschließlich die Zuwendung von Betrieben, Teilbetrieben und Mitunternehmeranteilen privilegiert. Es drängt sich

---

[231] So aber REIß, Kirchhof, EStG, § 16 Rn. 15; ders., K/S/M, EStG, § 16 Rn. B 80;
GRATZ, H/H/R, § 6 EStG Anm. 1330; TIEDTKE/WÄLZHOLZ, DB 1999, 2026, 2027.
[232] Sozialzwecknorm iwS: „Sozial" meint nicht bloß die Unterstützung einkommensloser
oder einkommensschwacher Gruppen, sondern: zum Nutzen der Allgemeinheit oder der Gesellschaft, im öffentlichen Interesse, das Zusammenleben der Bürger fördernd. Begriffsbestimmung nach LANG, Tipke/Lang, StR, § 4 Rn. 21.

der Gedanke auf, daß die Begünstigung kein Ausdruck der gerechten Verteilung der Steuerlast auf die Bürger ist. Vielmehr scheinen Gesichtspunkte der wirtschaftlichen Vernunft die Regelung veranlaßt zu haben: Der Gesetzgeber könnte bei der Schaffung der Buchwertfortführungsvorschrift vom Motiv der Erhaltung betrieblicher Einheiten geleitet worden sein.

In diesem Sinne wird § 6 Abs. 3 S. 1 Hs. 1, S. 3 EStG überwiegend[233] interpretiert: Die Zielsetzung der Norm bestehe analog zum UmwStG in der Fortführung betrieblicher Einheiten. In Übertragungsfällen ohne Gegenleistung, in denen die betriebliche Sachgesamtheit als solche bestehen bleibt und vom Rechtsnachfolger unverändert fortgeführt werden kann, sei ein steuerlicher Zugriff im Interesse der Kontinuität der Sachgesamtheit unerwünscht und ein Verzicht auf die Besteuerung der stillen Reserven geboten. Dieses Verständnis des § 6 Abs. 3 S. 1 Hs. 1, S. 3 EStG als bloße „Subventionsvorschrift"[234] wird dem Telos der Regelung gerecht:

a. Historische Auslegung

Die historische Methode der Gesetzesauslegung ergibt, daß die Buchwertfortführung schon im Jahr 1925 angeordnet worden war und seither von allen Normgebern übernommen wurde. Die Wertung der Legislative bezog sich auf den Erbfall, dem man allerdings ausdrücklich den unentgeltlichen Betriebsübergang unter Lebenden gleichstellte[235]. Aus § 20 Abs. 1 und 2 iVm § 19 Abs. 2 REStG 1925 folgte, daß der Rechtsvorgänger bei der unentgeltlichen Übertragung eines Betriebes die unter dem gemeinen Wert liegenden Buchwerte seiner letzten Gewinnermittlung zugrunde legen konnte, was als der Regelfall angesehen wurde[236]. Die vom bisherigen Betriebsinhaber angesetzten Werte hatte der Rechtsnachfolger fortzuführen. Diese Entscheidung traf der Gesetzgeber des Jahres 1925 im Interesse des Erben (und nicht des Erblassers!) bzw. des unentgeltlichen Erwerbers unter Lebenden, damit der Fortbestand des Betriebes nicht

---

[233] GRATZ, H/H/R, § 6 EStG Anm. 1333; TIPKE, Ruppe, Gewinnrealisierung im StR, DStJG 4, S. 1, 10f.; REIß, K/S/M, EStG, § 16 Rn. B 80, 81, 82, 131, 132; GLANEGGER, Schmidt, EStG, § 6 Rn. 470; TRZASKALIK, StuW 1979, 97, 107; TIEDTKE/WÄLZHOLZ, DB 1999, 2026, 2027; BFH, BFH/NV 2000, 1554, 1555; BFH, BStBl. II 1996, 476, 478.

[234] TIPKE, Ruppe, Gewinnrealisierung im StR, DStJG 4, S. 1, 11; den Begriff verwendet auch REIß, K/S/M, EStG, § 16 Rn. B 80, obwohl er sich zusätzlich auf das Leistungsfähigkeitsprinzip und das Realisationsprinzip gleichermaßen als Rechtfertigungsgründe für die Buchwertfortführung beruft.

[235] BECKER, Handkommentar der Reichssteuergesetze (1929), II 2. Teil, § 20 III 1 - b 5. a und b, S. 1199f., § 20 III 3 - 8. a, S. 1206.

[236] Nach § 20 Abs. 2 REStG 1925 durfte „bei unentgeltlicher Übertragung eines Betriebs ... für die Veranlagung des letzten Betriebsinhabers ... auch der höhere gemeine Wert angesetzt werden ...".

gefährdet wird[237]. Die Verschonung der unentgeltlichen Betriebsübertragung von der Besteuerung wurde mithin als Subventionierung verstanden[238]. Der Gesetzgeber des StEntlG rückte den Vorgang des § 6 Abs. 3 EStG in die Nähe der Sacheinlagetatbestände des UmwStG[239]: „Die Übertragung eines Betriebs, Teilbetriebs oder eines Mitunternehmeranteils als Sachgesamtheit ist nach den Regeln des Umwandlungssteuerrechts ohne Aufdeckung der stillen Reserven möglich; eine entsprechende Begünstigung bei unentgeltlicher Übertragung ist damit sachgerecht und beizubehalten." Diese Gesetzesbegründung verdeutlicht, daß dem Buchwertfortführungsprivileg auch nach 75 Jahren noch die Idee der Erhaltung funktionierender Wirtschaftseinheiten zugrunde liegt. Die unentgeltliche Übertragung von Wirtschaftsgütern ist *das* Instrument, um Umstrukturierungen und die Generationennachfolge in Unternehmen zu realisieren. Die Maßnahmen sollen die Wettbewerbsfähigkeit des betrieblichen Organismus gewährleisten und deshalb nicht unnötig durch den Zugriff des Fiskus erschwert werden. Dieses Motiv unterstreicht auch die Einleitung der Gesetzesbegründung der durch das StEntlG geschaffenen[240] Absätze 3 bis 6 des § 6 EStG[241]: „Für betriebliche Umstrukturierungsmaßnahmen hat der Gesetzgeber mit dem Umwandlungs- und Umwandlungssteuergesetz ein umfängliches und ausreichendes Instrumentarium zur Verfügung gestellt. Der Gesetzgeber hat damit gleichzeitig zum Ausdruck gebracht, daß darüber hinaus weitere, gesetzlich nicht beschriebene Begünstigungen nicht gewollt sind. ... [D]aher [müssen] alle Fälle, in denen Sachgesamtheiten oder Einzelwirtschaftsgüter übertragen werden, im Wege einer gesetzlichen Bereinigung einer steuersystematisch sachgerechten Behandlung unterworfen werden." Die Übernahme des früheren § 7 Abs. 1 EStDV in das EStG verfolgte mithin den Zweck, Widersprüche bei der steuerlichen Behandlung der Übertragung von Sachgesamtheiten im Rahmen von Unternehmensumstrukturierungen zu beseitigen[242].

Die Auslegung anhand der Gesetzesmaterialien gelangt daher zu dem Ergebnis, daß § 6 Abs. 3 S. 1 Hs. 1, S. 3 EStG nicht das Interesse des bisherigen Betriebsinhabers an der gerechten Verteilung der Steuerlast auf die Bürger verwirklicht, sondern der Erhaltung funktionierender Unternehmen aus wirtschaftspolitischen Gründen dient. Der durch das Subjektsteuerprinzip erzeugte Zwang zur Aufdeckung der stillen Reserven trotz fehlender Liquidität würde die Fort-

---

[237] So bereits die amtliche Begründung zu § 30 REStG 1925, zitiert nach Reiß, K/S/M, EStG, § 16 Rn. B 80.
[238] Reiß, K/S/M, EStG, § 16 Rn. B 80.
[239] BT-Drucks. 14/23, S. 173.
[240] Abs. 3 übernimmt allerdings nur die bisherige Regelung des § 7 Abs. 1 EStDV ins EStG.
[241] BT-Drucks. 14/23, S. 172.
[242] Gratz, H/H/R, § 6 EStG Anm. 1332.

existenz der unentgeltlich übertragenen betrieblichen Einheiten gefährden. Die Beachtung des Grundsatzes der Individualbesteuerung in den Fällen der Umstrukturierung und Generationennachfolge widerspricht demnach der wirtschaftlichen Vernunft. Allein aus diesem Grund ermöglicht und erleichtert § 6 Abs. 3 S. 1 Hs. 1, S. 3 EStG über das Instrument der Buchwertfortführung die unentgeltliche Übertragung von Sachgesamtheiten.

b. Systematische Auslegung im Hinblick auf die §§ 20 Abs. 1 S. 1, 24 Abs. 1 UmwStG

Zum selben Schluß kommt eine Betrachtung des § 6 Abs. 3 S. 1 Hs. 1, S. 3 EStG innerhalb seines systematischen Zusammenhangs:

Inhaltlich bezieht sich die Regelung ausdrücklich auf Betriebe, Teilbetriebe und Mitunternehmeranteile im Gegensatz zu Einzelwirtschaftsgütern. Insofern liegt eine eindeutige und gewollte Parallelität zu § 20 Abs. 1 S. 1 sowie § 24 Abs. 1 UmwStG vor[243]. Die beiden Vorschriften privilegieren Umstrukturierungsmaßnahmen im Wege der Einzel- und Gesamtrechtsnachfolge[244]: Steuerliche Hemmnisse bei der Neustrukturierung von Unternehmen zur Verbesserung der Wettbewerbsfähigkeit sollen beseitigt werden[245]. Die Hauptaufgabe des Umwandlungssteuerrechts, betriebswirtschaftlich erwünschte Umstrukturierungen nicht durch die Aufdeckung und Besteuerung von stillen Reserven zu behindern[246], wird mithin auch durch den verwandten § 6 Abs. 3 S. 1 Hs. 1, S. 3 EStG erfüllt.

c. Systematische Auslegung im Hinblick auf § 6 Abs. 3 S. 1 Hs. 2, S. 3 EStG

Den Zweck des § 6 Abs. 3 S. 1 Hs. 1, S. 3 EStG erhellt auch eine Analyse des § 6 Abs. 3 S. 1 Hs. 2, S. 3 EStG.

---

[243] HOFFMANN, L/B/P, EStG, § 6 Rn. 1005.

[244] SCHMITT, Schmitt/Hörtnagl/Stratz, Vor §§ 20-23 UmwStG Rn. 1, § 24 UmwStG Rn. 1; SCHLÖßER, Haritz/Benkert, UmwStG, § 24 Rn. 8.

[245] RegEBegr zum UmwStG BT-Drucks. 12/7263 Allg. Teil; HÖRTNAGL, Schmitt/Hörtnagl/Stratz, Einf UmwStG Rn. 10, 13; SCHLÖßER, Haritz/Benkert, UmwStG, § 24 Rn. 5.

[246] RegEBegr zum UmwStG BR-Drucks. 132/94 Allg. Teil; HÖRTNAGL, Schmitt/Hörtnagl/Stratz, Einf UmwStG Rn. 13; SCHLÖßER, Haritz/Benkert, UmwStG, § 24 Rn. 5.

aa. Zweck des § 6 Abs. 3 S. 1 Hs. 2, S. 3 EStG

Durch das UntStFG[247] wurde der Anwendungsbereich der Buchwertfortführungsanordnung um die unentgeltliche Aufnahme einer natürlichen Person in ein bestehendes Einzelunternehmen sowie die unentgeltliche Übertragung eines Teils eines Mitunternehmeranteils auf eine natürliche Person erweitert, § 6 Abs. 3 S. 1 Hs. 2, S. 3 EStG. Diese Regelungsbereiche betreffen insbesondere die Aufnahme eines Kindes oder eines nahen Verwandten in das elterliche Unternehmen zur Vorbereitung einer Unternehmensnachfolge[248]. Vor allem in der mittelständischen Wirtschaft und bei Familiengesellschaften ist es verbreitet, nahe Angehörige zur Generationennachfolge schenkweise in das Geschäft als Gesellschafter einzugliedern[249]. Im Rahmen der vorweggenommenen Erbfolge wird häufig nicht der gesamte Betrieb oder der gesamte Mitunternehmeranteil übertragen, sondern nur Teile, um die nachfolgende Generation schrittweise an das Unternehmen heranzuführen[250]. Dieses Interesse an der allmählichen Überführung des wirtschaftlichen Organismus auf die späteren Erben deckt sich mit der Grundidee der Subventionsvorschrift des § 6 Abs. 3 S. 1 Hs. 1, S. 3 EStG und rechtfertigt deshalb die Erstreckung des Buchwertprivilegs auf die unentgeltliche Übertragung eines Teilmitunternehmeranteils[251]. Die gesetzgeberische Gewährleistung einer sinnvollen Unternehmensnachfolgeplanung – unbeeinflußt von steuerlichen Hemmnissen – verlangt ferner, den Fall der unentgeltlichen Aufnahme eines Angehörigen in ein Einzelunternehmen ebenso zu behandeln wie die Eingliederung in eine bestehende Mitunternehmerschaft[252]. Die Regelungen des § 6 Abs. 3 S. 1 Hs. 2, S. 3 EStG stehen mithin im Zeichen der Förderung und Subventionierung einer wirtschaftlich vernünftigen Generationennachfolge in betriebliche Einheiten. Es geht weder um die gleichmäßige Verteilung der Steuerlast nach dem Leistungsfähigkeitsprinzip noch um den Schutz des Eigentums des Rechtsvorgängers. Allein der Erhalt der wirtschaftlichen Organismen ist entscheidend für die Begünstigung.

---

[247] UntStFG v. 20.12.2001, BGBl. I 2001, 3858, BStBl. I 2002, 35.
[248] HOFFMANN, L/B/P, EStG, § 6 Rn. 1017, 1050, 1054.
[249] PATT, H/H/R, StRef I, § 6 EStG Anm. R 99.
[250] Stellungnahme des Bundesrats zum UntStFG, BT-Drucks. 14/7084, S. 2.
[251] Stellungnahme des Bundesrats zum UntStFG, BT-Drucks. 14/7084, S. 2; HOFFMANN, L/B/P, EStG, § 6 Rn. 1017.
[252] PATT, H/H/R, StRef I, § 6 EStG Anm. R 99; HOFFMANN, L/B/P, EStG, § 6 Rn. 1054.

bb. Bedeutung der §§ 16, 34 EStG für die Bestimmung des Zwecks des § 6 Abs. 3 S. 1 Hs. 2, S. 3 EStG

Zweifel an dieser Interpretation des Gesetzes entstehen, betrachtet man den Hintergrund der Erweiterung des § 6 Abs. 3 EStG durch das UntStFG: Die bisherige Besteuerungspraxis sollte durch eine gesetzliche Klarstellung abgesichert werden[253], weil aufgrund eines Beschlusses des Großen Senats des BFH[254] zur *entgeltlichen* Aufnahme eines Sozius in eine bestehende freiberufliche Einzelpraxis die Anwendung des Buchwertfortführungsprivilegs auf die Vorgänge des heutigen § 6 Abs. 3 S. 1 Hs. 2 EStG angeblich fraglich geworden war[255]. Die plötzliche Rechtsunsicherheit rührte daher, daß die Begriffe des Betriebs, Teilbetriebs und Mitunternehmeranteils im Sinne des § 6 Abs. 3 EStG und des § 16 Abs. 1 EStG von der herrschenden Meinung im Schrifttum[256] und von der Rechtsprechung[257] bislang identisch ausgelegt worden waren. Der genannte Beschluß des Großen Senats erklärt den Gewinn aus der entgeltlichen Aufnahme eines Gesellschafters in ein bisheriges Einzelunternehmen als nicht begünstigt nach § 34 Abs. 1, Abs. 2 Nr. 1 EStG[258]. Gleichzeitig wird die Privilegierung der Veräußerung eines Teils eines Mitunternehmeranteils als rechtssystematisch bedenklich eingestuft und die Beibehaltung der Tarifbegünstigung lediglich auf Gründe der Rechtssicherheit gestützt[259]. Eine Übertragung der Grundsätze dieses Beschlusses auf die unentgeltliche Übertragung eines Teilmitunternehmeranteils sowie die unentgeltliche Aufnahme einer natürlichen Person in ein bestehendes Einzelunternehmen hätte nach Meinung einiger Autoren zu einer steuerpflichtigen Gewinnrealisierung anläßlich dieser Vorgänge geführt[260]. Seit der Schaffung des § 16 Abs. 1 S. 2 EStG durch das UntStFG[261] wird der Gewinn aus der Veräußerung eines Teils eines Mitunternehmeranteils vom Gesetz ausdrücklich als laufender Gewinn behandelt. Auch aufgrund dieser Neuregelung wurde die Anwendung des § 6 Abs. 3 EStG auf die unentgeltliche Übertragung eines Teilmitunternehmeranteils in Frage gestellt[262].

---

[253] BT-Drucks. 14/6882, S. 32; BT-Drucks. 14/7084, S. 2; GRATZ, H/H/R, § 6 EStG Anm. 1332.

[254] BFH, BStBl. II 2000, 123ff.

[255] So GRATZ, H/H/R, § 6 EStG Anm. 1332, 1365; GECK, ZEV 2002, 41, 42, wertet die Rechtsprechung als „Einstieg in den Ausstieg der privilegierten Übertragung von Teilanteilen"; vgl. dazu auch HOFFMANN, L/B/P, EStG, § 6 Rn. 1051.

[256] GRATZ, H/H/R, § 6 EStG Anm. 1365; PATT, H/H/R, StRef I, § 6 EStG Anm. R 92.

[257] BFH, BStBl. II 1995, 890, 893; BFH, BStBl. II 2005, 173, 174.

[258] BFH, BStBl. II 2000, 123ff.

[259] BFH, BStBl. II 2000, 123, 128f.

[260] So GRATZ, H/H/R, § 6 EStG Anm. 1332.

[261] BGBl. I 2001, 3858, BStBl. I 2002, 35.

[262] GRATZ, H/H/R, § 6 EStG Anm. 1332, 1365.

Die identische Auslegung der Merkmale der §§ 6 Abs. 3, 16 Abs. 1 und 34 EStG ist allerdings nur dann begründet, wenn der Privilegierung der unentgeltlichen Übertragung einer Sachgesamtheit und der Begünstigung des Gewinns aus der Veräußerung einer Sachgesamtheit derselbe Regelungszweck zugrunde liegt. In diesem Fall müßte die Zielsetzung der §§ 16, 34 EStG bei der Untersuchung des Motivs für § 6 Abs. 3 EStG Berücksichtigung finden.

Der Sinn und Zweck der Regelungen über die begünstigte Versteuerung betrieblicher Veräußerungsgewinne besteht darin, die zusammengeballte Realisierung der während vieler Jahre entstandenen stillen Reserven nicht nach dem progressiven Einkommensteuertarif zu erfassen[263]. § 34 EStG ist zum Ausgleich von Härten bestimmt, die sich wegen der progressiven Ausgestaltung des Einkommensteuertarifs ergeben können, wenn Einkünfte, die wirtschaftlich den Ertrag mehrerer Veranlagungszeiträume darstellen, dem Steuerpflichtigen in nur einem Veranlagungszeitraum zufließen[264]. Die tarifliche Erleichterung setzt deshalb voraus, daß alle stillen Reserven der wesentlichen Grundlagen des Betriebs in einem einheitlichen Vorgang aufgelöst werden[265]. Wegen der mit der Anwendung der Vorschrift verbundenen Subventionswirkung sucht die Rechtsprechung die Vergünstigung auf solche Fälle zu beschränken, in denen es nicht lediglich zu einem zusammengeballten Zufluß von im Verlauf mehrerer Jahre erdienten Einkünften kommt, sondern in denen sich die Außerordentlichkeit der Einkünfte auch darin ausdrückt, daß sie die mit dem endgültigen Wegfall einer bestimmten Einkunftsquelle verbundene Verschlechterung der Erwerbsgrundlage ausgleichen sollen[266]. Entsprechend verlangt § 34 EStG das Vorliegen eines Veräußerungsvorgangs, der neben der vollständigen Aufdeckung der im Übertragungsgegenstand ruhenden stillen Reserven die endgültige Einstellung der im Hinblick auf das Veräußerungsobjekt entfalteten Tätigkeit zur Folge hat[267]. Mit dem genannten Gesetzeszweck steht die Versagung der Tarifbegünstigung für die Veräußerung eines Teils eines Mitunternehmeranteils im Einklang: Die Bundesregierung[268] begründete die Schaffung des § 16 Abs. 1 S. 2 EStG zutreffend mit der Erwägung, die Privilegierung setze die Aufdeckung *aller* stillen Reserven des gehaltenen Mitunternehmeranteils voraus, was bei der Übertragung lediglich eines Teils des Anteils nicht erfüllt ist. Es kommt weder zu einem zusammengeballten Zufluß aller im Laufe mehrerer Jahre erdienten Einkünfte noch geht mit der Veräußerung der vollständige Verlust der Einkunftsquelle einher, so daß ei-

---

[263] BFH, BStBl. II 2000, 123, 126f.
[264] HORN, H/H/R, § 34 EStG Anm. 3.
[265] BFH, BStBl. II 2000, 123, 127.
[266] BFH, BStBl. II 1989, 973, 974; BFH, BStBl. II 1996, 527, 529; vgl. HORN, H/H/R, § 34 EStG Anm. 3, 41.
[267] HORN, H/H/R, § 34 EStG Anm. 39.
[268] BT-Drucks. 14/6882, S. 23.

ne Zurückhaltung des Fiskus nicht geboten ist. Mit denselben Argumenten ist der anläßlich der entgeltlichen Aufnahme des Gesellschafters in ein Einzelunternehmen realisierte Veräußerungsgewinn des Einbringenden nicht als begünstigter, sondern als laufender Gewinn zu versteuern[269]. Denn der Einzelunternehmer veräußert lediglich einen Anteil an seinem Betriebsvermögen, so daß ihm noch stille Reserven verbleiben, die erst in einem späteren Veranlagungszeitraum aufgedeckt werden.

Sind die Begriffe des Betriebs, Teilbetriebs und Mitunternehmeranteils in den §§ 6 Abs. 3, 16 Abs. 1 und 34 EStG tatsächlich identisch auszulegen, dann muß der Privilegierung der unentgeltlichen Übertragung von Sachgesamtheiten derselbe Zweck zugrunde liegen wie der Begünstigung der Veräußerung dieser Sachgesamtheiten. Das ist jedoch nicht der Fall[270]. Während die §§ 16 und 34 EStG lediglich die Härten des progressiven Einkommensteuertarifs mildern wollen, geht es § 6 Abs. 3 EStG um die Erhaltung wirtschaftlicher Organismen durch die Ermöglichung und Erleichterung von Umstrukturierung und Generationenwechsel[271]. In seinem Beschluß[272] zur entgeltlichen Aufnahme eines Gesellschafters in ein Einzelunternehmen stellt der Große Senat des BFH ausdrücklich fest, daß den §§ 16 und 34 EStG *nicht* der Gesetzeszweck entnommen werden kann, die betriebsfortführende Veräußerung zur Erhaltung funktionierender Unternehmen zu privilegieren. Die Steuerermäßigung für die Veräußerung einer Sachgesamtheit sei entsprechend nicht davon abhängig, daß der Erwerber die erworbene wirtschaftliche Einheit als solche wirklich fortführt[273]. Tatsächlich unterscheidet sich die Interessenlage bei den Vorgängen des § 6 Abs. 3 EStG deutlich von dem Bedürfnis nach Tarifglättung, das den §§ 16, 34 EStG zugrunde liegt: Zum einen fließen dem Steuerpflichtigen anläßlich der Veräußerung liquide Mittel zur Steuerzahlung zu, so daß er nicht – entgegen der wirtschaftlichen Vernunft – zum Absehen vom Vermögenstransfer bzw. zur Zerschlagung der betrieblichen Einheit gezwungen ist. Durch die Aufdeckung der stillen Reserven wird die Dispositionsfreiheit des Bürgers nicht derart erheblich beschränkt, wie es bei einer unentgeltlichen Übertragung der Fall ist. Ferner kann für eine Privilegierung der Veräußerung nicht ins Feld geführt werden, daß die Erleichterung von Umstrukturierungen oder der Vorwegnahme der Erbfolge eine Tarifglättung erzwingt, denn zur Umsetzung dieser Vorhaben bedient man sich nicht *entgeltlicher* Geschäfte. Die Veräußerung eines Betriebes verfolgt meist den Zweck der Realisierung der im Laufe der Jahre geschaffenen Vermögenswerte und der Abschöpfung der erwirtschafteten Gewinne. Die bloße Ge-

---

[269] BFH, BStBl. II 2000, 123, 127.
[270] HOFFMANN, L/B/P, EStG, § 6 Rn. 1015.
[271] HOFFMANN, L/B/P, EStG, § 6 Rn. 1015.
[272] BFH, BStBl. II 2000, 123, 128.
[273] BFH, BStBl. II 2000, 123, 128.

fahr der Zerschlagung des Unternehmens an Stelle der (ungünstigeren) Übertragung als Gesamtheit genügt nicht, um eine Subventionierung wie in § 6 Abs. 3 EStG zu rechtfertigen. Die Tarifbegünstigung dient mithin nicht der Sicherung des Bestands betrieblicher Einheiten.

Wegen der unterschiedlichen Zielsetzung der §§ 16, 34 und 6 Abs. 3 EStG ist eine normspezifische Auslegung der jeweiligen Tatbestandsmerkmale geboten, auch wenn identische Begriffe verwendet werden[274]. Diese Notwendigkeit wurde von der Rechtsprechung und Teilen der Literatur über Jahre hinweg übersehen. Von dem unzutreffenden Gleichlauf in der Interpretation der Regelungen darf folglich nicht auf einen übereinstimmenden Normzweck geschlossen werden. Der Gesetzgeber hat nunmehr manifestiert, daß bei der Auslegung der Begriffe eine Differenzierung nach den verschiedenen Motiven der Subventionsvorschriften erforderlich ist, indem er die Übertragung eines Teils eines Mitunternehmeranteils ausdrücklich unterschiedlich würdigt: Während der unentgeltliche Vorgang in die Privilegierung des § 6 Abs. 3 EStG aufgenommen wurde (vgl. § 6 Abs. 3 S. 1 Hs. 2 EStG), ist die Veräußerung von der Tarifbegünstigung der §§ 16, 34 EStG ausgeschlossen worden (§ 16 Abs. 1 S. 2 EStG). Für die Interpretation des § 6 Abs. 3 S. 1 Hs. 2, S. 3 EStG sind die §§ 16, 34 EStG mithin unbeachtlich.

cc. Teilergebnis

Die Regelungen des § 6 Abs. 3 S. 1 Hs. 2, S. 3 EStG dienen der Förderung der Generationennachfolge in betriebliche Einheiten. Hintergrund der Begünstigung ist das Interesse des Staates am Erhalt des Wirtschaftsstandorts. Für die Vorgänge des § 6 Abs. 3 S. 1 Hs. 2, S. 3 EStG ordnet die Norm die Rechtsfolge des § 6 Abs. 3 S. 1 Hs. 1, S. 3 EStG an. Dieser Verweis und die systematische Stellung beider Vorschriften zwingen zu dem Schluß, daß die Privilegierungen dasselbe Ziel verfolgen.

d. Systematische Auslegung im Hinblick auf § 6 Abs. 3 S. 2 EStG

Bei der Erforschung des Zwecks des § 6 Abs. 3 S. 1 Hs. 1, S. 3 EStG muß auch die Regelung des § 6 Abs. 3 S. 2 EStG Berücksichtigung finden:

---

[274] GEBEL, DStR 1998, 269, 272 Fn. 12.

aa. Zweck des § 6 Abs. 3 S. 2 EStG

§ 6 Abs. 3 S. 2 EStG, der hinsichtlich der Rechtsfolge auf § 6 Abs. 3 S. 1 Hs. 1, S. 3 EStG verweist, enthält eine Sondervorschrift zur Erleichterung der interfamiliären Unternehmensnachfolge[275]. Die Buchwertfortführung durch den Rechtsnachfolger ist auch dann vorzunehmen, wenn der bisherige Betriebsinhaber (Mitunternehmer) im Rahmen einer unentgeltlichen Überführung nach § 6 Abs. 3 S. 1 Hs. 2 EStG[276] einzelne Wirtschaftsgüter, die weiterhin zum Betriebsvermögen derselben Mitunternehmerschaft gehören, nicht überträgt. Diese Steigerung der Privilegierung des § 6 Abs. 3 S. 1, 3 EStG unterstützt die Generationennachfolge in betriebliche Einheiten: Wenn der Senior dem Junior den Unternehmensanteil – das operative Geschäft – überläßt, hat er oft ein legitimes Interesse an der Zurückbehaltung des wertvollen Grundstücks zur Sicherung seines Lebensunterhalts[277]. Die Zurückbehaltungsmöglichkeit von wesentlichem Betriebsvermögen wird im Interesse der Kontinuität von Betrieben im Familienbesitz bei gleichzeitiger Absicherung des weichenden Unternehmers gewährt[278]. Insbesondere im mittelständischen Bereich soll der gleitende Generationenübergang nicht behindert werden[279]. Auf Seiten des bisherigen Geschäftsinhabers besteht ein Bedürfnis, seine Versorgung im Alter abzusichern. Behält er aber im Zuge der unentgeltlichen Übertragung auf den künftigen Erben eine wesentliche Betriebsgrundlage zurück, erfolgt grundsätzlich der Zugriff auf die stillen Reserven des Zuwendungsgegenstands, weil § 6 Abs. 3 S. 1, 3 EStG nur die Übertragung der Sachgesamtheit mit *allen* wesentlichen Betriebsgrundlagen begünstigt. Das Erfordernis der Verlagerung sämtlicher Wirtschaftsgüter des wesentlichen Betriebsvermögens leuchtet ein, da nach dem Sinn der Vorschrift nicht die Weitergabe von Einzelwirtschaftsgütern, sondern die Umstrukturierung und die

---

[275] HOFFMANN, L/B/P, EStG, § 6 Rn. 1005, 1017; Stellungnahme des Bundesrats zum UntStFG, BT-Drucks. 14/7084, S. 2.

[276] Der Anwendungsbereich des § 6 Abs. 3 S. 2 EStG ist umstritten. Die genannte Interpretation unterstützen GLANEGGER, Schmidt, EStG, § 6 Rn. 487; FISCHER, Kirchhof, EStG, § 6 Rn. 182a; GRATZ, H/H/R, § 6 EStG Anm. 1369 a, b; HOFFMANN, L/B/P, EStG, § 6 Rn. 1017; BRANDENBERG, DStZ 2002, 511, 517f.; BODE, DStR 2002, 114, 116, 118; HOFFMANN, GmbHR 2002, 236, 239. Laut WENDT, H/H/R, Jahresbd. 2002, § 6 EStG Anm. J 01-18, J 01-19, ergebe die Auslegung der Tatbestandsmerkmale, daß die Regelung nur für die unentgeltliche Übertragung des Teils eines Mitunternehmeranteils gilt. Kritisch auch MITSCH, INF 2002, 77, 79f.

[277] HOFFMANN, L/B/P, EStG, § 6 Rn. 1014, 1017; Stellungnahme des Bundesrats zum UntStFG, BT-Drucks. 14/7084, S. 2.

[278] HOFFMANN, L/B/P, EStG, § 6 Rn. 1017; MAYER-WEGELIN, Bordewin/Brandt, EStG, § 6 Rn. 99.

[279] Stellungnahme des Bundesrats zum UntStFG, BT-Drucks. 14/7084, S. 2; GRATZ, H/H/R, § 6 EStG Anm. 1332.

vorweggenommene Vererbung von betrieblichen *Einheiten* Schonung verdienen. Dieser Prämisse steht § 6 Abs. 3 S. 2 EStG allerdings nicht entgegen. Der
Normzweck des § 6 Abs. 3 EStG wird nicht konterkariert, vielmehr fördert die
Abweichung von der Regel gerade dessen Erreichung: Die Zurückbehaltungsmöglichkeit verhindert, daß sich der die Altersversorgung planende Senior aus
steuerlichen Gründen zur Fortführung seines Unternehmens bis zum Tod oder
zur Veräußerung gezwungen sieht. So wird das allmähliche Nachrücken der
nächsten Generation in das Geschäft ermöglicht, ohne daß fiskalische Belastungen den Fortbestand der betrieblichen Einheit gefährden. Auch die Subvention
des § 6 Abs. 3 S. 2 EStG bezweckt damit die Erhaltung der funktionierenden
Organismen des Wirtschaftslebens.

*bb. Bedeutung der §§ 16, 34 EStG für die Bestimmung des Zwecks des § 6 Abs.
3 S. 2 EStG*

Parallel zur Diskussion um § 6 Abs. 3 S. 1 Hs. 2 EStG können sich auch im
Rahmen der Auslegung des § 6 Abs. 3 S. 2 EStG Zweifel an der Richtigkeit des
soeben herausgearbeiteten Gesetzeszwecks ergeben: Denn die Einführung der
Zurückbehaltungsmöglichkeit von wesentlichem Sonderbetriebsvermögen bei
der unentgeltlichen Teilanteilsübertragung begegnete erheblichem Widerstand[280]
mit dem Argument der identischen Interpretation des Begriffs des Mitunternehmeranteils in den §§ 6 Abs. 3 und 16 Abs. 1 Nr. 2, 34 EStG: Für die Tarifbegünstigung der Anteilsveräußerung könne nichts anderes gelten als für die unentgeltliche Anteilsübertragung[281]. Die ermäßigte Besteuerung des Gewinns aus der
Veräußerung eines Teilmitunternehmeranteils[282] setze die quotale Übertragung
des wesentlichen Sonderbetriebsvermögens voraus[283]. Die konsequente Anwendung der neueren Urteile des BFH zwinge zur quotalen Mitübertragung des
Sonderbetriebsvermögens auch bei der unentgeltlichen Übertragung des Teils
eines Mitunternehmeranteils und mache die Zurückbehaltung von Sonderbe-

---

[280] Stellungnahme der Bundesregierung zum UntStFG, BT-Drucks. 14/7084, S. 7.
[281] Stellungnahme der Bundesregierung zum UntStFG, BT-Drucks. 14/7084, S. 7.
[282] Die Frage nach der Pflicht zur quotalen Übertragung des Sonderbetriebsvermögens bei
der Veräußerung eines Teils eines Mitunternehmeranteils stellt sich heute wegen der Schaffung des § 16 Abs. 1 S. 2 EStG durch das UntStFG nicht mehr.
[283] BFH, BStBl. II 2003, 194, 196ff.; BFH, BStBl. II 2001, 26ff.; BFH, BFH/NV 2000,
1554ff.; Stellungnahme der Bundesregierung zum UntStFG, BTDrucks. 14/7084, S. 7;
ALTHANS, BB 1993, 1060, 1063, der sogar die quotale Mitveräußerung des nichtwesentlichen
Sonderbetriebsvermögens verlangt; PATT/RASCHE, DStR 1996, 645, 651 a.E.; WOLLNY, FR
1989, 713; **a.A.**: WACKER, Schmidt, EStG, 18. Aufl., § 16 Rn. 410; REIß, K/S/M, EStG, § 16
Rn. C 51; WEBER, DB 1991, 2560, 2562; TISMER/OSSENKOPP, FR 1992, 39, 41; KORN,
KÖSDI 1997, 11219, 11225.

triebsvermögen bei der unentgeltliche Aufnahme einer natürlichen Person in ein Einzelunternehmen unmöglich[284]. Der BFH[285] hat entschieden, daß § 6 Abs. 3 EStG im Falle der unentgeltlichen Übertragung eines Teils eines Mitunternehmeranteils bei gleichzeitigem Vorhandensein von funktional wesentlichem Sonderbetriebsvermögen nur anwendbar sei, wenn das Sonderbetriebsvermögen in demselben Verhältnis übergeht, in dem der Teil des Mitunternehmeranteils zum gesamten Mitunternehmeranteil steht. Sowohl die Rechtsprechung zur Anwendung der §§ 16, 34 EStG als auch dieses Urteil zur Auslegung des § 6 Abs. 3 EStG würden nach Meinung der Bundesregierung[286] im Falle der Einführung des § 6 Abs. 3 S. 2 EStG ohne überzeugenden Grund völlig ignoriert.

Diese Ansicht verkennt jedoch, daß sich die Intention des § 6 Abs. 3 EStG von der Idee der §§ 16, 34 EStG deutlich unterscheidet: Der Sinn der Regelungen über die begünstigte Versteuerung betrieblicher Veräußerungsgewinne besteht darin, die Steuerprogression auszugleichen, der die während vieler Jahre entstandenen stillen Reserven durch die zusammengeballte Realisierung unterliegen[287]. Die Tarifglättung setzt demnach voraus, daß alle stillen Reserven der wesentlichen Grundlagen des Betriebs in einem einheitlichen Vorgang aufgelöst werden; denn eine Zusammenballung liegt nicht vor, wenn dem Veräußerer noch stille Reserven verbleiben, die erst in einem späteren Veranlagungszeitraum aufgedeckt werden[288]. Mit dem Motiv der Privilegierung läßt sich die Zurückbehaltung von wesentlichem Betriebsvermögen nicht vereinbaren. Im Gegensatz zu den §§ 16, 34 EStG zielt § 6 Abs. 3 EStG auf die Erhaltung funktionierender Wirtschaftsorganismen ab. Im Interesse des Fortbestands betrieblicher Einheiten sollen Umstrukturierungen und die Unternehmensnachfolge erleichtert werden, indem nicht realisierte und weiter steuerverstrickte stille Reserven nicht aus der Substanz besteuert werden[289]. Mit diesem Rechtsgedanken steht die Zurückbehaltung wesentlicher Betriebsgrundlagen im Sonderbetriebsvermögen zur Sicherung der Altersversorgung des Seniors im Einklang. Von einem Gebot der quotengleichen Überführung von Sonderbetriebsvermögen bei der Teilanteils-*veräußerung* kann mithin nicht auf ein Verbot der Zurückbehaltung des Sonderbetriebsvermögens bei der unentgeltlichen Teilanteilsübertragung geschlossen werden[290]. Die Verschiedenheit der Regelungsziele wird durch die Änderung der Rechtslage durch das UntStFG unterstrichen: Während der Ertrag aus der Veräußerung eines Teilmitunternehmeranteils nunmehr zum laufenden Gewinn

---

[284] GRATZ, H/H/R, § 6 EStG Anm. 1332.
[285] BFH, BFH/NV 2000, 1554, 1555, 1556.
[286] Stellungnahme der Bundesregierung zum UntStFG, BT-Drucks. 14/7084, S. 7.
[287] BFH, BStBl. II 2003, 194, 196; BFH, BFH/NV 2000, 1554, 1556.
[288] BFH, BStBl. II 2000, 123, 126f.; BFH, BFH/NV 2000, 1554, 1556.
[289] HOFFMANN, L/B/P, EStG, § 6 Rn. 1017.
[290] HOFFMANN, L/B/P, EStG, § 6 Rn. 1016.

zählt (§ 16 Abs. 1 S. 2 EStG), gewährt § 6 Abs. 3 S. 1 Hs. 2 EStG für den unentgeltlichen Übertragungsvorgang das Buchwertprivileg. Die Regelungen der
§§ 16, 34 EStG sind folglich nicht in der Lage, Einfluß auf die Auslegung und
damit auf die Bestimmung des Normzwecks des § 6 Abs. 3 EStG zu nehmen.

*cc. Bedeutung der Beschränkung des Anwendungsbereichs auf Mitunternehmer
für die Bestimmung des Zwecks des § 6 Abs. 3 S. 2 EStG*

Der Zwang zur quotalen Mitübertragung des Sonderbetriebsvermögens bei der
unentgeltlichen Übertragung eines Teilmitunternehmeranteils wurde vor der
Einführung des § 6 Abs. 3 S. 2 EStG auch mit der Gleichbehandlung von Ein-
zel- und Mitunternehmer begründet. Der in § 6 Abs. 3 EStG verwendete Begriff
des Mitunternehmeranteils umfasse ebenso wie der gleichlautende Begriff in
§ 16 Abs. 1 EStG neben dem Gesellschaftsanteil auch das Sonderbetriebsvermögen des Gesellschafters[291]. Dafür spreche der Sinn und Zweck des § 15 Abs.
1 Nr. 2 EStG und des daraus entwickelten Instituts des Sonderbetriebsvermögens[292], einen Mitunternehmer einem Einzelunternehmer insoweit gleichzustellen, als die Vorschriften des Gesellschaftsrechts dem nicht entgegenstehen[293].
Behält der Einzelunternehmer anläßlich einer unentgeltlichen Übertragung des
gesamten Unternehmens Wirtschaftsgüter zurück, die zu den wesentlichen Betriebsgrundlagen gehören, ist die Buchwertfortführung unzulässig[294]. Dem Mitunternehmer gestattet dagegen § 6 Abs. 3 S. 2 EStG die Zurückbehaltung wesentlichen Sonderbetriebsvermögens im Falle der Übertragung eines Teils seines
Mitunternehmeranteils. Die Norm führe also zu einem unterschiedlichen Betriebsbegriff beim Einzel- und beim Mitunternehmer, was nicht hinnehmbar
sei[295].

Die Differenzierung zwischen Einzel- und Mitunternehmern wirft die Frage
auf, ob der oben herausgearbeitete Zweck des § 6 Abs. 3 EStG noch einmal ü-
berdacht werden muß oder ob die unterschiedliche Behandlung beider Gruppen
durch den gefundenen Zweck gerechtfertigt ist. Bei Betrachtung der festgestell-
ten Grundidee des § 6 Abs. 3 EStG, funktionierende Wirtschaftsorganismen zu
erhalten, drängen sich keine Gründe für eine Unterscheidung zwischen Einzel-

---

[291] BFH, BStBl. II 1995, 890, 892; BFH, BFH/NV 2000, 1554, 1555, 1556; Stellungnahme der Bundesregierung zum UntStFG, BT-Drucks. 14/7084, S. 7.
[292] BFH, BFH/NV 2000, 1554, 1555; Stellungnahme der Bundesregierung zum UntStFG,
BT-Drucks. 14/7084, S. 7.
[293] BFH, BStBl. II 2003, 194, 196; BFH, BStBl. II 2001, 26, 27; BFH, BStBl. II 1991,
635, 636; BFH, BFH/NV 2000, 1554, 1555; Stellungnahme der Bundesregierung zum
UntStFG, BT-Drucks. 14/7084, S. 7.
[294] BFH, BFH/NV 2000, 1554, 1556.
[295] Stellungnahme der Bundesregierung zum UntStFG, BT-Drucks. 14/7084, S. 7.

und Mitunternehmer auf: An der Absicherung seiner Altersversorgung im Rahmen der Durchführung von Umstrukturierungen und der Vorbereitung der Unternehmensnachfolge ist sowohl dem Einzel- als auch dem Mitunternehmer gelegen. Beide haben ein Bedürfnis, einzelne wertvolle Wirtschaftsgüter des Betriebsvermögens zurückzubehalten. Auf den ersten Blick vermag der Zweck des Buchwertprivilegs nicht die durch § 6 Abs. 3 S. 2 EStG vorgenommene Differenzierung zu rechtfertigen. Unter kritischer Würdigung des bisherigen Ergebnisses ist zu untersuchen, welche Erwägungen der gesetzgeberischen Entscheidung zugrunde liegen.

(1) Gründe für die Beschränkung

(a) Fortdauernde Steuerverstrickung der stillen Reserven und Verbleib des Gegenstandes im Dienste desselben Unternehmens

Die Verschonung des Steuerpflichtigen vor dem Zugriff des Fiskus ist durch die Gefahr des Verlustes des staatlichen Steueranspruchs begrenzt. § 6 Abs. 3 EStG nimmt zwar die Durchbrechung des Subjektsteuerprinzips und damit die Versteuerung der stillen Reserven durch den „falschen" Steuerpflichtigen in Kauf. Die Privilegierung von Umstrukturierungen und Unternehmensnachfolge endet jedoch dort, wo der vollständige Steuerausfall droht, weil der Staat bei überhaupt keinem Bürger die Steuerhypothek auf den stillen Reserven realisieren kann. Nach seinem Normzweck ist § 6 Abs. 3 S. 1 EStG folglich so auszulegen, daß unentgeltliche Übertragungen der dort genannten Sachgesamtheiten nur dann zum Buchwert stattfinden, wenn die Besteuerung der stillen Reserven beim Übertragenden oder beim Übertragungsempfänger sichergestellt ist[296]. Vor diesem Hintergrund klärt sich die Differenzierung zwischen Einzel- und Mitunternehmer in § 6 Abs. 3 S. 2 EStG. Behält der Einzelunternehmer bei der unentgeltlichen Übertragung seines Betriebes ein Wirtschaftsgut des wesentlichen Betriebsvermögens zurück, gehört dieser Vermögenswert fortan zum Privatvermögen des Steuerpflichtigen und ist mithin aus der Steuerverstrickung herausgelöst. Der Staat ist nicht länger in der Lage, auf die stillen Reserven im Wirtschaftsgut zuzugreifen. Dadurch ist für eine Begünstigung nach dem Vorbild des § 6 Abs. 3 S. 2 EStG im Falle der Übertragung des gesamten Betriebs kein Raum.

Das Problem der Steuerentstrickung hätte der Gesetzgeber allerdings auch anders lösen können: Im Rahmen der Entnahmebesteuerung hätten die Wertsteigerungen im zurückbehaltenen Wirtschaftgut erfaßt werden können, während der Rest des Unternehmens steuerneutral auf den Rechtsnachfolger übertragen

---

[296] WENDT, H/H/R, Jahresbd. 2002, § 6 EStG Anm. J 01-15.

werden darf. Gegen dieses Vorgehen spricht aber der von § 6 Abs. 3 EStG ver-
körperte Rechtsgedanke der Unternehmenskontinuität: Durch die Zulassung der
Buchwertfortführung soll ein funktionierender Organismus des Wirtschaftslebens erhalten werden. Das zurückbehaltene Wirtschaftgut zählt zu den wesentlichen Betriebsgrundlagen und stellt häufig – gerade wenn es sich um das Betriebsgrundstück handelt – eine entscheidende Basis des Geschäfts dar. Das
Buchwertprivileg soll nur dem zugute kommen, der das Unternehmen als Sachgesamtheit zusammenhält und nicht durch die Entnahme wesentlicher funktiona-
ler und materieller Werte schwächt. Diese Motivation demonstriert der Gesetzgeber durch das Erfordernis, daß das nicht übertragene Wirtschaftgut „weiterhin
zum Betriebsvermögen derselben Mitunternehmerschaft gehören" muß (§ 6
Abs. 3 S. 2 EStG). Der zurückbehaltene Vermögensgegenstand soll auch künftig
dem Betrieb dienen. Behält der Gesellschafter einer Mitunternehmerschaft im
Rahmen der Übertragung eines Teils seines Anteils ein Wirtschaftsgut seines
wesentlichen Sonderbetriebsvermögens zurück, gehört das Wirtschaftsgut auch
künftig noch zu seinem Mitunternehmeranteil und damit zur Mitunternehmerschaft[297]. Die Steuerverstrickung der stillen Reserven bleibt erhalten[298] und der
Vermögensgegenstand steht weiter im Dienste des Unternehmens. Im Falle der
unentgeltlichen Aufnahme einer natürlichen Person in ein bestehendes Einzelunternehmen wechselt das Wirtschaftsgut vom Betriebsvermögen des Einzelunternehmens in das Sonderbetriebsvermögen des bisherigen Betriebsinhabers bei der
entstandenen Mitunternehmerschaft[299] und bleibt so demselben Unternehmen als
Wirtschaftsgrundlage erhalten; gleichzeitig ist das Fortbestehen der Steuerverstrickung beim Übertragenden gewährleistet. Die Zurückbehaltung des wesentlichen Betriebsvermögens wird folglich erlaubt, weil dem Wunsch des Unternehmers nach Sicherung seiner Altersversorgung entsprochen werden kann, ohne
dies mit der Schwächung der Kontinuität des Wirtschaftsorganismus und dem
Verlust des staatlichen Steueranspruchs „bezahlen" zu müssen.

Selbst wenn der Einzelunternehmer das zurückgehaltene wesentliche Betriebsvermögen nicht im Privatvermögen beläßt, sondern in ein anderes seiner
Betriebsvermögen überführt, dann bleibt zwar die Besteuerung der stillen Reserven gesichert, das Wirtschaftsgut dient aber nicht länger ein und demselben
wirtschaftlichen Organismus. Da das Buchwertprivileg den Schutz der Bestän-
digkeit des Unternehmens bezweckt, wird dem Einzelunternehmer die Zurückbehaltung auch für diese Variante verwehrt.

---

[297] WENDT, H/H/R, Jahresbd. 2002, § 6 EStG Anm. J 01-8, J 01-15; GRATZ, H/H/R, § 6
EStG Anm. 1369a.
[298] WENDT, H/H/R, Jahresbd. 2002, § 6 EStG Anm. J 01-8, J 01-15.
[299] GRATZ, H/H/R, § 6 EStG Anm. 1369a.

Die Nichtaufnahme der unentgeltlichen Übertragung eines Teilbetriebs in den Anwendungsbereich des § 6 Abs. 3 S. 2 EStG[300] fügt sich ebenfalls ohne Widersprüche in die Argumentation zum teleologischen Hintergrund der Vorschrift ein: Zwar wäre ein zurückbehaltenes Wirtschaftsgut beim Zuwendenden weiter steuerverstrickt, sofern er es in das Betriebsvermögen des ihm verbliebenen Teilbetriebs überführt. Der Gegenstand stünde aber nicht weiter dem übertragenen, mit einer gewissen Selbständigkeit ausgestatteten und für sich allein lebensfähigen, organisatorisch geschlossenen Teil des bisherigen Gesamtbetriebs zur Verfügung. Eine Zurückbehaltungsmöglichkeit bei der Übertragung eines Teilbetriebs liefe dem Ziel der Förderung der Unternehmenskontinuität zuwider.

Teilergebnis: Zwei Gründe rechtfertigen es, die Zurückbehaltung wesentlicher Betriebsgrundlagen bestimmten Mitunternehmern, nicht aber dem Einzelunternehmer zu erlauben: die Gewährleistung der Unternehmenskontinuität und die Sicherung des staatlichen Steueranspruchs.

(b) Bedeutung der Behaltefrist für die Auslegung des § 6 Abs. 3 S. 2 EStG

Zweifel an der vorgenommenen Zweckbestimmung schürt allerdings die Behaltefrist des § 6 Abs. 3 S. 2 EStG: Die Zurückbehaltungserlaubnis ist verknüpft mit einer Verpflichtung des Zuwendungsempfängers, den übernommenen Mitunternehmeranteil innerhalb von mindestens fünf Jahren nach der unentgeltlichen Übertragung nicht zu veräußern oder aufzugeben. Die Mißachtung dieser Behaltefrist zieht die Aufdeckung der stillen Reserven durch den Rechtsvorgänger – rückwirkend auf den Übertragungszeitpunkt – nach sich, obwohl im Moment der unentgeltlichen Zuwendung alle Privilegierungsvoraussetzungen (nämlich der Verbleib des Wirtschaftsguts im Betrieb derselben Mitunternehmerschaft und damit auch die fortdauernde Steuerverstrickung der Wertsteigerungen) vorgelegen haben. Fraglich ist, welche Funktion der Behaltefrist zukommt. Denn um den Zweck des Erhalts betrieblicher Einheiten bei gleichzeitiger Sicherung der Altersversorgung des Betriebsinhabers zu erreichen, bedarf es keiner zusätzlichen Sperrfrist im Tatbestand des § 6 Abs. 3 S. 2 EStG. Das gilt insbesondere im Vergleich zur Regelung des § 6 Abs. 3 S. 1 Hs. 1 EStG, die ohne eine Behaltefrist auskommt. Die Interessen des Steuerbürgers und des Fiskus sind bereits dadurch hinreichend gewahrt, daß die Buchwertfortführung von der fortdauernden Steuerverstrickung der stillen Reserven des zurückbehaltenen Wirtschaftsguts und davon abhängt, daß der Gegenstand weiter demselben Betrieb dient. Diese beiden Voraussetzungen genügen, um die mißbräuchliche Anwendung des Buchwertprivilegs zu verhindern. Spricht die Aufnahme der

---

[300] GRATZ, H/H/R, § 6 EStG Anm. 1369b; WACKER, Schmidt, EStG, § 16 Rn. 15; GLANEGGER, Schmidt, EStG, § 6 Rn. 477.

Behaltefrist in die Vorschrift des § 6 Abs. 3 S. 2 EStG deshalb gegen die zutreffende Bestimmung des Normzwecks? Dem ist nicht so. Vielmehr mißglückte dem Gesetzgeber die sachgerechte Umsetzung seiner Intention. Die Behaltefrist wurde nämlich erkennbar an § 13 a Abs. 5 ErbStG angelehnt[301], mit dem die Legislative die Unterstützung der Betriebsfortführung bezweckt[302]. Wie Vertreter der Literatur[303] glaubte auch der Gesetzgeber, das Regelungsziel der Erleichterung der Unternehmensnachfolge durch die Installation einer Behaltefrist besser erreichen zu können. Die Behaltefrist soll signalisieren, daß das Überspringen stiller Reserven auf ein anderes Steuersubjekt grundsätzlich unerwünscht und lediglich für die Ausnahmefälle der Unternehmensnachfolge und –umstrukturierung zugelassen ist. Die Umgehung des Subjektsteuerprinzips durch eine zweckwidrige Inanspruchnahme des Buchwertprivilegs bei alsbaldiger Veräußerung oder Aufgabe des Mitunternehmeranteils durch den Rechtsnachfolger galt es zu verhindern[304]. Eine kurzfristige Aufdeckung der stillen Reserven durch den Übertragungsempfänger lasse darauf schließen, daß nicht der Fortbestand des Unternehmens, sondern die Realisierung der Wertsteigerungen durch ein anderes Steuersubjekt der Anlaß für die Übertragung war[305].

Letzterer Überlegung ist zwar zuzustimmen. Eine Sperrfrist zur Mißbrauchsbekämpfung fügt sich jedoch nur dann widerspruchsfrei in das Gesamtkonzept des § 6 Abs. 3 EStG ein, wenn ihr Anwendungsbereich nicht auf die Sonderfälle der unentgeltlichen Übertragung eines Teilmitunternehmeranteils und der unentgeltlichen Aufnahme einer natürlichen Person in ein Einzelunternehmen jeweils unter Zurückbehaltung von wesentlichem Sonderbetriebsvermögen beschränkt wird. Denn das berechtigte Interesse des Steuerstaates daran, daß der Rechtsnachfolger die übernommene Sachgesamtheit für einige Zeit behält, hängt nur zum Teil mit den Besonderheiten der Übertragungskonstellationen des § 6 Abs. 3 S. 2 EStG zusammen. *Jeder* Anwendungsfall des § 6 Abs. 3 EStG ist anfällig für mißbräuchliche Gestaltungen, die eine Realisierung der stillen Reserven durch das „falsche" Steuersubjekt ermöglichen sollen. Aufgrund des Normzwecks, die Generationennachfolge in Unternehmen und Umstrukturierung zu erleichtern, wird bei allen Übertragungsarten die Geschäftsfortführung seitens des Übernehmers erwartet; diese Privilegierungs"voraussetzung" kann weder auf Teilanteilsübertragungen insgesamt noch auf solche ohne anteiligen Übergang des Sonderbetriebsvermögens beschränkt werden[306]. Wenn also überhaupt

---

[301] WENDT, H/H/R, Jahresbd. 2002, § 6 EStG Anm. J 01-8.
[302] MEINCKE, ErbStG, § 13 a Rn. 21.
[303] HOFFMANN, L/B/P, EStG, § 6 Rn. 1018.
[304] HOFFMANN, L/B/P, EStG, § 6 Rn. 1018.
[305] WENDT, H/H/R, Jahresbd. 2002, § 6 EStG Anm. J 01-8.
[306] WENDT, H/H/R, Jahresbd. 2002, § 6 EStG Anm. J 01-8.

eine Sperrfrist zur Mißbrauchsvermeidung notwendig sein sollte, müßte sie alle Übertragungsfälle des § 6 Abs. 3 EStG erfassen[307].

(c) Teilergebnis

Die Beschränkung der Zurückbehaltungsmöglichkeit des § 6 Abs. 3 S. 2 EStG auf bestimmte Mitunternehmer ändert nichts an dem Zweck des Buchwertprivilegs, betriebliche Einheiten aus wirtschaftspolitischen Gründen zu erhalten. Für den engen Anwendungsbereich des § 6 Abs. 3 S. 2 EStG existieren zwei Gründe: Im Falle der Zurückbehaltung von wesentlichem Sonderbetriebsvermögen bei der Übertragung eines Teilmitunternehmeranteils oder bei der Aufnahme einer natürlichen Person in ein Einzelunternehmen bleiben einerseits die stillen Reserven des nicht überführten Wirtschaftsguts weiter steuerverstrickt, so daß die Durchsetzung des staatlichen Steueranspruchs nicht gefährdet wird. Andererseits steht der zurückbehaltene Vermögensgegenstand auch künftig im Dienste desselben Unternehmens; die Nichtübertragung widerspricht folglich nicht dem Zweck des Buchwertprivilegs, die Unternehmenskontinuität zu fördern. Diese Bedingungen sind bei der Übertragung einer Sachgesamtheit durch einen Einzelunternehmer nicht gegeben.

Die Behaltefrist fügt sich nicht in die Systematik des Buchwertprivilegs ein. Bei diesem Mißgriff handelt es sich allerdings um die verfehlte Umsetzung des gesetzgeberischen Willens, betriebliche Einheiten zu erhalten, so daß eine abweichende Beurteilung des Zwecks des § 6 Abs. 3 EStG nicht geboten ist.

(2) Bedeutung des § 6 Abs. 3 S. 2 EStG für den in § 6 Abs. 3 EStG verwendeten Begriff des Mitunternehmeranteils

Die besondere Privilegierung einzelner Zuwendungen von *Mitunternehmern* in § 6 Abs. 3 S. 2 EStG ist nicht nur durch den Zweck des § 6 Abs. 3 EStG, den Erhalt betrieblicher Einheiten zu fördern, gerechtfertigt. Die Regelung leistet sogar einen wichtigen Beitrag zur Gleichstellung von Einzel- und Mitunternehmern.

Der oben angeführten Meinung[308], § 6 Abs. 3 S. 2 EStG schaffe einen unterschiedlichen Betriebsbegriff beim Einzelunternehmer und beim Mitunternehmer – was nicht hinnehmbar sei –, muß nämlich folgendes entgegengehalten werden: Die Norm trifft die Fallunterscheidung gar nicht anhand des Kriteriums, ob der Zuwendende Einzel- oder Mitunternehmer ist. Denn überträgt ein Mitunternehmer seinen *gesamten* Gesellschaftsanteil, ist ihm die Zurückbehaltung von we-

---

[307] WENDT, H/H/R, Jahresbd. 2002, § 6 EStG Anm. J 01-8.
[308] Stellungnahme der Bundesregierung zum UntStFG, BT-Drucks. 14/7084, S. 7.

sentlichem Sonderbetriebsvermögen ebenso wenig gestattet[309] wie dem Einzelunternehmer die Nichtübertragung wesentlicher Betriebsgrundlagen. Das liegt
daran, daß der Mitunternehmer durch den Übertragungsvorgang jegliche Bindung zur Mitunternehmerschaft verliert mit der Folge der vollständigen Steuerentstrickung des zurückbehaltenen Wirtschaftsguts – wenn es ins Privatvermögen übergeht – und des gänzlichen Verlustes des Gegenstandes für den Betrieb
der Gesellschaft. Denn die zum Sonderbetriebsvermögen zählenden Wirtschaftsgüter gelangen im Falle ihrer Zurückbehaltung entweder ins Betriebsvermögen eines anderen Betriebs oder ins Privatvermögen des Übertragenden[310].
Der Nichtberücksichtigung der unentgeltlichen Übertragung eines ganzen Mitunternehmeranteils durch § 6 Abs. 3 S. 2 EStG entbehrt es vor dem Hintergrund
des Normzwecks folglich nicht an Konsequenz. Das Gebot der Gleichbehandlung von Einzel- und Mitunternehmern bei vergleichbaren Sachverhalten und
gleicher Interessenlage wird durch die Zurückbehaltungsmöglichkeit nicht angetastet. Denn § 6 Abs. 3 S. 2 EStG stellt den Grundsatz, daß Wirtschaftsgüter des
Sonderbetriebsvermögens funktional wesentliche Betriebsgrundlagen des Mitunternehmeranteils darstellen können und – sollte diese Konstellation im Einzelfall vorliegen – im Rahmen des § 6 Abs. 3 S. 1, 3 EStG mit übertragen werden
müssen, nicht in Frage. Im Gegenteil:

*(a) Zusammensetzung des Mitunternehmeranteils aus dem Gesellschaftsanteil
und dem Sonderbetriebsvermögen*

Entgegen der Auffassung von *Reiß*[311] trifft der Gesetzgeber mit der Schaffung
des § 6 Abs. 3 S. 2 EStG gerade eine Entscheidung im Disput um das Verhältnis
zwischen Mitunternehmeranteil und Sonderbetriebsvermögen. Die Gestattung
der Zurückbehaltung durch eine Ausnahmevorschrift[312], die (mit der Behaltefrist) engste Voraussetzungen formuliert, erzwingt die Schlußfolgerung, daß das
Sonderbetriebsvermögen grundsätzlich zum Übertragungssubstrat des Buchwertprivilegs gehört, daß sich also der von § 6 Abs. 3 S. 1 EStG erwähnte Mitunternehmeranteil aus dem Gesellschaftsanteil (der Beteiligung am Gesamthandsvermögen) und dem Sonderbetriebsvermögen zusammensetzt. Diese
Struktur des Mitunternehmeranteils wurde und wird – unabhängig von der Auf-

---

[309] GRATZ, H/H/R, § 6 EStG Anm. 1361, 1369b; HOFFMANN, L/B/P, EStG, § 6 Rn. 1018;
WENDT, FR 2002, 127, 134.

[310] WENDT, H/H/R, Jahresbd. 2002, § 6 EStG Anm. J 01-19.

[311] REIß, Kirchhof, EStG, § 16 Rn. 256 letzter Abs.

[312] GRATZ, H/H/R, § 6 EStG Anm. 1369; BODE, DStR 2002, 114, 118.

nahme des § 6 Abs. 3 S. 2 EStG ins Gesetz – von der Rechtsprechung[313] und einem Teil der Literatur[314] vertreten, und zwar mit folgender Begründung: Das Sonderbetriebsvermögen bilde zusammen mit dem Gesamthandsvermögen das steuerliche Gesamtbetriebsvermögen der Personengesellschaft. Bei einer gesellschafterbezogenen Betrachtung erfolge eine Aufspaltung des Gesamtbetriebsvermögens in die jeweiligen Mitunternehmeranteile der einzelnen Gesellschafter, wobei die Summe der entstandenen Mitunternehmeranteile wiederum das Gesamtbetriebsvermögen ergeben müsse. Vor diesem Hintergrund müsse das Sonderbetriebsvermögen Bestandteil des Mitunternehmeranteils sein.

Ein anderer Teil des Schrifttums[315] geht oder ging allerdings davon aus, daß der Mitunternehmeranteil lediglich aus dem Anteil am Gesamthandsvermögen bestehe. Diese Ansicht argumentiert – die identische Auslegung der §§ 6 Abs. 3 und 16 Abs. 1 EStG voraussetzend – mit der gleichlautenden Formulierung in den §§ 15 Abs. 1 S. 1 Nr. 2 Hs. 1 und 16 Abs. 1 Nr. 2 EStG: Beide Vorschriften würden von dem „Anteil eines Gesellschafters" sprechen, wobei § 15 Abs. 1 S. 1 Nr. 2 Hs. 1 EStG nur die Gewinnanteile aus der Gesamthandsbeteiligung erfasse, so daß § 16 Abs. 1 Nr. 2 EStG auch nur die Veräußerung der gesamthänderisch gebundenen Anteile meinen könne. Für das Sonderbetriebsvermögen enthalte § 16 Abs. 1 Nr. 2 EStG keine Regelung, so daß auch § 6 Abs. 3 EStG mit „Anteil" nur den Gesellschaftsanteil bezeichne. Dem ist schon das Gebot der Auslegung der Normen nach ihrem jeweiligen spezifischen Gesetzeszweck entgegenzuhalten, das eine identische Auslegung der §§ 16 Abs. 1, 34 und 6 Abs. 3 EStG untersagt. Außerdem verkürzt die dargestellte Meinung den Verweis in § 16 Abs. 1 Nr. 2 EStG: Der Verweis erfolgt auf § 15 Abs. 1 S. 1 Nr. 2 EStG insgesamt, also einschließlich der Sondervergütungen[316]. *Reiß*[317] wiederum erklärt, das Sonderbetriebsvermögen sei nicht in *dem* Sinne Bestandteil des in den §§ 6 Abs. 3, 16 Abs. 1 S. 1 Nr. 2 EStG, 20 Abs. 1 S. 1, 24 Abs. 1 UmwStG angespro-

---

[313] BFH, BStBl. II 2003, 194, 196; BFH, BFH/NV 2000, 1554, 1555; BFH, BStBl. II 2001, 26, 27; BFH, BStBl. II 1995, 890, 892; BFH, BStBl. II 1991, 635, 636; BFH, BStBl. II 1998, 180, 182.

[314] GRATZ, H/H/R, § 6 EStG Anm. 1360; PATT, H/H/R, StRef I, § 6 EStG Anm. R 95, 96; HOFFMANN, L/B/P, EStG, § 6 Rn. 1014; FICHTELMANN, INF 1998, 76, 78; MÄRKLE, FR 1997, 135; WACKER, Schmidt, EStG, § 16 Rn. 407, 435; DÜLL/FUHRMANN/EBERHARD, DStR 2001, 1773ff.; BODDEN, FR 1997, 757, 758, 759; PATT/RASCHE, DStR 1996, 645; ALTHANS, BB 1993, 1060; GEBEL, DStR 1996, 1880.

[315] REIß, K/S/M, EStG, § 16 Rn. C 52; TISMER/OSSENKOPP, FR 1992, 39, 40f., 43; KNOBBE-KEUK, StbJb. 1991/92, S. 215, 231f.; WEBER, DB 1991, 2560, 2563; SCHULZE ZUR WIESCHE, GmbHR 1989, 86, 87; KORN, KÖSDI 1997, 11219, 11225, der bei Zurückbehaltung von wesentlichem Sonderbetriebsvermögens die Übertragung nur eines Teilmitunternehmeranteils annimmt.

[316] BODDEN, FR 1997, 757, 758.

[317] REIß, K/S/M, EStG, § 16 Rn. B 36, 37, 38, C 47, 48, 52, 59, 60, 62.

chenen Anteils am Gesellschaftsvermögen, daß sich seine Zurückbehaltung auf die Verwirklichung des Tatbestands der Vorschriften auswirken würde. Es ergänze lediglich den Mitunternehmeranteil des Gesellschafters. Das *Nutzungsverhältnis* hinsichtlich des zum Sonderbetriebsvermögen gehörenden Wirtschaftsguts könne dagegen wesentliche Betriebsgrundlage des Betriebs der *Personengesellschaft* sein.

Mit der Installation des § 6 Abs. 3 S. 2 EStG wurde den Thesen, die das Sonderbetriebsvermögen nicht zum Übertragungsgegenstand „Mitunternehmeranteil" zählen, die Grundlage entzogen. Die Norm ist erkennbar als Ausnahme zu § 6 Abs. 3 S. 1 EStG konzipiert, die abweichend von der Regel die Buchwertfortführung auch dann gestattet, wenn das Sonderbetriebsvermögen nicht auf den Zuwendungsempfänger verlagert wird. Denn würde sich die Zurückbehaltungserlaubnis für die Fälle des § 6 Abs. 3 S. 1 Hs. 2 EStG als ein *Grundprinzip* in die Gesamtsystematik des Buchwertprivilegs einfügen, etwa weil es an einer quotalen Verbindung zwischen Teilmitunternehmeranteil und Sonderbetriebsvermögen fehlt, wäre die Behaltefrist völlig überflüssig. Statt dessen verdeutlicht der Gesetzgeber durch die Frist, daß auch im Zuge einer Teilanteilsübertragung der Übergang des Sonderbetriebsvermögens grundsätzlich gewollt ist. Nur unter ganz engen Voraussetzungen – Nichtveräußerung oder –aufgabe des übernommenen Mitunternehmeranteils durch den Rechtsnachfolger während eines Zeitraums von mindestens fünf Jahren – wird ausnahmsweise auf dieses Erfordernis verzichtet, um dem Senior unter Sicherung seiner Altersversorgung die Trennung vom Unternehmen zu erleichtern. Bestünde schon gar keine quotale Verbindung zwischen Teilmitunternehmeranteil und Sonderbetriebsvermögen oder würde das Sonderbetriebsvermögen überhaupt nicht zum Mitunternehmeranteil gehören, käme der Buchwert also auch ohne Berücksichtigung des Sonderbetriebsvermögens bei der unentgeltlichen Übertragung einer Sachgesamtheit konsequent zum Ansatz, dann hätte keine Behaltefrist in den § 6 Abs. 3 S. 2 EStG aufgenommen werden müssen. Die Direktive an den Rechtsnachfolger signalisiert, daß mit der Nichtübertragung des Sonderbetriebsvermögens eine notwendige Bedingung der Begünstigung nach § 6 Abs. 3 S. 1, 3 EStG mißachtet wird. Der Begriff des Mitunternehmeranteils muß demnach das Sonderbetriebsvermögen einschließen. Für den gesetzgeberischen Willen, die Zugehörigkeit des Sonderbetriebsvermögens zum Mitunternehmeranteil zu proklamieren, spricht ferner die Übereinstimmung dieses Ergebnisses mit der langjährigen Rechtsprechung und herrschenden Lehre. Außerdem wird der Zweck des Instituts des Sonderbetriebsvermögens, einen Mitunternehmer einem Einzelunternehmer insoweit gleichzustellen, als die Vorschriften des Gesellschaftsrechts

dem nicht entgegenstehen[318], nur durch die Einbeziehung des Sonderbetriebsvermögens in den Begriff des Mitunternehmeranteils erfüllt.
Teilergebnis: § 6 Abs. 3 S. 2 EStG läßt die Zurückbehaltung von Sonderbetriebsvermögen nur ausnahmsweise zu. Für den Begriff des „Anteils eines Mitunternehmers" in § 6 Abs. 3 S. 1 EStG folgt daraus, daß sich dieser aus dem Gesellschaftsanteil (der Beteiligung am Gesamthandsvermögen) und dem Sonderbetriebsvermögen zusammensetzt. Ein unterschiedlicher Betriebsbegriff für Ein-
zel- und Mitunternehmer wird durch die Zurückbehaltungserlaubnis gerade nicht
geschaffen.

*(b) Sonderbetriebsvermögen als wesentliche Betriebsgrundlage des Mitunter-
nehmeranteils*

Bei der Frage der Zusammensetzung des Mitunternehmeranteils handelt es sich
nicht um den einzigen Streit, den § 6 Abs. 3 S. 2 EStG schlichtet. Die Norm löst
zahlreiche Folgeprobleme:
Die unentgeltliche Übertragung eines Mitunternehmeranteils nach § 6 Abs. 3
S. 1 EStG setzt voraus, daß alle wesentlichen Betriebsgrundlagen der Sachgesamtheit auf den Erwerber übergehen[319]. Ein Teil der Literatur[320] hat die Möglichkeit bestritten, das Sonderbetriebsvermögen als *wesentliche* Betriebsgrundlage des Mitunternehmeranteils zu qualifizieren. Bei der Einordnung als wesentliche Betriebsgrundlage müsse auf die Gesellschafterstellung und nicht auf die
Funktion des Wirtschaftsguts innerhalb des Betriebs der Mitunternehmerschaft
abgestellt werden. Für die mitunternehmerische Beteiligung sei das Sonderbetriebsvermögen aber niemals konstituierend. Die Mitunternehmerstellung „stehe
und falle" mit der Inhaberschaft des Gesellschaftsanteils, weil mit dessen Veräußerung die gewerbliche Tätigkeit des Gesellschafters ende. Folglich könne es
neben dem Gesellschaftsanteil keine wesentlichen Betriebsgrundlagen des Mitunternehmeranteils geben. Als nicht wesentliches Betriebsvermögen des Mitunternehmers ergänze das Sonderbetriebsvermögen lediglich den Mitunternehmeranteil.
Dieser Argumentation ist § 6 Abs. 3 S. 2 EStG entgegenzuhalten: Die Norm
läßt nur den Schluß zu, daß für die Inanspruchnahme des Buchwertprivilegs
grundsätzlich auch vorhandene Wirtschaftsgüter des Sonderbetriebsvermögens,
die für die Mitunternehmerschaft funktional wesentlich sind, übergehen müssen.

---

[318] BFH, BStBl. II 2003, 194, 196; BFH, BStBl. II 2001, 26, 27; BFH, BStBl. II 1991,
635, 636; BFH, BFH/NV 2000, 1554, 1555; Stellungnahme der Bundesregierung zum
UntStFG, BT-Drucks. 14/7084, S. 7.
[319] GRATZ, H/H/R, § 6 EStG Anm. 1361; BODDEN, FR 1997, 757.
[320] REIß, K/S/M, EStG, § 16 Rn. B 38, C 48, 52, 59, 62; SCHÖN, BB 1988, 1866, 1871;
TISMER/OSSENKOPP, FR 1992, 39, 41; KNOBBE-KEUK, StbJb. 1991/92, 215, 232.

Wird der gesamte Gesellschaftsanteil unentgeltlich übertragen und das Sonderbetriebsvermögen mit funktional wesentlichen Betriebsgrundlagen zurückbehalten, ist § 6 Abs. 3 S. 1, 3 EStG nicht anwendbar. Daher kann der Ansicht, Sonderbetriebsvermögen könne niemals eine wesentliche Betriebsgrundlage des Mitunternehmeranteils bilden, nicht gefolgt werden. Dieser Einschätzung schließen und schlossen sich die Rechtsprechung[321] und herrschenden Literatur[322] an, allerdings ohne § 6 Abs. 3 S. 2 EStG für die Begründung heranzuziehen. Sie stützen sich vielmehr auf den Sinn und Zweck des § 15 Abs. 1 S. 1 Nr. 2 EStG und des daraus entwickelten Instituts des Sonderbetriebsvermögens, einen Mitunternehmer einem Einzelunternehmer – soweit die Vorschriften des Gesellschaftsrechts dem nicht entgegenstehen – gleichzustellen. Dieses Ziel wird gerade durch die Vorschrift des § 6 Abs. 3 S. 2 EStG verwirklicht, wenn sie die Zurückbehaltung von Sonderbetriebsvermögen nur für Ausnahmefälle akzeptiert. Bei der Zuordnung des Wirtschaftsguts zu den wesentlichen Betriebsgrundlagen des Mitunternehmeranteils ist mithin auf die *Funktions*einheit abzuheben, der der Vermögensgegenstand angehört, also auf den Gesamtbetrieb der Personengesellschaft[323]. Innerhalb des Betriebs der Gesellschaft bildet das Sonderbetriebsvermögen eine wesentliche Betriebsgrundlage, wenn es für die Betriebsführung der Mitunternehmerschaft unverzichtbar ist[324]. Eine Qualifikation des Sonderbetriebsvermögens als wesentliche Grundlage des Mitunternehmeranteils ist – beispielsweise bei Betriebsgrundstücken – durchaus denkbar.

Teilergebnis: Aus § 6 Abs. 3 S. 2 EStG folgt, daß die Zurückbehaltung von wesentlichem Sonderbetriebsvermögen für die Privilegierung der unentgeltlichen Übertragung des Mitunternehmeranteils schädlich ist. Daraus folgt, daß Sonderbetriebsvermögen wesentliche Betriebsgrundlage des Mitunternehmeranteils sein kann.

(c) Unentgeltliche Übertragung des Gesellschaftsanteils bei gleichzeitiger Entnahme des Sonderbetriebsvermögens ins Privatvermögen

Obige Ausführungen bedeuten denknotwendig, daß § 6 Abs. 3 S. 2 EStG auch mit der folgenden Theorie aufräumt: Ein Teil des Schrifttums[325] hielt das Buch-

---

[321] BFH, BFH/NV 2000, 1554, 1556; BFH, BStBl. II 1991, 635, 636.

[322] GRATZ, H/H/R, § 6 EStG Anm. 1361; MÄRKLE, DStR 2000, 797, 801; BODDEN, FR 1997, 757, 759 bis 761; GEBEL, DStR 1996, 1880, 1884.

[323] BODDEN, FR 1997, 757, 759, 760; GEBEL, DStR 1996, 1880, 1884.

[324] BFH, BStBl. II 1995, 890, 892; WACKER, Schmidt, EStG, § 16 Rn. 435; HÖRGER/RAPP, L/B/P, EStG, § 16 Rn. 207.

[325] REIß, K/S/M, EStG, § 16 Rn. C 62, C 48 für § 16 Abs. 1 S. 1 Nr. 2 EStG; SCHÖN, BB 1988, 1866, 1872; nach TISMER/OSSENKOPP, FR 1992, 39, 41, 43, entspricht die Übertragung ohne Sonderbetriebsvermögen der privilegierten Übertragung eines Teilmitunternehmeran-

wertprivileg für anwendbar auf die unentgeltliche Übertragung des Gesellschaftsanteils auf den Zuwendungsempfänger bei gleichzeitiger gewinnrealisierender Entnahme des Sonderbetriebsvermögens ins Privatvermögen. *Reiß*[326] vertritt diese Ansicht unter ausdrücklicher Berücksichtigung des neuen § 6 Abs. 3 S. 2 EStG sogar noch heute. Er ignoriert damit Wortlaut, Systematik, Telos und Entstehungsgeschichte der Buchwertfortführungsregelungen in § 6 Abs. 3 EStG, die ihm klar widersprechen. Mit der Beschränkung der Zurückbehaltungsmöglichkeit auf die Fälle des § 6 Abs. 3 S. 1 Hs. 2 EStG und vor allem mit der Bindung der Ausnahmegenehmigung an eine Behaltefrist bringt der Gesetzgeber eindeutig zum Ausdruck, daß die Steuerneutralität der unentgeltlichen Übertragung des gesamten Mitunternehmeranteils prinzipiell vom parallelen Übergang des wesentlichen Sonderbetriebsvermögens auf den Rechtsnachfolger abhängt. Wird wesentliches Sonderbetriebsvermögen nicht mitübertragen, ist § 6 Abs. 3 S. 1, 3 EStG weder im Fall einer gleichzeitigen Entnahme der zurückbehaltenen Wirtschaftsgüter ins Privatvermögen noch bei einer gleichzeitigen Veräußerung oder unentgeltlichen Abgabe an einen Dritten anwendbar[327]. Dasselbe gilt für die gleichzeitige erfolgsneutrale Überführung des funktional wesentlichen Sonderbetriebsvermögens in ein anderes Betriebsvermögen des Zuwendenden, da auch hier keine Sachgesamtheit im Sinne des § 6 Abs. 3 EStG unentgeltlich übertragen wird[328]. Eine andere Beurteilung dieser Fälle würde dem Rechtsgedanken der Förderung der Unternehmenskontinuität zuwiderlaufen.

(d) Unentgeltliche Übertragung des gesamten Gesellschaftsanteils bei gleichzeitiger erfolgsneutraler Verlagerung des Sonderbetriebsvermögens auf einen anderen Mitunternehmer derselben Mitunternehmerschaft

Folgende Umstrukturierungskonstellation wird vom Wortlaut des § 6 Abs. 3 S. 1, 2 EStG nicht erfaßt: Der bisherige Mitunternehmer überträgt seinen gesamten Gesellschaftsanteil unentgeltlich auf den Nachfolger und verlagert gleichzeitig das Sonderbetriebsvermögen erfolgsneutral (§ 6 Abs. 5 S. 3 Nr. 3 EStG) auf ei-

---

teils; GEBEL, DStR 1996, 1880, 1884f., erklärt § 6 Abs. 3 S. 1, 3 EStG für anwendbar, wenn der Anteilsübernehmer trotz des zurückbehaltenen Sonderbetriebsvermögens im gleichen Umfang wie sein Rechtsvorgänger Mitunternehmerinitiative entfalten kann.

[326] REIß, Kirchhof, EStG, § 16 Rn. 256 letzter Abs.

[327] GRATZ, H/H/R, § 6 EStG Anm. 1361; MÄRKLE, DStR 2000, 797, 801; WACKER, Schmidt, EStG, § 16 Rn. 435; SCHULZE ZUR WIESCHE, DStZ 1985, 55, 59; BRANDENBERG, DStZ 2002, 511, 516; PAUS, INF 2001, 109ff.; BFH, BFH/NV 2000, 1554, 1555f.; BFH, BStBl. II 1995, 890, 892f.

[328] GRATZ, H/H/R, § 6 EStG Anm. 1361; WACKER, Schmidt, EStG, § 16 Rn. 435; GECK, DStR 2000, 2031, 2033f.; BRANDENBERG, DStZ 2002, 511, 516; BFH, BStBl. II 2001, 229, 230; BFH, BStBl. II 1991, 635, 636.

nen Dritten, der ebenfalls als Mitunternehmer an derselben Mitunternehmerschaft beteiligt ist. Hier wird zwar keine Sachgesamtheit nach § 6 Abs. 3 S. 1
EStG zugewendet, weil der Mitunternehmeranteil ohne das zugehörige Sonderbetriebsvermögen übergeht. Analog § 6 Abs. 3 S. 1, 2, 3 EStG muß dennoch die
Buchwertfortführung in Bezug auf den übertragenen Gesellschaftsanteil zugelassen werden. Zum einen läßt sich dieses Ergebnis mit dem Wortlaut der Ausnahmevorschrift des § 6 Abs. 3 S. 2 EStG vereinbaren: Die Forderung lautet
nämlich, daß die zurückbehaltenen Wirtschaftsgüter weiterhin zum Betriebsvermögen derselben Mitunternehmerschaft gehören. Ein Bestandteil des Sonderbetriebsvermögens des *bisherigen Mitunternehmers* müssen die Gegenstände
nicht notwendigerweise bleiben[329]. Vor allem aber gebietet der Zweck des § 6
Abs. 3 S. 2 EStG die Gewährung des Buchwertprivilegs: Die Maßnahme der
vorweggenommenen Unternehmensnachfolge ist grundsätzlich privilegierungs-
würdig, denn an der isolierten Übertragung des Sonderbetriebsvermögens auf
einen anderen Mitunternehmer derselben Mitunternehmerschaft – beispielsweise
den Ehegatten – kann durchaus ein berechtigtes Interesse – wie die Sicherung
der Altersversorgung des Familienmitglieds – bestehen. Trotz der Zurückbehaltung von Wirtschaftsgütern hat der Vorgang keinen endgültigen Verlust des
staatlichen Steueranspruchs zur Folge, da die stillen Reserven des Sonderbetriebsvermögens nach wie vor beim empfangenden Mitunternehmer verstrickt
sind. Am schwersten wiegt jedoch das Argument, daß das vom Mitunternehmeranteil abgetrennte und separat übertragene Sonderbetriebsvermögen weiterhin
demselben Unternehmen dient. Die Unternehmenskontinuität wird durch die
vorgenommenen Vermögensverlagerungen nicht gefährdet. Die analoge Anwendung des § 6 Abs. 3 S. 1, 2 EStG setzt den Rechtsgedanken der Erhaltung
funktionierender Wirtschaftsorganismen vielmehr sachgerecht um. Mithin existiert neben den Fällen des § 6 Abs. 3 S. 1 Hs. 2 EStG ein zusätzlicher Übertragungsvorgang, für den die Regelung des § 6 Abs. 3 S. 2 EStG einschlägig ist.

*(e) Verknüpfung des Sonderbetriebsvermögens mit dem T e i l mitunternehmer-
anteil*

Schließlich führt § 6 Abs. 3 S. 2 EStG in der Auseinandersetzung um das Verhältnis zwischen *Teil*mitunternehmeranteil und Sonderbetriebsvermögen eine
Klärung herbei. Die Ansichten und Argumente zur Notwendigkeit der Übertragung des Sonderbetriebsvermögens im Zuge der unentgeltlichen Zuwendung
eines *Teil*mitunternehmeranteils unterscheiden sich von der Diskussion des Par-
allelproblems beim unentgeltlichen Übergang eines *Gesamt*mitunternehmeranteils.

---

[329] GRATZ, H/H/R, § 6 EStG Anm. 1369b.

In der Literatur[330] wurde vertreten, daß im Rahmen einer Teilanteilsübertragung dem Sonderbetriebsvermögen – auch wenn es eine wesentliche Betriebsgrundlage des Mitunternehmeranteils bildet – keine Bedeutung zukomme; die Verlagerung einer entsprechenden Quote des Sonderbetriebsvermögens zusammen mit dem Teilgesellschaftsanteil sei nicht erforderlich. Begründet wurde dies mit einer gedanklichen Aufteilung des bisher einheitlichen Gesellschaftsanteils in zwei Gesellschaftsanteile, denen – da zwangsläufig die Einbindung des Sonderbetriebsvermögens in den bisher einheitlichen Mitunternehmeranteil entfallen sei – wahlweise das Sonderbetriebsvermögen zugeordnet werden könne[331]. Als herrschend kristallisierte sich aber folgende Argumentation heraus: Zwischen Sonderbetriebsvermögen und Gesellschaftsanteil bestehe keine quotale Verbindung. Das Sonderbetriebsvermögen sei an die Gesellschafterstellung als solche geknüpft und nicht an die Höhe der Beteiligung am Gesamthandsvermögen. Die zurückbehaltenen Wirtschaftsgüter bewahrten ihre Betriebsvermögenseigenschaft, solange der Übertragende Mitunternehmer bleibt[332]. In seiner Wirkung dürfe das Zurückbehalten des Sonderbetriebsvermögens nicht anders beurteilt werden als die Beschränkung der Zuwendung auf einen Teil der Beteiligung[333]. Die quotale Mitübertragung von Sonderbetriebsvermögen könne man nur für die Gewährung der Tarifermäßigung bei Veräußerungsgewinnen sinnvoll begründen[334].

In der aktuellen Literatur[335] ist zu lesen, § 6 Abs. 3 S. 2 EStG bestätige die soeben dargestellte Argumentation. Angeblich muß der neuen Regelung entnommen werden, daß zum Teil eines Mitunternehmeranteils das Sonderbetriebsvermögen nicht notwendig gehöre[336]. Vollkommen ignoriert wird dabei die rückwirkende Untersagung der Buchwertfortführung für den Fall der frühzeitigen Veräußerung oder Aufgabe des übernommenen Mitunternehmeranteils durch den Rechtsnachfolger – dann nämlich bewertet das Gesetz die Zurückbehaltung des Sonderbetriebsvermögens plötzlich als schädlich. Wenn das Sonderbetriebsvermögen tatsächlich nicht zum Teilmitunternehmeranteil zählen würde, hätte

---

[330] FICHTELMANN, INF 1998, 76, 78; KORN, KÖSDI 1997, 11219, 11225; TISMER/OSSENKOPP, FR 1992, 39, 41; WEBER, DB 1991, 2560, 2562f.; SCHULZE ZUR WIESCHE, FR 1999, 988ff.; MÄRKLE, DStR 2000, 797, 804.

[331] MÄRKLE, DStR 2000, 797, 804.

[332] FICHTELMANN, INF 1998, 76, 78; SCHULZE ZUR WIESCHE, FR 1999, 988, 990; STRAHL, FR 1999, 628, 636; REIß, K/S/M, EStG, § 16 Rn. C 51, der auch für die Privilegierung der Übertragung des gesamten Mitunternehmeranteils den Übergang des Sonderbetriebsvermögens nicht verlangt, vgl. Rn. C 62.

[333] FICHTELMANN, INF 1998, 76, 78; WENDT, FR 2002, 127, 133; KORN, KÖSDI 1997, 11219, 11225.

[334] HOFFMANN, L/B/P, EStG, § 6 Rn. 1016.

[335] WENDT, FR 2002, 127, 133, 137.

[336] WENDT, FR 2002, 127, 133.

der Gesetzgeber bei der Schaffung des § 6 Abs. 3 S. 2 EStG auf die Festlegung einer Behaltefrist verzichten können und müssen.

Die Gegenseite im Schrifttum[337] und der BFH[338] waren der Auffassung, daß zur Erfüllung der Voraussetzungen einer Sachgesamtheit im Sinne des § 6 Abs. 3 S. 1 EStG eine bruchteilsidentische Mitübertragung des wesentlichen Sonderbetriebsvermögens erforderlich sei. Dem lag die Vorstellung einer „vertikalen Spaltung" des Mitunternehmeranteils zugrunde: Ein vollständiger Teilanteil setze sich aus dem Teil des Gesellschaftsanteils und einem entsprechenden Bruchteil des Sonderbetriebsvermögens zusammen. Nur diese Gesetzesauslegung gewährleiste die Gleichstellung von Einzel- und Mitunternehmer[339].

Letztere Meinung hat nun in der Tat Eingang in § 6 Abs. 3 S. 2 EStG gefunden. Denn die Norm besagt im Umkehrschluß, daß die Privilegierung der unentgeltlichen Übertragung eines Teilmitunternehmeranteils den parallelen Übergang des anteiligen Sonderbetriebsvermögens verlangt. Will der Zuwendende abweichend davon funktionswesentliche Wirtschaftsgüter des Sonderbetriebsvermögens zurückbehalten, muß er sich der Behaltefrist unterwerfen, um die Vorteile der Buchwertfortführung dauerhaft genießen zu können. Mit der restriktiven Ermöglichung der Zurückbehaltung in § 6 Abs. 3 S. 2 EStG schließt sich der Gesetzgeber der Lehre von der „vertikalen Spaltung" des Mitunternehmeranteils an.

Teilergebnis: Ein Teilmitunternehmeranteil besteht aus dem Teil des Gesellschaftsanteils und einem entsprechenden Bruchteil des Sonderbetriebsvermögens.

(f) Teilergebnis

§ 6 Abs. 3 S. 2 EStG schafft keinen unterschiedlichen Betriebsbegriff für Einzel- und Mitunternehmer; die Vorschrift stellt vielmehr die Gleichbehandlung beider Gruppen her. Folgende Schlußfolgerungen lassen sich aus der Ausnahmeregelung ziehen:

- Der in § 6 Abs. 3 S. 1 EStG erwähnte „Anteil eines Mitunternehmers" setzt sich aus dem Gesellschaftsanteil (der Beteiligung am Gesamthandsvermögen) und dem Sonderbetriebsvermögen zusammen.
- Das Sonderbetriebsvermögens kann wesentliche Grundlage des Mitunternehmeranteils sein.
- Bei der unentgeltlichen Übertragung des Gesellschaftsanteils greift das Buchwertprivileg des § 6 Abs. 3 EStG nicht, wenn gleichzeitig das Sonder-

---

[337] ALTHANS, BB 1993, 1060.
[338] BFH, BStBl. II 2001, 26, 27; BFH, BFH/NV 2000, 1554, 1556.
[339] Das räumt auch WENDT, FR 2002, 127, 133, ein.

betriebsvermögen ins Privatvermögen entnommen, erfolgsneutral in ein anderes Betriebsvermögen des Zuwendenden überführt oder an einen Dritten veräußert oder unentgeltlich abgegeben wird.

- Überträgt ein Mitunternehmer seinen gesamten Gesellschaftsanteil unentgeltlich auf einen Nachfolger und verlagert er gleichzeitig das Sonderbetriebsvermögen erfolgsneutral auf einen Dritten, der ebenfalls als Mitunternehmer an derselben Mitunternehmerschaft beteiligt ist, findet § 6 Abs. 3 S. 2 EStG analoge Anwendung.

- Ein Teilmitunternehmeranteil besteht aus dem Teil des Gesellschaftsanteils und einem entsprechenden Bruchteil des Sonderbetriebsvermögens.

Die soeben getroffenen Aussagen zum Verhältnis zwischen (Teil)Mitunternehmeranteil und Sonderbetriebsvermögen beanspruchen lediglich im Rahmen des § 6 Abs. 3 EStG Geltung; sie sind nicht ohne weiteres auf die Interpretation des § 16 EStG übertragbar. Einer einheitlichen Auslegung beider Vorschriften steht der unterschiedliche Zweck der Regelungen entgegen.

dd. Bedeutung des § 6 Abs. 3 S. 2 EStG für die Auslegung des § 6 Abs. 3 S. 1 Hs. 1, S. 3 EStG

Die Auslegung des § 6 Abs. 3 S. 2 EStG hat ergeben, daß die Norm den oben herausgearbeiteten Rechtsgedanken des § 6 Abs. 3 S. 1, 3 EStG stützt, betriebliche Einheiten aus wirtschaftspolitischen Gründen zu erhalten.

e. Teilergebnis

§ 6 Abs. 3 EStG ist nicht dem System der Fiskalzwecknormen zuzuordnen, die konkrete Steuerwürdigkeitsentscheidungen nach Kriterien zuteilender Gerechtigkeit treffen und sich überwiegend am Leistungsfähigkeitsprinzip orientieren. Vielmehr handelt es sich bei der Buchwertfortführungsanordnung um eine Sozialzwecknorm. Sie ist wirtschaftspolitisch motiviert und hat lenkende Funktion: Der regelwidrige Buchwertansatz im Rahmen der unentgeltlichen Übertragung von Sachgesamtheiten dient der Erleichterung von Umstrukturierungen und Unternehmensnachfolgeplanungen mit dem Ziel, funktionierende betriebliche Einheiten zu erhalten. Die Betriebsinhaber sollen dazu angehalten werden, zur Sicherung der Wettbewerbsfähigkeit notwendige Umstrukturierungen des Unternehmens vorzunehmen und im Moment des altersbedingten Rückzugs von einer Zerschlagung der betrieblichen Einheit abzusehen. § 6 Abs. 3 EStG gewährt dem unentgeltlich Übertragenden eine Steuerentlastung, da er sich „sozial erwünscht" verhält. Die Norm stellt eine Steuersubvention dar. Die Vergünstigung kann aufgrund ihrer – subventionsrechtlich betrachtet – unsystematischen Einstreuung in ein Steuergesetz auch als versteckte bzw. verschleierte Subvention oder als Verschonungssubvention bezeichnet werden.

4. Rechtfertigung mit dem Erhalt betrieblicher Einheiten

Zu untersuchen bleibt, ob sich die Durchbrechung des Subjektsteuerprinzips mit dem wirtschaftspolitischen Interesse an der Erhaltung betrieblicher Einheiten rechtfertigen läßt.

a. Verfassungsmäßigkeit von steuerlichen Sozialzwecknormen

Sozialzwecknormen weichen vom Leistungsfähigkeitsprinzip gezielt ab: Steuervergünstigungen verschonen steuerliche Leistungsfähigkeit. Die durch § 6 Abs. 3 EStG ermöglichte steuerneutrale Verlagerung stiller Reserven auf ein anderes Rechtssubjekt verstößt gegen das Subjektsteuerprinzip und widerspricht damit einer gleichmäßigen Besteuerung nach der wirtschaftlichen Leistungsfähigkeit. Eine derartige Durchbrechung des Gleichheitssatzes wird zum Teil[340] für schlechthin unzulässig gehalten. Steuervergünstigungen seien einer verfassungsrechtlichen Rechtfertigung nicht zugänglich – sie verletzten die Gleichmäßigkeit der Besteuerung[341]. So heißt es in den Beschlüssen des 57. Deutschen Juristentags: „Zur Verwirklichung von Lastengleichheit und Vereinfachung sind Steuervergünstigungen ... zu streichen. Ausnahmen von der Regelbesteuerung zugunsten einzelner Gruppen sind Verstöße gegen die Gleichmäßigkeit der Besteuerung, wenn sie sich nicht an der finanziellen Leistungsfähigkeit ... orientieren ...“[342] Diese Auffassung erhebt das Leistungsfähigkeitsprinzip zum *alleinigen* Maßstab für die Verfassungsmäßigkeit des Steuerrechts, der nicht mit anderen Wertungen kompatibel ist. Sie verkennt dabei, daß für eine Verschonungssubvention nichts anderes gelten kann als für alle übrigen Eingriffe in den Schutzbereich des Art. 3 Abs. 1 GG: Die Einstufung als verfassungswidrig darf erst dann vorgenommen werden, wenn die Suche nach die Ungleichbehandlung rechtfertigenden Gründen erfolglos geblieben ist. Grundsätzlich kommt als Differenzierungsgrund schon jede vernünftige und einleuchtende Erwägung in Betracht[343]. Die Anforderungen des BVerfG an den sachlichen Grund reichen allerdings „je nach Regelungsgegenstand und Differenzierungsmerkmalen ... vom bloßen Willkürverbot bis zu einer strengen Bindung an Verhältnismäßigkeitser-

---

340 Sitzungsbericht N zum 57. Deutschen Juristentag, S. 211.
341 Sitzungsbericht N zum 57. Deutschen Juristentag, S. 211.
342 Sitzungsbericht N zum 57. Deutschen Juristentag, S. 211.
343 JARASS, Jarass/Pieroth, GG, Art. 3 Rn. 15.

fordernisse"[344]. Steuerliche Lenkungsnormen sind von dieser Rechtfertigungssystematik nicht ausgenommen. Bei der gleichmäßigen Verteilung der Zahllast auf die Bürger handelt es sich zwar um ein zentrales Gebot des Steuer- und Verfassungsrechts. Der hohe Stellenwert des Grundsatzes schließt jedoch nicht dessen sachgerechte Einschränkung aus. Folglich ist es dem Gesetzgeber erlaubt, mit Steuern lenkend und ordnend in das Wirtschaftsleben einzugreifen, wenn die jeweilige Abweichung vom Leistungsfähigkeitsprinzip gerechtfertigt werden kann.

Doch auch hinsichtlich der Kriterien dieser Rechtfertigung herrscht Uneinigkeit. Das BVerfG[345] läßt es bei einer bloßen Willkürkontrolle bewenden. Dahinter verbirgt sich der Standpunkt, daß das Steuerrecht ein „legitimes Lenkungsinstrument" der Wirtschafts- und Sozialpolitik sei[346]. Die Rechtfertigung der Durchbrechungen des Grundsatzes der Gleichmäßigkeit der Besteuerung setze voraus, daß die Interventionsnormen einem besonderen wirtschaftlichen und sozialen Zweck dienen; dann sei Willkür auszuschließen[347]. Der wirtschaftliche oder soziale Zweck wird nicht gewichtet und der Grundsatz der Verhältnismäßigkeit bleibt außer Betracht.

Der elementare Verfassungsgrundsatz der Rechtsstaatlichkeit (Art. 20, 28 Abs. 1 S. 1 GG) verlangt jedoch, daß Steuervergünstigungen nicht im Übermaß gewährt werden[348]. Das Schwergewicht der Anwendungsfälle des Übermaßverbots mit seinen Komponenten der Geeignetheit, der Erforderlichkeit und der Angemessenheit liegt zwar bei staatlichen Eingriffen. Ungeachtet dessen muß mit diesem Prinzip, hinter dem letztlich Postulate der Einzelfallgerechtigkeit, der Güterabwägung, der Ausgewogenheit und des rechten Maßes stehen, aber auch im Rahmen der leistenden Verwaltung operiert werden[349]. Heute ist das Übermaßverbot über seine ursprünglich gesetzlich vorgesehene Geltung im Eingriffsrecht der vollziehenden Gewalt hinausgehoben[350]. Es setzt Maßstäbe für jedwedes staatliche Handeln und hat Heimstatt im öffentlichen Recht schlechthin[351]. Beachtung verdient auch der Begründungsansatz von *Vogel*[352]: Er stützt die Begrenzung der Subventionen durch ihren Zweck – im Sinne der Geeignet-

---

[344] BVerfG, BVerfGE 88, 87, 96; BVerfG, BVerfGE 89, 15, 22; BVerfG, BVerfGE 92, 365, 407; BVerfG, BVerfGE 95, 267, 316.

[345] BVerfG, BVerfGE 38, 61, 80 mwN; BVerfG, BVerfGE 18, 315, 331f.; BVerfG, BVerfGE 50, 290, 338; eine großzügige Prüfung im Bereich der Subventionsgewährung erlaubend BVerfG, BVerfGE 17, 210, 216.

[346] BVerfG, BVerfGE 38, 61, 80 mwN.

[347] BVerfG, BVerfGE 38, 61, 80 mwN.

[348] HEY, Tipke/Lang, StR, § 19 Rn. 75; TETTINGER, GewArch. 1981, 105, 108.

[349] HEY, Tipke/Lang, StR, § 19 Rn. 75; TETTINGER, GewArch. 1981, 105, 108.

[350] STERN, StaatsR, Bd. I, § 20 IV 7, S. 862; HEY, Tipke/Lang, StR, § 19 Rn. 75.

[351] STERN, StaatsR, Bd. I, § 20 IV 7, S. 862; HEY, Tipke/Lang, StR, § 19 Rn. 75.

[352] VOGEL, FS Ipsen, S. 539, 551ff.

heit, Erforderlichkeit und Angemessenheit – auf das verfassungsrechtliche Verbot, Geschenke, d. h. sachlich nicht begründete Vermögensvorteile, zuzuwenden. Weil öffentliche Abgaben zwangsweise erhoben sind, dürften sie nicht beliebig verschenkt, sondern nur zur Existenzerhaltung anderer und der Gesamtheit verwendet werden. *Vogel*[353] versteht die Bindung der zuwendenden Lenkungsnormen an das Dogma der Verhältnismäßigkeit als einen „Rest vernunftrechtlichen Bemühens" um eine rechtliche Legitimierung der Staatsausgaben. Eine bloße Willkürkontrolle, wie sie das BVerfG vornimmt, greift nach alldem zu kurz.

Die übrigen Meinungen zu den Anforderungen an die Verfassungsmäßigkeit von steuerlichen Sozialzwecknormen weichen im wesentlichen nur noch durch ihre unterschiedliche Bereitschaft zur Berücksichtigung des Leistungsfähigkeitsprinzips voneinander ab. Ein Teil der Lehre prüft die Rechtmäßigkeit von Lenkungsnormen *nicht* anhand des Grundsatzes der Besteuerung nach der Leistungsfähigkeit. Die Steuervergünstigungen bildeten mit den Fiskalzwecknormen – den eigentlichen Besteuerungsvorschriften – nur eine *technische*, aber keine *sachliche* Einheit[354]. Sachlich seien sie Subventionen, die sich lediglich durch ihre steuergesetzliche Einkleidung von den direkten Subventionen unterschieden[355]. Verschonungssubventionen müßten nach den üblichen wirtschaftsrechtlichen (subventionsrechtlichen) Maßstäben beurteilt werden, was eine Verhältnismäßigkeitskontrolle einschließe. Einer Abwägung des Lenkungsziels mit der Intensität der Beeinträchtigung des Leistungsfähigkeitsprinzips bedürfe es dabei aber nicht.

Dieser Auffassung kann nicht gefolgt werden, weil sie für die Einnahmen und die Ausgaben des Staates unterschiedliche Gerechtigkeiterwägungen anstellt[356]. Genauso wie die Abgaben zur Deckung des staatlichen Finanzbedarfs gerecht erhoben werden müssen, sind umgekehrt die öffentlichen Mittel gerecht zu verteilen. Steuerrecht und Subventionsrecht stehen nicht beziehungslos nebeneinander[357], was insbesondere dadurch deutlich wird, daß Subventionen auch in Form von Steuervergünstigungen gewährt werden können. Beide Teile des Finanzrechts müssen daher wertungsmäßig aufeinander abgestimmt werden[358].

[353] Vogel, FS Ipsen, S. 539, 551.
[354] Zitzelsberger, StuW 1985, 197, 206.
[355] Friauf, Verfassungsrechtliche Grenzen der Wirtschaftslenkung und Sozialgestaltung durch Steuergesetze, S. 19ff.; Kirchhof, Besteuerungsgewalt und Grundgesetz, S. 72ff.; Bilgery, Die steuerrechtliche Vergünstigungsnorm im Lichte der Theorie vom Stufenbau des Steuertatbestandes unter besonderer Berücksichtigung der Einkommensteuer, S. 160.
[356] Die strikte Trennung zwischen Einnahmen- und Ausgabenseite fordert aber Kirchhof, StuW 1996, 196.
[357] Tipke, StRO I, S. 346.
[358] Tipke, StRO I, S. 346.

Das Leistungsfähigkeitsprinzip als finanzrechtliche Konkretisierung des allgemeinen Gleichheitssatzes ist mithin in die Prüfung der Verfassungsmäßigkeit von Subventionen einzubeziehen. Die rechtliche Verknüpfung zwischen Lastenausteilungs- und Lenkungsvorschriften besteht bildlich umschrieben in einer Ausstrahlung des Leistungsfähigkeitsprinzips auf Lenkungsnormen[359]. Für die Steuergerechtigkeit durchbrechende Verschonungssubventionen liegt dies auf der Hand: Könnten wirtschaftspolitische Lenkungsziele die Durchbrechung der Steuergerechtigkeit rechtfertigen, ohne gegen diese abgewogen werden zu müssen, dann liefe der Gleichheitssatz im Steuerrecht insoweit leer[360]. Deshalb muß die Steigerung des Gemeinwohls, die mit der Lenkungsmaßnahme voraussichtlich erreicht wird, der Intensität der Verletzung des Leistungsfähigkeitsprinzips abwägend gegenübergestellt werden[361]. Auch wenn die Sozialzwecknorm sinnvolle wirtschafts- und arbeitsmarktpolitische Ziele verfolgt, ist sie erst gerechtfertigt, wenn die Abwägung mit der Mißachtung der Belastungsgleichheit zugunsten der Lenkungsmotive ausfällt[362]. Die Steuervergünstigung muß zu einem größeren gesamtgesellschaftlichen Nutzen führen als die pure Besteuerung entsprechend dem Gleichheitssatz[363].

Aus dem Vorstehenden ergeben sich folgende Voraussetzungen für die Verfassungsmäßigkeit der steuerlichen Sozialzwecknorm: Die Verschonungssubvention muß zunächst einen legitimen Zweck verfolgen. Als Maßstab für die Sachgerechtigkeit des Lenkungsziels dient das Gemeinwohl- und Verdienstprinzip[364]: Durch gezielte Steuerentlastung muß die Lenkungsvorschrift ein bestimmtes Gemeinwohlverhalten des Steuerpflichtigen stimulieren wollen[365]. Das Rechtsstaatsprinzip verlangt ferner, daß die Vergünstigung nicht im Übermaß gewährt wird. Es genügt mithin nicht, einen Gemeinwohlzweck anzugeben; die Förderung muß auch geeignet und erforderlich sein, das Gemeinwohlziel zu erreichen. Im Rahmen der Prüfung der Erforderlichkeit ist der Eingriff in die steuerliche Belastungsgleichheit zu berücksichtigen. Schließlich müssen die Wirkungen der Privilegierung angemessen (verhältnismäßig im engeren Sinn) sein. Sie darf keine nachteiligen Folgen auslösen, die die vorteiligen überwiegen. Die

---

[359] BIRK, ZRP 1979, 221, 224.

[360] HUSTER, Rechte und Ziele: Zur Dogmatik des allgemeinen Gleichheitssatzes, S. 371, 373, 377 mwN.

[361] TIPKE, StRO I, S. 346; BIRK, NJW 1984, 1325, 1327; ders., Das Leistungsfähigkeitsprinzip als Maßstab der Steuernormen, S. 232, 244; LANG, Tipke/Lang, StR, § 4 Rn. 125; JAKOB, FS Offerhaus, S. 65, 78.

[362] TIPKE, StRO I, S. 346; HUSTER, Rechte und Ziele: Zur Dogmatik des allgemeinen Gleichheitssatzes, S. 371, 373, 377 mwN; VOGEL, Gedächtnisschrift Martens, S. 265, 276f.; SCHEMMEL, StuW 1995, 39, 45.

[363] TIPKE, StRO I, S. 346.

[364] TIPKE, StRO I, S. 340; HEY, Tipke/Lang, StR, § 19 Rn. 1, 70.

[365] TIPKE, StRO I, S. 340.

Feststellung der Angemessenheit setzt eine Abwägung der Bedeutung des Lenkungszwecks – den Gemeinwohlinteressen – mit der Schwere des Verstoßes gegen das Leistungsfähigkeitsprinzip voraus.

b. Legitimer Zweck des § 6 Abs. 3 EStG

§ 6 Abs. 3 EStG muß einen am Gemeinwohlprinzip ausgerichteten und damit legitimen Zweck verfolgen. Die Art. 74 Abs. 1 Nr. 11, 109 Abs. 2 GG geben dem Bund das Recht zur Wirtschaftslenkung nach Gemeinwohlkriterien – diese Kompetenz setzt die Gemeinwohlaufgabe voraus. Das Gemeinwohlprinzip als Generalprinzip verlangt, daß jede Steuervergünstigung mit Gründen des Gemeinwohls erklärt werden kann[366]. Dem Gemeinwohl ist gedient, wenn die Subvention zu einem gesamtgesellschaftlichen Nutzen führt[367]. Einer Rechtfertigung zugänglich sind damit alle Maßnahmen, die die Lebensgrundlagen des Gemeinwesens und seiner Mitglieder festigen, erhalten oder verbessern[368]. Die steuerliche Ungleichbehandlung darf nicht allein einzelnen Bürgern oder Gruppen zugute kommen, sonst verletzt sie Art. 3 Abs. 1 GG[369]. Geht es um einen ökonomischen Nutzen, sollte jedenfalls die große Mehrheit der Bevölkerung davon profitieren können[370]. Das Verdienstprinzip als Unterprinzip des Gemeinwohlgrundsatzes will ein bestimmtes, der Allgemeinheit dienendes Verhalten belohnen[371]; es basiert auf dem Gemeinwohlinteresse an dem begünstigten Verhalten des Steuerpflichtigen[372].

Hinsichtlich der Definition des Gemeinwohls ist dem Parlament ein gewisser Beurteilungsspielraum zuzugestehen[373], denn in einer pluralistischen Gesellschaft existieren die unterschiedlichsten Gemeinwohlvorstellungen. Was die einen für gemeinwohldienlich halten, mögen andere als Steuermittelverschwendung werten. Unter Ökonomen herrscht keine Einigkeit über Sinn und Unsinn staatlicher Wirtschaftslenkung, so daß der Subventionszweck nicht voreilig als sachwidrig abgelehnt werden sollte. Allerdings ist zu bedenken, daß gesetzgeberische Entscheidungen in Steuerfragen häufig unter erheblicher Einflußnahme von Lobbyisten getroffen werden, die eine Vergünstigung nur für ihre Klientel

---

[366] LANG, Tipke/Lang, StR, § 4 Rn. 126; BVerfG, BVerfGE 93, 121, 148.

[367] TIPKE, StRO I, S. 340.

[368] TIPKE, StRO I, S. 340f.

[369] TIPKE, StRO I, S. 341; LANG, Tipke/Lang, StR, § 4 Rn. 126; BVerfG, BVerfGE 93, 121, 148.

[370] TIPKE, StRO I, S. 340.

[371] LANG, Tipke/Lang, StR, § 4 Rn. 129.

[372] HEY, Tipke/Lang, StR, § 19 Rn. 2.

[373] TIPKE, StRO I, S. 341; HEY, Tipke/Lang, StR, § 19 Rn. 70, 75.

gern als gemeinwohlförderlich für das ganze Land hinstellen. Hier ist richterliche Objektivität gefragt.

Mit der Buchwertfortführungsanordnung betreibt § 6 Abs. 3 EStG Wirtschaftspolitik: Durch den Verzicht auf die Realisierung der stillen Reserven anläßlich der unentgeltlichen Übertragung einer Sachgesamtheit sollen betriebswirtschaftlich angezeigte Umstrukturierungen und die Generationennachfolge in Unternehmen ermöglicht und erleichtert werden. Die Regelung bezweckt damit den Schutz des Bestands funktionierender Wirtschaftsorganismen. Hintergrund des Aufschubs der Besteuerung ist die Gefahr, daß der Steuerpflichtige durch eine drohende Gewinnrealisierung zum Unterlassen existenzsichernder Maßnahmen oder zur Zerschlagung des Betriebes mit dem Ziel der Freisetzung liquider Mittel gezwungen wird. Der Zugriff des Fiskus auf häufig über Jahrzehnte hinweg angesammelte Wertsteigerungen läßt wegen des Abflusses eines erheblichen Finanzvolumens eine Krise des Unternehmens befürchten. Der Erhalt betrieblicher Einheiten liegt im Interesse der Volkswirtschaft und damit des Gemeinwohls: Die Sicherung von Arbeitsplätzen, die Gewährleistung der Versorgung der Bevölkerung und auch die Garantie von Einnahmequellen des Staates gehören zu den Grundvoraussetzungen des Wohlstands der Allgemeinheit. Zwar kann die Privilegierung nur von Inhabern betrieblicher Sachgesamtheiten in Anspruch genommen werden. Die Vergünstigung kommt jedoch nicht allein diesen Bürgern oder Gruppen zugute, sondern dient dem Interesse eines jeden an der Bewahrung des Wirtschaftsstandorts. Das Verdienstprinzip wird durch § 6 Abs. 3 EStG gewahrt, denn die Vorschrift belohnt mit der Umstrukturierung und der sinnvollen Unternehmensnachfolgeplanung ein der Allgemeinheit nützendes Verhalten von Betriebs- und Anteilsinhabern. Der durch die Verschonungssubvention verfolgte Zweck orientiert sich demnach hinreichend am Gemeinwohl und ist als legitim einzustufen.

c. Geeignetheit des § 6 Abs. 3 EStG

Um den Anforderungen des Übermaßverbots zu genügen, muß § 6 Abs. 3 EStG geeignet sein, das Gemeinwohlziel zu erreichen. Der Gesetzgeber hat Spielraum bei der Beurteilung der Frage, welche Mittel zur Erreichung eines bestimmten Gemeinwohlzwecks tauglich sind[374]. Erforderlich ist eine sachgerechte Auswahl des begünstigungswürdigen Personenkreises anhand des Begünstigungszwecks. Außerdem bedarf es einer sachgerechten Bemessungsgrundlage für die Entla-

---

[374] BVerfG, BVerfGE 16, 147, 181 spricht von „objektiv untauglich"; BVerfG, BVerfGE 17, 306, 317 spricht von „objektiv ungeeignet"; BVerfG, BVerfGE 19, 119, 126f. spricht von „schlechthin ungeeignet"; BVerfG, BVerfGE 30, 250 (LS) spricht von „schlechthin untauglich". HEY, Tipke/Lang, StR, § 19 Rn. 75; TIPKE, StRO I, S. 343.

stung. Bei der Prüfung der Geeignetheit wirtschaftslenkender Steuervergünstigungen sind die ökonomischen Wirkungen der Subventionsregelung zu betrachten: Das Buchwertprivileg ist nur dann einer verfassungsrechtlichen Rechtfertigung zugänglich, wenn es positive volkswirtschaftliche Effekte hat[375]. Bei Lenkungsmaßnahmen besteht ein prognostischer Spielraum der Legislative bezüglich der Einschätzung, ob das Gemeinwohlziel tatsächlich erreicht werden kann[376]. Denn die einer Sozialzwecknorm zugedachten Wirkungen treten in der Zukunft ein und lassen sich zum Teil schwer vorhersagen. Stellt sich später heraus, daß die Prognose unzutreffend war, ist der Gesetzgeber zur Aufhebung der Vergünstigung verpflichtet.

§ 6 Abs. 3 EStG bietet den Inhabern betrieblicher Sachgesamtheiten die Möglichkeit der steuerneutralen Übertragung ihres Geschäfts auf einen Rechtsnachfolger. Aus der Sicht des zuwendenden Rechtssubjekts wirkt die Buchwertfortführungsanordnung als endgültiger Verzicht auf die Besteuerung der im Laufe der Jahre angesammelten stillen Reserven. Durch diese Zurückhaltung des Fiskus werden die Unternehmer stimuliert, wirtschaftlich notwendige Umstrukturierungen vorzunehmen oder den Betrieb bzw. Mitunternehmeranteil – an Stelle einer gewinnbringenden Zerschlagung – als Einheit an die nachfolgende Generation abzugeben. Müßte der Übertragende anläßlich des Transfers auch nur einen Teil der Wertsteigerungen seines Betriebsvermögens versteuern, wäre er zur Freisetzung liquider Mittel gezwungen. Dies hätte unter Umständen das Unterlassen notwendiger Umstrukturierungen oder die Teilung und Veräußerung der betrieblichen Einheit zur Folge. Aufgrund des § 6 Abs. 3 EStG braucht die Substanz des Betriebs hingegen nicht angetastet zu werden. Die Norm beseitigt folglich Steuerhindernisse, die sinnvollen Umstrukturierungen und der vorweggenommenen Erbfolge entgegenstehen würden, und sichert so den Bestand und die Wettbewerbsfähigkeit der Wirtschaftsorganismen. Zur Erreichung dieses Gemeinwohlziels fördert sie den richtigen Personenkreis, die Betriebs- und Anteilsinhaber. Die Einschätzung des Gesetzgebers, mit dem Buchwertprivileg positive Effekte für die Volkswirtschaft erzielen zu können, ist vor diesem Hintergrund fehlerfrei. Mithin eignet sich die Subvention zur Erreichung des Gemeinwohlziels.

d. Erforderlichkeit des § 6 Abs. 3 EStG

Für ihre verfassungsrechtliche Rechtfertigung bedarf es ferner der Erforderlichkeit der Begünstigung.

---

[375] HEY, Tipke/Lang, StR, § 19 Rn. 2.
[376] HEY, Tipke/Lang, StR, § 19 Rn. 70.

Zunächst ist zu untersuchen, ob sich erhebliche Gemeinwohldefizite einstellen würden, würde sie nicht gewährt[377]. Dabei darf der Beurteilungs- und Prognosespielraum der Legislative nicht unberücksichtigt bleiben. Angesichts der volkswirtschaftlichen Auswirkungen eines Gewinnrealisierungszwangs ist die Schaffung des Buchwertprivilegs nicht zu beanstanden: Bei der unentgeltlichen Übertragung einer Sachgesamtheit handelt es sich zumeist um eine Maßnahme der Umstrukturierung oder der Generationennachfolge, die die Wettbewerbsfähigkeit des Unternehmens herstellen, erhalten oder stärken soll. Nimmt der Fiskus diesen Vorgang zum Anlaß, um die Wertsteigerungen im Betriebsvermögen zu besteuern, erschwert oder unterbindet er die betriebswirtschaftlich angezeigten Transaktionen. Grundlage dieser Befürchtung ist der Umstand, daß häufig über Jahrzehnte hinweg stille Reserven angesammelt wurden, deren Aufdeckung eine Steuerschuld von existenzgefährdendem Ausmaß entstehen ließe. Der Unternehmer sähe sich vor die Wahl gestellt, die notwendige Neustrukturierung zu unterlassen oder aber den Betrieb zu zerschlagen, um liquide Mittel freizusetzen. Die strenge Befolgung des Subjektsteuerprinzips kann ein funktionierendes Geschäft mithin ernsthaft in Gefahr bringen. Daß die Krise eines Unternehmens regelmäßig eine Kettenreaktion auslöst und auch für andere Betriebe nicht ohne negative Folgen bleibt, bedarf keiner näheren Erläuterung. Die gemeinwohlschädlichen Auswirkungen einer zwingenden Gewinnrealisierung, insbesondere auf den Arbeitsmarkt, sind daher als erheblich zu bewerten. Es existieren also gewichtige Argumente für die Erforderlichkeit des Buchwertprivilegs.

Sie allein genügen jedoch nicht, um die Subvention verfassungsrechtlich zu rechtfertigen. Die Erforderlichkeit der Begünstigung ist nur dann zu bejahen, wenn – gemessen an der Beeinträchtigung von Grundrechten – das mildeste aller gleich wirksamen Mittel gewählt wurde. Die Frage der Erforderlichkeit stellt sich bei § 6 Abs. 3 EStG insbesondere im Hinblick auf dessen Eingriffe in den allgemeinen Gleichheitssatz: Die Norm muß ihr Interventionsziel effizient erreichen, mit einem Minimum an Eingriffen in die steuerliche Belastungsgleichheit[378]. Auch hier hat der Gesetzgeber einen Beurteilungsspielraum bei der Auswahl der zur Erreichung des Gemeinwohlzwecks erforderlichen Maßnahme[379].

Zu suchen ist somit nach einer Begünstigungsvariante, die die Voraussetzungen einer Besteuerung nach der wirtschaftlichen Leistungsfähigkeit besser erfüllt als die Buchwertanordnung und dabei aber ebenso effektiv den Erhalt funktionierender betrieblicher Sachgesamtheiten fördert.

---

[377] TIPKE, StRO I, S. 342.
[378] JAKOB, FS Offerhaus, S. 65, 78.
[379] TIPKE, StRO I, S. 343; HEY, Tipke/Lang, StR, § 19 Rn. 75.

aa. Teilweiser Verzicht auf die Gewinnrealisierung

Zu denken ist an ein nur teilweises Absehen von der Gewinnrealisierung. Ein Bilanzansatz zwischen Buch- und Teilwert würde weniger massiv in den Gleichheitssatz eingreifen, weil das Subjektsteuerprinzip nicht für die *gesamten* Vermögenswertsteigerungen außer Betracht bliebe.

Jedoch eignet sich nur ein *vollständiger* Verzicht auf die Besteuerung der stillen Reserven dazu, *jeden* Betriebsinhaber zu dem gewünschten gemeinwohlnützenden Verhalten zu animieren. Eine halbherzige Verschonung würde das Lenkungsziel verfehlen: Die dennoch entstehende – wenn auch niedrigere – Einkommensteuerschuld würde zahlreiche Geschäftsinhaber zum Zugriff auf die Unternehmenssubstanz zwingen, um liquide Mittel freizusetzen. Der Erhalt der Sachgesamtheit läßt sich allein durch eine *umfassende* Befreiung des Übertragenden von der Versteuerung der stillen Reserven garantieren. Bei der Anordnung einer *teilweisen* Gewinnrealisierung handelt es sich demnach um eine mildere, aber weniger wirksame Maßnahme.

bb. Abzug von der Bemessungsgrundlage der Einkommensteuer

Als problematisch vor dem Hintergrund des Gleichheitssatzes erweist sich ferner, daß die Subventionierung durch Abzug von der Bemessungsgrundlage der Einkommensteuer erfolgt. Wegen des progressiven Tarifs führen Verkürzungen der Bemessungsgrundlage zu unterschiedlichen Entlastungswirkungen: Die Steuerersparnis wächst mit der Höhe der Steuerprogression, also mit zunehmenden Einkünften.

Je nach Sinn und Zweck der Lenkungsnorm kann dies schon die *Ungeeignetheit* der Subvention bedeuten. Soll die Sozialzwecknorm über das Bedürfnisprinzip gerechtfertigt werden, dann darf die Förderung nicht an die Bemessungsgrundlage der Einkommensteuer gebunden sein. Denn wer keine Steuer schuldet, kann keine Steuervergünstigung erhalten. Ein Unternehmen, das keinen Gewinn erzielt, kann keine an den Gewinn anknüpfende Vergünstigung bekommen. So wird beispielsweise die Förderung von Wohneigentum nach § 10 e EStG[380] denen vorenthalten, die ohne Einkünfte sind, obwohl die Subvention zum Bau oder der Anschaffung selbstgenutzten Wohneigentums motivieren will. Für solche Vorhaben benötigen aber gerade *die* eine finanzielle Unterstüt-

---

[380] Die Vorschrift gilt letztmalig für eigengenutzte Wohnungen, bei denen vor dem 1.1.1996 mit der Herstellung begonnen worden ist oder die aufgrund eines vor dem 1.1.1996 abgeschlossenen obligatorischen Vertrages / gleichstehenden Rechtsakts angeschafft worden ist. § 10 e EStG wurde 1996 durch eine progressionsneutral wirkende Eigenheimzulage ersetzt.

zung, die über keine oder geringe Mittel verfügen. Aufgrund des sachwidrigen Begünstigungsmaßstabs ist die Norm zur Erreichung des Gemeinwohlzwecks ungeeignet, mithin verfassungswidrig.

Die Technik des Abzugs von der Bemessungsgrundlage der Einkommensteuer kann aber auch der *Erforderlichkeit* einer Subventionsregelung entgegenstehen. Unter den Nutznießern der Steuervergünstigung erhalten nämlich *die* den größten Vorteil, die ihn am wenigsten benötigen (und umgekehrt). Der Spareffekt steigt nicht mit zunehmendem Bedürfnis, sondern mit zunehmenden Einkünften. Die durch die Sozialzwecknorm verursachte Beeinträchtigung des allgemeinen Gleichheitssatzes (wegen des Verzichts auf die Besteuerung trotz gegebener Leistungsfähigkeit) wird mit der Bindung der Förderungshöhe an das Einkommen erheblich verstärkt, gleichsam auf eine neue Ebene gehoben. Bedarf es zur Erreichung des Gemeinwohlziels keiner derart groben Abweichung von der gleichmäßigen Besteuerung nach der Leistungsfähigkeit, ist also eine mildere, ebenso wirksame Maßnahme denkbar, verletzt die Subvention die Verfassung. Als Beispiel für einen nicht erforderlichen Eingriff in Art. 3 Abs. 1 GG muß wiederum § 10 e EStG herhalten, der das Leistungsfähigkeitsprinzip *ungerechtfertigt* auf den Kopf stellt[381]: Die Begünstigung zielt auf den „Schwellenhaushalt", also die Bezieher kleinerer und mittlerer Einkommen, die mit der staatlichen Förderung gerade über die „Schwelle" ihres eigenen Einfamilienhauses getragen werden sollen[382]. Damit ist ein progressiver Steueranreiz nicht zu vereinbaren[383]. Dennoch gewährt die Vorschrift dem Einkommensstärkeren eine höhere Subventionsleistung bzw. Steuerersparnis als dem weniger Leistungsfähigen. Der Gesetzgeber hat seinen Fehlgriff erkannt und den Abzug „wie Sonderausgaben" durch eine progressionsneutral wirkende Eigenheimzulage ersetzt. Wegen der Ungeeignetheit der Einkommensteuer als Subventionsmittler[384] fordern immer mehr Stimmen den Abbau solcher Steuervergünstigungen[385]. Die verfassungsrechtliche Erforderlichkeit einer Subvention kann durch deren vollständige Abkopplung von der Einkommensteuer hergestellt werden (offene Subventionierung durch Transferzahlungen)[386]. Als mildere Mittel gegenüber der progressionsabhängigen Förderung kommen aber auch der Abzug von der

---

[381] VOGEL, StbJb. 1980/81, 49, 64; für die Förderung des Wohneigentums nach § 10 e EStG DRENSECK, DStR 1986, 379, 380; WIELAND, FS Zeidler, 735, 753f.

[382] JAKOB, FS Offerhaus, S. 65, 78.

[383] TIPKE, StRO I, S. 343; BIRK, StuW 1989, 212, 217; WIELAND, FS Zeidler, 735, 754; DRENSECK, DStR 1986, 379, 380; JAKOB, FS Offerhaus, S. 65, 78; LANG, Tipke/Lang, StR, 17. Aufl., § 19 Rn. 71.

[384] KIRCHHOF, Gutachten F zum 57. Deutschen Juristentag, S. F 95.

[385] BIRK, StuW 1989, 212, 217; VOGEL, StbJb. 1980/81, 49ff.; KIRCHHOF, Gutachten F zum 57. Deutschen Juristentag, S. F 94; für die Wohneigentumsförderung nach § 10 e EStG WIELAND, FS Zeidler, 735, 754.

[386] TIPKE, StRO I, S. 344.

Steuerschuld[387] oder der gleitende Abzug von der Steuerbemessungsgrundlage[388] in Betracht.

Auch § 6 Abs. 3 EStG subventioniert durch Abzug von der Bemessungsgrundlage: Ohne die Lenkungsnorm würde das Subjektsteuerprinzip im Falle der unentgeltlichen Übertragung einer Sachgesamtheit die Aufdeckung der stillen Reserven auslösen – der Rechtsvorgänger müßte die Wertsteigerungen seines Betriebsvermögens als Gewinn ausweisen und versteuern. Durch die Anordnung des Buchwertansatzes erzielt der Zuwendende ausnahmsweise keine Einkünfte. Der Vorteil folgt mithin aus der Verkürzung der Bemessungsgrundlage der Einkommensteuer. Diese Technik schadet allerdings nicht der Geeignetheit des § 6 Abs. 3 EStG, da bei dem Steuerpflichtigen gerade *der* Gewinn „abgezogen" wird, den er ohne die Sozialzwecknorm durch den Übertragungsvorgang erwirtschaftet hätte. Das Problem der Nichtbegünstigung bei fehlendem Einkommen entsteht nicht. Trotz des Abzugs von der Bemessungsgrundlage der Einkommensteuer ist die Vergünstigung zur Erreichung des Gemeinwohlzwecks geeignet.

Die Technik des Buchwertansatzes genügt auch den Anforderungen an die Erforderlichkeit der Subvention. Zwar wächst die Einkommensteuerersparnis wegen des progressiven Tarifs mit dem Umfang der stillen Reserven und der Höhe der übrigen Einkünfte des Betriebs- bzw. Anteilsinhabers. Dies bedeutet einen Eingriff in den Grundsatz der Besteuerung nach der wirtschaftlichen Leistungsfähigkeit. Der Lenkungszweck des § 6 Abs. 3 EStG liefert jedoch den sachlichen Grund für diese Ungleichbehandlung - er erfordert gerade eine *progressive* Entlastung. Denn der Inhaber einer betrieblichen Sachgesamtheit läßt sich nur dadurch zu dem gewünschten Gemeinwohlverhalten animieren, daß seine Betriebs- oder Anteilsübertragung ohne steuerliche Folgen bleibt. Allein der vollständige Verzicht des Fiskus auf die Belastung der stillen Reserven gewährt dem Unternehmer die notwendige ökonomische Handlungsfreiheit, um Umstrukturierungen vorzunehmen und Nachfolgepläne zu realisieren. Die Subvention muß mithin in der Nichtbesteuerung von „Einkünften" bestehen, die infolge der Übertragung – bei konsequenter Anwendung des Subjektsteuerprinzips – erzielt werden. Wenn aber der Gewinn des Zuwendenden progressiv besteuert wird, hat auch die Entlastung progressiv auszufallen. Der „Abzug" von der Bemessungsgrundlage der Einkommensteuer ist demnach sachgerecht. Mit der Festlegung des Buchwertansatzes für die Gewinnermittlung des Rechtsvorgängers hat der Gesetzgeber eine folgerichtige Methode gewählt, um das Gemeinwohlziel zu erreichen. Die im Betriebsvermögen aufgelaufenen stillen Reserven finden kei-

---

[387] KIRCHHOF, Gutachten F zum 57. Deutschen Juristentag, S. F 95; BIRK, StuW 1989, 212, 217; JAKOB, FS Offerhaus, S. 65, 78; TIPKE, StRO I, S. 344.
[388] TIPKE, StRO I, S. 344.

nen Eingang ins Jahreseinkommen und bleiben deshalb vom Zugriff des Fiskus verschont.

Zwar kämen für eine erfolgreiche Wirtschaftslenkung auch andere Maßnahmen in Frage, wie beispielsweise der Abzug der auf die aufgedeckten stillen Reserven entfallenden Einkommensteuerschuld von der Gesamt-Einkommensteuerschuld oder eine schlichte Transferleistung in eben diesem Umfang. Jede der Subventionierungstechniken müßte jedoch den progressiven Tarif berücksichtigen. Die Höhe der Begünstigung kann nicht von der aus den stillen Reserven erwachsenden „Gewinnsteuerschuld" des Übertragenden abgekoppelt werden. Der Verzicht auf den Abzug von der Bemessungsgrundlage der Einkommensteuer zugunsten einer anderen Subventionsform würde deshalb das Verfahren nur verkomplizieren, nicht aber die Förderung rechtsstaatlicher gestalten. Von § 6 Abs. 3 EStG streng zu unterscheiden ist die Unterstützung der Bildung von Wohneigentum nach § 10 e EStG: Bei dieser Subventionierung durch Abzug von der Bemessungsgrundlage handelt es sich um eine sach*fremde* Verknüpfung der staatlichen Zuwendung mit der Besteuerung von Einkünften. Die anhand des Bedürfnisprinzips zu rechtfertigende Förderung muß als Transferleistung erbracht werden, um die Verfassungswidrigkeit zu vermeiden.

Neben der Notwendigkeit einer *progressiven* Steuerentlastung spricht folgendes Argument für die Technik der Buchwertfortführung: Das Lenkungsziel des Erhalts betrieblicher Einheiten soll nicht um den Preis des gänzlichen Verlusts der Steuereinnahmen erreicht werden. Vielmehr ist dem Gemeinwohl bereits durch einen *Aufschub* der Besteuerung der Vermögenswertsteigerungen hinreichend gedient. Mit der Verschonung des Rechtsvorgängers muß folglich die Verstrickung der stillen Reserven beim Rechtsnachfolger einhergehen. Am effektivsten gelingt das durch den Ansatz der Buchwerte bei der Gewinnermittlung des bisherigen Betriebsinhabers und die Übernahme dieser Werte in die Bilanz des Rechtsnachfolgers.

Teilergebnis: Die Subventionierung durch Abzug von der Bemessungsgrundlage der Einkommensteuer steht der Erforderlichkeit des § 6 Abs. 3 EStG nicht entgegen.

cc. Wahlrecht zur Aufdeckung der stillen Reserven

Das Fehlen eines Wahlrechts zur Gewinnrealisierung könnte allerdings Zweifel an der Erforderlichkeit des § 6 Abs. 3 EStG begründen. Die Abkehr vom Buchwert*zwang* käme als mildere Beeinträchtigung des Gleichheitssatzes in Frage. Zu untersuchen ist deshalb, ob dem Steuerpflichtigen im Rahmen der unentgeltlichen Übertragung einer Sachgesamtheit die Möglichkeit der Aufdeckung der stillen Reserven eröffnet ist. Ist dies nicht der Fall, muß die Erforderlichkeit einer zwingenden Buchwertfortführung beleuchtet werden.

(1) Fehlen eines Wahlrechts

Nach seinem Wortlaut gewährt § 6 Abs. 3 S. 1 EStG kein Wahlrecht zur Aufdeckung der stillen Reserven: „Wird ein Betrieb ... unentgeltlich übertragen, so sind bei der Ermittlung des Gewinns ... die Wirtschaftsgüter mit den Werten anzusetzen, die sich nach den Vorschriften über die Gewinnermittlung ergeben; ... ." Die Formulierung „sind anzusetzen" nimmt dem Bilanzierenden jeden Entscheidungsspielraum: Wurden die Voraussetzungen des § 6 Abs. 3 EStG erfüllt, ist der Buchwertansatz zwingend. An dieser Auslegung können Zweifel an der Vereinbarkeit der Regelung mit dem Subventionszweck nichts ändern. Denn der Wortlaut der Norm steckt die äußersten Grenzen vertretbarer Auslegungsmöglichkeiten ab[389]. Selbst wenn das Telos des Buchwertprivilegs die Annahme eines Wahlrechts gebieten würde, kann ein solches nicht im Wege der extensiven Auslegung begründet werden, wenn sich eine Wahlmöglichkeit nicht mehr innerhalb der Wortsinngrenze der Vorschrift bewegt. Eine Ablehnung des Buchwertzwangs würde sich vom Text des § 6 Abs. 3 S. 1 EStG lösen, so daß deren Zulässigkeit unter dem Gesichtspunkt der Rechtsfortbildung zu prüfen ist.

Zu denken ist an eine teleologische Extension des § 6 Abs. 3 EStG; in Frage kommt auch eine analoge Anwendung der §§ 20 Abs. 2 S. 1, 24 Abs. 2 S. 1 UmwStG. Beide Varianten der Gesetzesergänzung verlangen jedoch das Vorliegen einer planwidrigen Regelungslücke. Beim Fehlen des Gewinnrealisierungswahlrechts müßte es sich um eine mit dem Gesetzeszweck nicht zu vereinbarende Unvollständigkeit des Gesetzes handeln. Dem Gesetzgeber müßte die Umsetzung seines Plans nicht gelungen sein, wobei die Lücke nicht auf einer – wenn auch zweckwidrigen – Nichtregelungsabsicht der Legislative beruhen darf. Denn die Analogie ist kein Mittel, um rechtspolitische Fehler oder Grundrechtsverstöße zu korrigieren. Die Berichtigung unbefriedigender Regelungen entgegen dem Willen des Gesetzgebers würde eine unzulässige Rechtsschöpfung contra legem bedeuten.

Die Nichtzulassung der wahlweisen Gewinnrealisierung ist jedoch kein Versehen: Der Gesetzgeber des StEntlG hat bei der Übernahme des § 7 Abs. 1 EStDV in das EStG bewußt auf die Installation eines Wahlrechts verzichtet. Zu diesem Schluß führt die Betrachtung der historischen Entwicklung des Buchwertprivilegs, die dem Gesetzgeber bei der Schaffung des § 6 Abs. 3 EStG bekannt war: § 20 Abs. 2 REStG 1925 sah noch ein Wahlrecht zur Aufdeckung der stillen Reserven im Falle der unentgeltlichen Übertragung einer Sachgesamtheit vor. Die herrschende Auffassung[390] geht davon aus, daß diese Wahlmöglichkeit

[389] LANG, Tipke/Lang, StR, § 5 Rn. 53.
[390] BFH, BStBl. II 1971, 686, 687; SCHMIDT, EStG, 9. Aufl., § 16 Rn. 5; BOLK, DStZ 1986, 547, 548.

mit dem EStG 1934 entfallen ist. *Reiß*[391] dagegen beruft sich auf den Willen des historischen Gesetzgebers, der 1934 die Rechtslage des § 30 REStG 1925 ivm § 20 REStG 1925 fortzuschreiben meinte. Dem § 7 Abs. 1 EStDV sei die Beseitigung des Wahlrechts nicht gelungen, denn für eine abweichende Regelung in der EStDV fehle es an einer Ermächtigung[392]. Der Gesetzgeber des § 6 Abs. 3 EStG hat – in Kenntnis dieses Streits um das Bestehen eines Wahlrechts – den Wortlaut des § 7 Abs. 1 EStDV unverändert in das Einkommensteuergesetz übernommen. Durch dieses Vorgehen signalisierte er sein Einverständnis mit der herrschenden Auffassung. Hätte er einen Wandel in der bilanziellen Behandlung der unentgeltlichen Übertragung einer Sachgesamtheit herbeiführen wollen, dann wäre es nötig gewesen, das Wahlrecht ausdrücklich festzuschreiben. Davon hat die Legislative bewußt abgesehen. In der Gesetzesbegründung[393] heißt es: „[§ 6] Abs. 3 [EStG] übernimmt die bisherigen Regelungen des § 7 Abs. 1 EStDV." Da der Vorschrift in der Durchführungsverordnung ein Zwang zur Buchwertfortführung entnommen worden war und der Gesetzgeber an dieser Rechtsfolge festhalten wollte, bestand für ihn keine Veranlassung, bei der Schaffung des § 6 Abs. 3 EStG Änderungen am Wortlaut vorzunehmen. Mit der Formulierung des § 6 Abs. 3 EStG wurde die zwingende Buchwertfortführung *gesetzlich* verankert. Eine im Wege der Analogie ausfüllbare planwidrige Gesetzeslücke ist mithin nicht gegeben.

Die §§ 20 Abs. 2 S. 1, 24 Abs. 2 S. 1 UmwStG sind zudem nicht analogiefähig. Es handelt sich bei den Vergünstigungen des UmwStG um abschließende Ausnahmeregelungen, deren Anwendungsbereich nicht weiter ausgedehnt werden darf. Dieses Analogieverbot ergibt sich schon aus der Gesetzesbegründung des § 6 Abs. 3 bis 6 EStG[394]: „Der Gesetzgeber hat ... [mit dem Umwandlungs- und Umwandlungssteuergesetz] ... zum Ausdruck gebracht, daß darüber hinaus weitere, gesetzlich nicht beschriebene Begünstigungen nicht gewollt sind."

Für die unentgeltliche Aufnahme einer natürlichen Person in ein Einzelunternehmen vertritt ein Teil der Literatur[395] die *unmittelbare* Anwendbarkeit des Wahlrechts des § 24 Abs. 2 S. 1 UmwStG. Als lex specialis gehe § 24 UmwStG der Regelung in § 6 Abs. 3 S. 1 Hs. 2 EStG vor. Denn die Aufnahme vollziehe sich durch die Einbringung des Einzelunternehmens in die neue Personengesellschaft und die anschließende Übertragung des Teils eines Mitunternehmeranteils

---

[391] REIß, K/S/M, EStG, § 16 Rn. B 80.
[392] REIß, K/S/M, EStG, § 16 Rn. B 80; so zur Rechtslage vor dem StEntlG noch HÖRGER, Littmann/Bitz/Hellwig, EStG, § 16 Rn. 20 (vgl. PATT, H/H/R, StRef I, § 6 EStG Anm. R 97; GRATZ, H/H/R, § 6 EStG Anm. 1380).
[393] BT-Drucks. 14/23, S. 173.
[394] BT-Drucks. 14/23, S. 172.
[395] HOFFMANN, L/B/P, EStG, § 6 Rn. 1056; CARLÉ, KÖSDI 2002, 13311, 13314f.; BODE, DStR 2002, 114, 116.

von dem zu 100 Prozent beteiligten Mitunternehmer (ehemaligen Einzelunternehmer) auf die aufgenommene natürliche Person. Der erste Schritt erfülle die Voraussetzungen des § 24 Abs. 1 UmwStG und begründe deshalb ein Wahlrecht zur Aufdeckung der stillen Reserven. Dem ist entgegenzuhalten, daß die Spezialität der Normen des Umwandlungssteuerrechts im Fall der unentgeltlichen Aufnahme einer natürlichen Person in ein Einzelunternehmen nicht gilt[396]. Vielmehr stellt § 6 Abs. 3 S. 1 Hs. 2 EStG die speziellere Vorschrift dar: Während § 24 UmwStG allgemein die Einbringung eines Betriebs in eine Personengesellschaft regelt, bezieht sich die Vorschrift des EStG ausdrücklich auf den Fall der unentgeltlichen Aufnahme einer natürlichen Person in ein Einzelunternehmen. Für eine zusätzliche Anwendung des Bewertungswahlrechts des Umwandlungssteuerrechts neben den Rechtsfolgen des § 6 Abs. 3 EStG bleibt kein Raum. Dieses Wortlautargument wird dadurch untermauert, daß der spezielle Übertragungssachverhalt erst zum 1.1.2002 mit dem UntStFG[397] in die Verschonungssubvention des § 6 Abs. 3 EStG aufgenommen wurde. Der bereits mit dem UmwStG 1977 geschaffene[398] und damit deutlich ältere § 24 UmwStG wurde dadurch zurückgedrängt. Auch bei der unentgeltlichen Aufnahme einer natürlichen Person in ein Einzelunternehmen besteht folglich Buchwertzwang.

Teilergebnis: Wer eine betriebliche Sachgesamtheit unentgeltlich überträgt, hat kein Wahlrecht zur Aufdeckung der stillen Reserven, weder aufgrund § 6 Abs. 3 EStG noch im Wege der Analogie[399].

(2) Wahlrecht als milderes Mittel zur Erreichung des Lenkungszwecks

Da es für die unentgeltliche Übertragung von Sachgesamtheiten an einem Gewinnrealisierungswahlrecht fehlt, muß die Erforderlichkeit einer *zwingenden* Buchwertfortführung untersucht werden.

Die Erforderlichkeit der Begünstigung ist dann gegeben, wenn – gemessen am Eingriff in Grundrechte – das mildeste aller gleich wirksamen Mittel gewählt wurde. Verlangt das Gemeinwohlziel des § 6 Abs. 3 EStG einen derart intensiven Eingriff in die gleichmäßige Besteuerung nach der wirtschaftlichen Leistungsfähigkeit, wie ihn der Buchwertzwang bedeutet? Oder ist der Erhalt betrieblicher Einheiten auch dann gewährleistet, wenn man dem Übertragenden die wahlweise Aufdeckung der stillen Reserven erlaubt? Hier drängt sich die Frage

---

[396] GRATZ, H/H/R, § 6 EStG Anm. 1380; WACKER, Schmidt, EStG, § 16 Rn. 204.

[397] BGBl. I 2001, 3858.

[398] § 24 UmwStG 1977 entsprach bei seinem Inkrafttreten wörtlich der Regelung des § 22 UmwStG 1969.

[399] Das meinen im Ergebnis auch HOFFMANN, L/B/P, EStG, § 6 Rn. 1080; GRATZ, H/H/R, § 6 EStG Anm. 1380; FISCHER, Kirchhof, EStG, § 6 Rn. 183; PATT, H/H/R, StRef I, § 6 EStG Anm. R 97.

nach der Verfassungsmäßigkeit steuerlicher Wahlrechte auf. Sollten sie den Anforderungen des Rechtsstaats an ein Steuergesetz nicht genügen, dürfen sie dem Buchwertzwang nicht entgegengehalten werden. Zunächst ist jedoch zu klären, ob ein Bewertungswahlrecht überhaupt als mildere, aber ebenso effektive Maßnahme zur Erreichung des Lenkungszwecks taugen würde.

Zweifellos mildert ein Wahlrecht zum Ansatz eines über dem Buchwert liegenden Werts die Beeinträchtigung des Leistungsfähigkeitsprinzips: Entscheidet sich ein Übertragender für die Aufdeckung stiller Reserven, verhilft er dem Grundsatz der Subjektbesteuerung und damit dem Gleichheitssatz zur Geltung.

Die Eröffnung dieser abweichenden Bewertungsmöglichkeit konterkariert auch nicht das Regelungsziel des § 6 Abs. 3 EStG: Der Erhalt betrieblicher Sachgesamtheiten wird auch dann erreicht, wenn es den Steuerpflichtigen freisteht, die stillen Reserven anläßlich der unentgeltlichen Übertragung aufzudekken. Es besteht kein Anlaß, den Betroffenen die Subventionierung gegen ihren Willen aufzudrängen[400]. Wer die Substanz seines Betriebs angreifen müßte, um die Steuerschuld zu begleichen, wird die Vergünstigung in Anspruch nehmen. Das Buchwertprivileg motiviert diese Unternehmer, betriebswirtschaftlich angezeigte Umstrukturierungen und Nachfolgeplanungen zu verwirklichen. Demgegenüber haben Geschäftsinhaber, die über ausreichend liquide Mittel verfügen, mitunter ein Interesse an der Realisierung der Wertsteigerungen im Betriebsvermögen. Da der Zugriff des Fiskus den Fortbestand dieser Unternehmen nicht gefährdet, besteht kein Bedürfnis für einen zwingenden Buchwertansatz. Vielmehr ist ein Bewertungswahlrecht angezeigt, will man die wirtschaftliche Dispositionsfreiheit der Steuerpflichtigen nicht unnötig beschneiden.

An dieser Stelle liegt der Einwand nahe, daß eine Subvention nur dann „erforderlich" ist, wenn sie ausschließlich von *Bedürftigen* in Anspruch genommen wird. Demzufolge müßten diejenigen Betriebsinhaber einem Gewinnrealisierungs*zwang* unterliegen, deren liquide Mittel ausreichen, um anläßlich der Umstrukturierung oder vorweggenommenen Erbfolge ihre stillen Reserven zu versteuern, ohne die Existenz des Unternehmens zu gefährden. Doch ist es kaum möglich, objektive Maßstäbe zu finden, anhand derer sicher festgestellt werden kann, ob die Pflicht zur Steuerzahlung im Einzelfall existenzgefährdende Wirkung hätte. Hinge das Buchwertfortführungsrecht von einer solchen Bedürfnisprüfung ab, würde die betriebswirtschaftliche Prognose- und Entscheidungskompetenz vom Unternehmer auf die Finanzverwaltung übergehen. Der dadurch ausgelöste Verwaltungsaufwand wäre nicht mehr zu vertreten. Vor allem aber würde dies eine unangemessene Einschränkung der wirtschaftlichen Dispositionsfreiheit des Geschäftsinhabers bedeuten. Ein Wahlrecht ist daher die einzig praktikable Möglichkeit, die Subvention zu gewähren.

---

[400] Reiß, K/S/M, EStG, § 16 Rn. B 80; Tipke, StRO I, S. 517.

Teilergebnis: Sollte sich das Bewertungswahlrecht als verfassungsgemäß erweisen[401], fehlt es an der Erforderlichkeit des zwingenden Buchwertansatzes. Ein Gewinnrealisierungswahlrecht mildert den Eingriff der Lenkungsnorm in das Leistungsfähigkeitsprinzip, hindert aber nicht die Erreichung des Gemeinwohlziels, betriebliche Einheiten zu erhalten. Möglicherweise muß dem Gesetzgeber deshalb empfohlen werden, die Rechtsfolge des § 6 Abs. 3 S. 1 EStG um ein Wahlrecht zum Ansatz eines über dem Buchwert liegenden Wertes zu erweitern.

(3) Verfassungsmäßigkeit eines Wahlrechts

Der Buchwert*zwang* schadet nur dann der Erforderlichkeit des § 6 Abs. 3 EStG, wenn ein Bewertungswahlrecht des Übertragenden den Anforderungen des Grundgesetzes an eine Steuernorm genügen würde.

(a) Verfassungsrechtliche Bedenken gegen steuerrechtliche Wahlrechte

Zahlreiche Autoren stehen den steuerrechtlichen Wahlrechten sehr kritisch gegenüber: Aus der Sicht der Besteuerungsgerechtigkeit seien Wahlrechte mit einem beträchtlichen Unbehagen verbunden[402]. Sie hätten den negativen Beigeschmack, daß es sich dabei um „eine vom Gesetzgeber nicht so ernstgemeinte Angelegenheit" handelt, weil der Steuerpflichtige innerhalb eines vorgegebenen Rahmens seine steuerlichen Verpflichtungen frei gestalten könne[403]. Angesichts des Grundsatzes der Gesetzmäßigkeit der Besteuerung erscheine es „auf den ersten Blick geradezu abenteuerlich", wenn der Gesetzgeber die Regelungsbefugnis auf den Normadressaten überträgt[404]. Folgende Verfassungsprinzipien werden von den steuerlichen Wahlrechten berührt:
– Das steuerrechtliche Legalitätsprinzip ist verfassungsrechtlich in Art. 2 Abs. 1 GG[405] und Art. 20 Abs. 3 GG sowie einfachgesetzlich in den §§ 3 Abs. 1, 38 und 85 AO verankert. Es bedeutet zum einen, daß die Auferlegung von Steuerlasten dem Gesetz vorbehalten ist (sog. Vorbehalt des Gesetzes). Die Festsetzung einer Steuer verlangt die Erfüllung eines gesetzlichen Tatbestandes, an den als Rechtsfolge eine Steuer geknüpft ist (Tatbestandsmäßigkeit der Besteuerung); auch die Rechtsfolge muß sich aus dem Gesetz ergeben. Zum anderen dürfen

---

[401] Dazu der folgende Gliederungspunkt.
[402] WERNDL, ÖStZ 1997, 189; BIRK, NJW 1984, 1325.
[403] WERNDL, ÖStZ 1997, 189; BIRK, NJW 1984, 1325.
[404] PEZZER, Doralt, Probleme des Steuerbilanzrechts, DStJG 14, S. 3, 6.
[405] Die Einschränkung der ökonomischen Handlungsfreiheit ist danach nur aufgrund der verfassungsmäßigen Ordnung zulässig.

Rechtsverordnungen und Verwaltungsakte nicht gegen das Gesetz verstoßen (sog. Vorrang des Gesetzes). Der Grundsatz der Gesetzmäßigkeit der Besteuerung erstreckt sich auch auf Steuervergünstigungen: Weder Behörden noch Gerichten ist es gestattet, die Steuerschuld ohne gesetzliche Grundlage herabzusetzen[406]. Ein Teil der Literatur[407] lehnt die Besteuerung nach Wahl kategorisch ab: Sie unterlaufe die Strenge des Legalitätsprinzips. Mit dem Gesetzmäßigkeitsgrundsatz ließe sich nicht vereinbaren, daß der Steuerpflichtige den gesetzlichen Tatbestand, der auf ihn angewandt werden soll, selbst formen und die Rechtsfolge aussuchen könne. Andere sind der Ansicht, Bilanzierungs- und Bewertungswahlrechte bedürfen jedenfalls einer besonderen Rechtfertigung[408].

In Bezug auf steuerrechtliche Wahlrechte wird ferner das sowohl rechtsstaatliche als auch demokratiepolitische Problem angeführt, daß die Chance zur Steuerminimierung in einem direkten Zusammenhang mit der Informationsbereitschaft bzw. den diesbezüglichen Beschaffungsmöglichkeiten stehe, was in dem Maße an Bedeutung gewinne, wie der Komplexitätsgrad des Steuerrechts zunimmt[409]. Kann der Steuerpflichtige von seinen rechtlichen Gestaltungsmöglichkeiten wegen des Grades der Kompliziertheit der Normen nicht rational Gebrauch machen, dann verstoßen die Regelungen gegen den Grundsatz der Gesetzmäßigkeit der Besteuerung[410].

– Aus Gründen der Vorhersehbarkeit und des Vertrauensschutzes unterliegt das Steuerrecht darüber hinaus dem Bestimmtheitsgebot: Das Legalitätsprinzip ergänzend verlangt es die Bestimmtheit von Tatbestand und Rechtsfolge einer Steuernorm. Diesem Erfordernis könnte im Falle von steuerlichen Bilanzierungs- und Bewertungswahlrechten nicht Genüge getan sein.

– Die Problematik der Rechtsfolgenwahl berührt außerdem den Grundsatz der Gleichmäßigkeit der Besteuerung aus Art. 3 Abs. 1 GG und das Willkürverbot. Das Prinzip der Gleichbehandlung der Steuerpflichtigen bei der Bestimmung der Steuerbemessungsgrundlagen werde laut Vertretern der Lehre mißachtet, wenn es der Bürger in der Hand habe, durch Ausübung von Wahlrechten seine Bemessungsgrundlage individuell zu gestalten[411]. Die Besteuerung nach Wahl vertrage sich nicht mit den Anforderungen an eine gleichmäßige Besteuerung nach

---

[406] TIPKE, StRO I, S. 129; LANG, Tipke/Lang, StR, § 4 Rn. 160; WERNDL, ÖStZ 1997, 189, 191.

[407] LANG, Tipke/Lang, StR, § 4 Rn. 160.

[408] TIPKE, StRO I, S. 517; PEZZER, Doralt, Probleme des Steuerbilanzrechts, DStJG 14, S. 3, 6; WEBER-GRELLET, StbJb. 1994/95, 97, 105; BIRK, NJW 1984, 1325, 1326ff.

[409] TIPKE, StRO I, S. 516; WERNDL, ÖStZ 1997, 189.

[410] BIRK, NJW 1984, 1325, 1326.

[411] TIPKE, StRO I, S. 516; PEZZER, Doralt, Probleme des Steuerbilanzrechts, DStJG 14, S. 3, 6; WEBER-GRELLET, StbJb. 1994/95, 97, 105.

der wirtschaftlichen Leistungsfähigkeit[412]. Zumindest sei die durch das unterschiedliche Gebrauchmachen von Wahlrechten entstehende Ungleichbehandlung begründungsbedürftig[413].

Teilergebnis: Ein Bewertungswahlrecht des Rechtsvorgängers bei der unentgeltlichen Übertragung einer betrieblichen Sachgesamtheit bedeutet demzufolge eine Beeinträchtigung des Grundsatzes der Gesetzmäßigkeit der Besteuerung, des Bestimmtheitsgebots und des Willkürverbots sowie eine erneute[414] Beeinträchtigung des allgemeinen Gleichheitssatzes.

(b) Verfassungsrechtliche Rechtfertigung steuerrechtlicher Wahlrechte

Eine generelle Ablehnung aller steuerrechtlichen Wahlrechte als verfassungswidrig ist zurückzuweisen. Mitunter werden sie nämlich gewährt, um gleichheitswidrige Belastungs- oder Begünstigungswirkungen einer Steuernorm gerade zu vermeiden[415]. Die Wahlmöglichkeit kann beispielsweise dazu dienen, eine präzisere Steuergerechtigkeit für den Fall zu erreichen, daß der Regeltatbestand die individuelle Belastbarkeit nicht zutreffend zum Ausdruck bringt, so daß sie unter dem Aspekt einer differenzierenden Gleichmäßigkeit verfassungsgesetzlich geradezu geboten ist[416]. Steuerliche Wahlrechte sind demnach nicht schlechthin unzulässig. Sie bedürfen vielmehr einer Rechtfertigung, soweit sie die Grundsätze der Gleichmäßigkeit und der Gesetzmäßigkeit der Besteuerung einschränken.

Ein einheitliches Rechtfertigungskonzept existiert nicht: Erst die einem konkreten Wahlrecht innewohnende Zwecksetzung liefert dessen verfassungsrechtliche Rechtfertigung[417].

---

[412] LANG, Tipke/Lang, StR, § 4 Rn. 160.

[413] TIPKE, StRO I, S. 517; PEZZER, Doralt, Probleme des Steuerbilanzrechts, DStJG 14, S. 3, 7; WEBER-GRELLET, StbJb. 1994/95, 97, 105; WERNDL, ÖStZ 1997, 189, 192.

[414] Zum einen beeinträchtigt die Abweichung vom Subjektsteuerprinzip den Grundsatz der gleichmäßigen Besteuerung nach der wirtschaftlichen Leistungsfähigkeit. Zum anderen würde die Eröffnung einer Wahlmöglichkeit eine Ungleichbehandlung der einzelnen Steuerpflichtigen bedeuten.

[415] BIRK, NJW 1984, 1325, 1326, 1327.

[416] WERNDL, ÖStZ 1997, 189, 192; BIRK, NJW 1984, 1325, 1326, 1327.

[417] WERNDL, ÖStZ 1997, 189, 192; WEBER-GRELLET, StbJb. 1994/95, 97, 106f.

(c) Verfassungsrechtliche Rechtfertigung eines Wahlrechts zur Aufdeckung der stillen Reserven

Die Beeinträchtigung von Verfassungsgrundsätzen, die mit einem Bewertungswahlrecht des Rechtsvorgängers bei der unentgeltlichen Übertragung einer betrieblichen Sachgesamtheit einhergeht, ist verfassungsrechtlich gerechtfertigt:

Der wahlweise Ansatz eines über dem Buchwert liegenden Wertes würde die durch § 6 Abs. 3 EStG gestattete Umgehung des Subjektsteuerprinzips mildern oder sogar aufheben – je nach dem, ob die stillen Reserven nur zum Teil oder vollständig aufgedeckt werden. Die Ausübung des Wahlrechts hätte zur Folge, daß sich die Besteuerung in höherem Maße an der wirtschaftlichen Leistungsfähigkeit des Übertragenden orientiert. Der Gleichheitssatz würde nicht konterkariert, sondern gerade durchgesetzt werden. Die Verwirklichung des Leistungsfähigkeitsprinzips taugt dazu, die Ungleichbehandlung zu rechtfertigen, die ein Bewertungswahlrecht denknotwendig mit sich bringt. Zwar hängt der Umfang der versteuerten Vermögenswertsteigerungen vom Willen des Einzelnen ab. Die Zulassung der Rechtsfolgenwahl bewirkt aber keine Verschärfung, sondern eine Abmilderung des Eingriffs in Art. 3 Abs. 1 GG. Deshalb bestehen im Hinblick auf die Herstellung von Belastungsgleichheit keine Bedenken gegen die Aufdeckung der stillen Reserven. Die Vergrößerung der Entscheidungsfreiheit des Normunterworfenen verhilft der Subvention gerade zur Verfassungsmäßigkeit.

Die durch den Verzicht auf den Buchwertzwang zu erreichende gerechtere Lastenverteilung rechtfertigt auch die Einschränkung des Legalitätsprinzips sowie des Bestimmtheitsgebots. Mit der Minimierung von Verstößen gegen das Subjektsteuerprinzip liegt dem Wahlrecht eine sachgerechte Idee zugrunde, die eine Abweichung von der eingleisigen Rechtsfolgenbestimmung ausnahmsweise erlaubt. Eine Verletzung des Grundsatzes der Gesetzmäßigkeit der Besteuerung ist schließlich unter folgendem Gesichtspunkt nicht zu befürchten: Wird ein neuer § 6 Abs. 3 EStG nach dem Vorbild der §§ 20 Abs. 2 S. 1, 24 Abs. 2 S. 1 UmwStG konstruiert, erreicht die Norm keinen Grad der Kompliziertheit, der ausschließt, daß der Steuerpflichtige von seinen rechtlichen Gestaltungsmöglichkeiten rational Gebrauch machen kann.

Leistungsfähigkeits- und Subjektsteuerprinzip rechtfertigen demnach die dem Bewertungswahlrecht immanente Ungleichbehandlung der Steuerbürger sowie die Beeinträchtigung des Gesetzmäßigkeits- und Bestimmtheitsgebots. Die Zulassung der wahlweisen Aufdeckung der stillen Reserven durch § 6 Abs. 3 EStG ist verfassungsrechtlich nicht verwehrt.

(4) Teilergebnis

Zur Erreichung des Gemeinwohlzwecks des § 6 Abs. 3 EStG ist ein *zwingender* Buchwertansatz nicht erforderlich, weil damit nicht die mildeste aller gleich wirksamen Subventionsmaßnahmen gewählt wurde. Der Erhalt betrieblicher Einheiten verlangt keine derart intensive Beeinträchtigung der gleichmäßigen Besteuerung nach der wirtschaftlichen Leistungsfähigkeit. Soll die Begünstigung den Anforderungen des Verhältnismäßigkeitsgrundsatzes genügen, muß vielmehr die Rechtsfolge des § 6 Abs. 3 S. 1 EStG um ein Wahlrecht zum Ansatz eines über dem Buchwert liegenden Wertes erweitert werden. Die Zulassung der Aufdeckung stiller Reserven mildert den Eingriff in das Subjektsteuerprinzip, erschwert jedoch nicht die Erreichung des Lenkungsziels.

dd. Behaltefrist

Um eine Lenkungsnorm verfassungsrechtlich zu rechtfertigen, bedarf es ferner der ausreichenden *tatbestandlichen Vorzeichnung* des Gemeinwohlzwecks[418]. „Tatbestandliche Vorzeichnung" des Lenkungszwecks meint die Herstellung der Kongruenz des Umfangs der Steuervergünstigung und des mit ihr verfolgten Anliegens[419]. Die durch die Verschonungssubvention verursachte Ungleichbehandlung bewegt sich nur dann im Rahmen des Erforderlichen, wenn die Vorschrift inhaltlich so ausgestaltet ist, daß der Umfang der Steuervergünstigung nicht über das Gemeinwohlziel hinausschießt. Im Folgenden wird erarbeitet, wie die Regelung des § 6 Abs. 3 EStG konstruiert sein muß, um den Anforderungen an die tatbestandliche Vorzeichnung des Lenkungszwecks zu genügen.

(1) Tatbestandliche Vorzeichnung des Gemeinwohlzwecks in § 6 Abs. 3 EStG

Bei den Vorgaben des BVerfG[420] zur rechtsstaatlichen Bestimmtheit von Subventionsnormen handelt es sich nicht um bloßen Formalismus. Vielmehr verbirgt sich dahinter die Sorge um die Einhaltung des Verhältnismäßigkeitsprinzips. Profitieren nämlich von einer steuerlichen Entlastungsregelung nicht nur diejenigen Steuerpflichtigen, die mit ihrem Verhalten tatsächlich im gewünschten Maße zum Gemeinwohl beitragen, fehlt es an der Erforderlichkeit der Begünstigung; dann ist die Ungleichbehandlung nicht gerechtfertigt. Damit die Zahl der Nutznießer die der wirklich Förderungswürdigen nicht übersteigt, verlangt das BVerfG eine deutliche Kennzeichnung als Sozialzwecknorm und eine

---

[418] BVerfG, BVerfGE 93, 121, 148; BVerfG, BVerfGE 99, 280, 296.
[419] WERNSMANN, NJW 2000, 2078, 2080.
[420] BVerfG, BVerfGE 93, 121, 148; BVerfG, BVerfGE 99, 280, 296.

hinreichende Konkretisierung des Subventionstatbestandes. Wenn ein Steuergesetz zulässigerweise auch einen Lenkungszweck verfolge, dann müßten dieser
Zweck und die Grenze der Verhaltenslenkung mit hinreichender Bestimmtheit
tatbestandlich vorgezeichnet sein. Es sei notwendig, die Begünstigung im Ge-
setzeswortlaut als konkreten Anreiz zu kennzeichnen und zu beschränken[421].
Nach alldem muß also die gesetzgeberische Entscheidung, das Steuerrecht in
den Dienst bestimmter außerfiskalischer Zwecke zu stellen, durch die Ausgestaltung des Tatbestands aufgedeckt werden.

Das ist ua. dann nicht gelungen, wenn die Lenkungsvorschrift unerkennbar in
einer Fiskalzwecknorm, beispielsweise in einer zu niedrig bewertenden Regelung versteckt wurde[422]. Genau dies trifft allerdings auf § 6 Abs. 3 EStG zu, dessen Tatbestand den Subventionscharakter der Buchwertanordnung nicht bzw.
nur nach akribischer Analyse offenbart. § 6 EStG gehört grundsätzlich zu den
*Fiskal*zwecknormen und regelt die Bewertung von – nach § 4 Abs. 1 oder nach
§ 5 EStG – als Betriebsvermögen anzusetzenden *Einzel*wirtschaftsgütern. Zwar
behandelt auch der Absatz 3 die Bewertung von Einzelwirtschaftsgütern, jedoch
für den Sonderfall der unentgeltlichen Übertragung einer Sachgesamtheit. Die
Bewertung von Wirtschaftsgütern anläßlich der Überführung von Sachgesamtheiten ist wiederum Gegenstand des § 16 EStG, so daß die Plazierung des § 6
Abs. 3 EStG von vornherein die gesetzliche Systematik stört. Besonders augen-
fällig wird der Systembruch aber durch die Tatsache, daß die unentgeltliche
Übertragung einer Sachgesamtheit die Voraussetzungen der Betriebsaufgabe
nach § 16 Abs. 3 EStG erfüllt[423]. Wenn § 6 Abs. 3 EStG nun für die Gewinnermittlung des bisherigen Betriebsinhabers den Ansatz des Wertes vorschreibt, der
sich aus den Vorschriften über die Gewinnermittlung ergibt, dann ordnet er eine
von § 16 Abs. 3 S. 7 EStG abweichende, niedrigere Bewertung der übertragenen
Wirtschaftsgüter an. Selbstverständlich würde die Aufnahme des Buchwertprivilegs in die Fiskalzwecknorm des § 16 EStG auch nichts daran ändern, daß der
Subventionscharakter verborgen bleibt.

Der Lenkungszweck der Buchwertfortführung wurde gesetzlich nicht einmal
angedeutet, geschweige denn tatbestandlich vorgezeichnet. Nicht erkennbar und
deshalb höchst streitig ist, ob § 6 Abs. 3 EStG zur Gruppe der Regelungen der
steuerlichen Gewinnrealisierung gehört und innerhalb dieses Normenkomplexes
eine system*konforme* Ausnahme vom Gebot der Aufdeckung der stillen Reserven darstellt[424], oder ob es sich um eine system*widrige* Steuersubvention han-

---

[421] BVerfG, BVerfGE 99, 280, 296.

[422] LANG, Tipke/Lang, StR, § 4 Rn. 21.

[423] Vgl. unten 2. Teil, D., II., 3., b., bb.

[424] So die überwiegende Meinung zur Vorgängerregelung des § 7 Abs. 1 EStDV: REIß,
K/S/M, EStG, § 16 Rn. B 79; LANG, Ruppe, Gewinnrealisierung im StR, DStJG 4, S. 45, 95;
BFH, BStBl. II 1996, 476, 477.

delt[425]. Damit eng verknüpft ist die Diskussion, inwieweit die Buchwert-„Anordnung" nur deklaratorischen Charakter hat[426], ob sie also überhaupt konstitutive Wirkung[427] entfaltet. Durch die „Verfilzung" der Lenkungsvorschrift mit den rein fiskalisch motivierten Bewertungsregelungen des § 6 EStG fällt die Differenzierung zwischen Sozial- und Fiskalzweck äußerst schwer. Die Einbettung der Verschonungssubvention in die Fiskalzwecknorm verfälscht die Struktur des Steuerrechts, was zu Lasten der Auslegung geht, die das Gemeinwohlziel nicht mehr zur Kenntnis nimmt. Die Tatbestandsinterpretation muß sich am Regelungszweck orientieren, wird aber durch die bloß technische Normplazierung fehlgeleitet[428]. Große Uneinigkeit in Verwaltung, Rechtsprechung und Wissenschaft hinsichtlich der Anwendungsfälle des § 6 Abs. 3 EStG, Ergänzungen und Korrekturversuche der Legislative, mithin eine erhebliche Rechtsunsicherheit sind die Folge. Die Durchwirkung der Steuergesetze mit Subventionsnormen setzt die Rechtsqualität des Steuerrechts und seine Praktikabilität tiefgreifend herab[429]. Diesen Vorwurf muß sich der Gesetzgeber gerade im Hinblick auf § 6 Abs. 3 EStG gefallen lassen.

Im Gewand des steuerlichen Bewertungsgesetzes übersteigt der Umfang der Begünstigung das Maß des Erforderlichen. Da sich § 6 Abs. 3 EStG nicht als Verschonungssubvention zu erkennen gibt, ist die Steuerentlastung nicht an das wirtschaftspolitische Ziel der Lenkungsvorschrift gebunden. Die Unternehmer profitieren vom Buchwertprivileg nämlich unabhängig davon, ob ihnen der Fortbestand ihrer betrieblichen Einheit tatsächlich am Herzen liegt. Ist der Anlaß für die unentgeltliche Übertragung die Realisierung stiller Reserven durch ein anderes Steuersubjekt, kommt der Zuwendende trotzdem in den Genuß des Besteuerungsverzichts. Die inhaltliche Ausgestaltung des § 6 Abs. 3 EStG verhindert nicht die Inanspruchnahme der Vergünstigung in den Fällen, in denen der Übertragungsempfänger alsbald die Sachgesamtheit veräußert (und dabei eventuell zerschlägt) oder aufgibt und so die stillen Reserven kurzfristig versilbert. Dadurch ist der geförderte Personenkreis größer als es der Gemeinwohlzweck erlaubt. Die ungenügende Konkretisierung des Subventionstatbestandes ermöglicht den Mißbrauch des § 6 Abs. 3 EStG und damit die Verletzung des Subjektsteuerprinzips.

---

[425] So WERNDL, K/S/M, EStG, § 6 Rn. J 4; so auch, aber widersprüchlich REIß, K/S/M, EStG, § 16 Rn. B 80.

[426] So GRATZ, H/H/R, § 6 EStG Anm. 1330; zur Vorgängerregelung des § 7 Abs. 1 EStDV REIß, K/S/M, EStG, § 16 Rn. B 79; BFH, BStBl. II 1996, 476, 477.

[427] So im Ergebnis TRZASKALIK, Ruppe, Gewinnrealisierung im StR, DStJG 4, S. 145, 159, der die unentgeltliche Übertragung von Betrieben gemäß § 7 Abs. 1 EStDV als Betriebsaufgabe nach § 16 Abs. 3 EStG versteht.

[428] HEY, Tipke/Lang, StR, § 19 Rn. 6.

[429] TIPKE, StRO I, S. 337.

Aus diesen Gründen ist die Erforderlichkeit der Sozialzwecknorm nicht gegeben. Die fehlende tatbestandliche Vorzeichnung des Lenkungsziels steht der verfassungsrechtlichen Rechtfertigung des Buchwertprivilegs entgegen.

(2) Tatbestandliche Vorzeichnung des Gemeinwohlzwecks durch eine Behaltefrist

Zu klären bleibt, wie Zweck und Grenze der Verhaltenslenkung mit hinreichender Bestimmtheit tatbestandlich vorgezeichnet werden können.

Dem Mißbrauch abhelfen würde eine Behaltefrist, die den Buchwertansatz für alle Übertragungsvorgänge des § 6 Abs. 3 EStG nur unter dem Vorbehalt der Nichtveräußerung und –aufgabe der zugewendeten Sachgesamtheit durch den Rechtsnachfolger innerhalb eines Zeitraums von 5 Jahren zuläßt. Hält der Zuwendungsempfänger die Frist nicht ein, muß der Übertragende die verlagerten stillen Reserven nachträglich versteuern. Als Vorbild für eine solche Regelung kann § 6 Abs. 3 S. 2 EStG dienen, sieht man von der Beschränkung seines Anwendungsbereichs auf die Fälle der unentgeltlichen Übertragung eines Teilmitunternehmeranteils und der unentgeltlichen Aufnahme einer natürlichen Person in ein Einzelunternehmen, jeweils unter Zurückbehaltung von wesentlichem Sonderbetriebsvermögen, ab. Zu Recht meinen der Gesetzgeber[430] sowie Vertreter der Literatur[431], das Lenkungsziel der Erhaltung funktionierender betrieblicher Einheiten durch die Installation einer Behaltefrist besser erreichen zu können. Das gilt jedenfalls dann, wenn kein Übertragungsvorgang des § 6 Abs. 3 EStG von dem Vorbehalt ausgenommen wird. Die Verknüpfung der Subventionierung mit einer Behalteanordnung signalisiert, daß das Überspringen stiller Reserven auf ein anderes Steuersubjekt nur unter der Bedingung gestattet ist, daß die Sachgesamtheit nach dem Übertragungsvorgang erhalten bleibt. Der Zuschnitt der Bewertungsvorschrift auf die Generationennachfolge in Unternehmen und auf Maßnahmen der Umstrukturierung wird durch diese Regelungstechnik klargestellt. Der Normadressat kann erkennen, daß der Gesetzgeber den Gewinnrealisierungsaufschub allein im Interesse der Fortexistenz der betrieblichen Einheit gewährt. Die Zugehörigkeit des § 6 Abs. 3 EStG zu den wirtschaftspolitisch motivierten Sozialzwecknormen wäre nicht mehr zu leugnen. Eine Behaltefrist verdeutlicht nicht nur das Regelungsanliegen, sondern stellt auch die Kongruenz von Gemeinwohlziel und Umfang der Steuervergünstigung her: Denn wer die unentgeltliche Übertragung zur kurzfristigen Aufdeckung der stillen Reserven durch ein anderes Steuersubjekt nutzen will, muß den Verlust der Subvention in Kauf nehmen. Nur der tatsächlich förderungswürdige Perso-

---

[430] Vgl. oben 2. Teil, C., II., 3., d., cc., (1), (b).
[431] HOFFMANN, L/B/P, EStG, § 6 Rn. 1018.

nenkreis käme in den Genuß der Entlastung, so daß die Subventionierung das erforderliche Maß nicht überschreiten würde.

(3) Gesetzesvorschlag

Um den Gemeinwohlzweck des § 6 Abs. 3 EStG ausreichend tatbestandlich vorzuzeichnen, sollte folgende Behaltefrist in den Gesetzestext aufgenommen werden:

> „Wird ein Betrieb, ein Teilbetrieb oder der Anteil eines Mitunternehmers an einem Betrieb unentgeltlich übertragen, so sind bei der Ermittlung des Gewinns des bisherigen Betriebsinhabers (Mitunternehmers) die Wirtschaftsgüter mit den Werten anzusetzen, die sich nach den Vorschriften über die Gewinnermittlung ergeben, *sofern der Rechtsnachfolger den übernommenen Betrieb, Teilbetrieb oder Mitunternehmeranteil über einen Zeitraum von fünf Jahren nicht veräußert oder aufgibt.* [D]ies gilt auch …"

Diese Formulierung stellt die Erforderlichkeit der Subvention im Sinne des Verhältnismäßigkeitsgrundsatzes her.

ee. Teilergebnis

Die Steuersubvention des § 6 Abs. 3 EStG ist verfassungswidrig. Es fehlt an ihrer Erforderlichkeit im Sinne des Verhältnismäßigkeitsgrundsatzes. Denn – gemessen an der Beeinträchtigung des Subjektsteuerprinzips – wurde nicht das mildeste aller gleich wirksamen Mittel zur Erreichung des Gemeinwohlzwecks gewählt. Im Einzelnen gelangt die Untersuchung zu folgenden Ergebnissen:

– Ein nur teilweises Absehen von der Gewinnrealisierung, beispielsweise durch die Anordnung eines Bilanzansatzes zwischen Buch- und Teilwert, würde zwar weniger massiv in das Subjektsteuerprinzip eingreifen. Das Lenkungsziel der Erhaltung betrieblicher Einheiten läßt sich jedoch durch den Ansatz des Buchwerts der Wirtschaftsgüter effektiver erreichen.

– Wegen des Abzugs des Subventionsbetrags von der Bemessungsgrundlage der Einkommensteuer wächst die Einkommensteuerersparnis infolge des progressiven Tarifs mit dem Umfang der stillen Reserven und der Höhe der übrigen Einkünfte des Übertragenden. Dieser Eingriff in das Leistungsfähigkeitsprinzip steht der Erforderlichkeit des § 6 Abs. 3 EStG nicht entgegen: Der Lenkungszweck verlangt eine *progressive* Entlastung und liefert deshalb den sachlichen Grund für die Ungleichbehandlung. Denn ein Unternehmer wird nur dadurch zum gewünschten Gemeinwohlverhalten animiert, daß der Übertragungsvorgang gänzlich ohne steuerliche Folgen bleibt.

– Zur Erreichung des Subventionsziels bedarf es keines *zwingenden* Buchwertansatzes. Die Erhaltung betrieblicher Sachgesamtheiten gerät nicht dadurch in Gefahr, daß dem Übertragenden die Versteuerung der stillen Reserven erlaubt wird. Der Eingriff in das Subjektsteuerprinzip wird aber deutlich gemildert. Deshalb ist die Rechtsfolge des § 6 Abs. 3 S. 1 EStG um ein Wahlrecht zum Ansatz eines über dem Buchwert liegenden Wertes zu erweitern.

– Der Erforderlichkeit des § 6 Abs. 3 EStG steht die fehlende tatbestandliche Vorzeichnung des Gemeinwohlzwecks entgegen. Aufgrund dieses Mangels ist der Umfang der Subventionierung nicht durch ihr Anliegen begrenzt. Abhilfe kann eine Behaltefrist schaffen, die den Buchwertansatz für alle Übertragungsvorgänge des § 6 Abs. 3 EStG unter den Vorbehalt stellt, daß der Rechtsnachfolger die Sachgesamtheit innerhalb eines Zeitraums von 5 Jahren nicht veräußert oder aufgibt.

e. Angemessenheit des § 6 Abs. 3 EStG

Der Eingriff des § 6 Abs. 3 EStG in die Besteuerungsgleichheit ist schließlich unter der Voraussetzung gerechtfertigt, daß die Auswirkungen der Subvention angemessen (verhältnismäßig im engeren Sinne) sind. Die nachteiligen Folgen dürfen die vorteiligen nicht überwiegen. Zur Feststellung der Angemessenheit muß die Schwere des Verstoßes gegen das Leistungsfähigkeitsprinzip mit der Bedeutung des Lenkungszwecks abgewogen werden. Im Falle des Buchwertprivilegs steht dem Gemeinwohlgewicht der gleichen Steuerbelastung das Gemeinwohlgewicht des Erhalts betrieblicher Einheiten gegenüber. Fällt die Abwägung zugunsten der Wirtschaftsförderung aus, ist die Subventionierung nach § 6 Abs. 3 EStG verfassungsrechtlich unbedenklich.

Die Herstellung von Steuergerechtigkeit durch gleichmäßige Besteuerung nach der wirtschaftlichen Leistungsfähigkeit hat einen besonders hohen Gemeinwohlwert[432]: Der allgemeine Gleichheitssatz des Art. 3 Abs. 1 GG gibt eine grundlegende Gerechtigkeitsvorstellung des Grundgesetzes wieder[433]. Dem entspricht seine Bedeutung als das wesentliche Fundament der Steuergerechtigkeit[434]. Den steuerspezifischen Vergleichsmaßstab bildet das Leistungsfähigkeitsprinzip. Hierbei handelt es sich um ein ethisches Axiom[435], das weltweit und in allen steuerwissenschaftlichen Disziplinen als Fundamentalgrundsatz ge-

---

[432] TIPKE, StRO I, S. 346.

[433] RÜFNER, Bonner Kommentar, GG, Art. 3 Abs. 1 Rn. 2ff.

[434] BVerfG, BVerfGE 6, 55, 70; BVerfG, BVerfGE 13, 290, 298; BVerfG, BVerfGE 13, 331, 338; BVerfG, BVerfGE 13, 181, 202; BVerfG, BVerfGE 65, 325, 354; BVerfG, BVerfGE 66, 214, 223; LANG, Tipke/Lang, StR, § 4 Rn. 70.

[435] PEZZER, Doralt, Probleme des Steuerbilanzrechts, DStJG 14, S. 3, 7.

rechter Besteuerung anerkannt wird[436]. Als verfassungsrechtlich verankerte Gerechtigkeitswertungen haben der Gleichheitssatz und seine Konkretisierungen – das Leistungsfähigkeits- und das Subjektsteuerprinzip – mithin ein ganz erhebliches Gewicht.

Der Eingriff in den Grundsatz der gleichmäßigen Besteuerung nach der wirtschaftlichen Leistungsfähigkeit ist ebenfalls als erheblich einzustufen. Denn der Gesetzgeber hat den § 6 Abs. 3 EStG gerade für Unternehmer geschaffen, in deren Betriebsvermögen über viele Jahre hinweg stille Reserven in bedeutendem Umfang angesammelt wurden, für die eine Gewinnrealisierung also existenzgefährdende Wirkung hätte. Durch das Buchwertprivileg erhalten diese Steuerpflichtigen nicht etwa nur eine Steuerstundung mit Zinsgewinn, sondern werden vollständig und endgültig von ihrer Schuld befreit. Der Fiskus verzichtet auf die Belastung der vorhandenen immensen steuerlichen Leistungsfähigkeit – eine Ungleichbehandlung einzelner Steuerbürger, wie sie schwerwiegender kaum sein könnte.

Wenn die Abwägung dieses Nachteils mit der Bedeutung des Lenkungszwecks nun ergibt, daß die Privilegierung Einzelner zu einem größeren gesamtgesellschaftlichen Nutzen führt als pure steuerliche Gleichbelastung, dann ist § 6 Abs. 3 EStG gerechtfertigt. Dabei kommt es nicht allein auf den Gesamtnutzen an. Vielmehr müssen die Wirkungen auch die große Mehrheit der Bürger erfassen[437]. Die Gestattung des Buchwertansatzes begünstigt unmittelbar zwar nur den Unternehmer, der sein Betriebsvermögen unentgeltlich überträgt. Mittelbar profitiert davon aber die gesamte Bevölkerung. Denn § 6 Abs. 3 EStG animiert die Inhaber betrieblicher Sachgesamtheiten, ökonomisch angezeigte Umstrukturierungen vorzunehmen und Unternehmensnachfolgeplanungen umzusetzen. Durch die Reorganisation können Produktionsfaktoren effizienter genutzt und Betriebsabläufe flüssiger und kostengünstiger gestaltet werden. Die Maßnahmen stärken die Wettbewerbsfähigkeit des Betriebs und schaffen die Voraussetzungen für die Steigerung des wirtschaftlichen Erfolgs. Am Ende der Wirkungskette stehen mit größter Wahrscheinlichkeit die Schaffung oder zumindest die Sicherung von Arbeitsplätzen, die Stabilisierung des Wirtschaftsstandorts, die Garantie fortlaufender staatlicher Einnahmen. Die Verschonung einzelner Steuerpflichtiger schlägt sich letztendlich im Wohlstand der Allgemeinheit nieder. Verglichen mit dem Gemeinwohlwert der Besteuerungsgleichheit überwiegt schon unter diesen Gesichtspunkten der gesellschaftliche Nutzen der Erhaltung betrieblicher Einheiten.

Bei der Abwägung darf außerdem nicht außer Acht gelassen werden, daß der privilegierte Betriebsinhaber eine Art Gegenleistung für seinen Steuervorteil

---

[436] LANG, Tipke/Lang, StR, § 4 Rn. 83.
[437] TIPKE, StRO I, S. 346.

erbringt: Er unterläßt die *entgeltliche* Übertragung seines Betriebes, er gibt die gesamten stillen Reserven *unentgeltlich* ab. Ihm fließen im Rahmen des Übertragungsvorgangs überhaupt keine Mittel zu, die den Vermögensverlust ausgleichen. Demnach wird die Leistungsfähigkeit des Unternehmers zwar vom Fiskus verschont, sie geht jedoch mit der Weggabe der Sachgesamtheit vollständig verloren, so daß sich der Vorteil des Zuwendenden entscheidend relativiert. Letztendlich genießt der Betriebsinhaber nur so lange die Nichtbesteuerung seiner Vermögenswertsteigerungen, wie er diese in den Dienst des Unternehmens stellt. Trennt er sich aber von seinem Betrieb, greift zwar nicht der Fiskus zu; dem Unternehmer verbleibt aber auch kein Vermögen, welches er zum eigenen Vergnügen verbrauchen könnte.

Hinzu tritt der Umstand, daß die übertragenen stillen Reserven für den Staat nicht verloren gehen. Vielmehr läßt sich der Steueranspruch beim Zuwendungsempfänger realisieren, sobald dieser einen Besteuerungstatbestand erfüllt. Das ist nicht unbillig, weil der Rechtsnachfolger einen Zuwachs an Leistungsfähigkeit erfahren hat, ohne dafür ein Entgelt erbringen zu müssen. Das hinzugewonnene Vermögen befähigt ihn, die Steuerschuld zu tilgen. Dieser Aspekt allein genügt allerdings nicht für die verfassungsrechtliche Rechtfertigung des § 6 Abs. 3 EStG: Ansonsten müßte auch die unentgeltliche Übertragung von Einzelwirtschaftsgütern unter Fortführung der Buchwerte erfolgen[438].

Die Gesamtbetrachtung des Gemeinwohlwerts von Wirtschaftsförderung und Besteuerungsgleichheit sowie des „Opfers" des privilegierten Unternehmers führt zu dem Ergebnis, daß die Subvention angemessen ist. Die ökonomischen Vorteile wiegen die Schwere des Verstoßes gegen das Leistungsfähigkeitsprinzip auf.

Dem steht nicht entgegen, daß Steuervergünstigungen erfahrungsgemäß die Steuermoral der Nichtbegünstigten herabsetzen, die Steuersätze in die Höhe treiben, die effektiven Steuerbelastungssätze der Begünstigten verfälschen und die volkswirtschaftliche Steuerquote falsifizieren[439]. Zugegebenermaßen ist ein strenges Verständnis des Gleichheitssatzes geboten, um dem Steuerzahler das Bewußtsein zu vermitteln, er müsse die Steuern der anderen nicht mitentrichten[440]. Dennoch werden die angesprochenen Nachteile im Falle des § 6 Abs. 3 EStG ausnahmsweise vom Nutzen der Subvention verdrängt.

Teilergebnis: Die Zulassung des Buchwertansatzes ist als angemessen zu werten.

---

[438] Vgl. oben 2. Teil, C., II., 2., a.
[439] Dies gibt TIPKE, StRO I, S. 346, zu bedenken.
[440] So auch LANG, Tipke/Lang, StR, § 4 Rn. 79.

5. Ergebnis

§ 6 Abs. 3 EStG gehört nicht der Gruppe der Fiskalzwecknormen an, die konkrete Steuerwürdigkeitsentscheidungen nach Kriterien zuteilender Gerechtigkeit treffen und sich überwiegend am Leistungsfähigkeitsprinzip orientieren. Deshalb fügt sich der Verzicht auf die Aufdeckung der stillen Reserven nicht in das herausgearbeitete System der Gewinnrealisierungsvorschriften ein. Vielmehr handelt es sich bei der Buchwertanordnung um eine wirtschaftspolitisch motivierte Sozialzwecknorm, eine Steuersubvention. Sie dient der Erleichterung von Umstrukturierung und Unternehmensnachfolge mit dem Ziel, betriebliche Einheiten zu erhalten. Dieser Gemeinwohlzweck kann die Durchbrechung des Subjektsteuerprinzips rechtfertigen.

In seiner geltenden Fassung ist § 6 Abs. 3 EStG jedoch verfassungswidrig. Denn der Umfang der Subventionierung übersteigt das Maß des Erforderlichen. Das liegt zum einen an der *zwingenden* Bewertung mit dem Buchwert, so daß ein Wahlrecht zur Aufdeckung der stillen Reserven Abhilfe schaffen würde. Zum anderen fehlt es an der ausreichenden tatbestandlichen Vorzeichnung des Lenkungsziels, die durch eine Behaltefrist hergestellt werden kann.

Folgende Formulierung des § 6 Abs. 3 EStG entspricht den Vorgaben des Grundgesetzes:

„Wird ein Betrieb, ein Teilbetrieb oder der Anteil eines Mitunternehmers an einem Betrieb unentgeltlich übertragen, so dürfen bei der Ermittlung des Gewinns des bisherigen Betriebsinhabers (Mitunternehmers) die Wirtschaftsgüter jeweils mit dem Wert, der sich nach den Vorschriften über die Gewinnermittlung ergibt oder mit einem höheren Wert angesetzt werden, sofern der Rechtsnachfolger den übernommenen Betrieb, Teilbetrieb oder Mitunternehmeranteil über einen Zeitraum von fünf Jahren nicht veräußert oder aufgibt. Dies gilt auch bei der unentgeltlichen Aufnahme einer natürlichen Person in ein bestehendes Einzelunternehmen sowie bei der unentgeltlichen Übertragung eines Teils eines Mitunternehmeranteils auf eine natürliche Person. Satz 2 ist auch anzuwenden, wenn der bisherige Betriebsinhaber (Mitunternehmer) Wirtschaftsgüter, die weiterhin zum Betriebsvermögen derselben Mitunternehmerschaft gehören, nicht überträgt. Der Rechtsnachfolger ist an die in Satz 1 genannten Werte gebunden."

§ 6 Entstrickungsprinzip

Das oben erarbeitete System der Gewinnrealisierung stützt sich auf das Leistungsfähigkeits-, das Realisations- und das Subjektsteuerprinzip. Die Interaktion dieser Grundsätze führt denknotwendig zu einer weiteren Säule der Gewinnrealisierung, dem Entstrickungsprinzip. Das Entstrickungsprinzip läßt sich wie folgt herleiten:

Gemäß Art. 3 Abs. 1 GG sind die Steuerlasten auf die Steuerpflichtigen im Verhältnis ihrer wirtschaftlichen Leistungsfähigkeit zu verteilen. Leistungsfähigkeit entsteht bereits mit jedem nicht realisierten Vermögenswertzuwachs, so daß ein sofortiger Zugriff des Fiskus den Anforderungen des Gleichheitssatzes genügen würde. Das Gebot einer wirtschaftlich maßvollen Besteuerung des Eigentums präzisiert jedoch das Leistungsfähigkeitsprinzip dahingehend, daß Wertsteigerungen zunächst stille Reserven bilden und grundsätzlich erst bei ihrer Realisierung durch einen Umsatzakt am Markt aufzulösen und zu versteuern sind. Durch den Aufschub der Besteuerung bis zur Veräußerung des Wirtschaftsguts wird ein Eingriff in die nicht liquide Vermögenssubstanz vermieden. Gemäß diesem Realisationsprinzip genießt *bis* zum Umsatzakt der Eigentumsschutz Vorrang vor der konsequenten Verwirklichung des Leistungsfähigkeitsprinzips. *Ab* dem Umsatzgeschäft führt die Abwägung der Wertungen des Art. 3 Abs. 1 GG mit denen des Art. 14 GG zum gegenteiligen Ergebnis: Der Grundsatz der maßvollen Besteuerung des Eigentums wird auch dann vom Leistungsfähigkeitsprinzip verdrängt, wenn dem Steuerpflichtigen − wie beim Tausch − anläßlich des Realisationsakts keine liquiden Mittel zufließen; die stillen Reserven sind aufzudecken. Dahinter verbirgt sich das Subjektsteuerprinzip, gemäß dem Bemessungsgrundlage und progressiver Tarif der Einkommensteuer auf die einzelne natürliche Person zu beziehen sind, so daß jede Person die von ihr erwirtschafteten Einkünfte versteuern muß. Ein Besteuerungsaufschub über den Zeitpunkt der Realisation hinaus hätte zur Folge, daß die in dem Wirtschaftsgut enthaltenen stillen Reserven nicht mehr bei dem Steuerpflichtigen erfaßt werden können, der sie gebildet hat. Das duldet das Subjektsteuerprinzip nicht: Die Übertragung stiller Reserven von einem auf ein anderes Steuersubjekt würde die Belastung nach der persönlichen Leistungsfähigkeit vereiteln und ist deshalb grundsätzlich untersagt. Aus dem Blickwinkel des Fiskus endet die Schonung des Steuerpflichtigen also dort, wo der Staat bei Nichtbesteuerung einen endgültigen Ausfall erleiden würde. Die Nichtfortsetzung des Eigentumsschutzes ist zulässig, wenn andernfalls der Steueranspruch unterginge oder gefährdet würde; dann darf die Liquidierung der Substanz als ultima ratio erzwungen werden.

Es ist allerdings nicht nur das Umsatzgeschäft, das die stillen Reserven vom Steuersubjekt löst und so die Gefahr des Steuerausfalls begründet. Läßt es der Steuerpflichtige nicht zur Realisation der Wertsteigerungen am Markt kommen, sondern überführt er seine Wirtschaftsgüter vom Betriebs- ins Privatvermögen,

entzieht er die stillen Reserven ebenfalls dem Zugriff des Fiskus. Für eine Fortdauer des Eigentumsschutzes ist dann kein Raum; der Staat muß von der „Stundung" des Steueranspruchs zu dessen Geltendmachung übergehen, will er ihn
nicht endgültig verlieren. Die Gefahr des Ausfalls erlaubt das Einfordern der
Steuer auch um den Preis, daß der Pflichtige zur Veräußerung oder Beleihung
der Substanz genötigt ist. Denn das Leistungsfähigkeitsprinzip wird durch den
Grundsatz einer wirtschaftlich maßvollen Eigentumsbesteuerung nur solange
beschränkt, wie die Steuerforderung beim Schuldner noch realisierbar bleibt.
Die Belastungsentscheidung des Gesetzgebers in den §§ 1, 2 EStG zielt mit dem
Einkommen als Steuergegenstand eindeutig auf die Erfassung der ganzen Leistungsfähigkeit einer natürlichen Person ab. Damit verbindet sich zwingend die
Forderung, daß die von einem bestimmten Steuersubjekt gebildeten stillen Reserven zu irgendeiner Zeit von eben diesem Steuersubjekt versteuert werden.
Aus Totalitäts-, Leistungsfähigkeits- und Subjektsteuerprinzip erwächst mithin
denknotwendig ein Entstrickungsprinzip[441]: Im Zeitpunkt des Ausscheidens aus
der Steuerverstrickung sind die stillen Reserven als ultima ratio steuerlich abzurechnen[442]. Dieser Regel wird auch das Realisationsprinzip gerecht, wenn es die
Versteuerung der Wertsteigerungen anläßlich eines Umsatzgeschäfts vorschreibt, weil sich in dem Moment die stillen Reserven aus der Steuerverstrickung lösen.

Das Entstrickungsprinzip kann freilich nur soweit Geltung beanspruchen, wie
es Niederschlag im Steuergesetz gefunden hat. Es gilt der Vorbehalt des Gesetzes, konkretisiert durch den Grundsatz der Tatbestandsmäßigkeit der Besteuerung. Leider konnte sich der Gesetzgeber bislang nicht zur Schaffung einer allgemeinen Entstrickungsklausel durchringen[443]. Erwogen wurde sie bereits, wie

---

[441] In der Literatur wird der Begriff der Entstrickung häufig in einem engeren Sinn verstanden: Entstrickung meint danach den Wegfall des deutschen Besteuerungsrechts bei grenzüberschreitenden Sachverhalten.

[442] HEY, Tipke/Lang, StR, § 17 Rn. 204; LANG, Bemessungsgrundlage der ESt, S. 348.

[443] Gemäß Art. 1 Nr. 2 SEStEG, Stand 04.07.2006, sollen nach § 4 Abs. 1 S. 2 EStG weitere Sätze eingefügt werden: „Einer Entnahme für betriebsfremde Zwecke steht der Ausschluß
oder die Beschränkung des Besteuerungsrechts der Bundesrepublik Deutschland hinsichtlich
des Gewinns aus der Veräußerung oder der Nutzung eines Wirtschaftsguts gleich. ..." Hierbei
handelt es sich in Zusammenschau mit der zugehörigen Bewertungsvorschrift (s.u.) um einen
Entstrickungstatbestand, der den Zweck verfolgt, die Besteuerung stiller Reserven im Betriebsvermögen sicherzustellen. Durch das SEStEG soll in § 6 Abs. 1 Nr. 4 S. 1 EStG der den
Satz abschließende Punkt durch ein Semikolon ersetzt und folgender Halbsatz angefügt werden: „in den Fällen des § 4 Abs. 1 S. 3 ist die Entnahme mit dem gemeinen Wert anzusetzen."
    Darüber hinaus ist gemäß Art. 3 Nr. 7 SEStEG (Enwurf S. 8f., Stand 04.07.2006) die
Neufassung des § 12 KStG vorgesehen: „§ 12 Verlust des Besteuerungsrechts der Bundes-
publik Deutschland[:] (1) Wird bei der Körperschaft, Personenvereinigung oder Vermögensmasse das Besteuerungsrecht der Bundesrepublik Deutschland hinsichtlich des Gewinns aus

ein nicht verabschiedeter Gesetzesentwurf[444] zeigt: „Die im Buchansatz eines betrieblichen Wirtschaftsguts enthaltenen stillen Reserven sind steuerlich spätestens dann zu erfassen, wenn durch eine Handlung des Steuerpflichtigen (Überführung ins Ausland) oder durch Veränderung objektiver Umstände (Verlust, Diebstahl, Inkrafttreten eines DBA) ihre steuerliche Erfassung nicht mehr gewährleistet ist." Trotz daß die Normierung einer solchen Generalklausel ausblieb, wird die steuerliche Gewinnverwirklichung durch ein Entstrickungsprinzip geprägt. Wie die nachfolgenden Ausführungen beweisen, bestimmt es die Zweckrichtung verschiedener Vorschriften ua. des Einkommensteuergesetzes.

I. Gewinnverwirklichung durch Entnahme

1. Rechtsgrundlagen und bedeutendste Ansichten zu deren Auslegung

Die für die Entnahme von Wirtschaftsgütern maßgeblichen Regelungen des Einkommensteuergesetzes sind im § 4 Abs. 1 und im § 6 Abs. 1 Nr. 4 sowie Abs. 5 EStG zu finden. Gemäß § 6 Abs. 1 Nr. 4 S. 1 EStG müssen Entnahmen mit dem Teilwert angesetzt werden[445]. Eine Entnahme ist nach § 4 Abs. 1 S. 2 EStG gegeben, wenn ein Wirtschaftsgut zu „betriebsfremde[n] Zwecke[n]" aus dem Betrieb ausscheidet[446].

Keine Einigkeit herrscht bereits über Umfang und Grenzen des „Betrieb[s]"[447]. Die Vertreter des sog. weiten Betriebsbegriffes grenzen die betrieb-

---

der Veräußerung oder der Nutzung eines Wirtschaftsguts ausgeschlossen oder beschränkt, gilt dies als Veräußerung oder Überlassung des Wirtschaftsguts zum gemeinen Wert; ..."

Diese neuen Vorschriften stellen jedoch – auch wenn sie in der Entwurfsphase so bezeichnet wurden – keine „allgemeinen" Entstrickungstatbestände im Sinne von Generalklauseln der Steuerentstrickung dar. Denn ihr Regelungsbereich beschränkt sich auf den Verlust des deutschen Besteuerungsrechts bei Sachverhalten mit Auslandsbezug.

[444] BT-Drucks. 7/1470; auch der Bericht der Bundesregierung zur Fortentwicklung des Unternehmenssteuerrechts v. 19.4.2001, FR 2001, Beilage zu Nr. 11, empfiehlt eine allgemeine Entstrickungsklausel.

[445] Gemäß Art. 1 Nr. 3 SEStEG, Stand 04.07.2006, soll in § 6 Abs. 1 Nr. 4 S. 1 EStG der den Satz abschließende Punkt durch ein Semikolon ersetzt und folgender Halbsatz angefügt werden: „in den Fällen des § 4 Abs. 1 S. 3 ist die Entnahme mit dem gemeinen Wert anzusetzen."

[446] Gemäß Art. 1 Nr. 2 SEStEG, Stand 04.07.2006, sollen nach § 4 Abs. 1 S. 2 EStG weitere Sätze eingefügt werden, u.a. folgender: „Einer Entnahme für betriebsfremde Zwecke steht der Ausschluß oder die Beschränkung des Besteuerungsrechts der Bundesrepublik Deutschland hinsichtlich des Gewinns aus der Veräußerung oder der Nutzung eines Wirtschaftsguts gleich. ..."

[447] Vgl. zum Meinungsspektrum KANZLER, H/H/R, Vor §§ 4-7 EStG Anm. 84ff.; TROOST, Buchwertfortführung, S. 159ff.

liche Sphäre eines Steuerpflichtigen lediglich von dessen Privatsphäre ab, fassen also sämtliche Einzelbetriebe und Betriebstätten zu einem einzigen Betrieb zusammen. Die Befürworter des sog. mittleren Betriebsbegriffs sehen die Gesamtheit aller Einzelbetriebe *einer* Einkunftsart als „Betrieb" im Sinne des § 4 Abs. 1 S. 2 EStG an; sie ziehen die Grenze demnach zwischen den einzelnen Einkunftsarten. Laut den Anhängern des sog. engen Betriebsbegriffs stellt jeder Einzelbetrieb einen Betrieb dar, gleich, ob derselben Einkunftsart oder verschiedenen Einkunftsarten zugehörig. Als sog. finale Entnahmelehre vertritt die Rechtsprechung zum Teil einen variablen Betriebsbegriff. Zweck des Entnahmetatbestandes sei, die steuerliche Erfassung der stillen Reserven zu gewährleisten; dieser Gesetzeszweck lasse sich nur dadurch erfüllen, daß unter Betrieb je „nach dem Zusammenhang das gesamte betriebliche Vermögen oder nur die jeweilige wirtschaftliche Einheit eines betrieblichen Organismus" [448] verstanden werde.

Eng verknüpft mit diesem Disput ist die Auseinandersetzung darüber, was mit „betriebsfremde[n] Zwecke[n]" gemeint ist. Ein Teil der Literatur begreift sie als private Zwecke sowie Zwecke eines *jeden* anderen Betriebs, so daß der Entnahmebegriff durch diese Wortgruppe nicht weiter eingeschränkt wird. Die Vertreter der finalen Entnahmelehre wollen hingegen neben Überführungen ins Privatvermögen nur Überführungen in einen solchen Betrieb erfassen, in dem die Besteuerung der stillen Reserven nicht länger gewährleistet ist. Äußerst unübersichtlich ist die Diskussion insbesondere deshalb, weil unter dem Oberbegriff der „finalen Entnahmelehre" ganz verschiedene dogmatische Ansätze versammelt werden, die sich einzig hinsichtlich des *Zwecks* des § 4 Abs. 1 S. 1, 2 EStG einig sind.

Mit dem StEntlG hat der Streit um die Entnahmedefinition eine neue Dimension erhalten. Denn der Gesetzgeber erweiterte die Bewertungsregel des § 6 EStG um folgenden Absatz 5 Satz 1: „Wird ein einzelnes Wirtschaftsgut von einem Betriebsvermögen in ein anderes Betriebsvermögen desselben Steuerpflichtigen überführt, ist bei der Überführung der Wert anzusetzen, der sich nach den Vorschriften über die Gewinnermittlung ergibt, sofern die Besteuerung der stillen Reserven sichergestellt ist." Statt Klarheit hinsichtlich der Voraussetzungen einer Entnahme zu schaffen, löste die Legislative eine zusätzliche Diskussion um die Bedeutung des § 6 Abs. 5 S. 1 EStG, insbesondere um dessen Einfluß auf den Begriff der Entnahme aus. Das Meinungsspektrum könnte breiter nicht sein.

So soll nach der Vorstellung des Gesetzgebers[449] der letzte Satzteil – „sofern die Besteuerung der stillen Reserven sichergestellt ist" – die steuerneutrale

---

[448] BFH, BStBl. II 1975, 168, 170.
[449] BT-Drucks. 14/23, S. 173 (Zu § 6 Abs. 4).

116

Überführung von Wirtschaftsgütern in eine ausländische Betriebsstätte verhindern. Das setzt die Annahme voraus, dieser Transfer falle in den Anwendungsbereich des § 6 Abs. 5 S. 1 EStG. Damit wird unterstellt, daß es sich bei der Überführung in eine ausländische Betriebsstätte um eine Überführung in ein anderes Betriebsvermögen handelt. Hintergrund dieser Annahme ist wohl der Umstand, daß es bei Vorliegen eines Freistellungs-DBA einer gesonderten Gewinnermittlung zur Bestimmung des Betriebsstättenergebnisses bedarf, die naturgemäß eine entsprechende Aufteilung des Betriebsvermögens erfordert[450]. Ferner geht der Gesetzgeber davon aus, die Besteuerung der stillen Reserven sei nicht gesichert, weshalb der Ansatz des Buchwerts nicht in Frage komme. Die systematische Stellung des § 6 Abs. 5 S. 1 EStG innerhalb der Bewertungsregeln läßt den weiteren Schluß zu, daß die vom Anwendungsbereich der Vorschrift umfaßten Vorgänge nach der Auffassung der Legislative Entnahmen darstellen. Denn die von § 6 Abs. 1 Nr. 4 und 5 EStG abweichende Anordnung des Buchwertansatzes wäre überflüssig, würden die Überführungen schon nicht die Voraussetzungen des Entnahmetatbestandes erfüllen. Sind die Vermögensverlagerungen des § 6 Abs. 5 S. 1 EStG Entnahmen, dann ist der weite Betriebsbegriff allerdings nicht länger haltbar. Nach alldem unterstellt der Gesetzgeber auch, daß der Transfer in eine ausländische Betriebsstätte die Entnahme des Wirtschaftsguts bedeutet.

Die Finanzverwaltung[451] übernimmt die Ansicht des Gesetzgebers, soweit dieser davon ausgeht, daß § 6 Abs. 5 S. 1 EStG die Aufdeckung der stillen Reserven im Zeitpunkt der Überführung eines Wirtschaftsguts in eine ausländische Betriebsstätte mit Freistellungs-DBA erzwingt, weil aufgrund der Entstrickungsgefahr der Buchwertansatz verwehrt sei und nach § 6 Abs. 1 Nr. 4 S. 1 EStG der Teilwert angesetzt werden müsse. Um diese Entnahmefolge zu verhindern, hält die Finanzverwaltung nämlich eine „Billigkeitsregelung"[452] für nötig, die eine aufgeschobene Besteuerung in der Weise ermöglicht, daß nicht schon im Zeitpunkt der Überführung, sondern grundsätzlich erst bei Erfüllung eines Gewinnrealisierungstatbestandes im Ausland die Versteuerung der stillen Reserven erfolgt. Der Aufschub der Besteuerung wird durch die Bildung eines Korrekturpostens bewirkt, der allerdings spätestens nach zehn Jahren erfolgswirksam aufzulösen ist"[453].

Auch Vertreter der Lehre[454] meinen, § 6 Abs. 5 S. 1 EStG bilde die Rechtsgrundlage für den Zugriff auf die stillen Reserven bei der Verbringung eines

---

[450] KANZLER, H/H/R, Vor §§ 4-7 EStG Anm. 90.

[451] Betriebsstätten-Erlaß, BMF, BStBl. I 1999, 1076, geändert durch BMF, BStBl. I 2000, 1509, Tz. 2.6.1.

[452] BMF, BStBl. I 1999, 1076, geändert durch BMF, BStBl. I 2000, 1509, Tz. 2.6.1.

[453] BMF, BStBl. I 1999, 1076, geändert durch BMF, BStBl. I 2000, 1509, Tz. 2.6.1.

[454] CATTELAENS, DB 1999, 1083.

Wirtschaftsguts in eine ausländische Betriebsstätte. Andere[455] wiederum glauben aus unterschiedlichen Gründen, dem Gesetzgeber sei es nicht gelungen, durch § 6 Abs. 5 S. 1 EStG die Gewinnrealisierung im Moment des Transfers in eine ausländische Betriebsstätte zu bewirken. Die Norm bestimme den Buchwertansatz für die Abgabe eines Wirtschaftsguts an ein anderes Betriebsvermögen und nicht die Aufdeckung stiller Reserven *innerhalb* eines Betriebsvermögens. Bei Stammhaus und Betriebsstätte handele es sich typischerweise nicht um mehrere Betriebe, sondern um Bestandteile eines einheitlichen Betriebs. § 6 Abs. 5 S. 1 EStG sei auf die Überführung von Wirtschaftsgütern in Auslandsbetriebsstätten von vornherein nicht anwendbar. Manche argumentieren, der Vorgang verwirkliche schon keinen Gewinnrealisierungstatbestand, so daß das Legalitätsprinzip weiterhin den Zugriff des Fiskus verbiete[456]. Schließlich existiert die Ansicht, die künftige Erfassung der stillen Reserven sei gar nicht gefährdet: Selbst beim Vorliegen eines Freistellungs-DBA sei die inländische Versteuerung auf abkommensrechtlicher Basis weiter möglich, da die den Art. 7, 23 OECD-MA entsprechenden Regelungen das Besteuerungsrecht für die im Zeitpunkt der Überführung vorhandenen Wertsteigerungen grundsätzlich dem Staat des Stammhauses zuwiesen[457].

Ein Teil der Literatur[458] sieht durch § 6 Abs. 5 S. 1 EStG den engen Betriebsbegriff bestätigt. Zum einen werde durch die Norm gesetzlich festgeschrieben, daß eine natürliche Person mehrere Einzelbetriebe haben kann. Dies sei eine Absage an den weiten Betriebsbegriff, der sämtliche Betriebe eines Steuerpflichtigen unabhängig von der Einkunftsart als einheitlichen Betrieb auffaßt. Zum anderen stelle die Regelung klar, daß der Steuerpflichtige auch innerhalb einer Einkunftsart mehrere Betriebe haben kann, wodurch sich der Gesetzgeber dem engen Betriebsbegriff anschließe. Darüber hinaus handele es sich bei § 6 Abs. 5 S. 1 EStG um eine Bewertungsvorschrift, die die Beurteilung des Übertragungsvorgangs als Entnahme voraussetze[459]. Das finale Element der Sicherstellung der Besteuerung stiller Reserven sei erst bei der Bewertung nach § 6 Abs. 5 S. 1

---

[455] LANG, Tipke/Lang, StR, 17. Aufl., § 9 Rn. 441; HEY, Tipke/Lang, StR, § 17 Rn. 234; NIEHUS/WILKE, H/H/R, § 6 EStG Anm. 1443, 1445, 1449a; BUCIEK, DStZ 2000, 636, 637; HOFFMANN, L/B/P, EStG, § 6 Rn. 1151; KRAMER, IStR 2000, 449, 457; WASSERMEYER, DB 2003, 2616, 2622; PFAAR, IStR 2000, 42, 46.

[456] LANG, Tipke/Lang, StR, 17. Aufl., § 9 Rn. 441; HEY, Tipke/Lang, StR, § 17 Rn. 234; für den Transfer in eine ausländische Betriebsstätte ohne DBA oder mit Anrechnungs-DBA NIEHUS/WILKE, H/H/R, § 6 EStG Anm. 1449a.

[457] NIEHUS/WILKE, H/H/R, EStG, § 6 Anm. 1449e; WASSERMEYER, GmbHR 2004, 613, 616; PFAAR, IStR 2000, 42, 45f.

[458] CREZELIUS, Kirchhof, EStG, § 4 Rn. 94; HEINICKE, Schmidt, EStG, 23. Aufl., § 4 Rn. 328.

[459] NIEHUS/WILKE, H/H/R, § 6 EStG Anm. 1443; HEINICKE, Schmidt, EStG, 23. Aufl., § 4 Rn. 328.

EStG und nicht bereits im Rahmen der Entnahmedefinition des § 4 Abs. 1 S. 2 EStG zu berücksichtigen.

Andere Vertreter der Lehre[460] sind nach wie vor von der Geltung des weiten Betriebsbegriffs bzw. des finalen Entnahmebegriffs überzeugt. Die Überführung eines Wirtschaftsguts in ein anderes Betriebsvermögen desselben Steuerpflichtigen erfülle deshalb schon nicht die Voraussetzungen einer Entnahme, so daß es an einem einkommensteuerlichen Realisationstatbestand für den Vorgang fehle. Demzufolge sei die Bewertungsregel des § 6 Abs. 5 S. 1 EStG überflüssig. Zwar schließe sie ausdrücklich ein früher teilweise bejahtes Wahlrecht zur Aufdeckung der stillen Reserven aus. Allerdings lasse sich dieses Ziel systematisch richtiger durch die unmißverständliche Verankerung des weiten Betriebsbegriffs im Entnahmetatbestand des § 4 Abs. 1 S. 2 EStG erreichen. Als Konkretisierung des Entnahmebegriffs sei die Bestimmung des § 6 Abs. 5 S. 1 EStG falsch plaziert[461]. Einige Autoren[462] gelangen zum selben Ergebnis, nämlich zur Geltung der finalen Entnahmetheorie bzw. des weiten Betriebsbegriffs. Sie trennen jedoch nicht klar zwischen dem Tatbestand der Entnahme und deren Bewertung, sondern begnügen sich mit der Erkenntnis, daß § 6 Abs. 5 S. 1 EStG die funktionale Ausdeutung der betriebsfremden Zwecke in § 4 Abs. 1 S. 2 EStG bzw. die teleologische Auslegung des Entnahmetatbestandes im Sinne eines weiten Betriebsbegriffs kodifiziere.

Auch der mittlere Betriebsbegriff hat Anhänger behalten[463]. Von ihm sei nur insoweit abzuweichen, als daß es sich bei der Verbringung eines Wirtschaftsguts in eine ausländische Betriebsstätte mit Freistellungs-DBA um eine Überführung in ein anderes Betriebsvermögen desselben Steuerpflichtigen handele[464]. Das überführte Wirtschaftsgut müsse nach § 6 Abs. 5 S. 1 EStG mit dem Buchwert bewertet werden, weil die dem Art. 7, 23 OECD-MA entsprechenden Regelungen den Zugriff auf die stillen Reserven auch nach dem Transfer noch ermöglichten[465].

Nach dieser Gesamtschau sollen die für die Entnahme von Wirtschaftsgütern maßgeblichen Regelungen des Einkommensteuergesetzes nun systematisch eingeordnet und teleologisch bestimmt werden:

---

[460] REIß, StbJb. 2001/02, S. 281, 305; FISCHER, Kirchhof, EStG, § 6 Rn. 186; WACKER, Blümich, EStG, § 4 Rn. 188a; KORN/STRAHL, Korn, EStG, § 6 Rn. 488, 493.

[461] REIß, StbJb. 2001/02, S. 281, 305 Fn. 38; WACKER, Blümich, EStG, § 4 Rn. 188a.

[462] HOFFMANN, L/B/P, EStG, § 6 Rn. 1150, 1120; EHMCKE, Blümich, EStG, § 6 Rn. 1285; GLANEGGER, Schmidt, EStG, § 6 Rn. 510.

[463] NIEHUS/WILKE, H/H/R, § 6 EStG Anm. 1449e.

[464] NIEHUS/WILKE, H/H/R, § 6 EStG Anm. 1449e.

[465] NIEHUS/WILKE, H/H/R, § 6 EStG Anm. 1449e; vgl. auch WASSERMEYER, GmbHR 2004, 613, 616; PFAAR, IStR 2000, 42, 45f.

2. Entnahmedefinition

Gemäß § 4 Abs. 1 S. 2 EStG sind Entnahmen alle Wirtschaftsgüter, die der Steuerpflichtige dem Betrieb für sich, für seinen Haushalt oder für andere betriebsfremde Zwecke im Laufe des Wirtschaftsjahres entnommen hat. Danach umfaßt der Begriff der Entnahme sowohl den Gegenstand der Entnahme – alle Wirtschaftsgüter – als auch das Entnahmegeschehen – das Herausnehmen aus dem Betrieb –[466]. Unter „Entnahme" ist also zunächst das Loslösen eines Wirtschaftsguts vom Betrieb zu verstehen. Die Auslegung des Entnahmebegriffs muß deshalb mit der Interpretation des „Betriebs" beginnen. In einem zweiten Schritt ist die Bedeutung der Zweckbestimmung zu untersuchen: Nach der gesetzlichen Definition muß der Steuerpflichtige das Wirtschaftsgut für sich, seinen Haushalt oder andere betriebsfremde Zwecke aus dem Betrieb herausnehmen. Klärungsbedürftig ist, was der Gesetzgeber mit „betriebsfremde[n]" Zwecken meint.

a. Begriff des „Betriebs"

Eine Definition des Betriebs oder eine Festlegung der Grenzen des Betriebs läßt sich dem Wortlaut des § 4 Abs. 1 EStG nicht entnehmen und findet sich auch an keiner anderen Stelle des Einkommensteuergesetzes.

Als Ausgangspunkt für die Untersuchung des Inhalts des Betriebsbegriffs können die betriebswirtschaftlichen Definitionen dienen. Danach ist der Betrieb eine planmäßig organisierte Wirtschaftseinheit, in der Arbeitskräfte, Betriebsmittel und Werkstoffe (Produktionsfaktoren) nach dem Prinzip sparsamster Mittelverwendung (Wirtschaftlichkeitsprinzip) zur Produktion von Sachgütern und Bereitstellung von Dienstleistungen kombiniert werden[467]. Zwar bieten die beiden Bestimmungsgrößen für den Betriebsbegriff – der Einsatz von Produktionsfaktoren zur wirtschaftlichen Leistungserstellung und das Wirtschaftlichkeitsprinzip – Eckpunkte zur steuerrechtlich erforderlichen Abgrenzung des betrieblichen vom privaten Bereich[468]. Auch ist von Bedeutung, daß die Betriebswirtschaftslehre den Betrieb häufig als örtliche Einheit versteht, in der die Leistungserstellung in einem räumlich und technisch zusammengehörigen, überschaubaren Bereich erfolgt[469]. Der Gesetzgeber des EStG wird sich bei der Auswahl des Wortes „Betrieb" am allgemeinen betriebswirtschaftlichen Sprach-

---

[466] PLÜCKEBAUM, K/S/M, EStG, § 4 Rn. B 222.
[467] DICHTL/ISSING, Vahlens Großes Wirtschaftslexikon, „Betrieb"; SELLIEN, Gabler-Wirtschaftslexikon, A-E, „Betrieb".
[468] KANZLER, H/H/R, Vor §§ 4-7 EStG Anm. 87.
[469] SELLIEN, Gabler-Wirtschaftslexikon, A-E, „Betrieb".

gebrauch orientiert haben. Damit liegen jedoch nur Indizien für die steuerrechtliche Begriffsbestimmung vor. Die Betriebsdefinition der Wirtschaftswissen-
schaften kann nicht die Frage beantworten, welche organisatorische Wirtschaftseinheit als Betrieb in den §§ 4 bis 6 EStG gemeint ist und welchen Umfang sie hat.

Die §§ 4 bis 6 EStG verwenden die Begriffe „Betrieb", „betriebsfremd", „Betriebsvermögen", „Betriebseinnahmen" und „Betriebsausgaben". Die Auslegung
des Betriebsbegriffs muß sich an der systematischen Stellung und vor allem am
Zweck dieser Vorschriften orientieren. Innerhalb des mit „Einkommen" über-
schriebenen Teils II des EStG (§§ 2 bis 24 b EStG) befinden sich die Regelungen im vom „Gewinn" handelnden Abschnitt 3 (§§ 4 bis 7 g EStG). Sie verfolgen ersichtlich das Ziel, den Gewinn eines „Betriebs" zu ermitteln. Da es um
eine einheitliche Gewinnermittlung geht, kann der Betriebsbegriff für alle Vorschriften der §§ 4 bis 6 EStG nur im gleichen Sinn verstanden werden[470]. § 4
Abs. 1 S. 1 EStG enthält den allgemeinen steuerrechtlichen Gewinnbegriff für
die Einkünfte aus Land- und Forstwirtschaft, Gewerbebetrieb und selbständiger
Arbeit, bei denen die Einkünfte der Gewinn ist (§ 2 Abs. 2 Nr. 1 EStG). Nach
der Definition des § 4 Abs. 1 S. 1 EStG besteht der Gewinn aus zwei Elementen:
dem Unterschiedsbetrag zweier Betriebsvermögen und dessen Korrektur um den
Wert der Entnahmen und Einlagen. Wenn der Unterschied des Betriebsvermögens am Anfang und am Ende einer Rechnungsperiode um den Wert der Entnahmen zu korrigieren ist, dann muß der für die Entnahme maßgebliche Betriebsbegriff derselbe sein wie der beim Vergleich des Betriebsvermögens nach
§ 4 Abs. 1 S. 1 EStG[471].

Zweck der Gewinnermittlungsvorschriften ist, den Gewinn für einen bestimmten Betrieb festzustellen. Betrieb heißt folglich diejenige organisatorische
Wirtschaftseinheit, deren Gewinn zu steuerlichen Zwecken ermittelt werden
muß[472]. Der Umfang des Betriebs hängt also von den Anforderungen ab, die das
Gesetz an die richtige Ermittlung der Einkünfte stellt:

Zunächst verlangt der in § 2 Abs. 2 EStG verankerte Dualismus der Einkunftsarten eine Abgrenzung des Betriebsvermögens vom Privatvermögen.
Denn während bei den Gewinneinkunftsarten die Wertsteigerungen des zur Einkünfteerzielung eingesetzten Betriebsvermögens besteuert werden, greift der
Fiskus im Rahmen der Überschußeinkunftsarten lediglich auf die Erträge des
Vermögens zu. Nur ausnahmsweise sind Wertveränderungen im Privatvermögen
gemäß den §§ 17, 23 EStG einkommensteuerlich relevant. Auf der Abgrenzung

---

[470] KANZLER, H/H/R, Vor §§ 4-7 EStG Anm. 84.

[471] PLÜCKEBAUM, K/S/M, EStG, § 4 Rn. B 223.

[472] So auch KANZLER, H/H/R, Vor §§ 4-7 EStG Anm. 90, der jedoch zu dem Ergebnis
kommt, daß die Gewinnermittlungsvorschriften des EStG vom mittleren Betriebsbegriff ausgehen.

des Betriebs- vom Privatvermögen basiert der weite Betriebsbegriff, der sämtliche Einzelbetriebe eines Steuerpflichtigen für die Gewinnermittlung unter einem Betriebsbegriff zusammenfaßt und damit die gesamte betriebliche Sphäre als einen Betrieb der Privatsphäre gegenüberstellt.

Es bedarf jedoch außerdem einer getrennten Gewinnermittlung für die verschiedenen Gewinneinkunftsarten. Deshalb muß das gewerbliche vom land- und forstwirtschaftlichen und vom freiberuflichen Betriebsvermögen abgegrenzt werden. Das liegt ua. an der Geltung des § 5 EStG nur für Gewerbetreibende; Freiberufler und Land- und Forstwirte bestimmen ihren Gewinn auf der Grundlage des § 4 EStG. Für letztere existieren ferner Sondervorschriften für Grund und Boden, wie § 55 EStG. Investitionszulagen nach dem InvZulG werden grundsätzlich nur für Investitionen in gewerbliche Betriebsstätten gewährt[473] und nur gewerbliche Gewinne unterliegen der Gewerbesteuer[474]. Vor diesem Hintergrund wird der weite Betriebsbegriff den Erfordernissen der Gewinnermittlung nicht gerecht. Besser gelingt dies dem mittleren Betriebsbegriff, der unter Betrieb die Gesamtheit aller Einzelbetriebe einer Einkunftsart desselben Steuerpflichtigen versteht.

Die Trennung zwischen den Betrieben verschiedener Einkunftsarten genügt den Bedürfnissen einer zutreffenden Einkünfteermittlung allerdings immer noch nicht. Vielmehr ist es bei Steuerpflichtigen mit mehreren Gewerbebetrieben notwendig, den Betriebsvermögensvergleich für jeden einzelnen Gewerbebetrieb gesondert durchzuführen. Als Gründe hierfür sind die mögliche Zuständigkeit verschiedener Finanzämter, die eventuelle Anwendung unterschiedlicher Gewinnermittlungsmethoden sowie die Gewerbesteuer anzuführen[475]. Auch wegen der unterschiedlichen Bestimmung des Wirtschaftsjahres nach § 4 a EStG ist zwischen den Gewerbebetrieben zu differenzieren[476]. Mitunter werden Steuerbefreiungen, Steuervergünstigungen und -einschränkungen nur für bestimmte Betriebe oder bestimmte Einkünfte gewährt, so zum Beispiel für den Betrieb von Handelsschiffen im internationalen Verkehr nach § 5 a EStG, bei Verlusten aus gewerblicher Tierzucht nach § 15 Abs. 4 EStG oder bei sog. Liebhabereibetrieben, bei denen Entnahmen zur Gewinnrealisierung eingefrorenen Betriebsvermögens führen[477]. Bei den Einkünften aus Land- und Forstwirtschaft stellt die sog. Betriebsteilung ein beliebtes Gestaltungsmittel dar, um möglichst viele

---

[473] Das Investitionszulagengesetz 1999 ist zum Ende des Jahres 2004 ausgelaufen. Das Investitionszulagengesetz 2005 vom 17.03.2004 wurde im BGBl. I 2004, 438 verkündet.

[474] Vgl. BORDEWIN, H/B/N/B, EStG, §§ 4-5 Rn. 71; KANZLER, H/H/R, Vor §§ 4-7 EStG Anm. 90.

[475] Vgl. BORDEWIN, H/B/N/B, EStG, §§ 4-5 Rn. 72.

[476] BORDEWIN, H/B/N/B, EStG, §§ 4-5 Rn. 79.

[477] Aus diesen Gründen will KANZLER, H/H/R, Vor §§ 4-7 EStG Anm. 90, in Ausnahmefällen vom mittleren Betriebsbegriff abweichen.

von der Betriebsgröße abhängige Vergünstigungen zu erhalten[478]. Eine gesonderte Gewinnermittlung ist auch geboten, wenn ausländische Betriebe aufgrund eines Doppelbesteuerungsabkommens nicht der deutschen Steuerhoheit unterliegen[479]. Schließlich erfordern es die Fälle der Betriebsveräußerung oder – aufgabe, den tarifbegünstigten Gewinn aus der Veräußerung oder Aufgabe eines Betriebs zu ermitteln, wenn der andere Betrieb nicht veräußert oder aufgegeben wurde[480]. Dies alles leistet nur der enge Betriebsbegriff, nach dem es sich bei jedem Einzelbetrieb eines Steuerpflichtigen um einen Betrieb im Sinne der §§ 4 bis 6 EStG handelt, unabhängig davon, ob die Einzelbetriebe derselben oder verschiedenen Einkunftsarten angehören.

Dem Sinn und Zweck der Gewinnermittlungsvorschriften wird mithin nur der enge Betriebsbegriff gerecht. Dieser muß in den §§ 4 bis 6 EStG einheitlich verwendet werden, ganz gleich, ob Fragen des Betriebsvermögens, der Betriebseinnahmen und –ausgaben oder der Einlagen und Entnahmen betroffen sind. Strikt abzulehnen ist daher die Auffassung des Großen Senats des BFH[481], nach der es die Mehrdeutigkeit des Ausdrucks „Betrieb" zulasse, als Betrieb je nach dem Zusammenhang das gesamte betriebliche Vermögen oder nur die jeweilige wirtschaftliche Einheit eines betrieblichen Organismus anzusehen. Die Auslegung des „Betriebs" im Sinne eines engen Betriebsbegriffs läßt sich auch mit Wortlaut, Systematik und Zweck des § 6 Abs. 5 S. 1 EStG[482] vereinbaren, der zumindest dem weiten Betriebsbegriff eine offensichtliche Absage erteilt[483].

b. Begriff der „betriebsfremden" Zwecke

Der Gesetzgeber beschreibt die Entnahme nicht einfach als das Loslösen eines Wirtschaftsguts von einem Betrieb. Vielmehr enthält die Definition des § 4 Abs. 1 S. 2 EStG eine zusätzliche Zweckbestimmung: Der Steuerpflichtige muß das Wirtschaftsgut für sich, seinen Haushalt oder andere betriebsfremde Zwecke aus dem Betrieb herausnehmen.

Die Worte „für andere *betriebsfremde* Zwecke" können nicht nur „für andere *private* Zwecke" meinen, denn sonst hätte der Gesetzgeber diesen unmißverständlichen Ausdruck gebraucht[484]. Andere betriebsfremde Zwecke sind

---

[478] KANZLER, H/H/R, Vor §§ 4-7 EStG Anm. 90.

[479] KANZLER, H/H/R, Vor §§ 4-7 EStG Anm. 90, allerdings zu Betriebsstätten, dazu unten 2. Teil, D., I., 2., c.

[480] BORDEWIN, H/B/N/B, EStG, §§ 4-5 Rn. 72.

[481] BFH, BStBl. II 1975, 168, 170.

[482] Dazu unten 2. Teil, D., I., 3., b.

[483] Dazu unten 2. Teil, D., I., 3., b.

[484] PLÜCKEBAUM, K/S/M, EStG, § 4 Rn. B 224.

demnach auch Zwecke eines anderen Betriebs[485]. Hier zeigt sich wiederum die Fehlerhaftigkeit des weiten Betriebsbegriffs, der die Existenz eines anderen Betriebs leugnet. Entnahmen zu betriebsfremden Zwecken können also Entnahmen zu privaten Zwecken oder zu Zwecken eines anderen Betriebs sein[486].

Teile der Rechtsprechung und Literatur sind nun der Meinung, daß nicht jeder andere Betrieb auch ein fremder Betrieb im Sinne von „betriebsfremd" sei, sondern nur ein solcher Betrieb, in dem die einkommensteuerrechtliche Erfassung der stillen Reserven des entnommenen Wirtschaftsguts nicht gewährleistet ist. Da die „privaten Zwecke" mit den „betriebsfremden" Zwecken durch die Worte „oder für andere" verknüpft werden, liege der Gedanke nahe, betriebsfremd seien Zwecke eines solchen anderen Betriebs, in dem die überführten Wirtschaftsgüter in ihrer steuerrechtlichen Behandlung Wirtschaftsgütern gleichen, die privaten Zwecken dienen[487]. Diese nach dem Wortlaut angeblich angezeigte Deutung entspreche dem Zweck des Entnahmetatbestandes, die einkommensteuerrechtliche Erfassung der stillen Reserven zu gewährleisten[488]. Die Überführung eines Wirtschaftsguts in einen anderen Betrieb verfolge mithin immer und nur dann „betriebsfremde" Zwecke, wenn die in dem überführten Wirtschaftsgut enthaltenen stillen Reserven endgültig der Besteuerung entgingen, würden sie nicht anläßlich der Loslösung vom bisherigen Betrieb erfaßt. Die Anhänger dieser Interpretation des § 4 Abs. 1 S. 2 EStG, die als finale Entnahmetheorie bezeichnet wird[489], verstehen die Vorschrift demzufolge als gesetzliche Verwirklichung des Entstrickungsprinzips.

Dem Entnahmetatbestand des § 4 Abs. 1 S. 1, 2 EStG liegt jedoch kein Entstrickungsgedanke zugrunde. Deshalb ist das eingeschränkte Verständnis der „betriebsfremde[n] Zwecke" als unzulässige „teleologische" Reduktion der Entnahmevoraussetzung abzulehnen. Entnahme „für ... betriebsfremde Zwecke" bedeutet nichts anderes als zur privaten Verwendung oder zur Verwendung in jedem anderen Betrieb. Mit dieser Zweckbestimmung soll die Entnahme als Wertabgabe beschrieben werden, die nicht im Interesse des Betriebs erfolgt, der den Wert erwirtschaftet hat. Jeder außerhalb dieses Betriebes liegende Zweck

---

[485] PLÜCKEBAUM, K/S/M, EStG, § 4 Rn. B 224.
[486] PLÜCKEBAUM, K/S/M, EStG, § 4 Rn. B 224.
[487] PLÜCKEBAUM, K/S/M, EStG, § 4 Rn. B 224, 238.
[488] PLÜCKEBAUM, K/S/M, EStG, § 4 Rn. B 239.
[489] PLÜCKEBAUM, K/S/M, EStG, § 4 Rn. B 229, arbeitet heraus, daß der Zweck des Entnahmetatbestandes nicht schon bei der Bestimmung des Betriebsbegriffs, sondern erst bei der Auslegung des Wortteils „fremd" in „betriebsfremd" Bedeutung erlange. Nicht allen Vertretern der finalen Entnahmelehre dienen allerdings die Worte „für ... betriebsfremde Zwecke" als Aufhänger für die finale Interpretation des Entnahmetatbestandes. So geht der Große Senat des BFH, BStBl. II 1975, 168, 170, von einem wechselnden Betriebsbegriff aus, um den Gesetzeszweck der Entnahmeregelung zu erfüllen.

124

genügt für die Definition des Vermögensabgangs als Entnahme. Zu diesem Schluß führt die Auslegung der Gewinnermittlungsvorschrift[490]: Selbst Befürworter[491] der finalen Entnahmelehre gestehen den Gegnern zu, daß es der Wortlaut des § 4 Abs. 1 S. 2 EStG erlaubt, betriebsfremde Zwecke als Zwecke eines jeden anderen Betriebs zu begreifen. Die Ableitung des Entstrickungsgedankens aus der Wortgruppe „oder für andere" bedarf einer Menge Phantasie; soviel Spitzfindigkeit des Gesetzgebers ließe sich mit dem Prinzip der Tatbestandsmäßigkeit der Besteuerung kaum vereinbaren. Einen klaren Hinweis darauf, daß die Bejahung der Entnahme von der künftigen Steuerverstrickung der im Wirtschaftsgut ruhenden stillen Reserven abhängt, enthält der Wortlaut des § 4 Abs. 1 S. 2 EStG nicht. Der Blick auf die Entstehungsgeschichte des Entnahmetatbestandes führt zu keinem anderen Ergebnis. Der aktuelle Wortlaut stimmt mit dem der Vorgängervorschrift zwar nicht überein: Nach § 12 Abs. 2 S. 2 EStG 1925[492] ist hinzuzurechnen „auch der Wert der Gegenstände, Ausbeuten, Nutzungen und Dienstleistungen, die der Steuerpflichtige aus seinem Betrieb für sich und seinen Haushalt und für andere Zwecke, *die außerhalb des Betriebes liegen*, entnommen hat". Diese Formulierung gibt noch klarer zu erkennen, daß der Entnahmebegriff die Verwendung zu privaten Zwecken und zu Zwecken jedes anderen Betriebs meint. Selbstverständlich dürfen allein daraus keine Schlüsse für die aktuelle Tatbestandsauslegung gezogen werden. Es fehlen allerdings Anhaltspunkte dafür, daß der Gesetzgeber des EStG 1934 durch die Änderung des Wortlauts eine Inhaltsänderung vornehmen wollte. In der amtlichen Begründung[493] findet sich keine Erläuterung der abweichenden Wortwahl. Dem Normgeber ging es höchstwahrscheinlich nur um die Vereinfachung der Satzstruktur durch Vermeidung des Relativsatzes.

Vor allem aber läßt die teleologische Auslegung des § 4 Abs. 1 S. 1, 2 EStG allein den Schluß zu, daß *jeder* andere Betrieb ein „fremder" Betrieb im Sinne von „betriebsfremd" ist. Denn die Hinzurechnung der Entnahmen im Rahmen der Einkünfteermittlung dient der Neutralisierung betriebsfremder Vorgänge[494], nicht mehr und nicht weniger. Der wirtschaftliche Erfolg eines Betriebes soll sich nach § 4 Abs. 1 S. 1 EStG in einem Bestandsvergleich ausdrücken, der die

[490] Der im SEStEG vorgesehene § 4 Abs. 1 S. 3 EStG ändert nichts an der Auslegung des § 4 Abs. 1 S. 2 EStG. Denn der Verlust des deutschen Besteuerungsrechts soll lediglich einer Entnahme gleichgestellt werden, so daß insoweit eine Entnahme fingiert wird. Die Entnahmedefinition selbst wird dadurch nicht berührt.
[491] PLÜCKEBAUM, K/S/M, EStG, § 4 Rn. B 229.
[492] RGBl. 1925, 189, 192.
[493] RStBl. 1935, 33, 36f.
[494] N.N., H/H/R, § 5 EStG Anm. 49 u [3]; CHARLIER, StbJb. 1969/70, S. 361, 377; RAUPACH, Kruse, Personengesellschaft im StR, DStJG 2, S. 87, 104; KNOBBE-KEUK, Bilanz- u. UnternehmensStR, S. 273; LANG, Bemessungsgrundlage der ESt, S. 341, 436; ders., Ruppe, Gewinnrealisierung im StR, DStJG 4, S. 53.

Wertbewegungen des gesamten für die betriebliche Tätigkeit eingesetzten oder aus ihr entstandenen Vermögens ermittelt. Im Laufe des Wirtschaftsjahres vorgenommene Entnahmen haben das mit dem Anfangsvermögen zu vergleichende Endvermögen vermindert mit der Folge, daß der Gewinn bei einem reinen Betriebsvermögensvergleich verfälscht wäre. Denn die aus außerbetrieblichen Gründen entzogenen Vermögenswerte wurden im Betrieb erwirtschaftet; ihr Herauslösen soll nach der Vorstellung des Gesetzgebers auf das Betriebsergebnis keinen Einfluß haben. Deshalb ordnet § 4 Abs. 1 S. 1 EStG die Hinzurechnung des „Werts" der Entnahmen zum Unterschiedsbetrag zwischen beiden Betriebsvermögen an. Die Korrektur um den Wert der Entnahmen und Einlagen erweitert/begrenzt mithin die Gewinndefinition des periodischen Reinvermögenszugangs um/auf den Gewinn, der in dem Betrieb erwirtschaftet worden ist. Die Vorschrift verrät jedoch nicht, was den Korrekturwert ausmacht, ob es sich um den Buchwert des entnommenen Wirtschaftsguts oder um einen höheren Wert handelt. Würden die Entnahmen mit ihrem Buchwert zum Ansatz gebracht, bedeutete dies nichts weiter als die Neutralisierung der Herausnahme der Wirtschaftsgüter aus dem Betriebsvermögen. Wenn die Entnahme aber mit einem höheren Wert bewertet wird, wirkt sich die Hinzurechnung gewinnrealisierend aus. Die Bestimmung des hinzuzurechnenden Wertes bleibt den Bewertungsregelungen des § 6 EStG vorbehalten; § 4 Abs. 1 S. 1, 2 EStG hält sich dazu bedeckt. Vor diesem Hintergrund ist es falsch, den Gewinn- und Entnahmedefinitionen zu unterstellen, sie bezweckten, die Besteuerung der stillen Reserven zu gewährleisten. Ein solches Ziel verfolgen allenfalls die Entnahmebewertungsnormen, soweit sie den Ansatz eines über dem Buchwert liegenden Wertes vorschreiben. Allein der *Bewertung* der Entnahme – nicht schon ihrer bloßen Hinzurechnung – kann die Bedeutung zukommen, die Besteuerung der stillen Reserven sicherzustellen[495].

Wenn *Plückebaum*[496] den § 6 Abs. 1 Nr. 4 EStG zum Verständnis des Begriffs „Wert" in § 4 Abs. 1 S. 1 EStG heranzieht, um auf der Grundlage dieser Gesamtschau den Zweck des Entnahmetatbestandes zu bestimmen, dann vermengt er die Gewinndefinition mit den Bewertungsvorschriften und mißachtet so die Systematik des Gesetzes. Das „Ob" der Hinzurechnung bzw. Bilanzierung

---

[495] Anders verhält es sich bei der Entnahmefiktion des § 4 Abs. 1 S. 3 EStG in der Fassung des SEStEG. Diese Fiktion dient dazu, die Erfassung der im Wirtschaftsgut enthaltenen stillen Reserven durch den deutschen Fiskus im letztmöglichen Zeitpunkt zu sichern. Zwar hat die Hinzurechnung erst durch den Ansatz des gemeinen Wertes eine gewinnrealisierende Wirkung (§ 6 Abs. 1 Nr. 4 S. 1 HS. 2 EStG gemäß dem SEStEG); dennoch repräsentiert bereits die Entnahmefiktion selbst das Entstrickungsprinzip. Die unterschiedliche Zielrichtung beider Sätze des § 4 Abs. 1 EStG wird durch die unglückliche Plazierung des Entstrickungstatbestandes verwischt.

[496] PLÜCKEBAUM, K/S/M, EStG, § 4 Rn. B 239.

eines Wirtschaftsgutes ist systematisch streng vom „Wie" – der Bewertung – zu unterscheiden. Folglich muß sich die Intention einer *Ansatz*bestimmung nicht mit der einer *Bewertungs*bestimmung decken. Der Zweck des § 4 Abs. 1 S. 1, 2 EStG beschränkt sich auf die Ermittlung des Gewinns derjenigen organisatorischen Einheit, von der die Steuergesetze eine eigene Gewinnermittlung verlangen. Dies erfordert eine Abgrenzung zum privaten Bereich, zu anderen Einkunftsarten und auch zu Betrieben derselben Einkunftsart. Der Einkommensbesteuerung soll das gesamte Substrat unterliegen, das durch die organisatorische Einheit erwirtschaftet worden ist, auch solche Werte, die ihr im Laufe der Rechnungsperiode ohne betrieblichen Zusammenhang entzogen wurden. Betriebsfremd sind daher alle Zwecke, die außerhalb des Bereichs liegen, für den der Betriebsvermögensvergleich veranstaltet wird[497].

c. Überführung eines Wirtschaftsguts vom inländischen Stammhaus in die ausländische Betriebsstätte

Im Mittelpunkt der eingangs dargestellten Auseinandersetzung um Definition und Bewertung von Entnahmen steht der Transfer vom inländischen Stammhaus in die ausländische Betriebsstätte[498]. Dieser Vorgang läßt sich auf der Grundlage der soeben vorgenommenen Auslegung des Entnahmetatbestandes nunmehr leicht einordnen:

Da der § 4 Abs. 1 S. 1, 2 EStG der Ermittlung des Gewinns einer organisatorischen Einheit dient, ist es gerechtfertigt, die ausländische Betriebsstätte eines inländischen Steuersubjekts dann als Betrieb im Sinne der Vorschrift aufzufassen, wenn für sie der Gewinn gesondert zu ermitteln ist[499]. Eine getrennte Gewinnermittlung verlangt eine entsprechende Abgrenzung der Betriebsvermögen[500]. Diese Notwendigkeit besteht nach Art. 7 OECD-MA für Betriebsstätten

---

[497] KNOBBE-KEUK, Bilanz- u. UnternehmensStR, S. 273; LANG, Bemessungsgrundlage der ESt, S. 441.

[498] Nach Inkrafttreten des § 4 Abs. 1 S. 3 EStG in der Fassung des SEStEG wird man darüber hinaus diskutieren müssen, ob die Überführung eines Wirtschaftsguts vom inländischen Stammhaus in die ausländische Betriebsstätte zum Ausschluß oder zur Beschränkung des deutschen Besteuerungsrechts hinsichtlich des Gewinns aus der Veräußerung des Wirtschaftsguts führt. Das ist jedoch – wohl entgegen der Auffassung des Gesetzgebers – nicht der Fall. Denn selbst wenn mit dem Zielstaat ein Freistellungs-DBA geschlossen wurde, bleibt die Bundesrepublik zur Besteuerung der bis zur Überführung entstandenen stillen Reserven berechtigt: Die den Art. 7, 13, 23 A OECD-MA entsprechenden Regelungen weisen das Besteuerungsrecht für die im Zeitpunkt der Überführung vorhandenen stillen Reserven dem Staat des Stammhauses zu. Vgl. dazu im Einzelnen 2. Teil, D., I., 3., d.

[499] PLÜCKEBAUM, K/S/M, EStG, § 4 Rn. B 237; NIEHUS/WILKE, H/H/R, § 6 EStG Anm. 1449e.

[500] NIEHUS/WILKE, H/H/R, § 6 EStG Anm. 1449e.

in den Belegenheitsstaaten, mit denen ein Doppelbesteuerungsabkommen abgeschlossen wurde, das den Betriebsstättengewinn von der inländischen Besteuerung freistellt („Freistellungs-DBA"). Bei Vorliegen eines Freistellungs-DBA ist zur Feststellung des Betriebsstättenergebnisses eine gesonderte Gewinnermittlung erforderlich, die eine entsprechende Aufteilung des Betriebsvermögens notwendig macht[501], nämlich einerseits in Betriebsvermögen, das zu Einkünften nach § 2 Abs. 1 Nr. 1 bis 3 EStG führt und andererseits in Betriebsvermögen, dessen Einkünfte im Inland nicht steuerpflichtig sind. In diesem Fall handelt es sich bei der ausländischen Betriebsstätte um einen „betriebsfremde[n]" Bereich im Sinne des § 4 Abs. 1 S. 2 EStG mit der Folge, daß die Verbringung eines Wirtschaftsguts vom inländischen Stammhaus in die ausländische Betriebsstätte den Tatbestand der Entnahme erfüllt[502]. Klargestellt sei noch einmal, daß die Sicherstellung der Besteuerung der stillen Reserven für diese Beurteilung keine Rolle spielt.

Hiergegen wird eingewandt, die ausländischen Betriebsstätten gehörten insbesondere deshalb zum Gewinnermittlungskreis des inländischen Stammhauses, weil gemäß § 146 Abs. 2 S. 3 AO die Ergebnisse der Betriebsstättenbuchführungen außerhalb des Geltungsbereichs der Abgabenordnung in die Buchführung des Stammhauses übernommen werden müßten, soweit sie für die Besteuerung von Bedeutung sind[503]. Für separate Betriebe sowie Teilbetriebe bestehe eine solche Verpflichtung nicht, weshalb die Abgrenzung zum „anderen Betriebsvermögen" iSd § 6 Abs. 5 S. 1 EStG eher entlang der Teilbetriebsdefinition vorzunehmen sei[504]. Dieser Vorschlag wird dem Zweck des § 4 Abs. 1 S. 1, 2 EStG, den unverfälschten Gewinn einer organisatorischen Wirtschaftseinheit zu ermitteln, nicht gerecht. Denn bei Vorliegen eines Freistellungs-DBA muß der Betriebsvermögensvergleich für die ausländische Betriebsstätte gesondert veranstaltet werden, weil Stammhaus und Betriebsstätte nicht dasselbe steuerliche Schicksal teilen. Im Rahmen der autonomen Gewinnermittlung ist es unumgänglich, Vermögensverschiebungen zwischen Stammhaus und Betriebsstätte als betriebsfremde Vorgänge zu berücksichtigen, die das Betriebsergebnis nicht verfälschen dürfen. Der Neutralisierung solcher betriebsfremder Bewegungen dient die Hinzurechnung von Entnahmen nach § 4 Abs. 1 S. 1, 2 EStG. Demzufolge verlangt es die Integrität der Gewinnermittlung, in der Verbringung eines Wirtschaftsguts vom Stammhaus in die ausländische freigestellte Betriebsstätte eine Entnahme zu sehen.

---

[501] KANZLER, H/H/R, Vor §§ 4-7 EStG Anm. 90.

[502] Weiter wohl GLANEGGER, Schmidt, EStG, § 6 Rn. 513, der die Überführung in jede ausländische Betriebsstätte als Entnahme betrachtet.

[503] LOOKS, Löwenstein/Looks, Betriebsstättenbesteuerung, Rn. 841; BUCIEK, DStZ 2000, 636, 637; PFAAR, IStR 2000, 42, 46.

[504] LOOKS, Löwenstein/Looks, Betriebsstättenbesteuerung, Rn. 841.

128

Diese Einschätzung wird vom Gesetzgeber des § 6 Abs. 5 S. 1 EStG geteilt. Nach der Gesetzesbegründung[505] soll der letzte Satzteil der Vorschrift – „sofern die Besteuerung der stillen Reserven sichergestellt ist" – die steuerneutrale Überführung von Wirtschaftsgütern in eine ausländische Betriebsstätte verhindern. Das setzt die Annahme voraus, dieser Transfer falle in den Anwendungsbereich des § 6 Abs. 5 S. 1 EStG. Damit wird unterstellt, daß es sich bei der Überführung in eine ausländische Betriebsstätte um eine Überführung in ein anderes Betriebsvermögen, mithin um eine Entnahme handelt, denn die Regelung dient der Bewertung von Entnahmevorgängen[506]. Der Normgeber setzt die Aufteilung des Betriebsvermögens zum Zwecke der Gewinnermittlung offensichtlich gleich mit der Existenz verschiedener Betriebe des Steuerpflichtigen.

Der Sonderfall der Überführung in eine ausländische Betriebsstätte mit Freistellungs-DBA ändert aber nichts an dem Grundsatz, daß der Transfer von Wirtschaftsgütern zwischen verschiedenen Betriebsstätten desselben Betriebs kein Loslösen von einem Betrieb für betriebsfremde Zwecke und damit keine Entnahme bedeutet. Das gilt auch dann, wenn die Betriebsstätte, in die das Wirtschaftsgut überführt wird, in einem ausländischen Staat belegen ist, mit dem kein DBA abgeschlossen wurde, oder wenn in dem DBA das Besteuerungsrecht der Bundesrepublik Deutschland zugewiesen ist („Anrechnungs-DBA")[507]. In diesen Fällen unterliegt auch der Betriebsstättengewinn der deutschen Steuerhoheit und eine Einkünfteabgrenzung für Zwecke der Besteuerung ist nicht erforderlich.

d. Teilergebnis

Entnahme bedeutet nach § 4 Abs. 1 S. 2 EStG die Loslösung eines Wirtschaftsguts von einem Betrieb für betriebsfremde Zwecke. Der Begriff des Betriebs bestimmt sich nach dem Umfang derjenigen Organisationseinheit, für die nach den Vorschriften der Steuergesetze der Gewinn zu ermitteln ist. Vor diesem Hintergrund gilt der enge Betriebsbegriff. Dieser geht davon aus, daß ein Steuerpflichtiger mehrere Betriebe derselben Einkunftsart oder verschiedener Einkunftsarten haben kann, so daß jeder Einzelbetrieb den Betriebsbegriff erfüllt. Mit der Wortgruppe „für ... betriebsfremde Zwecke" soll die Entnahme auf solche Wertabgaben beschränkt werden, die nicht im Interesse des abgebenden Betriebs erfolgen. „Betriebsfremd" ist deshalb jeder Zweck außerhalb des Betriebes, der den abgehenden Vermögensgegenstand erwirtschaftet hat. Die Entnahme wird mithin zu Zwecken eines jeden anderen Betriebs und zu privaten Zwe-

---

[505] BT-Drucks. 14/23, S. 173 (Zu § 6 Abs. 4).
[506] Vgl. unten 2. Teil, D., I., 3., b.
[507] NIEHUS/WILKE, H/H/R, § 6 EStG Anm. 1449a.

cken vorgenommen. Eine Beschränkung auf Überführungen in einen Betrieb, in dem die Erfassung der stillen Reserven nicht länger gewährleistet ist, enthält die Entnahmedefinition nicht.

Bei der Überführung eines Wirtschaftsguts vom inländischen Stammhaus in die ausländische Betriebsstätte, für die ein Freistellungs-DBA gilt, handelt es sich ausnahmsweise um eine Entnahme, weil zur Feststellung des Betriebsstättenergebnisses eine gesonderte Gewinnermittlung und damit eine Aufteilung der Betriebsvermögen von Stammhaus und Betriebsstätte erforderlich ist.

3. Entnahmebewertung

Nachdem festgestellt wurde, daß weder der Entnahme- noch der Gewinndefinition ein Entstrickungsgedanke zugrunde liegt, bleibt zu untersuchen, wie es sich insoweit mit den Regelungen zur Entnahmebewertung verhält. Durch Auslegung ist zu ermitteln, ob der § 6 Abs. 1 Nr. 4 S. 1 und/oder der § 6 Abs. 5 S. 1 EStG das Prinzip der Steuerentstrickung verwirklichen.

a. Teilwertansatz nach § 6 Abs. 1 Nr. 4 S. 1 EStG

§ 6 Abs. 1 Nr. 4 S. 1 EStG ordnet die Bewertung der Entnahme mit dem Teilwert an. Teilwert ist nach § 6 Abs. 1 Nr. 1 S. 3 EStG der Betrag, den ein Erwerber des ganzen Betriebs im Rahmen des Gesamtkaufpreises für das einzelne Wirtschaftsgut ansetzen würde; dabei ist davon auszugehen, daß der Erwerber den Betrieb fortführt. Durch den Teilwertansatz kommt der Hinzurechnung von Entnahmen eine Bedeutung zu, die über die bloße Neutralisation der Gewinnabschöpfung hinausgeht: Der bislang nicht realisierte Wertzuwachs im Betriebsvermögen wird der Besteuerung unterworfen. Aufgrund der Gegenüberstellung von Buchwert und Teilwert des Wirtschaftsguts ergibt sich ein Entnahmegewinn. Die Gewinnverwirklichung tritt ein, obwohl es an einem Umsatzakt fehlt. Die Vorschrift über die Entnahmebewertung fingiert eine Veräußerung des entnommenen Wirtschaftsguts, denn durch den Ansatz eines fiktiven Verkaufswertes wird dem Entnehmenden ein fiktiver Verkaufsgewinn zugewiesen[508]. Die Gleichstellung von Entnahme und Veräußerung führt zur Aufdeckung der stillen Reserven.

Erfüllt der Steuerpflichtige die Voraussetzungen der Entnahmedefinition dadurch, daß er ein Wirtschaftsgut aus einem Betriebsvermögen in sein Privatvermögen verbringt, dann scheiden die im Wirtschaftsgut ruhenden stillen Reserven

---

[508] LANG, RUPPE, Gewinnrealisierung im StR, DStJG 4, S. 66; N.N., H/H/R, § 5 EStG Anm. 49 u [3]; CHARLIER, StbJb. 1969/70, S. 361, 379ff.; KNOBBE-KEUK, Bilanz- u. UnternehmensStR, S. 269f.

mit der Überführung aus der Steuerverstrickung aus. Da private Veräußerungs-
einkünfte grundsätzlich nicht einkommensteuerlich erfaßt werden, gerät die
Durchsetzung des staatlichen Steueranspruchs in Gefahr. Nutzt der Fiskus den
Zeitpunkt der Entnahme nicht zum Zugriff, entgeht der nicht realisierte Wertzuwachs endgültig der Besteuerung. Der Teilwertansatz nach § 6 Abs. 1 Nr. 4 S.
1 EStG gewährleistet folglich die Belastung der stillen Reserven mit Einkommensteuer im letzten denkbaren Moment. Für den Fall der Überführung ins Privatvermögen läßt sich deshalb feststellen, daß die Bewertung der Entnahme mit
dem Teilwert das Ziel verfolgt, die Besteuerung der stillen Reserven zu sichern.

Ebenso verhält es sich, wenn mit der Verlagerung des Vermögens ein Rechts-
trägerwechsel verbunden ist. Wird ein Wirtschaftsgut von einem Steuersubjekt
auf ein anderes übertragen, dann kann der Fiskus nicht länger bei der Person, die
die stillen Reserven gebildet hat, auf dieselben zugreifen. Verläßt das Wirtschaftsgut das Betriebsvermögen, ist der letzte Zeitpunkt gekommen, um den
„richtigen" Steuerpflichtigen im Sinne des Subjektsteuerprinzips zu belasten.
Auch für diese Fallgruppe gilt daher, daß der Teilwertansatz des § 6 Abs. 1 Nr. 4
S. 1 EStG die Abrechnung der stillen Reserven als ultima ratio bezweckt.

Teilergebnis: Jedenfalls sofern die Entnahme in das Vermögen eines anderen
Steuersubjekts oder in das Privatvermögen erfolgt, verwirklicht die Entnahme-
bewertungsnorm des § 6 Abs. 1 Nr. 4 S. 1 EStG das Entstrickungsprinzip, nach
dem im Zeitpunkt des Ausscheidens aus der Steuerverstrickung die stillen Reserven trotz Fehlens eines Umsatzaktes als ultima ratio aufzudecken sind.

b. Buchwertansatz nach § 6 Abs. 5 S. 1 EStG

Bezieht man in die teleologische Auslegung des § 6 Abs. 1 Nr. 4 S. 1 EStG die
Entnahme durch Überführung in ein anderes Betriebsvermögen desselben Steuerpflichtigen ein, scheint das soeben gefundene Ergebnis allerdings nicht zuzu-
treffen. Denn bei diesem Transfer droht kein Verlust des staatlichen Steueranspruchs; die stillen Reserven bleiben steuerverstrickt bei dem Steuerpflichtigen,
der sie gebildet hat. Unter diesen Umständen verlangt das Entstrickungsprinzip
gerade keinen Gewinnausweis, so daß es der Veräußerungsfiktion durch Teilwertansatz nicht bedarf. Dennoch braucht das Auslegungsergebnis, die Entnahmebewertung verwirkliche das Entstrickungsprinzip, nicht revidiert zu werden.
Denn den Fall der Überführung eines Wirtschaftsgutes von einem Betriebsvermögen in ein anderes Betriebsvermögen desselben Steuerpflichtigen regelt § 6
Abs. 5 S. 1 EStG abweichend von § 6 Abs. 1 Nr. 4 S. 1 EStG: Die Norm läßt
den Ansatz des Buchwerts unter der Bedingung zu, daß die Besteuerung der stillen Reserven des überführten Wirtschaftsguts sichergestellt ist.

Der erste Satzteil des § 6 Abs. 5 S. 1 EStG legt den Anwendungsbereich der
Regelung fest: Betroffen ist der Transfer eines einzelnen Wirtschaftsguts von
einem in ein anderes Betriebsvermögen desselben Steuerpflichtigen. Als Rechts-

folge wird der Ansatz des Wertes angeordnet, der sich nach den Vorschriften über die Gewinnermittlung ergibt – das ist der Buchwert. Gemäß ihrem Wortlaut und aufgrund ihrer Plazierung in § 6 EStG gehört die Norm zu den einkommensteuerrechtlichen Bewertungsvorschriften. Die Bestimmung der Beibehaltung des Buchwerts ergibt nur dann einen Sinn, wenn bereits an anderer Stelle für denselben Vorgang eine abweichende Bewertung statuiert ist; andernfalls wäre § 6 Abs. 5 S. 1 EStG überflüssig. Als eine solche Regel kommt einzig die Entnahmebewertung mit dem Teilwert nach § 6 Abs. 1 Nr. 4 S. 1 EStG in Betracht. Die Verbringung eines Wirtschaftsguts in ein anderes Betriebsvermögen desselben Steuerpflichtigen muß demzufolge dem Entnahmebegriff des § 4 Abs. 1 S. 2 EStG unterfallen. Gegenüber dem allgemeinen § 6 Abs. 1 Nr. 4 S. 1 EStG ist § 6 Abs. 5 S. 1 EStG die lex specialis. Sie verzichtet ausnahmsweise auf die Gleichstellung von Entnahme und Veräußerung, indem sie den Ansatz des Buchwerts gestattet. Die stillen Reserven brauchen nicht aufgedeckt zu werden, sondern dürfen zusammen mit dem Wirtschaftsgut in das andere Betriebsvermögen übergehen. Ihre Besteuerung bleibt aufgeschoben, bis der Steuerpflichtige eine gewinnrealisierende Maßnahme ergreift.

Eine der Bedeutungen des § 6 Abs. 5 S. 1 EStG ist also darin zu sehen, daß der Gesetzgeber im Streit um die Entnahmedefinition – wenn auch nur halbherzig – Position bezogen hat. Laut der Bewertungsvorschrift liegt eine Entnahme für betriebsfremde Zwecke im Sinne des § 4 Abs. 1 S. 2 EStG auch dann vor, wenn der Steuerpflichtige ein einzelnes Wirtschaftsgut von einem in ein anderes seiner Betriebsvermögen verlagert. In § 6 Abs. 5 S. 1 EStG ist gesetzlich festgeschrieben, daß eine natürliche Person mehrere Einzelbetriebe haben kann. Zumindest der Lehre vom weiten Betriebsbegriff, die sämtliche Betriebe eines Steuerpflichtigen unabhängig von der Einkunftsart als einheitlichen Betrieb auffaßt, wird damit eine Absage erteilt. Der Gesetzgeber läßt aber offen, ob er dem mittleren oder dem engen Betriebsbegriff folgt; beide Möglichkeiten werden von der Formulierung des § 6 Abs. 5 S. 1 EStG umfaßt. Selbstverständlich ist die Bewertungsnorm der falsche Ort für eine Entscheidung zugunsten eines Betriebsbegriffs. Sie gehört in die Entnahmedefinition des § 4 Abs. 1 S. 2 EStG.

Die Bedeutung des § 6 Abs. 5 S. 1 EStG erschöpft sich jedoch nicht in der Konkretisierung des Betriebsbegriffs. Vielmehr lassen sich aus der Regelung auch Schlüsse für die Auslegung der „betriebsfremde[n] Zwecke" im Tatbestand des § 4 Abs. 1 S. 2 EStG ziehen. Wenn die Bewertung der Entnahme mit dem Buch- oder Teilwert davon abhängt, ob „... die Besteuerung der stillen Reserven sichergestellt ist", dann kann dieses finale Element für die Erfüllung der Entnahmevoraussetzungen keine Rolle spielen. Ansonsten würde die Buchwertanordnung des § 6 Abs. 5 S. 1 EStG nämlich leerlaufen. Ist die spätere Erfassung der stillen Reserven gewährleistet, läge schon keine Entnahme vor, so daß § 6 Abs. 1 Nr. 4 S. 1 EStG nicht greifen würde und der Buchwertansatz des § 6 Abs. 1 Nr. 1 und 2 EStG bestehen bliebe; ein zusätzliches Buchwertgebot wäre unnötig. Gerät die Besteuerung der stillen Reserven hingegen in Gefahr, müßte aufgrund der Erfüllung der Entnahmevoraussetzungen des § 4 Abs. 1 S. 2 EStG der Teilwert gemäß § 6 Abs. 1 Nr. 4 S. 1 EStG zum Ansatz gebracht werden. Dann käme der Buchwertanordnung des § 6 Abs. 5 S. 1 EStG zwar konstitutive Bedeutung zu, die Rechtsfolge könnte jedoch niemals eintreten. Durch die Schaffung des § 6 Abs. 5 S. 1 EStG hat der Gesetzgeber mithin der finalen Entnahmelehre die Grundlage entzogen; sie widerspricht der Logik des Gesetzes. Die Bewertungsvorschrift bestätigt, daß die Hinzurechnung der Entnahmen im Rahmen der Einkünfteermittlung allein der Neutralisierung betriebsfremder Vorgänge dient. Die „betriebsfremde[n] Zwecke" des § 4 Abs. 1 S. 2 EStG sind deshalb Zwecke eines jeden anderen Betriebs und nicht lediglich eines solchen, in dem die Besteuerung der stillen Reserven nicht länger gesichert ist.

Gemäß dem Entstrickungsprinzip sind die stillen Reserven im Zeitpunkt ihres Ausscheidens aus der Steuerverstrickung trotz Fehlens eines Umsatzaktes als ultima ratio aufzudecken. Mit § 6 Abs. 5 S. 1 EStG (iVm § 6 Abs. 1 Nr. 4 S. 1 EStG) ist dieser Grundsatz für alle Vorgänge, die den Tatbestand der Entnahme des § 4 Abs. 1 S. 2 EStG erfüllen, nunmehr ausdrücklich im Einkommensteuergesetz festgeschrieben. Der Wortlaut und die Systematik der Vorschrift lassen insoweit an Eindeutigkeit nichts zu wünschen übrig: „[S]ofern die Besteuerung der stillen Reserven sichergestellt ist", dürfen sie weiterhin im Buchwert des Wirtschaftsguts verborgen bleiben. Ist allerdings ihre künftige Erfassung bei dem Steuerpflichtigen, der sie gebildet hat, nicht gewährleistet, gilt die Teilwertanordnung des § 6 Abs. 1 Nr. 4 S. 1 EStG mit der Folge der Gewinnverwirklichung. § 6 Abs. 5 S. 1 EStG gestattet den Zugriff auf nicht realisierte Wertsteigerungen erst zum Zeitpunkt der drohenden Steuerentstrickung – die Besteuerung ist ultima ratio. Dadurch wird dem oben[509] herausgearbeiteten Spannungsverhältnis zwischen dem Leistungsfähigkeits-, dem Realisations- und dem Subjektsteuerprinzip Rechnung getragen. Mit dieser Einordnung der Buchwerterlaubnis ist zugleich der Zweck des § 6 Abs. 1 Nr. 4 S. 1 EStG nachgewiesen: Während die Entnahmehinzurechnung nach § 4 Abs. 1 S. 1 EStG nur einer unzutreffenden Gewinnminderung beim Betriebsvermögensvergleich vorbeugen soll, dient die Entnahmebewertung mit dem Teilwert einer Abrechnung der in dem Buchwert des entnommenen Wirtschaftsguts enthaltenen stillen Reserven; insoweit ist die Entnahme ein Tatbestand einkommensteuerlicher Gewinnverwirklichung ohne Umsatzakt[510].

Nicht vergessen werden darf, daß § 6 Abs. 5 S. 1, Abs. 1 Nr. 4 S. 1 EStG keinen allgemeinen Grundsatz der Steuerentstrickung des Inhalts formuliert, daß nicht realisierte Wertsteigerungen *immer* dann zu besteuern sind, wenn ihre spä-

---

[509] Vgl. oben 2. Teil, D.
[510] LANG, Bemessungsgrundlage der ESt, S. 436.

tere Erfassung beim selben Steuersubjekt nicht gesichert ist. Vielmehr richtet sich die Reichweite des Entstrickungsprinzips stets nach der Steuernorm, die es gerade verwirklicht. Die Besteuerung der stillen Reserven kann daher nur dann auf den Entstrickungsgrundsatz des § 6 Abs. 1 Nr. 4 S. 1, Abs. 5 S. 1 EStG gestützt werden, wenn der Anwendungsbereich dieser Vorschriften eröffnet ist; das ist lediglich bei der Entnahme von Wirtschaftsgütern nach § 4 Abs. 1 S. 2 EStG der Fall.

c. Verhältnis der Gewinnverwirklichung durch Entnahme zu den Realisationstatbeständen der Veräußerung und des Tauschs

Die Entnahmebesteuerung erfaßt den nicht realisierten, d.h. den nicht nach kaufmännischen Erkenntnisregeln am Markt erwirtschafteten betrieblichen Reinvermögenszugang. Deshalb wird die Entnahme häufig als Ausnahme zum Realisationstatbestand der Veräußerung verstanden und als „Ersatzrealisationstatbestand" bezeichnet[511]. Die Gegenüberstellung des Realisationsprinzips als normative Regel und des Entstrickungsprinzips als Ausnahme kann jedoch nicht überzeugen[512]. Die Vorstellung, daß die Gewinnrealisierung grundsätzlich durch Veräußerung bewirkt wird, entstammt dem Handelsrecht – im Rahmen des Einkommensteuerrechts ist sie nicht haltbar. Das EStG normiert in § 4 Abs. 1 S. 1 einen einheitlichen Gewinnbegriff. Danach ist Gewinn der laut Bilanz festgestellte Wertzuwachs des Betriebsvermögens, korrigiert um Entnahmen und Einlagen. Die Korrektur durch den Teilwertansatz einer Entnahme rechnet ebenso zum Gewinn wie der Ertrag einer Veräußerung. Veräußerung und Entnahme stehen daher in keinem Regel-Ausnahme-Verhältnis[513]. Im System der einkommensteuerrechtlichen Gewinnverwirklichung bilden das Leistungsfähigkeits-, das Realisations-, das Subjektsteuer- sowie das Entstrickungsprinzip gleichwertige Elemente, deren Zusammenspiel den richtigen Besteuerungszeitpunkt ergibt.

---

[511] Vgl. nur LANG, Ruppe, Gewinnrealisierung im StR, DStJG 4, S. 67.
[512] COSTEDE, StuW 1996, 19, 23.
[513] COSTEDE, StuW 1996, 19, 23.

d. Überführung eines Wirtschaftsguts vom inländischen Stammhaus in die ausländische Betriebsstätte

Der Vollständigkeit wegen ist noch einmal auf die Gesetzesbegründung[514] des § 6 Abs. 5 S. 1 EStG zurückzukommen. Danach soll der letzte Satzteil – „sofern die Besteuerung der stillen Reserven sichergestellt ist" – die steuerneutrale Überführung von Wirtschaftsgütern in eine ausländische Betriebsstätte verhindern. Oben[515] wurde bereits herausgearbeitet, daß nur der Transfer in eine ausländische Betriebsstätte mit Freistellungs-DBA dem Anwendungsbereich der Bewertungsvorschrift unterfällt, weil allein dieser Vorgang die Voraussetzungen der Entnahme erfüllt. Ausweislich der Materialien führt die Vermögensverschiebung – nach der Vorstellung des Gesetzgebers – zur endgültigen Entstrickung der stillen Reserven. Diese Annahme, die wohl auf einer entsprechenden Wertung des BFH[516] beruht, geht allerdings fehl[517]:

Die Gewährleistung der Besteuerung der stillen Reserven ist zu bejahen, wenn aus abkommensrechtlicher Sicht der steuerliche Zugriff auch nach der Überführung (bei Vorliegen eines Realisationstatbestandes) noch möglich ist[518]. Selbst wenn mit dem Zielstaat ein Freistellungs-DBA geschlossen wurde, ist das der Fall: Die den Art. 7, 13, 23 A OECD-MA entsprechenden Regelungen weisen das Besteuerungsrecht für die im Zeitpunkt der Überführung vorhandenen stillen Reserven dem Staat des Stammhauses zu[519]. Das sog. „Betriebsstättenprinzip" der Doppelbesteuerungsabkommen ordnet nämlich für Unternehmen eines Vertragsstaates, die im anderen Staat eine Betriebsstätte haben, die zwi-

---

[514] BT-Drucks. 14/23, S. 173 (Zu § 6 Abs. 4).

[515] Vgl. 2. Teil, D., I., 2., c.

[516] BFH, BStBl. II 1970, 175, 176; BFH, BStBl. II 1972, 760, 761; BFH, BStBl. II 1976, 246, 247; BFH, BStBl. II 1989, 187, 188f.

[517] Die vom BFH vorgenommene Wertung kann mittlerweile als widerlegt angesehen werden. Der BFH hatte bisher keine Gelegenheit, seine Rechtsprechung zu korrigieren, weil der Betriebsstätten-Erlaß (BMF, BStBl. I 1999, 1076, geändert durch BMF, BStBl. I 2000, 1509, Tz. 2.6.1) die aufgeschobene Besteuerung ermöglicht. Der Rechtsprechung folgen noch immer STUHRMANN, Blümich, EStG, § 16 Rn. 345; EHMKE, Blümich, EStG, § 6 Rn. 1291.

[518] NIEHUS/WILKE, H/H/R, § 6 EStG Anm. 1449e; REIß, K/S/M, EStG, § 16 Rn. F 71; KEMPKA, StuW 1995, 242, 246f.

[519] REIß, K/S/M, EStG, § 16 Rn. F 71; DEBATIN, BB 1990, 826, 826f.; KEMPKA, StuW 1995, 242, 246f.; LOOKS, Löwenstein/Looks, Betriebsstättenbesteuerung, Rn. 838; KROPPEN, Becker/Höppner/Grotherr/Kroppen, DBA, Art. 7 OECD-MA, Rn. 149/1; BUCIEK, DStZ 2000, 636, 637, 638; WASSERMEYER, Debatin/Wassermeyer, Doppelbesteuerung, Art. 7 MA Rn. 246; ders., GmbHR 2004, 613, 616; PFAAR, IStR 2000, 42, 46.

schenstaatliche Aufteilung des Besteuerungsrechts an[520]. Ausgehend von der Steuerberechtigung des Vertragsstaates, in dem das Unternehmen ansässig ist, wird der Gewinn ausgeklammert, der der ausländischen Betriebsstätte zugerechnet werden kann[521]. Dazu gehören die *vor* der Auslandsverbringung angesammelten stillen Reserven nicht; sie sind weiter der Besteuerung des Stammhausstaates unterworfen[522]. Verwirklicht wird das Betriebsstättenprinzip durch Art. 7 Abs. 2 OECD-MA, wonach bei der Überführung von Wirtschaftsgütern des Anlagevermögens in eine Betriebsstätte der Fremdvergleichspreis im Zeitpunkt der Überführung anzusetzen ist. Die Vorschrift dient der sachgerechten Aufteilung des Besteuerungsrechts zwischen Stammhausstaat und Betriebsstättenstaat in der Weise, daß ersterem ein Gewinnanteil in Bezug auf das überführte Wirtschaftsgut bis zur Höhe des Fremdvergleichspreises zustehen soll, und daß letzterer nicht einen höheren Gewinn besteuern darf, als er es bei Zugrundelegung des Fremdvergleichspreises (z. B. für die AfA) tun würde[523]. Wie jede andere DBA-Bestimmung begrenzt die Regelung nur das bestehende Besteuerungsrecht der Vertragsstaaten; sie kann jedoch kein Besteuerungsrecht begründen[524]. Ob ein Vertragsstaat sein Besteuerungsrecht wahrnimmt, in welcher Höhe er es wahrnimmt und zu welchem Zeitpunkt, ergibt sich nicht aus Art. 7 Abs. 2 OECD-MA, sondern aus den Vorschriften des jeweiligen nationalen Rechts[525]. Folglich bleibt die Ermittlung des Unternehmensgewinns dem nationalen Recht überlassen; nur hinsichtlich der Zuordnung des so ermittelten Gewinns zu den beteiligten Hoheitsgebieten trifft Art. 7 Abs. 2 OECD-MA eine Aussage[526].

Im Moment des Transfers vom Stammhaus in die ausländische Betriebsstätte ist die künftige Besteuerung der nicht realisierten Wertsteigerungen demnach sichergestellt. § 6 Abs. 5 S. 1 EStG schreibt unter diesen Umständen die Bewertung der Entnahme mit dem Buchwert vor; eine Aufdeckung der stillen Reserven findet nicht statt. Erfüllt der Steuerpflichtige irgendwann *nach* der Überführung im Ausland einen Realisationstatbestand, darf der deutsche Fiskus von sei-

---

[520] WASSERMEYER, Debatin/Wassermeyer, Doppelbesteuerung, Art. 7 MA Rn. 2; KROPPEN, Becker/Höppner/Grotherr/Kroppen, DBA, Art. 7 OECD-MA, Rn. 6; DEBATIN, BB 1990, 826, 827.

[521] WASSERMEYER, Debatin/Wassermeyer, Doppelbesteuerung, Art. 7 MA Rn. 2; KROPPEN, Becker/Höppner/Grotherr/Kroppen, DBA, Art. 7 OECD-MA, Rn. 74; DEBATIN, BB 1990, 826, 827.

[522] REIß, K/S/M, EStG, § 16 Rn. F 71; DEBATIN, BB 1990, 826; BUCIEK, DStZ 2000, 636, 637.

[523] KROPPEN, Becker/Höppner/Grotherr/Kroppen, DBA, Art. 7 OECD-MA, Rn. 147; WASSERMEYER, Debatin/Wassermeyer, Doppelbesteuerung, Art. 7 MA Rn. 243.

[524] KROPPEN, Becker/Höppner/Grotherr/Kroppen, DBA, Art. 7 OECD-MA, Rn. 11, 148; WASSERMEYER, Debatin/Wassermeyer, Doppelbesteuerung, Art. 7 MA Rn. 171, 243.

[525] KROPPEN, Becker/Höppner/Grotherr/Kroppen, DBA, Art. 7 OECD-MA, Rn. 148.

[526] KROPPEN, Becker/Höppner/Grotherr/Kroppen, DBA, Art. 7 OECD-MA, Rn. 12.

nem Besteuerungsrecht Gebrauch machen[527]. Das mit der Schaffung des § 6 Abs. 5 S. 1 EStG verbundene Ziel, die Aufdeckung der stillen Reserven unmittelbar im Zeitpunkt der Überführung zu bewirken, hat der Gesetzgeber mithin nicht erreicht[528].

e. Vereinbarkeit einer Besteuerung, die an das Ausscheiden aus der deutschen Steuerhoheit anknüpft, mit dem Europarecht

An dieser Stelle drängt sich die Frage auf, ob eine Besteuerung stiller Reserven, die an das Ausscheiden aus der deutschen Steuerhoheit anknüpft, überhaupt mit europarechtlichen Vorgaben vereinbar ist. Immerhin würde § 6 Abs. 1 Nr. 4 S. 1 iVm Abs. 5 S. 1 EStG den Zugriff des Fiskus auslösen, wenn bei der Verbringung eines Wirtschaftsguts in einen ausländischen Betrieb des Steuerpflichtigen die künftige Erfassung der stillen Reserven nicht gewährleistet wäre.

aa. Anspruch der Mitgliedsstaaten auf Besteuerung der unter ihrer Steuerhoheit entstandenen stillen Reserven

Diese Frage bewegt sich im Spannungsfeld zwischen der nationalen Steuersouveränität und dem europäischen Binnenmarkt. Einerseits bestätigt die Kompetenzordnung des EG-Vertrages die fiskalische Souveränität der Mitgliedsstaaten auf dem Gebiet der steuerlichen Einnahmen. Den Mitgliedsstaaten ist freigestellt, ob und welche Steuern sie erheben, wie sie die Bemessungsgrundlage und den Steuersatz festlegen und das Besteuerungsverfahren ordnen[529]. In ständiger Rechtsprechung betont der EuGH[530] die Zuständigkeit der Mitgliedsstaaten für die direkten Steuern (mit der Einschränkung, daß sie ihre Befugnisse unter Wahrung des Gemeinschaftsrechts auszuüben haben). Andererseits verlangen die Art. 3 Abs. 1 c und Art. 14 Abs. 2 EG die Einrichtung eines Binnenmarktes,

---

[527] REIß, K/S/M, EStG, § 16 Rn. F 71; DEBATIN, BB 1990, 826; LOOKS, Löwenstein/Looks, Betriebsstättenbesteuerung, Rn. 838; SCHAUMBURG, Ruppe, Gewinnrealisierung im StR, DStJG 4, S. 247, 257.

[528] Nichts anderes gilt für § 4 Abs. 1 S. 3 iVm § 6 Abs. 1 Nr. 4 S. 1 EStG in der Fassung des SEStEG: Es fehlt an einem Ausschluß oder einer Beschränkung des Besteuerungsrechts der Bundesrepublik Deutschland hinsichtlich des Gewinns aus der Veräußerung des Wirtschaftsguts, weil selbst bei Abschluß eines Freistellungs-DBA das deutsche Besteuerungsrecht für die bis zur Überführung entstandenen stillen Reserven uneingeschränkt erhalten bleibt.

[529] Vgl. SCHÖN, IStR 2004, 289.

[530] EuGH, Schumacker, EuGHE I 1995, 225 Rn. 21; EuGH, ICI, EuGHE I 1998, 4695 Rn. 19; EuGH, Gottardo, EuGHE I 2002, 413 Rn. 32; EuGH, X und Y, EuGHE I 2002, 10829 Rn. 32; EuGH, Hughes de Lasteyrie du Saillant, GmbHR 2004, 504, 509 Rn. 44.

„der durch die Beseitigung der Hindernisse für den freien Waren-, Personen-, Dienstleistungs- und Kapitalverkehr zwischen den Mitgliedsstaaten gekennzeichnet ist" (sog. Binnenmarktprinzip[531]). Der Binnenmarkt betrachtet die Gesamtheit der Unternehmer und Konsumenten auf dem Gebiet der Europäischen Union als Teilnehmer eines einheitlichen Marktes, auf dem das europaweite Angebot an Waren, Dienstleistungen, Arbeitskraft und Kapital einer europaweiten Nachfrage gegenübergestellt wird[532]. Die Grundfreiheiten sind vor diesem Hintergrund darauf angelegt, alle faktischen und rechtlichen Grenzen abzubauen, die der vollen Entfaltung des Güterangebots entgegenstehen können[533]. Die Besteuerung der stillen Reserven darf daher den freien Verkehr von Wirtschaftsgütern im europäischen Binnenraum grundsätzlich nicht beeinträchtigen.

Als Lösungsansatz für den steuerlichen Interessenausgleich zwischen Mitgliedsstaaten und Steuerpflichtigen könnte das Konzept der EG-Fusionsrichtlinie vom 23.07.1990[534] dienen[535], soweit darin ein Anspruch der Mitgliedsstaaten auf die Besteuerung der stillen Reserven, die unter ihrer Steuerhoheit entstanden sind, anerkannt wird. Ziel der Richtlinie ist es, die Besteuerung anläßlich einer grenzüberschreitenden Fusion, Spaltung, Einbringung von Unternehmensteilen oder eines Anteilstauschs zu vermeiden, und zwar unter gleichzeitiger Wahrung der finanziellen Interessen des Staates der einbringenden oder erworbenen Gesellschaft. Dieses Ziel wird dadurch erreicht, daß der Zugriff des Ansässigkeitsstaates der übertragenden Gesellschaft auf die unter seiner Steuerhoheit entstandenen stillen Reserven durch deren Verknüpfung mit einer Betriebsstätte im Ansässigkeitsstaat sichergestellt bleibt. Eine Besteuerung der stillen Reserven findet erst dann statt, wenn die Wirtschaftsgüter *nach* der Fusion, Spaltung, Einbringung oder dem Anteilstausch aus der Betriebsstätte ausscheiden. Dem Mitgliedsstaat der einbringenden Gesellschaft wird so kein endgültiger Besteuerungsverzicht abverlangt.

bb. Besteuerung im Zeitpunkt des Grenzübertritts

Die Anerkennung eines Anspruchs der Mitgliedsstaaten auf Besteuerung der unter ihrer Steuerhoheit gesammelten stillen Reserven beantwortet noch nicht die Frage, zu welchem Zeitpunkt der Anspruch verwirklicht werden darf. Ist den Fiski der Zugriff bereits dann erlaubt, wenn das Wirtschaftsgut aus der Steuerhoheit eines Mitgliedsstaates ausscheidet, oder muß die Besteuerung aufgeschoben werden bis der Steuerpflichtige im aufnehmenden Mitgliedsstaat einen

---

[531] CORDEWENER, DStR 2004, 6.
[532] SCHÖN, IStR 2004, 289, 290.
[533] SCHÖN, IStR 2004, 289, 290.
[534] RL 90/434/EWG, ABl. EG v. 20.08.1990, L 225, S. 1ff.
[535] Vgl. dazu THÖMMES, StbJb. 2003/2004 S. 201, 218f.

Steuertatbestand erfüllt? § 6 Abs. 1 Nr. 4 S. 1 iVm Abs. 5 S. 1 EStG sieht eine Sofortbesteuerung für den Fall vor, daß die Erfassung der stillen Reserven nach dem Ausscheiden aus der deutschen Steuerhoheit nicht gewährleistet ist. Im Folgenden soll geprüft werden, ob darin ein Verstoß gegen die europäischen Grundfreiheiten liegt.

Eine Verletzung des EG-Vertrages ist dann gegeben, wenn die Sofortbesteuerung in den Schutzbereich einer Grundfreiheit eingreift und dieser Eingriff nicht gerechtfertigt werden kann.

(1) Eingriff in den Schutzbereich der Niederlassungsfreiheit

Betroffen sein könnte der Schutzbereich der Niederlassungsfreiheit. Gemäß Art. 43 EG, der in den Mitgliedsstaaten unmittelbar anwendbar ist, umfaßt die Niederlassungsfreiheit der Staatsangehörigen eines Mitgliedsstaates im Hoheitsgebiet eines anderen Mitgliedsstaates die Aufnahme und Ausübung selbständiger Erwerbstätigkeiten sowie die Gründung und Leitung von Unternehmen nach den Bestimmungen des Niederlassungsstaates für seine eigenen Angehörigen[536]. Auch wenn Art. 43 EG nach seinem Wortlaut insbesondere die Inländerbehandlung im Aufnahmemitgliedstaat sichern soll, verbietet er es ebenfalls, daß der Herkunftsmitgliedstaat die Niederlassung seiner Staatsangehörigen in einem anderen Mitgliedstaat behindert[537]. Während sich in der früheren Rechtsprechung des EuGH die Auslegung der Grundfreiheiten auf dem Gebiet der direkten Steuern in der Entwicklung eines Diskriminierungsverbots erschöpfte, hat der EuGH inzwischen ein allgemeines Behinderungs- und Beschränkungsverbot anerkannt[538]. Verdächtig ist deshalb jede Schlechterstellung grenzüberschreitender Betätigungen, die aus Differenzierungen anhand der Staats- oder Gebietszugehörigkeit bzw. des Investitions- oder Tätigkeitsortes resultiert[539]. § 6 Abs. 1 Nr. 4 S. 1 iVm Abs. 5 S. 1 EStG beeinträchtigt die Niederlassung eines Steuerpflichtigen in einem anderen Mitgliedsstaat, wenn die Verbringung von Wirtschaftsgütern aus einem inländischen in den ausländischen Betrieb die sofortige Besteuerung der stillen Reserven auslöst. Die grenzüberschreitende Verlagerung von Anlagevermögen zwischen den Betrieben des Steuerpflichtigen gehört ebenso zum Schutzbereich der Niederlassungsfreiheit wie die Niederlassung im

---

[536] EuGH, Baars, EuGHE I 2000, 2787 Rn. 27; EuGH, Hughes de Lasteyrie du Saillant, GmbHR 2004, 504, 508 Rn. 40.

[537] EuGH, Baars, EuGHE I 2000, 2787 Rn. 28; EuGH, Lindman, EuGHE I 2003, 13519 Rn. 20; EuGH, Kommission./.Frankreich, EuGHE I 2004, 2081 Rn. 23; EuGH, Hughes de Lasteyrie du Saillant, GmbHR 2004, 504, 509 Rn. 42.

[538] Vgl. THÖMMES, StbJb. 2003/2004 S. 201, 216 mwN.

[539] Vgl. CORDEWENER, DStR 2004, 6, 8.

Ausland selbst. Ein Eingriff in die Grundfreiheit des Art. 43 EG ist mithin zu bejahen.

(2) Rechtfertigung des Eingriffs

Zur Rechtfertigung des Eingriffs in die Niederlassungsfreiheit sieht der EG-Vertrag in Art. 46 eine spezielle Rechtfertigungsklausel vor, die im Hinblick auf die Sofortbesteuerung aber nicht greift. Darüber hinaus hat der EuGH auch sog. zwingende Erfordernisse des Allgemeininteresses akzeptiert, die als solche nicht ausdrücklich im EG-Vertrag genannt sind: Eine Beschränkung der Niederlassungsfreiheit könne nur zulässig sein, wenn mit ihr ein berechtigtes und mit dem EG-Vertrag zu vereinbarendes Ziel verfolgt wird und sie durch zwingende Gründe des öffentlichen Interesses gerechtfertigt ist[540]. Erforderlich sei zudem, daß die Maßnahme zur Erreichung des fraglichen Ziels geeignet ist, nicht über das hinausgeht, was hierzu erforderlich ist, und daß sie verhältnismäßig ieS ist[541].

(a) Kohärenz der Steuerordnung als zwingendes Erfordernis des Allgemeininteresses

Als schon von vornherein untauglich zur Rechtfertigung einer Grundfreiheitsbeeinträchtigung betrachtet der EuGH den Verweis auf die fehlende Harmonisierung der nationalen Steuerrechte in der EU sowie die Befürchtung von Steuermindereinnahmen[542]. Die Verringerung des Steueraufkommens sei ein rein wirtschaftlicher Gesichtspunkt, der nicht zu den zwingenden Gründen des öffentlichen Interesses zähle[543]. Demgegenüber hat der Gerichtshof die Bekämpfung von Steuerumgehungen[544] und das Bestreben nach Wirksamkeit der Steuerkontrollen[545] als legitime Eingriffsziele anerkannt. Zur Bekämpfung von Steuerumgehungen verböten sich jedoch typisierende Mißbrauchstatbestände, die nicht

---

[540] EuGH, X und Y, EuGHE I 2002, 10829 Rn. 49; EuGH, Hughes de Lasteyrie du Saillant, GmbHR 2004, 504, 509 Rn. 49.

[541] EuGH, X und Y, EuGHE I 2002, 10829 Rn. 49; EuGH, Hughes de Lasteyrie du Saillant, GmbHR 2004, 504, 509 Rn. 49.

[542] EuGH, ICI, EuGHE I 1998, 4695 Rn. 28; EuGH, X und Y, EuGHE I 2002, 10829 Rn. 50; EuGH, Lankhorst-Hohorst, EuGHE I 2002, 11779 Rn. 36; EuGH, de Groot, EuGHE I 2002, 11819 Rn. 103; EuGH, Metallgesellschaft u.a., EuGHE I 2001, 1727 Rn. 59; EuGH, Hughes de Lasteyrie du Saillant, GmbHR 2004, 504, 510 Rn. 60.

[543] EuGH, X und Y, EuGHE I 2002, 10829 Rn. 50; EuGH, Verkooijen, EuGHE I 2000, 4071 Rn. 48.

[544] EuGH, Lankhorst-Hohorst, EuGHE 2002, 11779 Rn. 37.

[545] EuGH, Futura Participations und Singer, EuGHE I 1997, 2471 Rn. 31.

nur einzelne, zur Umgehung des nationalen Steuerrechts geschaffene Sachverhalte erfassen, sondern pauschal in einem bestimmten Verhalten eine Steuerflucht oder –hinterziehung vermuten[546]. Eine Hinterziehungsabsicht müsse im konkreten Einzelfall nachgewiesen werden. Die Mißbrauchsgefahr kann schon deshalb nicht zur Rechtfertigung der Sofortbesteuerung herangezogen werden, weil § 6 Abs. 1 Nr. 4 S. 1 iVm Abs. 5 S. 1 EStG nicht auf künstlich geschaffene Umgehungsgestaltungen abzielt. Vielmehr soll generell die Besteuerung der unter der deutschen Steuerhoheit gesammelten stillen Reserven gesichert werden. Was das Bestreben nach Wirksamkeit der steuerlichen Kontrolle anbelangt, scheitern die Maßnahmen der Mitgliedsstaaten meist an der Erforderlichkeit des Eingriffs. Denn auf europäischer Ebene kann sich jeder Mitgliedsstaat auf die Beitreibungs-[547] und auf die Amtshilferichtlinie[548] stützen, um Sachverhalte in einem anderen Staat zu überprüfen oder um Zahlungen zu vollstrecken[549].

Vor dem Hintergrund, daß § 6 Abs. 1 Nr. 4 S. 1 iVm Abs. 5 S. 1 EStG die endgültige Abrechnung der stillen Reserven bezweckt, kommt allein das Prinzip der steuerlichen Kohärenz für eine Rechtfertigung der Sofortbesteuerung in Betracht. Der EuGH[550] akzeptiert die Kohärenz der Steuerordnung als zwingendes öffentliches Interesse. Laut *Sedemund*[551] bedeutet der Kohärenzgedanke eine im Gesamtergebnis steuerliche Gleichbehandlung von Steuerinländern und Steuerausländern. Das ist letztlich richtig, meines Erachtens geht es aber treffender um die Geschlossenheit des steuerlichen Regelungssystems, um die innere Stimmigkeit der Steuerordnung[552]. Läßt das deutsche Einkommensteuerrecht die Bildung stiller Reserven zu, um die in den Wertsteigerungen liegende Leistungsfähigkeit so lange zu verschonen, bis die Eigentumsgarantie und das Übermaßverbot keinen längeren Aufschub verlangen, dann hat der deutsche Gesetzgeber aus Gründen der Besteuerungsgleichheit dafür zu sorgen, daß schlußendlich sämtliche stille Reserven steuerlich belastet werden. Im Inland erfolgt der Zugriff des Fiskus, sobald der Steuerpflichtige die stillen Reserven am Markt realisiert oder wenn er eine Handlung vornimmt, die die Gefahr eines endgültigen Steuerausfalls begründet. Ein konsequentes Besteuerungssystem muß auch die nicht reali-

---

[546] EuGH, Hughes de Lasteyrie du Saillant, GmbHR 2004, 504, 509 Rn. 51ff.; EuGH, X und Y, EuGHE I 2002, 10829 Rn. 60ff.

[547] RL 76/308/EWG v. 15.03.1976, ABl. EG v. 19.03.1976, L 073, S. 18; geändert durch die RL 2001/44/EG v. 15.06.2001, ABl. EG v. 28.06.2001, L 175, S. 17 (Art. 2 g der Beitreibungsrichtlinie).

[548] RL 77/799/EWG v. 19.12.1977, ABl. EG v. 27.12.1977, L 336, S. 15.

[549] EuGH, Schumacker, EuGHE I 1995, 225 Rn. 45; EuGH, Futura Participations und Singer, EuGHE I 1997, 2471 Rn. 30.

[550] EuGH, X und Y, EuGHE I 2002, 10829 Rn. 51ff.

[551] SEDEMUND, IStR 2001, 190, 191f.

[552] So auch RÖDDER, DStR 2004, 1629, 1630; FISCHER, FR 2004, 630, 632f.; CORDEWENER, DStR 2004, 6, 9.

sierten Wertsteigerungen erfassen, die zwar unter der deutschen Steuerhoheit gebildet wurden, anschließend aber mit einem Wirtschaftsgut ins Ausland verbracht werden. Denn die stillen Reserven repräsentieren steuerliche Leistungsfähigkeit; der Steueranspruch ist nur aufgrund des Anschaffungskostenprinzips durch einen Realisations- bzw. Entstrickungsakt aufschiebend bedingt. Die Kohärenz der Steuerordnung erzwingt demnach die Besteuerung der unter der deutschen Steuerhoheit gemehrten Leistungsfähigkeit; die Entstrickungstatbestände sind ein Gebot der Folgerichtigkeit des nationalen Steuersystems[553]. Entsprechend geht es dem § 6 Abs. 1 Nr. 4 S. 1 iVm Abs. 5 S. 1 EStG nicht um die Erosion der Besteuerungsgrundlagen, sondern um die Wahrung der Besteuerungsgleichheit im Sinne einer Systemgerechtigkeit. Denn würde der Fiskus auf den Zugriff verzichten, könnte der Steuerpflichtige Vorteile aus der Weggabe des Wirtschaftsguts ins Ausland ziehen. Der Anspruch eines Mitgliedsstaates auf Besteuerung der unter seiner Steuerhoheit gesammelten stillen Reserven ist folglich durch den Rechtfertigungsgrund der Kohärenz gedeckt[554].

Dem steht nicht entgegen, daß nach der Rechtsprechung des EuGH[555] nicht jede kohärente Steuerregelung einen Eingriff rechtfertigt. Es müsse vielmehr ein unmittelbarer Zusammenhang zwischen dem Steuervorteil und dem Ausgleich dieses Steuervorteils durch eine steuerliche Belastung bestehen. Zwischen den Normen, innerhalb derer der kompensatorische Effekt eintritt, müsse eine unmittelbare sachliche und inhaltliche Verbindung existieren; außerdem müsse dasselbe Steuersubjekt betroffen sein. Diesem Unmittelbarkeitserfordernis wird § 6 Abs. 1 Nr. 4 S. 1 iVm Abs. 5 S. 1 EStG gerecht, denn das zum Steueraufschub führende Anschaffungskostenprinzip und die Entstrickungsbesteuerung entstammen derselben Gruppe einkommensteuerlicher Gewinnermittlungsvorschriften und verwirklichen sich beim selben Steuersubjekt. Auch die strenge Wechselbeziehung zwischen Vor- und Nachteil ist gegeben: ohne stille Reserven keine Aufdeckung derselben.

Dem Rechtfertigungsgrund der Kohärenz kann schließlich nicht entgegengehalten werden, die Bundesrepublik Deutschland habe durch bilaterale DBA auf ihr Besteuerungsrecht verzichtet[556]. Denn selbst bei Abschluß eines Freistellungs-DBA behält der deutsche Fiskus das Recht zur Besteuerung *der* stillen Reserven, die unter deutscher Steuerhoheit entstanden sind. Gemäß dem

---

[553] FISCHER, FR 2004, 630, 632f.

[554] FISCHER, FR 2004, 630, 632f.; davon geht wohl auch SCHÖN, IStR 2004, 289, 296, aus.

[555] EuGH, Baars, EuGHE I 2000, 2787 Rn. 40; EuGH, Verkooijen, EuGHE I 2000, 4071 Rn. 58; EuGH, Danner, EuGHE I 2002, 8147 Rn. 36ff.; EuGH, Lankhorst-Hohorst, EuGHE I 2002, 11779 Rn. 42; EuGH, X und Y, EuGHE I 2002, 10829 Rn. 52.

[556] Vgl. dazu RÖDDER, DStR 2004, 1629, 1633; SCHÖN, IStR 2004, 289, 291, 296.

142

EuGH[557] kann ein abkommensrechtlicher Besteuerungsverzicht nicht die Legitimation für die Benachteiligung grenzüberschreitender Wirtschaftsvorgänge durch nationale Steuertatbestände bilden. Da aber die unter deutscher Steuerhoheit gesammelten stillen Reserven von keiner abkommensrechtlichen Freistellung erfaßt sind, hat der deutsche Staat sein Recht, die Kohärenz der Steuerordnung durch Zugriff auf die Wertsteigerungen herzustellen, nicht eingebüßt.

Als Teilergebnis läßt sich festhalten, daß für den Eingriff nach § 6 Abs. 1 Nr. 4 S. 1 iVm Abs. 5 S. 1 EStG der Rechtfertigungsgrund der Kohärenz streitet. Der Anspruch Deutschlands auf Besteuerung der unter seiner Steuerhoheit entstandenen stillen Reserven ist Ausfluß der Folgerichtigkeit der deutschen Steuerordnung und stellt mithin ein legitimes öffentliches Interesse dar.

Angemerkt sei noch folgendes: Entgegen der Ansicht einiger Vertreter der Literatur[558] ist der EuGH-Entscheidung „Hughes de Lasteyrie du Saillant"[559] nicht zu entnehmen, daß die Entstrickungstatbestände des EStG, die beim Ausscheiden von Wirtschaftsgütern aus der deutschen Steuerverstrickung die Erfassung der stillen Reserven sichern sollen, gegen die Niederlassungsfreiheit verstoßen. Die Autoren verkennen die abweichende Zielrichtung des streitgegenständlichen Art. 167 des französischen Allgemeinen Steuergesetzbuches (CGI)[560]: Zur Rechtfertigung der Vorschrift hat die französische Regierung auf deren Zweck verwiesen, eine Steuerflucht zu verhindern. Der EuGH[561] betont in seiner Entscheidung, daß die Norm nicht etwa dazu diene, die Kohärenz des französischen Steuerrechts in der Weise zu wahren, daß dem Aufschub der jährlichen Besteuerung des Kapitalzuwachses eine tatsächliche Erhebung der Steuer bei Verlegung des Wohnsitzes ins Ausland folge. Art. 167 CGI ziele nicht darauf ab, allgemein für den Fall der Wohnsitzverlegung ins Ausland die Besteuerung der Wertsteigerungen sicherzustellen, die während des Aufenthalts in Frankreich entstanden

---

[557] EuGH, X und Y, EuGHE I 2002, 10829 Rn. 53ff.

[558] HÖRGER/RAPP, L/B/P, EStG, § 16 Rn. 70 a, c; STAHL, Korn, EStG, § 16 Rn. 24; WACHTER, GmbHR 2004, R 161; KLEINERT/PROBST, DB 2004, 673ff.; dies., NJW 2004, 2425, 2426ff.

[559] EuGH, Hughes de Lasteyrie du Saillant, GmbHR 2004, 504ff.

[560] Diese Norm sieht die Besteuerung nicht realisierter Wertsteigerungen von Gesellschaftsanteilen zu dem Zeitpunkt vor, zu dem der Steuerpflichtige seinen Wohnsitz ins Ausland verlegt. In den Anwendungsbereich des Tatbestandes fallen nur Steuerpflichtige, die mit ihren Familienangehörigen unmittelbar oder mittelbar Rechte an den Gewinnen einer Gesellschaft besitzen, die zu irgendeinem Zeitpunkt innerhalb der letzten fünf Jahre vor der Wohnsitzverlegung einen Umfang von 25 Prozent des Gewinns der Gesellschaft überstiegen haben. Die Höhe der zu versteuernden Wertsteigerungen ergibt sich aus der Differenz zwischen dem Wert der Rechte im Zeitpunkt des Wegzugs und ihrem Anschaffungspreis. Tatbestand und Rechtsfolge des Art. 167 CGI unterscheiden sich damit nur unwesentlich von § 6 AStG, so daß dieser als die Parallelvorschrift im deutschen Steuerrecht bezeichnet werden kann.

[561] EuGH, Hughes de Lasteyrie du Saillant, GmbHR 2004, 504, 509 Rn. 61ff.

sind. Anlaß für den Erlaß des Artikels sei vielmehr das Verhalten bestimmter Steuerpflichtiger gewesen, die vor der Veräußerung von Wertpapieren ihren steuerlichen Wohnsitz allein deshalb vorübergehend verlegt hätten, um die Zahlung der in Frankreich auf die Wertsteigerungen zu entrichtenden Steuer zu umgehen. Dafür spreche auch der Umstand, daß die Regelung die Anrechnung der Steuer zuläßt, die in dem ausländischen Staat bei Realisierung der Wertsteigerungen entrichtet wird. Diese Anrechnung könne nämlich zur Folge haben, daß letztlich die gesamten Wertsteigerungen, einschließlich des in Frankreich entstandenen Teils, allein im Aufnahmestaat besteuert werden. Seiner Rechtfertigungsprüfung legte der EuGH deshalb nur den Normzweck zugrunde, einer aus steuerlichen Gründen erfolgenden vorübergehenden Wohnsitzverlegung ins Ausland vorzubeugen. Das Argument der Herstellung der steuerrechtlichen Kohärenz floß nicht in die Beurteilung ein[562].

(b) Verhältnismäßigkeit

An die Feststellung des Rechtfertigungsgrundes muß sich die Prüfung der Verhältnismäßigkeit des § 6 Abs. 1 Nr. 4 S. 1 iVm Abs. 5 S. 1 EStG anschließen. Zwar verfolgt die Vorschrift einen legitimen Zweck, wenn sie den Anspruch des deutschen Staates auf Besteuerung der unter seiner Steuerhoheit entstandenen stillen Reserven sichern will. Damit ist jedoch noch nicht gesagt, daß Zeitpunkt und Höhe des Steuerzugriffs richtig gewählt sind. Der Grundsatz der Verhältnismäßigkeit verlangt, daß die Besteuerung im Moment des Grenzübertritts zur Erreichung des Kohärenzziels geeignet ist, nicht über das hinausgeht, was hierzu erforderlich ist, und daß sie den Anforderungen an die Angemessenheit genügt[563]. An der Geeignetheit des § 6 Abs. 1 Nr. 4 S. 1 iVm Abs. 5 S. 1 EStG, die Geschlossenheit des Systems der Gewinnrealisierungsregeln zu wahren, bestehen keine Zweifel[564]. Erforderlich ist die Entstrickungsvorschrift aber nur, wenn

---

[562] Die Rechtmäßigkeit des Art. 167 CGI verneinte der Gerichtshof, weil der Anwendungsbereich der Regelung über die zur Umgehung der französischen Steuerpflicht konstruierten Sachverhalte hinausgehe. Er betreffe ausnahmslos jede Wohnsitzverlegung eines Steuerpflichtigen ins Ausland, der wesentliche Beteiligungen an einer Kapitalgesellschaft hält. Nach Ansicht des EuGH lasse sich mit einer weniger einschneidenden Maßnahme verhindern, daß jemand vor der Veräußerung seiner Wertpapiere vorübergehend seinen steuerlichen Wohnsitz allein deshalb ins Ausland verlegt, um der Belastung der Wertsteigerungen durch den französischen Fiskus zu entgehen. Denkbar sei die tatbestandliche Anknüpfung an die Rückkehr einer Person nach Frankreich, die sich für verhältnismäßig kurze Zeit in einem anderen Mitgliedstaat aufgehalten und dort die Wertsteigerungen der Beteiligung realisiert hat (EuGH, Hughes de Lasteyrie du Saillant, GmbHR 2004, 504, 509 Rn. 50ff., 54).
[563] Vgl. EuGH, X und Y, EuGHE I 2002, 10829 Rn. 49; EuGH, Hughes de Lasteyrie du Saillant, GmbHR 2004, 504, 509 Rn. 49.
[564] Vgl. oben 2. Teil, D., I., 3., a. und b.

kein milderes Mittel zur Verfügung steht, das den Pflichtigen weniger belastet, die Besteuerung der Wertsteigerungen aber ebenso effektiv gewährleistet. Im Inland findet eine Aufdeckung der stillen Reserven erst dann statt, wenn der Steuerpflichtige das Wirtschaftsgut am Markt verwertet oder wenn er es in sein Privatvermögen oder das Vermögen eines anderen Steuersubjekts überführt. Vor diesem Hintergrund würde ein Besteuerungsaufschub bis zu dem Zeitpunkt, in dem der Steuerpflichtige im Ausland einen Gewinnverwirklichungstatbestand erfüllt, den Eingriff in die Niederlassungsfreiheit im Vergleich zur Sofortbesteuerung nicht nur abmildern, sondern gänzlich vermeiden[565]. Die nicht realisierten Wertsteigerungen könnten bei ihrer Verbringung ins Ausland förmlich festgestellt und die Steuerzahlung könnte unverzinslich gestundet werden[566]. Allerdings darf die Vorverlagerung der Wertfeststellung auf den Entstrickungszeitpunkt nicht zu Nachteilen gegenüber der Veräußerungsgewinnbesteuerung führen, weshalb spätere Wertverluste auf die endgültige Besteuerung durchschlagen müssen; sie wäre auf die durch den Außenumsatz tatsächlich realisierten stillen Reserven zu begrenzen[567]. Der deutsche Staat bräuchte auch nicht um die Sicherung seines Anspruchs fürchten. Denn auf europäischer Ebene stehen die Beitreibungs-[568] und die Amtshilferichtlinie[569] zur Verfügung, um Sachverhalte in einem anderen Staat aufzuklären oder Zahlungen zu vollstrecken[570]. Aus diesem Grund erkennt der EuGH[571] das Argument, die Durchsetzung des Steueranspruchs bei einer Veräußerung im Ausland stoße auf besondere Schwierigkeiten, nicht mehr an. *Fischer*[572] gibt zu bedenken, daß die geänderte Beitreibungsrichtlinie und die abkommensrechtlichen Vollstreckungshilfen versagen, wenn die nationalen Steuerbehörden nicht wissen, wohin der Steuerpflichtige verzogen ist. Dieses Dilemma kann durch Kautionen, Garantien oder ähnliche Sicherungsmittel vermieden werden, auf die auch der EuGH[573] hingewiesen, deren

---

[565] SCHNITGER, BB 2004, 804, 807.

[566] SCHÖN, IStR 2004, 289, 296; KESSLER/HUCK/OBSER/SCHMALZ, DStZ 2004, 855, 863; SCHINDLER, IStR 2004, 300, 310 zu § 6 AStG.

[567] SCHÖN, IStR 2004, 289, 296f.; KESSLER/HUCK/OBSER/SCHMALZ, DStZ 2004, 855, 863; PFAAR, IStR 2000, 42, 45; SCHINDLER, IStR 2004, 300, 310 zu § 6 AStG.

[568] RL 76/308/EWG v. 15.03.1976, ABl. EG v. 19.03.1976, L 073, S. 18; geändert durch die RL 2001/44/EG v. 15.06.2001, ABl. EG v. 28.06.2001, L 175, S. 17 (Art. 2 g der Beitreibungsrichtlinie).

[569] RL 77/799/EWG v. 19.12.1977, ABl. EG v. 27.12.1977, L 336, S. 15.

[570] So auch LAUSTERER, DStZ 2004, 299, 302; KESSLER/HUCK/OBSER/SCHMALZ, DStZ 2004, 855, 863.

[571] EuGH, Schumacker, EuGHE I 1995, 225 Rn. 45; EuGH, Futura Participations und Singer, EuGHE I 1997, 2471 Rn. 30.

[572] FISCHER, FR 2004, 630, 633f.

[573] EuGH, X und Y, EuGHE I 2002, 10829 Rn. 59.

freiheitsbeschränkende Wirkung er kurze Zeit später allerdings gerügt hat[574]. Fest steht damit jedenfalls, daß es an der Erforderlichkeit der unmittelbaren Besteuerung der stillen Reserven beim Ausscheiden aus der deutschen Steuerhoheit fehlt[575].

(3) Teilergebnis

Eine Besteuerung stiller Reserven, die unmittelbar an das Ausscheiden aus der deutschen Steuerhoheit anknüpft, verletzt die Niederlassungsfreiheit und ist daher europarechtswidrig. Zwar folgt aus dem Kohärenzgedanken ein Anspruch Deutschlands auf Belastung der unter seiner Steuerhoheit entstandenen stillen Reserven. Für einen sofortigen Zugriff des Fiskus im Moment des Grenzübertritts besteht jedoch keine Erforderlichkeit iSd Verhältnismäßigkeitsprinzips. Denn ein Besteuerungsaufschub bis zur Erfüllung eines Gewinnverwirklichungstatbestandes im Ausland belastet die Steuerpflichtigen weniger, gewährleistet aber ebenso effektiv die Erfassung der stillen Reserven[576].

f. Teilergebnis

Die Bewertungsvorschriften des § 6 Abs. 1 Nr. 4 S. 1, Abs. 5 S. 1 EStG verwirklichen das Entstrickungsprinzip, gemäß dem im Zeitpunkt des Ausscheidens aus der Steuerverstrickung die stillen Reserven trotz Fehlens eines Umsatzaktes als ultima ratio aufzudecken sind. Dieser Grundsatz gilt jedoch nur, soweit die Voraussetzungen einer Entnahme erfüllt sind; eine Generalklausel der Steuerentstrickung existiert nicht. Als Auslöser der Gewinnverwirklichung stehen Veräußerung und Entnahme in keinem Regel-Ausnahme-Verhältnis, sondern auf gleicher Stufe.

Durch die Schaffung des § 6 Abs. 5 S. 1 EStG hat der Gesetzgeber sowohl dem weiten Betriebsbegriff als auch der finalen Entnahmelehre die Grundlage entzogen. Denn zum einen setzt die Regelung voraus, daß der Transfer zwischen verschiedenen Einzelbetrieben eines Steuerpflichtigen den Entnahmetatbestand erfüllt. Zum anderen bestätigt ihr letzter Halbsatz, daß die Hinzurechnung der

---

[574] EuGH, Hughes de Lasteyrie du Saillant, GmbHR 2004, 504, 509 Rn. 47; so auch SCHÖN, IStR 2004, 289, 297; LAUSTERER, DStZ 2004, 299, 302; SCHINDLER, IStR 2004, 300, 310 zu § 6 AStG.

[575] THÖMMES, StbJb. 2003/2004 S. 201, 229f., 242; KÖRNER, IStR 2004, 424, 429; KESSLER/HUCK/OBSER/SCHMALZ, DStZ 2004, 855, 856; zu § 6 AStG: LAUSTERER, DStZ 2004, 299, 302; WASSERMEYER, GmbHR 2004, 613, 615.

[576] Entsprechendes gilt für die neuen Entstrickungstatbestände des SEStEG in § 4 Abs. 1 S. 3 EStG und § 12 KStG: Soweit es ihnen überhaupt gelingt, die Besteuerung unmittelbar an das Ausscheiden aus der deutschen Steuerhoheit zu knüpfen, sind sie europarechtswidrig.

Entnahmen gemäß § 4 Abs. 1 S. 1, 2 EStG allein der Neutralisierung betriebsfremder Vorgänge und nicht etwa der Sicherstellung der Besteuerung stiller Reserven dient. Dem Gesetzgeber ist es jedoch nicht gelungen, die Besteuerung der nicht realisierten Wertsteigerungen unmittelbar in dem Zeitpunkt herbeizuführen, in dem ein Wirtschaftsgut vom inländischen Stammhaus in die ausländische Betriebsstätte verbracht wird. Auch beim Vorliegen eines Freistellungs-DBA bleibt die Besteuerung der im Stammhaus angesammelten stillen Reserven durch die Bundesrepublik Deutschland gesichert, so daß der Buchwert zum Ansatz kommt. Im Übrigen würde die Sofortbesteuerung gegen die Niederlassungsfreiheit des Art. 43 EG verstoßen, weil mit dem Aufschub der Besteuerung bis zur Verwirklichung eines Gewinnrealisierungstatbestandes im Ausland ein milderes Mittel gegeben wäre, um die Kohärenz der Steuerordnung zu wahren.

4. Ergebnis

Nicht die Hinzurechnung der Entnahmen zum Unterschiedsbetrag nach § 4 Abs. 1 S. 1 EStG, sondern ihre Bewertung mit dem Teilwert gemäß § 6 Abs. 1 Nr. 4 S. 1, Abs. 5 S. 1 EStG dient der Abrechnung der im Buchwert verborgenen stillen Reserven als ultima ratio. Insoweit ist die Entnahme ein Tatbestand der Gewinnrealisierung ohne Umsatzakt und verwirklicht das Entstrickungsprinzip.

II. Gewinnverwirklichung durch Betriebsaufgabe

1. Rechtsgrundlagen

Zu den Einkünften aus Gewerbebetrieb gehören gemäß § 16 Abs. 1 S. 1 Nr. 1 EStG auch Gewinne, die bei der Veräußerung des ganzen Gewerbebetriebs erzielt werden. Veräußerungsgewinn im Sinne des Absatzes 1 ist der Betrag, um den der Veräußerungspreis nach Abzug der Veräußerungskosten den Wert des Betriebsvermögens übersteigt, § 16 Abs. 2 S. 1 EStG. Nach § 16 Abs. 3 S. 1 EStG gilt als Veräußerung auch die Aufgabe des Gewerbebetriebs. Da im Fall der Aufgabe ein einheitlicher Veräußerungspreis nicht existiert, bestimmt § 16 Abs. 3 Sätze 6 bis 8 EStG, was an die Stelle des Veräußerungspreises des § 16 Abs. 2 EStG tritt. Werden die einzelnen, dem Betrieb gewidmeten Wirtschaftsgüter im Rahmen der Aufgabe des Betriebs veräußert, sind gemäß § 16 Abs. 3 S. 6 EStG die Veräußerungspreise anzusetzen. Werden die Wirtschaftsgüter hingegen nicht veräußert, ist der gemeine Wert im Zeitpunkt der Aufgabe zum Ansatz zu bringen, § 16 Abs. 3 S. 7 EStG. Der gemeine Wert wird durch den Preis bestimmt, der im gewöhnlichen Geschäftsverkehr nach der Beschaffenheit des Wirtschaftsgutes bei einer Veräußerung zu erzielen wäre. Diese Definition des § 9 Abs. 2 S. 1 BewG ist gemäß § 1 Abs. 1 BewG auch auf § 16 EStG anwendbar[577]. Grundstücke und Gebäude sind mit ihrem Verkehrswert anzusetzen[578], für bewegliche Sachen gilt der Einzelveräußerungspreis. Nach alldem ist Aufgabegewinn der Betrag, um den die Summe aus dem Veräußerungspreis für die im Zuge der Aufgabe veräußerten Wirtschaftsgüter, aus dem gemeinen Wert der nicht veräußerten Wirtschaftsgüter und aus in wirtschaftlichem Zusammenhang mit der Aufgabe angefallenen sonstigen Erträgen nach Abzug der Aufgabekosten den Buchwert des Betriebsvermögens im Zeitpunkt der Aufgabe übersteigt[579]. Betriebsaufgaberegelungen enthalten auch die §§ 14 S. 2, 14 a Abs. 3, 18 Abs. 3 S. 2 EStG für land- und forstwirtschaftliche Unternehmen sowie für Vermögen, das der Erzielung von Einkünften aus selbständiger Arbeit dient.

Gegenstand der Veräußerung oder Aufgabe nach § 16 EStG sind neben dem ganzen Gewerbebetrieb der Teilbetrieb, der Mitunternehmeranteil, die das gesamte Nennkapital umfassende Beteiligung an einer Kapitalgesellschaft sowie der Anteil eines persönlich haftenden Gesellschafters einer Kommanditgesellschaft auf Aktien, § 16 Abs. 1 S. 1 EStG. Die vorliegende Untersuchung beschränkt sich auf den Fall der Aufgabe des gesamten Gewerbebetriebs.

2. Zweck

Die Aufgabe des gesamten Gewerbebetriebs bewirkt eine Gewinnverwirklichung. Diese Rechtsfolge läßt sich dem § 16 Abs. 3 S. 1, 6 bis 8 iVm Abs. 1 und 2 EStG entnehmen, der Entstehung und Umfang eines Aufgabegewinns regelt. Die Vorschrift verschweigt jedoch die tatbestandlichen Voraussetzungen der Betriebsaufgabe. § 16 Abs. 3 S. 1 EStG begnügt sich mit der Aussage, die „Aufgabe des Gewerbebetriebs" gelte als Betriebsveräußerung nach § 16 Abs. 1 und 2 EStG. Durch Erfüllung welcher Tatbestandsmerkmale die weitgehende Gleichstellung mit der Veräußerung und – infolge dieser gesetzlichen Fiktion – die Gewinnrealisierung ausgelöst wird, bleibt im Dunkeln. Auch in den übrigen Normen des EStG findet sich keine Definition der Betriebsaufgabe.

Wenige Hinweise auf einzelne Tatbestandsvoraussetzungen enthalten die Wortbedeutung der „Aufgabe des Gewerbebetriebs" sowie die Bewertungsregelungen des § 16 Abs. 3 S. 6, 7 EStG: Der Begriff der „Aufgabe" impliziert jedenfalls, daß der Unternehmer seine bisherige nachhaltige gewerbliche Betätigung, die nach § 15 Abs. 2 EStG den Gewerbebetrieb ausmacht, endgültig einstellt. Aus § 16 Abs. 3 S. 6, 7 EStG ist zu schließen, daß eine Betriebsaufgabe idR gegeben sein muß, wenn alle Betriebsgrundlagen eines Betriebs einzeln an

---

[577] BFH, BStBl. II 1985, 456, 458; BFH, BStBl. II 1997, 561, 564.

[578] BFH, BStBl. II 1984, 294, 296; BFH, BStBl. II 1990, 497, 499; KULOSA, H/H/R, § 16 EStG Anm. 484.

[579] WACKER, Schmidt, EStG, § 16 Rn. 212; KULOSA, H/H/R, § 16 EStG Anm. 480.

verschiedene Erwerber veräußert oder teilweise veräußert und teilweise in ein anderes Vermögen oder ganz in ein anderes Vermögen überführt werden. Damit ist der Tatbestand der Aufgabe des ganzen Gewerbebetriebs allerdings noch nicht umfassend und eindeutig beschrieben. Auskunft über die tatbestandlichen Anforderungen an eine Betriebsaufgabe kann vor allem der Zweck des § 16 EStG geben. Um diesen zu ermitteln, bedarf es zunächst der systematischen und historischen Einordnung der Rechtsgrundlagen der Betriebsaufgabe.

a. Systematische Auslegung

§ 16 Abs. 1 S. 1 und Abs. 3 S. 1 EStG ergänzen die Grundvorschrift des § 15 Abs. 1 bis 3 EStG über die Einkünfte aus Gewerbebetrieb. Sie bestimmen den Umfang der Einkünfte aus Gewerbebetrieb in der Weise, daß auch die bei der Veräußerung des ganzen Gewerbebetriebs (§ 16 Abs. 1 S. 1 Nr. 1 EStG) und bei der Aufgabe des Gewerbebetriebs (§ 16 Abs. 3 S. 1 EStG) erzielten Gewinne einzubeziehen sind. Der Betriebsaufgabetatbestand des § 16 Abs. 3 S. 1 EStG stellt die Aufgabe eines Gewerbebetriebs dessen Veräußerung gleich. Damit wird angeordnet, daß für die Aufgabe des Gewerbebetriebes dieselben Rechtsfolgen wie für die Veräußerung gelten, soweit § 16 Abs. 3 EStG keine Abweichungen statuiert, die den tatsächlichen Unterschieden zwischen Betriebsveräußerung und -aufgabe Rechnung tragen. § 16 Abs. 2 EStG regelt die Ermittlung des Veräußerungsgewinns; aufgrund der Fiktion des § 16 Abs. 3 S. 1 EStG bildet die Norm auch die Grundlage für die Berechnung des Aufgabegewinns. Sie wird ergänzt durch die Bewertungsvorschriften des § 16 Abs. 3 S. 6, 7 EStG.

Sowohl hinsichtlich des Veräußerungsgewinns als auch bezüglich des durch Veräußerung oder ohne Umsatzakt verwirklichten Aufgabegewinns kommt den Regelungen des § 16 EStG konstitutive Bedeutung zu[580]. Das gilt zum einen für die Qualifizierung dieses Gewinns als Einkünfte aus Gewerbebetrieb nach § 2 Abs. 1 S. 1 Nr. 2 EStG. Denn § 15 EStG, der die in § 2 Abs. 1 S. 1 Nr. 2 EStG genannten Einkünfte aus Gewerbebetrieb konkretisiert, erfaßt lediglich die Erträge aus einem *laufenden* gewerblichen Unternehmen, den sog. laufenden Gewinn. Für die Richtigkeit dieser Aussage spricht schon die Systematik des Gesetzes, das eine gesonderte Regelung für den Betriebsveräußerungs- und -aufgabegewinn in § 16 EStG für notwendig erachtet. Auch der Wortlaut des § 15 EStG untermauert diese These: § 15 Abs. 1 S. 1 Nr. 1 iVm Abs. 2 S. 1 EStG definiert die Einkünfte aus Gewerbebetrieb als Erträge „*aus* gewerblichen Unternehmen", die durch selbständige nachhaltige Beteiligung am allgemeinen wirtschaftlichen Verkehr mit Gewinnerzielungsabsicht betrieben werden. Als

---

[580] Reiß, K/S/M, EStG, § 16 Rn. A 31; Geissler, H/H/R, § 16 EStG Anm. 51.

Früchte einer solchen nachhaltigen Betätigung mit Gewinnerzielungsabsicht können nicht mehr die Einkünfte angesehen werden, die dem Unternehmer aus Verwertungsgeschäften zufließen, die er anläßlich der Einstellung des Betriebes tätigt. Der Gewinn aus der Veräußerung oder Aufgabe des ganzen Unternehmens läßt sich mithin nicht unter § 15 Abs. 1 S. 1 Nr. 1 EStG subsumieren.

Dieser Argumentation kann nicht erfolgreich entgegengehalten werden, die Gewinndefinition des § 4 Abs. 1 S. 1 EStG schließe alle Einkünfte aus der Veräußerung von Betriebsvermögen ein. Zutreffend ist, daß § 2 Abs. 2 Nr. 1 EStG für die Ermittlung der Einkünfte aus Gewerbebetrieb auf den Gewinnbegriff des § 4 Abs. 1 S. 1 EStG verweist. Richtig ist auch, daß die Verwirklichung des Totalitätsprinzips zu den Wesenselementen dieses Gewinnbegriffs gehört. In Abgrenzung zu den Überschußeinkunftsarten fließt daher auch der Gewinn in die Einkünfteermittlung ein, der mit der Veräußerung der Einkunftsquelle erzielt wird. Veräußert der Betriebsinhaber im Laufe des Wirtschaftsjahres einzelne Gegenstände des Anlagevermögens, findet dies Eingang in den Betriebsvermögensvergleich und schlägt sich somit im Geschäftsergebnis nieder. Daraus folgt jedoch noch nicht, daß auch die Verwertung des Betriebsvermögens im Zuge der Beendigung des Unternehmens in den Regelungsbereich der §§ 15 und 4 Abs. 1 EStG fällt:

Zwar handelt es sich bei den zur Abwicklung einer Betriebsveräußerung oder -aufgabe vorgenommenen Vermögensverlagerungen letztlich um Veräußerungen und Entnahmen einzelner Wirtschaftsgüter, die bei isolierter Betrachtung aufgrund der §§ 4 Abs. 1 S. 1 und 2, 6 Abs. 1 Nr. 1, 2, 4 S. 1 EStG zu einer Gewinnentstehung führen würden. Die Gewinndefinition des § 4 Abs. 1 S. 1 EStG, nach der das Betriebsvermögen am Schluß des Wirtschaftsjahres mit dem Betriebsvermögen am Schluß des vorangegangenen Wirtschaftsjahres zu vergleichen ist, geht allerdings gedanklich von einem *bestehenden* Betrieb aus[581]. Demgemäß bezieht sich die Gewinnermittlung auf die Periode des Wirtschaftsjahres[582]. Auch Entnahmen erfolgen nach § 4 Abs. 1 S. 2 EStG „im Laufe des Wirtschaftsjahres" aus „dem Betrieb". Vorausgesetzt wird also, daß im Zeitpunkt der Entnahme ein Betrieb besteht und ein Wirtschaftsjahr läuft[583]. Betriebsveräußerung und -aufgabe markieren jedoch das Ende des Wirtschaftsjahres für den veräußerten oder aufgegebenen Betrieb[584]. Wird der Betrieb nicht länger vom selben Steuerpflichtigen fortgeführt, ist nach § 4 Abs. 1 S. 1 EStG für die *laufende* Gewinnermittlung das Betriebsvermögen im Zeitpunkt der Veräußerung/Aufgabe anzusetzen. Der Veräußerungs- oder Aufgabegewinn als Differenz zwischen dem Veräußerungspreis/Aufgabewert und dem gemäß § 6 Abs.

---

[581] REIß, K/S/M, EStG, § 16 Rn. A 14, 21, 31; GEISSLER, H/H/R, § 16 EStG Anm. 51.
[582] REIß, K/S/M, EStG, § 16 Rn. A 14, 21, 31.
[583] REIß, K/S/M, EStG, § 16 Rn. A 31.
[584] REIß, K/S/M, EStG, § 16 Rn. A 31.

1 EStG bewerteten Betriebsvermögen im Zeitpunkt der Veräußerung/Aufgabe könnte daher ohne § 16 EStG nicht über die §§ 15 Abs. 1 bis 3, 4 Abs. 1 S. 1 und 2, 6 Abs. 1 Nr. 1, 2, 4 S. 1 EStG erfaßt werden[585]. Weder der Veräußerungserlös noch die anläßlich einer Aufgabe zurückbehaltenen Wirtschaftsgüter dürfen als entnommen im Sinne des § 4 Abs. 1 S. 2 EStG angesehen werden; es fehlt an einem Herausnehmen aus einem bestehenden Betrieb im Laufe des Wirtschaftsjahres[586]. Die Entnahmevorschriften der §§ 4 Abs. 1 S. 1 und 2, 6 Abs. 1 Nr. 4 S. 1 EStG gelten ausschließlich für den laufenden Gewinn eines vom Steuerpflichtigen fortgeführten Betriebs[587]. Diese Wertung wird durch die Anordnung des Teilwertansatzes für die Entnahme bestätigt. Daraus geht nämlich hervor, daß im Falle der Entnahme die Fortführung des abgebenden Betriebs unterstellt wird[588]. Denn die Legaldefinition des Teilwerts in § 6 Abs. 1 Nr. 1 S. 3 EStG versteht diesen als den Wert des Wirtschaftsguts, den ein Erwerber des ganzen Betriebs im Rahmen des Gesamtkaufpreises für das einzelne Wirtschaftsgut ansetzen würde, wenn er den Betrieb fortführen kann. Festgestellt und angesetzt werden soll also der Wert, der dem Wirtschaftsgut innerhalb eines laufenden Betriebs zukommt[589]. Während der Betrieb trotz der Entnahme von Wirtschaftsgütern fortbesteht, dienen Betriebsaufgabehandlungen gerade der Abwicklung des Betriebsvermögens mit dem Ziel der endgültigen Einstellung der gewerblichen Tätigkeit. Ein Teilwertansatz würde die tatsächlichen wirtschaftlichen Gegebenheiten mißachten. Die Vermögensverschiebungen im Rahmen der Betriebsaufgabe können deshalb nicht den Begriff der Entnahme in den §§ 4 Abs. 1 S. 1 und 2, 6 Abs. 1 Nr. 4 S. 1 EStG erfüllen. Aus diesem Grund existiert für bei einer Betriebsaufgabe nicht veräußerte Wirtschaftsgüter mit § 16 Abs. 3 S. 7 EStG eine eigene Bewertungsregel, die konsequent den Ansatz des gemeinen Wertes anordnet. Allein die Bewertung mit dem gemeinen Wert wird der Nichtfortsetzung des betrieblichen Engagements durch den Steuerpflichtigen gerecht. Nach alldem steht fest, daß die §§ 4 Abs. 1 S. 1 und 2, 6 Abs. 1 Nr. 1, 2, 4 S. 1 sowie 15 Abs. 1 bis 4 EStG nicht greifen, wenn es um Verwertungshandlungen bei Betriebsveräußerung und –aufgabe geht.

Entgegen der verbreiteten Ansicht in Rechtsprechung[590] und Literatur[591] ist § 16 EStG daher nicht lediglich deklaratorischer Natur. Die Norm erweitert vielmehr die sachliche Steuerpflicht gewerblicher Einkünfte nach den §§ 2 Abs.

[585] REIß, K/S/M, EStG, § 16 Rn. A 31; GEISSLER, H/H/R, § 16 EStG Anm. 51.
[586] REIß, K/S/M, EStG, § 16 Rn. A 24, 31.
[587] REIß, K/S/M, EStG, § 16 Rn. A 14, 21.
[588] BFH, BStBl. II 1990, 117, 118; KULOSA, H/H/R, § 16 EStG Anm. 400, 484.
[589] STUHRMANN, Blümich, § 16 EStG Rn. 374.
[590] BFH, BStBl. III 1967, 70, 71; BFH, BStBl. II 1989, 543, 544; BFH, BStBl. II 1993, 710, 714.
[591] WACKER, Schmidt, EStG, § 16 Rn. 6; STUHRMANN, Blümich, § 16 EStG Rn. 4.

1 S. 1 Nr. 2 und 15 EStG auf Erträge aus der Veräußerung und Aufgabe des ganzen Gewerbebetriebs. Da § 15 EStG allein den laufenden Gewinn erfaßt, bedarf es einer gesonderten Qualifikation der Betriebsveräußerungs- und – aufgabegewinne als Einkünfte aus Gewerbebetrieb. Außerdem bildet § 16 Abs. 1, 2 EStG einen eigenständigen Tatbestand der Gewinnverwirklichung durch Veräußerung, weil die Veräußerung des ganzen Gewerbebetriebs nicht dem Anwendungsbereich der §§ 4 Abs. 1 S. 1, 6 Abs. 1 Nr. 1 und 2 EStG unterfällt. Auch die Betriebsaufgabe ist vom Gesetzgeber als Gewinnrealisierungsvorgang eigener Art konzipiert worden[592]. Die Vermögensverlagerungen im Rahmen der Betriebsaufgabe lassen sich nicht unter die §§ 4 Abs. 1 S. 1 und 2, 6 Abs. 1 Nr. 1, 2, 4 S. 1 EStG subsumieren, so daß eine gesonderte Qualifizierung und Quantifizierung des Aufgabegewinns erforderlich ist[593]. Werden die Wirtschaftsgüter veräußert, beruht die Aufdeckung der stillen Reserven auf dem Gewinnrealisierungstatbestand des § 16 Abs. 3 S. 1 und 6, Abs. 2 EStG, der auch hinsichtlich des Umfangs des Gewinns konstitutiv ist. Soweit die Betriebsaufgabe nicht durch Veräußerungen bewirkt wird, schafft § 16 Abs. 3 S. 1, 7, Abs. 2 EStG – parallel zur Entnahme – einen Tatbestand der Gewinnverwirklichung ohne Umsatzakt. Die Entnahme und die Betriebsaufgabe durch Nichtveräußerung unterscheiden sich in der Höhe des Gewinnausweises: § 16 Abs. 3 S. 7 EStG schreibt im Gegensatz zu § 6 Abs. 1 Nr. 4 S. 1 EStG den Ansatz des gemeinen Wertes vor. Damit ist der konstitutive Charakter des § 16 EStG nachgewiesen.

Selbständige Bedeutung kommt dem § 16 Abs. 1 und 3 EStG außerdem als Steuervergünstigung zu, soweit der Freibetrag des § 16 Abs. 4 EStG gewährt wird. Konstitutiv wirken der Betriebsveräußerungs- und der -aufgabetatbestand auch insofern, als daß „Veräußerungsgewinne im Sinne der §§ 14, 14 a Abs. 1, der §§ 16 und 18 Abs. 3" EStG gemäß § 34 Abs. 2 Nr. 1 EStG zu den außerordentlichen Einkünften gehören. Für diese Einkünfte gilt die Tarifglättung des § 34 Abs. 1 EStG; außerdem kann unter bestimmten Voraussetzungen nach § 34 Abs. 3 EStG ein ermäßigter Steuersatz Anwendung finden. Das erfordert eine gesonderte Ermittlung des Veräußerungs- bzw. Aufgabegewinns und dessen Abgrenzung gegenüber dem laufenden Gewinn des Betriebs. Die Abgrenzung ist schließlich für Zwecke der Gewerbesteuer relevant, weil nur der laufende Gewinn der Gewerbesteuer unterliegt.

---

[592] BFH, BStBl. II 1983, 771, 773; BFH, BStBl. II 1984, 474, 478.
[593] Reiß, K/S/M, EStG, § 16 Rn. A 35.

152

b. Historische Auslegung

Das preußische EStG vom 24.6.1891[594] folgte auch nach dem Änderungsgesetz vom 19.6.1906[595] bei der Bestimmung des Einkommens der Quellentheorie. Danach beschränkt sich das Einkommen auf die *Erträge* einer Einkommensquelle. Veränderungen des Werts der Einkommensquelle führen dagegen zu keinen Einkünften. Deshalb unterliegen die Veräußerung der Quelle und ein dadurch entstehender Veräußerungsgewinn nicht der sachlichen Steuerpflicht. Diese Quellentheorie spiegelt sich beispielsweise in § 7 EStG 1906 wider: „Außerordentliche Einnahmen ... gelten nicht als steuerpflichtiges Einkommen, sondern als Vermehrungen des Stammvermögens und kommen ebenso wie Verminderungen des Stammvermögens nur insofern in Betracht, als die Erträge des letzteren dadurch vermehrt oder vermindert werden." Die steuerliche Erfassung der Veräußerung der Quelle Gewerbebetrieb kam folglich nicht in Frage. Bei der Einstellung des Gewerbes wurde auch kein Aufgabegewinn besteuert. Der Wechsel des Inhabers der Einkommensquelle Gewerbebetrieb, gleichgültig ob entgeltlich oder unentgeltlich, bedeutete einkommensteuerrechtlich den Untergang der Einkommensquelle für den früheren und die Begründung einer neuen Einkommensquelle für den neuen Inhaber[596].

Die Nichtsteuerbarkeit von Veräußerungs- und Aufgabegewinnen muß allerdings auch vor dem Hintergrund der Vorschriften über die Bewertung des Betriebsvermögens betrachtet werden. Die Vermögensgegenstände des Anlage- und Umlaufvermögens waren mit dem Zeitwert zu bewerten, § 13 Abs. 1 S. 2 EStG, § 40 Abs. 2 HGB. Maßgeblich war der übliche Verkaufspreis, der wirkliche Wert unter der Voraussetzung der Fortführung des Betriebs[597]. Eine Begrenzung auf die Anschaffungs- oder Herstellungskosten fand nicht statt. Da mithin keine stillen Reserven gebildet wurden, erübrigten sich Sondervorschriften für die Erfassung nicht realisierter Wertsteigerungen im letztmöglichen Zeitpunkt.

Das REStG 1920[598] wandte sich von der preußischen Quellentheorie ab und orientierte sich an der von *von Schanz*[599] vertretenen Vermögenszuwachstheorie. Nach der Gesetzesbegründung[600] sollte sich der Begriff des Einkommens aus einer Gegenüberstellung aller Vermögenszu- und −abgänge in der Periode ergeben. So bestimmte § 5 REStG, daß zum steuerbaren Einkommen nicht nur regelmäßig wiederkehrende Einkünfte, sondern auch einmalige Vermögensmeh-

---

594 PrGS 1891, 175.
595 PrGS 1906, 241; Neubekanntmachung PrGS 1906, 259.
596 FUISTING/STRUTZ, EStG, § 9 Anm. 8.
597 Nachweise bei FUISTING/STRUTZ, EStG, § 13 Anm. 32.
598 RGBl. 1920, 359.
599 FinArch. Bd. 13 (1896), S. 1ff.
600 Drucks. NVers. Nr. 1262, S. 17ff.

rungen zählen. Dennoch erklärte der RFH[601] den Gewinn aus der Veräußerung des ganzen Gewerbebetriebs nicht zum Bestandteil der gewerblichen Einkünfte. Dem lag die Auffassung zugrunde, daß die Veräußerung nicht mehr zum Gewerbebetrieb gehöre, vielmehr mit der Veräußerung das Geschäftsjahr ende und daher der Gewinn nur bis zu diesem Zeitpunkt zu ermitteln sei[602]. Erst als auch die Bewertungsvorschriften gegenüber dem preußischen EStG geändert wurden, fand eine grundsätzliche Neubeurteilung des Problems statt, ob Gewinne aus der Veräußerung des Gewerbebetriebs zu erfassen sind. Nunmehr wurde der Ansatz des Betriebsvermögens höchstens mit den Anschaffungs- oder Herstellungskosten zugelassen, § 33 a REStG[603]. Vor dem Hintergrund dieser Entwicklung bezeichnete der RFH[604] die Erfassung des Veräußerungsgewinns bei der Übertragung eines ganzen Gewerbebetriebs als „folgerichtig". Da im laufenden Betrieb die Vermögenswertsteigerungen zunächst nicht erfaßt würden, die aufgeschobene Besteuerung aber bei einer Veräußerung und Entnahme nachgeholt werde, sei es folgerichtig, auch den Gewinn aus der Veräußerung des ganzen Gewerbebetriebs als Geschäftsgewinn zu behandeln. Trotzdem erfolgte unter Berufung auf die gesetzlichen Maßnahmen zur Vermeidung einer Scheingewinnbesteuerung wegen der eingetretenen Geldentwertung keine Besteuerung der Veräußerungs- und Aufgabegewinne. Aus der Tatsache, daß die Geldentwertungsgesetzgebung keine Sonderregelung für die Vermeidung der Scheingewinnbesteuerung bei einer Geschäftsveräußerung enthielt, wurde geschlossen, daß der Gesetzgeber „stillschweigend" von der Nichtsteuerbarkeit derartiger Gewinne ausgegangen sei. Ob das Gesetz tatsächlich eine Besteuerung des Veräußerungs- und Aufgabegewinns anordnete, ließ der RFH offen. § 33 REStG spricht wohl dagegen, weil dort für die Ermittlung der Einkünfte auf einen Betriebsvermögensvergleich mit Hilfe von Handelsbilanzen verwiesen wurde. Die Ergebnisse einer Veräußerung oder Aufgabe des ganzen Gewerbebetriebs schlagen sich jedoch gerade nicht mehr in der Schlußbilanz nieder[605].

Das EStG 1925[606] führte die Vermögenszuwachskonzeption des REStG 1920 nicht fort und bestimmte in § 6 die Einkünfte aus acht abschließend aufgezählten Einkunftsarten als Einkommen. Insbesondere sollte nicht mehr jeder einmalige Vermögenszuwachs in der Periode zum Einkommen gehören. Der bei den Einkünften aus Gewerbebetrieb als Einkommen geltende Gewinn wurde durch Betriebsvermögensvergleich ermittelt, §§ 6 Abs. 1 Nr. 2, 7 Abs. 2 Nr. 1, §§ 12, 13 EStG. § 19 Abs. 1 EStG schrieb für Gegenstände des Betriebsvermögens allge-

[601] RFH, RFHE 13, 101ff.
[602] RFH, RFHE 12, 242f.
[603] Einführung durch Änderungsgesetz vom 24.3.1921, RStBl. 1921, 313.
[604] RFH, RFHE 15, 47, 49.
[605] Vgl. zu den Einzelheiten REIß, K/S/M, EStG, § 16 Rn. A 77.
[606] RGBl. 1925, 189.

mein den Ansatz des gemeinen Wertes vor, für Gegenstände des Anlagevermögens den Ansatz des Teilwertes. § 19 Abs. 2 EStG gestattete statt dessen den Ansatz der Anschaffungs- oder Herstellungskosten. Die Gesetzesbegründung[607] enthielt den Hinweis, daß durch den möglichen Ansatz der Anschaffungs- und Herstellungskosten, der „in der Praxis die Regel bilden wird, der Grundsatz der Nichtbesteuerung nichtrealisierter Konjunkturgewinne anerkannt werde". Die Entwurfsbegründung führt weiter aus: Der Entwurf[608] des EStG 1925 „will also Konjunkturgewinne freilassen, solange sie nicht realisiert sind, aber besteuern, sobald sie realisiert werden. Häufig wird erst bei Aufgabe oder Veräußerung der Gewinn realisiert; der Grundsatz führt daher mit zwingender Notwendigkeit dazu, den dann erzielten ... Gewinn zu besteuern." Demgemäß enthielt § 30 EStG folgende Regelung: „(1) Als Einkünfte aus Gewerbebetrieb gelten auch Gewinne, die erzielt werden bei der Veräußerung 1. des Gewerbebetriebs als ganzem ... (4) Der Veräußerung eines Gewerbebetriebs als ganzem ... steht es ferner gleich, wenn ein Gewerbebetrieb aufgegeben wird. Hierbei ist für die Ermittlung des Gewinns von den Veräußerungspreisen der einzelnen dem Betriebe gewidmeten Gegenstände auszugehen. Für Gegenstände, die nicht veräußert werden, tritt an die Stelle des Veräußerungspreises der gemeine Wert im Zeitpunkt der Aufgabe. ..."

Das EStG 1934[609] knüpfte prinzipiell an die Vorschriften des EStG 1925 an, insbesondere auch § 16 EStG 1934 an § 30 EStG 1925[610]. § 16 Abs. 1 bis 3 EStG 1934 entsprechen im Wortlaut den heutigen § 16 Abs. 1 bis 3 EStG.

c. Teleologische Auslegung

Die systematische und die historische Auslegung offenbaren, daß § 16 EStG das Ziel verfolgt, die steuerliche Erfassung der stillen Reserven sicherzustellen. Als zusätzliche Tatbestände der Gewinnverwirklichung treten die Betriebsveräußerung und die Betriebsaufgabe neben die Veräußerung und die Entnahme. Ihre Stellung als eigenständige Säulen der einkommensteuerlichen Gewinnrealisierung verdanken sie der begrenzten Reichweite der §§ 4 Abs. 1 S. 1 und 2, 6 Abs. 1 Nr. 1, 2, 4 S. 1 EStG. Soweit diese Veräußerungs- und Entnahmeregelungen zu einem Gewinnausweis führen, verwirklichen sie das Leistungsfähigkeitsprinzip. Die Normen greifen jedoch nur dann, wenn trotz der Veräußerung oder Entnahme einzelner Wirtschaftsgüter der Betrieb vom selben Steuerpflichtigen fortgeführt wird. Finden die Vermögensverschiebungen dagegen im Zuge der Ver-

---

[607] RT-Drucks. Nr. 795, S. 50f.
[608] RT-Drucks. Nr. 795, S. 50f.
[609] RGBl. I, 1005; amtl. Begründung, RStBl. 1935, 33.
[610] amtl. Begründung, RStBl. 1935, 33, 42.

äußerung oder Aufgabe des gesamten Unternehmens statt, entfalten die §§ 4 Abs. 1 S. 1 und 2, 6 Abs. 1 Nr. 1, 2, 4 S. 1 EStG keine Wirkung; ihr Anwendungsbereich ist auf den *laufenden* Betrieb beschränkt. Demzufolge schließt § 16 EStG eine Lücke in der Erfassung steuerlicher Leistungsfähigkeit, wenn er den Gewinnausweis auf Betriebsveräußerungs- und -aufgabehandlungen erstreckt. Erst die durch die §§ 14, 16 und 18 Abs. 3 EStG gewährleistete Einbeziehung von Veräußerungs- und Aufgabegewinnen in die sachliche Steuerpflicht bewirkt, daß der Totalgewinn als das Gesamtergebnis des Betriebes von dessen Entstehung bis zur Veräußerung oder Aufgabe besteuert wird. Ohne § 16 EStG würden die bis zur Veräußerung oder Aufgabe des Geschäfts noch nicht besteuerten Wertsteigerungen des Betriebsvermögens dem Zugriff des Fiskus endgültig entgehen. Die steuerliche Erfassung aller stillen Reserven im letztmöglichen Zeitpunkt muß deshalb als Hauptanliegen der Vorschrift betrachtet werden[611].

Soweit bei der Betriebsveräußerung oder –aufgabe ein Erfolg durch Umsatzakt am Markt realisiert wird, verwirklicht § 16 EStG neben dem Leistungsfähigkeits- auch das Realisationsprinzip: Durch die Veräußerung des Wirtschaftsguts bzw. des gesamten Betriebs erlangen die bisher nicht in der Bilanz ausgewiesenen Wertsteigerungen des Betriebsvermögens Erfolgswirksamkeit; der Grundsatz der maßvollen Besteuerung des Eigentums verbietet nicht länger den Zugriff des Fiskus.

Werden die Wirtschaftsgüter im Rahmen der Betriebsaufgabe nicht veräußert, ordnet § 16 Abs. 3 S. 7 EStG den Ansatz des gemeinen Werts im Zeitpunkt der Aufgabe an, was ebenfalls die Aufdeckung der stillen Reserven bewirkt. Dies ist trotz des Fehlens eines Umsatzgeschäfts gerechtfertigt, weil der Moment der aufgabebedingten Vermögensverschiebung die letzte Möglichkeit bietet, die stillen Reserven bei dem Steuersubjekt zu belasten, das sie gebildet hat. Der Grundsatz der vollständigen Erfassung der Leistungsfähigkeit eines Steuerpflichtigen erlaubt kein längeres Zuwarten des Fiskus. Das gilt zum einen für die Verbringung eines Wirtschaftsguts ins Privatvermögen des Betriebsinhabers: Dort entgehen die bisher nicht realisierten Wertsteigerungen endgültig der Besteuerung, weil Veräußerungserfolge außerhalb der Gewinneinkunftsarten nur ausnahmsweise zum Einkommen zählen. Zum anderen droht bei der unentgeltlichen Übertragung eines Wirtschaftsguts auf ein anderes Steuersubjekt der Verlust des staatlichen Steueranspruchs: Die Nichtaufdeckung der stillen Reserven anläßlich dieser Transaktion würde dem Subjektsteuerprinzip zuwiderlaufen. Folgerichtig hat der Gesetzgeber deshalb neben der Entnahme einen weiteren Tatbestand der Gewinnverwirklichung ohne Umsatzakt geschaffen[612], der mitunter „Totalent-

---

[611] BFH, BStBl. II 1975, 168, 171; BFH, BStBl. II 1982, 381, 383; BFH, BStBl. II 1991, 512, 513; REIß, K/S/M, EStG, § 16 Rn. A 22, F 23.
[612] REIß, K/S/M, EStG, § 16 Rn. A 22, F 23.

nahme" genannt wird[613]. § 16 Abs. 3 S. 1, 7 EStG repräsentiert mithin das Leistungsfähigkeits- und das Subjektsteuerprinzip. Soweit die Betriebsaufgabe nicht durch Veräußerungen bewirkt wird, ist § 16 Abs. 3 EStG ferner Ausfluß des Entstrickungsprinzips. Gemäß diesem Grundsatz sind im Zeitpunkt des Ausscheidens aus der Steuerverstrickung die stillen Reserven trotz Fehlens eines Umsatzaktes als ultima ratio aufzudecken. Oben[614] wurde das Prinzip der Steuerentstrickung als denknotwendige Folge von Leistungsfähigkeits- und Subjektsteuerprinzip entwickelt. Selbstverständlich kennt das Einkommensteuerrecht keinen „allgemeinen" Entstrickungsgrundsatz in dem Sinne, daß unabhängig von der Verwirklichung eines gesetzlichen Besteuerungstatbestandes die stillen Reserven immer dann aufzudecken sind, wenn die Steuerverhaftung eines Gegenstandes endet. Beim Entstrickungsprinzip handelt es sich um keine ungeschriebene Generalklausel, die den Fiskus von Steuerausfällen verschont. Vielmehr wird die Reichweite des Entstrickungsgrundsatzes durch das Prinzip der Tatbestandsmäßigkeit der Besteuerung bestimmt und begrenzt. Zu Recht warnt *Knobbe-Keuk*[615] davor, durch eine ausgedehnte Anwendung des Entnahme- und Betriebsaufgabetatbestandes dem „allgemeinen" Steuerentstrickungsgrundsatz durch die Hintertür doch wieder Geltung zu verschaffen und so die Steuerpflicht über das Gesetz hinaus zu erweitern. Diese berechtigte Vorsicht darf jedoch nicht zur Leugnung der Existenz eines Entstrickungsprinzips führen, wie sie in der Literatur[616] weit verbreitet ist. Denn als Kern der Entnahme- und Betriebsaufgabebesteuerung prägt der Grundsatz der Steuerentstrickung ganz entscheidend die einkommensteuerliche Gewinnrealisierung. Erst das Ineinandergreifen von Leistungsfähigkeits-, Realisations-, Subjektsteuer- und Entstrickungsprinzip bewirkt die Aufdeckung der stillen Reserven von Wirtschaftsgütern zum richtigen Zeitpunkt. Ohne die Einbeziehung des Entstrickungsprinzips kann das deutsche System der einkommensteuerrechtlichen Gewinnverwirklichung nicht zutreffend beschrieben werden. Vor diesem Hintergrund geht auch die Bezeichnung der Entnahme- und Betriebsaufgabevorschriften als „Ersatzrealisationstatbestände"[617] völlig fehl: Als Auslöser der Gewinnrealisierung stehen Veräußerung und Entnahme sowie Betriebsveräußerung und Betriebsaufgabe in keinem Regel-Ausnahme-Verhältnis, sondern auf gleicher

---

[613] BFH, BStBl. II 1975, 168, 171; BFH, BStBl. II 1983, 771, 773; BFH, BStBl. II 1984, 474, 478.

[614] Vgl. 2. Teil, D.

[615] KNOBBE-KEUK, Bilanz- u. UnternehmensStR, S. 278.

[616] KULOSA, H/H/R, § 16 EStG Anm. 437; KNOBBE-KEUK, Bilanz- u. UnternehmensStR, S. 277f.; RAUPACH, Ruppe, Gewinnrealisierung im StR, DStJG 4, S. 141f.; FRIAUF, Ruppe, Gewinnrealisierung im StR, DStJG 4, S. 142; STOLL, Ruppe, Gewinnrealisierung im StR, DStJG 4, S. 207, 234; REIß, K/S/M, EStG, § 16 Rn. F 66ff.; TIPKE, StuW 1972, 264, 268.

[617] KNOBBE-KEUK, Bilanz- u. UnternehmensStR, S. 269ff., 789.

Stufe. Nach alldem muß § 16 Abs. 3 EStG – soweit die Wirtschaftsgüter des Betriebes nicht veräußert werden – als ein Repräsentant des Entstrickungsgrundsatzes verstanden werden. Maßstab für die Auslegung der Rechtsgrundlagen der Betriebsaufgabe ist deshalb deren Zweck, die stillen Reserven im Zeitpunkt des Ausscheidens aus der Steuerverstrickung trotz Fehlens eines Umsatzaktes als ultima ratio der Besteuerung zuzuführen.

Bei der Interpretation des § 16 EStG verdienen außerdem die Tarifglättung des § 34 Abs. 1, 2 Nr. 1 EStG und der ermäßigte Steuersatz des § 34 Abs. 3 EStG Beachtung. Durch die ermäßigte Besteuerung des Betriebsveräußerungs- und -aufgabegewinns soll die zeitlich zusammengeballte Aufdeckung stiller Reserven begünstigt und damit die Progressionswirkung des Einkommensteuertarifs entschärft werden[618]. Denn der Gewinn des § 16 EStG beruht häufig auf der Aufdeckung stiller Reserven, die über einen sehr langen Zeitraum hinweg angesammelt wurden. Es handelt sich um einmalig auftretende außerordentliche Einkünfte, deren Belastung mit einem erhöhten Steuersatz unbillig wäre[619]. Von dieser gesetzlichen Wertung muß sich die Definition der Betriebsaufgabe auch leiten lassen. Schließlich wird die Konkretisierung des Betriebsaufgabetatbestandes durch die Freibetragsregelung des § 16 Abs. 4 EStG beeinflußt. Sinn dieses Freibetrags ist es, den Inhabern von aus Altersgründen oder wegen Berufsunfähigkeit veräußerten oder aufgegebenen Betrieben zu ermöglichen, den Gewinn ungeschmälert für ihre Altersversorgung zu verwenden[620]. Dies gilt es bei der Bestimmung des Betriebsaufgabebegriffs ebenfalls zu berücksichtigen.

d. Teilergebnis

Die Betriebsaufgabe gehört neben der Entnahme, der Veräußerung und dem Tausch sowie der Betriebsveräußerung zu den Tatbeständen der Gewinnrealisierung. § 16 Abs. 3 EStG bezweckt die steuerliche Erfassung aller stillen Reserven des Betriebsvermögens bei dessen Inhaber im letztmöglichen Zeitpunkt. Die Besteuerung der Betriebsaufgabe verwirklicht folglich das Leistungsfähigkeits- und das Subjektsteuerprinzip. Soweit der Tatbestand durch die Veräußerung der Wirtschaftsgüter erfüllt wird, repräsentiert § 16 Abs. 3 EStG darüber hinaus das Realisationsprinzip. Soweit die Wirtschaftsgüter des Betriebsvermögens nicht veräußert werden, ist die Gewinnrealisierung Ausfluß des Entstrickungsprinzips.

---

[618] BFH, BStBl. III 1957, 414; BFH, BStBl. II 1985, 508, 510.
[619] GLANEGGER/SEEGER, Schmidt, EStG, § 34 Rn. 1.
[620] STUHRMANN, Blümich, § 16 EStG Rn. 446.

3. Voraussetzungen

a. Gegenstand der Betriebsaufgabe

Als einen möglichen Gegenstand der Aufgabe benennt § 16 Abs. 3 S. 1 EStG den Gewerbebetrieb. Damit ist der Betriebsbegriff gemeint, der auch der einkommensteuerrechtlichen Gewinnermittlung nach den §§ 4 bis 6 EStG und nach § 16 Abs. 1, 2 EStG zugrunde liegt. Denn all diesen Vorschriften geht es um die Feststellung des Gewinns einer betrieblichen Organisationseinheit eines Steuerpflichtigen. Während sich die §§ 4 Abs. 1 S. 1 und 2, 6 Abs. 1 Nr. 1, 2, 4 S. 1 EStG mit der laufenden Gewinnermittlung eines Betriebs innerhalb eines Wirtschaftsjahres befassen, bezieht § 16 EStG den Veräußerungs- und Aufgabegewinn in die Bestimmung des Geschäftsergebnisses mit ein. Auf diese Weise wird der Totalgewinn als das Gesamtergebnis des Betriebes von seiner Entstehung bis zur Veräußerung oder Aufgabe vollständig beschrieben. Denknotwendig müssen sämtliche Gewinnermittlungsnormen vom selben Betriebsbegriff ausgehen. Es gilt daher der enge Betriebsbegriff[621], gemäß dem der Unternehmer auch innerhalb einer Einkunftsart mehrere Einzelbetriebe unterhalten, veräußern und aufgeben kann. Gegenstand der Betriebsaufgabe nach § 16 Abs. 3 EStG ist folglich der jeweilige Einzelbetrieb des Steuerpflichtigen.

Gemäß § 15 Abs. 2 S. 1 EStG ist Gewerbebetrieb eine selbständige nachhaltige Betätigung, die mit Gewinnerzielungsabsicht unternommen wird und sich als Beteiligung am allgemeinen wirtschaftlichen Verkehr darstellt. Die Legaldefinition beschreibt den Gewerbebetrieb als eine *Betätigung* des Steuerpflichtigen (Handlungstatbestand). Ohne Modifikationen kann sie nicht auf den Tatbestand der Betriebsveräußerung und –aufgabe angewandt werden. Denn dem Zweck des § 16 EStG, die Erfassung der nicht realisierten Wertsteigerungen des Betriebsvermögens sicherzustellen, wird der handlungsbezogene Betriebsbegriff nicht ausreichend gerecht. Neben die gewerbliche Tätigkeit muß deshalb das der Tätigkeit gewidmete *Vermögen* als weiteres Wesenselement des Gewerbebetriebs treten (Zustandstatbestand). Diese Ergänzung erzwingt schon § 16 Abs. 2 S. 1 EStG, gemäß dem der Veräußerungsgewinn der Betrag ist, um den der Veräußerungspreis abzüglich der Veräußerungskosten den Wert des Betriebsvermögens übersteigt[622]. Noch deutlicher bezeichnet § 18 Abs. 3 S. 1 EStG den Gegenstand der Veräußerung, indem er den Veräußerungsgewinn als Gewinn definiert, der bei der Veräußerung des der selbständigen Arbeit dienenden Vermögens erzielt wird. Betrieb im Sinne der §§ 14, 16, 18 Abs. 3 EStG ist mithin die aus organisatorisch zusammengefaßtem Vermögen bestehende Erwerbsgrundla-

---

[621] Vgl. oben 2. Teil, D., I., 2., a.
[622] PLÜCKEBAUM, K/S/M, EStG, § 4 Rn. B 7.

ge, mit deren Hilfe eine bestimmte betriebliche Betätigung entfaltet wurde[623].
Beim Betrieb als Zustandstatbestand handelt es sich um das Mittel zur Erzielung
von Gewinn aus einer selbständigen nachhaltigen Tätigkeit, die wiederum den
Betrieb als Handlungstatbestand auszeichnet[624].

b. Endgültige Einstellung der werbenden Tätigkeit – Betriebsaufgabe durch unentgeltliche Übertragung des Betriebs gemäß § 6 Abs. 3 EStG

aa. Endgültige Einstellung der werbenden Tätigkeit

Bereits aus dem Begriff der „Aufgabe" läßt sich schließen, daß der Unternehmer
seine bisherige spezifische gewerbliche Betätigung, die nach § 15 Abs. 2 S. 1
EStG den Gewerbebetrieb ausmacht, endgültig einstellt. Aufgrund des tätig-
keitsbezogenen Wesenselements des Betriebsbegriffs, auf das auch im Rahmen
des § 16 EStG nicht verzichtet werden kann, muß mit der Betriebsaufgabe stets
die Beendigung der werbenden Tätigkeit seitens des Steuerpflichtigen einhergehen[625]. Ohne die selbständige nachhaltige Tätigkeit gibt es keinen Betrieb[626]. Die
Veräußerung aller wesentlichen Betriebsgrundlagen oder deren Verbringung in
den außerbetrieblichen Bereich stellt nur die Veräußerung oder Entnahme von
Betriebsmitteln und keine Betriebsaufgabe dar, wenn nicht auch die mit ihnen
ausgeübte Tätigkeit aufgegeben wird[627]. Ein Gewerbetreibender ist allerdings
nicht daran gehindert, seinen Betrieb nach § 16 Abs. 3 S. 1 EStG aufzugeben
und unmittelbar darauf einen neuen Betrieb – gleicher oder verschiedener Art –
zu eröffnen. Er muß dazu eben die gewerbliche Tätigkeit in Bezug auf eine konkrete Erwerbsgrundlage einstellen und hinsichtlich einer neuen aufnehmen[628].
Für die Abgrenzung dieses Vorgehens von einer bloßen Auswechslung des Anlagevermögens ist entscheidend, daß sich die bisherige und die neue betriebliche
Betätigung nach dem Gesamtbild der Verhältnisse bei wirtschaftlicher Betrachtung und nach der Verkehrsauffassung nicht als wirtschaftlich identisch darstellen[629].

[623] PLÜCKEBAUM, K/S/M, EStG, § 4 Rn. B 7.
[624] PLÜCKEBAUM, K/S/M, EStG, § 4 Rn. B 13, 16.
[625] REIß, K/S/M, EStG, § 16 Rn. F 6.
[626] PLÜCKEBAUM, K/S/M, EStG, § 4 Rn. B 11.
[627] BFH, BStBl. II 1985, 245, 246; PLÜCKEBAUM, K/S/M, EStG, § 4 Rn. B 11.
[628] BFH, BStBl. II 1976, 670, 671; REIß, K/S/M, EStG, § 16 Rn. F 22.
[629] BFH, BStBl. II 1976, 670, 671; BFH, BStBl. II 1985, 131, 132; REIß, K/S/M, EStG,
§ 16 Rn. F 22; HÖRGER/RAPP, L/B/P, EStG, § 16 Rn. 78.

bb. Betriebsbeendigung in der Weise, daß der „Betrieb als selbständiger Organismus des Wirtschaftslebens" zu bestehen aufhört

Die Rechtsprechung[630] und der überwiegende Teil der Literatur[631] verlangen für eine Betriebsaufgabe allerdings mehr als nur die Einstellung der werbenden Tätigkeit. Sie fordern eine Betriebsbeendigung in der Weise, daß der „Betrieb als selbständiger Organismus des Wirtschaftslebens" zu bestehen aufhört. Dieses Kriterium sei notwendig, um die Betriebsaufgabe von der Veräußerung eines Gewerbebetriebs abzugrenzen. Während der Betriebsinhaber bei der Veräußerung ein lebendes, fortführbares Unternehmen auf ein anderes Steuersubjekt übertrage, werde der Betrieb im Zuge der Betriebsaufgabe zerschlagen. Diese Differenzierung hat zur Folge, daß die unentgeltliche Übertragung eines ganzen Betriebes auf ein anderes Steuersubjekt, wie sie in § 6 Abs. 3 EStG geregelt ist, nicht unter den Betriebsaufgabetatbestand des § 16 Abs. 3 EStG subsumiert werden kann[632]. Denn bei der unentgeltlichen Betriebsübertragung stellt der bisherige Geschäftsinhaber seine gewerbliche Tätigkeit zwar endgültig ein, der Übernehmer des Betriebsvermögens macht es aber zur Grundlage einer eigenen selbständigen nachhaltigen Betätigung. Dadurch bleibt der „Betrieb", versteht man ihn (fehlerhaft) als eigenständigen Organismus des Wirtschaftslebens, bestehen.

Diese Auffassung findet jedoch weder im Wortlaut noch in der Systematik noch im Zweck der Betriebsaufgabevorschriften eine Stütze. Als völlig unfruchtbar erweist sich schon das Wortlautargument, im Gegensatz zum Tatbestand der Betriebsveräußerung verlange § 16 Abs. 3 EStG nicht, daß die Wirtschaftsgüter des Betriebsvermögens auf lediglich *einen* Erwerber übertragen werden. Dies ist zwar zutreffend, läßt jedoch keinesfalls den Umkehrschluß zu, daß das Betriebsvermögen zwingend auf *mehrere* Empfänger verteilt werden *muß*. Gemäß § 16 Abs. 3 S. 6, 7 EStG steht es dem Unternehmer frei, die Betriebsgrundlagen einzeln an verschiedene Erwerber zu veräußern oder teilweise zu veräußern und teilweise in ein anderes Vermögen oder ganz in ein anderes Vermögen zu überführen. Zur Abgrenzung der Betriebsaufgabe gegenüber der Betriebsveräußerung ist es allein notwendig, daß die Wirtschaftsgüter dann von *verschiedenen* Steuerpflichtigen übernommen werden, wenn die Aufgabe ausschließlich im Wege der Veräußerung bewirkt wird. Ansonsten besteht keinerlei Anlaß, dem § 16 Abs. 3 EStG ein Verbot der Übertragung des gesamten Betriebsvermögens auf ein einziges Steuersubjekt zu entnehmen. Deshalb könnte

---

[630] RFH, RStBl. II 1935, 1356; BFH, BStBl. II 1975, 168, 171; BFH, BStBl. II 1987, 342; BFH, BStBl. II 1989, 602, 604; BFH, BStBl. II 1991, 512, 513; BFH, BStBl. II 1994, 105f.
[631] KULOSA, H/H/R, § 16 EStG Anm. 405, 415; GRATZ, H/H/R, § 6 EStG Anm. 1330; HÖRGER/RAPP, L/B/P, EStG, § 16 Rn. 78; WACKER, Schmidt, EStG, § 16 Rn. 173.
[632] So GRATZ, H/H/R, § 6 EStG Anm. 1330; HÖRGER/RAPP, L/B/P, EStG, § 16 Rn. 76.

die unentgeltliche Abgabe eines Betriebs durchaus zu den Formen der Betriebsaufgabe nach § 16 Abs. 3 EStG gehören.

Die Annahme, bei einer Betriebsaufgabe müsse der Gewerbebetrieb als selbständiger Organismus des Wirtschaftslebens zu bestehen aufhören, beruht auf einem falschen Verständnis des Betriebsbegriffs. Wie oben bereits ausgeführt, setzt sich der von § 16 EStG verwendete Begriff des Betriebes aus einem Handlungs- und einem Zustandstatbestand zusammen. Über den Handlungstatbestand findet der Grundsatz der Subjektbindung der Einkommensteuer Eingang in den Betriebsaufgabetatbestand. Subjektiv steuerpflichtig ist die natürliche Person (§ 1 Abs. 1 EStG) mit den Einkünften, die sie *erzielt* hat (Handlungstatbestand, § 2 Abs. 1 EStG). Nach dem Handlungstatbestand richtet sich mithin die persönliche Zurechnung der Einkünfte[633]. § 15 Abs. 2 S. 1 EStG, der die Einkünfte aus einem laufenden Gewerbebetrieb betrifft, beschreibt den Handlungstatbestand als selbständige nachhaltige wirtschaftliche Betätigung gewerblicher Art, die von einem Steuersubjekt – dem Gewerbetreibenden – unternommen wird. Anhand der Erfüllung des Handlungstatbestandes wird demnach ein Betrieb einem bestimmten Steuersubjekt zugeordnet und gleichzeitig von anderen Betrieben abgegrenzt[634]. Der Betriebsbegriff ist folglich untrennbar mit dem den Handlungtatbestand erfüllenden Steuersubjekt verbunden. Von Steuersubjekten abgekoppelte „selbständige Organismen des Wirtschaftslebens" existieren im Rahmen der einkommensteuerrechtlichen Gewinnermittlung nicht. Das gilt selbstverständlich nicht nur für den laufenden Gewerbebetrieb, sondern genauso für die Betriebsaufgabe nach § 16 Abs. 3 EStG. Die Einkünfte aus den Aufgabehandlungen werden *dem* Steuerpflichtigen zugerechnet, der die bisherige gewerbliche Betätigung nunmehr endgültig einstellt. Auch die Betriebsaufgabe muß daher immer bezogen auf ein bestimmtes Steuersubjekt verstanden werden. Für die Erfüllung des Tatbestandes des § 16 Abs. 3 S. 1 EStG ist deshalb notwendig und ausreichend, daß der Unternehmer die werbende Tätigkeit endgültig beendet und die Wirtschaftsgüter des Betriebsvermögens in sein Privatvermögen oder das Vermögen eines anderen Steuersubjekts überführt. Es spielt hingegen keine Rolle, ob die Betriebsmittel als organisatorische Einheit so verbunden bleiben, daß ihr Empfänger das Geschäft als eigene selbständige nachhaltige gewerbliche Betätigung mit Gewinnerzielungsabsicht fortführen kann[635]. Denn jedenfalls entstünde wegen der Subjektbezogenheit des Betriebsbegriffs ein neuer Gewerbebetrieb im Sinne der §§ 15, 16 EStG; der alte ist mit der Lösung des Betriebsvermögens vom bisherigen Inhaber und dem Ende von dessen Betätigung untergegangen. Einer Zerschlagung des betrieblichen Organismus bedarf es zur Erfüllung des Tatbestandes der Betriebsaufgabe nach alldem nicht. Bei

---

[633] PLÜCKEBAUM, K/S/M, EStG, § 4 Rn. B 12.
[634] PLÜCKEBAUM, K/S/M, EStG, § 4 Rn. B 12f.
[635] So auch TROOST, Buchwertfortführung, S. 108ff.

162

der in § 6 Abs. 3 EStG vorgesehenen unentgeltlichen Übertragung aller wesentlichen Betriebsgrundlagen auf ein anderes Steuersubjekt handelt es sich also um eine Aufgabe des Gewerbebetriebs nach § 16 Abs. 3 S. 1 EStG. Dieses Ergebnis läßt sich mit einem weiteren systematischen Argument untermauern: Die gesetzliche Fiktion des § 16 Abs. 3 S. 1 EStG, gemäß der als Veräußerung auch die Aufgabe des Gewerbebetriebs gilt, erlaubt es nämlich, bei der Bestimmung der Voraussetzungen der Betriebsaufgabe auf die Tatbestandsmerkmale der Betriebsveräußerung zurückzugreifen. Differenzierungen sind nur geboten, soweit Wesensunterschiede von Veräußerung und Aufgabe diese erzwingen. Zwar enthält § 16 Abs. 3 S. 1 EStG primär eine Rechts*folgen*verweisung. Aufgrund des übereinstimmenden Gesetzeszwecks und der parallelen gesetzlichen Systematik drängt sich eine gleichlaufende Interpretation des Betriebsveräußerungs- und des –aufgabetatbestandes jedoch auf. Bei der Veräußerung des Gewerbebetriebs nach § 16 Abs. 1, 2 EStG werden alle wesentlichen Betriebsgrundlagen entgeltlich auf einen Erwerber übertragen. Diese Definition befaßt sich allerdings nur mit dem Zustandstatbestand des Betriebsbegriffs. Vollständig ist die Beschreibung der Betriebsveräußerung erst, wenn auch der Handlungstatbestand Berücksichtigung findet. Deshalb ist zu ergänzen, daß der Unternehmer im Zuge der Betriebsveräußerung seine werbende Tätigkeit endgültig einstellen muß[636]. Beendet werden muß die spezifische, auf der Grundlage des übertragenen Betriebsvermögens ausgeübte Betätigung[637]. Dies ändert naturgemäß nichts daran, daß die aus den Betriebsmitteln bestehende betriebliche Organisationseinheit erhalten bleibt und von ihrem Erwerber zur Basis seiner neuen gewerblichen Tätigkeit gemacht werden kann. Dem Tatbestand des § 16 Abs. 1, 2 EStG ist die Übertragung eines lebenden, fortführbaren Organismus des Wirtschaftslebens gerade immanent. Als ungenau erweist sich allerdings der Begriff der „Betriebsveräußerung", weil ein Gewerbebetrieb aufgrund des subjektbezogenen Handlungstatbestandes überhaupt nicht veräußerbar ist. Veräußert werden kann lediglich das Betriebsvermögen mit dem Potential, bei fortgesetzter Nutzung auch künftig Gewinn abzuwerfen. Die den Betrieb ebenfalls konstituierende Betätigung muß der Veräußerer dagegen einstellen. Hier zeigt sich jedenfalls, daß die endgültige Einstellung der werbenden Tätigkeit bei gleichzeitiger Übertragung eines lebenden betrieblichen Organismus keinen Widerspruch bedeutet. Für den Tatbestand der Betriebsaufgabe kann insoweit nichts anderes gelten als für den der Betriebsveräußerung. Auch im Rahmen des § 16 Abs. 3 EStG muß für die Erfüllung der Tatbestandsvoraussetzungen unschädlich sein, daß der betriebliche Organismus als wirtschaftliche Funktionseinheit bestehen bleibt und von einem anderen Steuersubjekt fortgeführt wird,

---

[636] BFH, BStBl. II 1996, 527, 529; GEISSLER, H/H/R, § 16 EStG Anm. 135; WACKER, Schmidt, EStG, § 16 Rn. 97; TIEDTKE/WÄLZHOLZ, DStR 1999, 217ff.
[637] BFH, BStBl. II 1996, 409, 411ff.

solange sich der bisherige Betriebsinhaber vom Betriebsvermögen löst und seine werbende Tätigkeit endgültig beendet. Gründe für eine insoweit abweichende Auslegung des Betriebsaufgabetatbestandes gegenüber dem Tatbestand der Betriebsveräußerung sind nicht ersichtlich. Deshalb geht die Forderung einer Zerschlagung des Betriebs als „selbständigem Organismus des Wirtschaftslebens" fehl. Die unentgeltliche Übertragung eines Betriebs auf einen anderen Steuerpflichtigen stellt mithin eine Betriebsaufgabe nach § 16 Abs. 3 S. 1 EStG dar.

Entgegen der herrschenden Meinung in Rechtsprechung[638] und Literatur[639] folgt aus der Regelung des § 6 Abs. 3 EStG nichts anderes. Die Vorschrift betrifft die Bewertung der Wirtschaftsgüter des Betriebsvermögens bei der unentgeltlichen Übertragung eines Betriebs. Für die Gewinnermittlung des bisherigen Rechtsinhabers schreibt § 6 Abs. 3 S. 1 Hs. 1 EStG den Ansatz der Buchwerte vor. Zudem ordnet § 6 Abs. 3 S. 3 EStG die Fortführung dieser Buchwerte durch den Rechtsnachfolger an. Dadurch wird erreicht, daß die stillen Reserven unversteuert von einem Steuersubjekt auf ein anderes übergehen. Dies bedeutet einen Verstoß gegen den Grundsatz der Individualbesteuerung, gemäß dem die Wertsteigerungen von der Person zu versteuern sind, in deren Betriebsvermögen sie entstanden sind. Mit der Mißachtung der in den §§ 1, 2 EStG getroffenen Belastungsentscheidung geht eine Beeinträchtigung des Leistungsfähigkeitsprinzips einher, weil aufgrund des Buchwertprivilegs nicht die gesamte Leistungsfähigkeit einer natürlichen Person als Einkommen erfaßt wird. In das System der Fiskalzwecknormen, die konkrete Steuerwürdigkeitsentscheidungen nach Kriterien zuteilender Gerechtigkeit treffen, fügt sich die Bewertungsvorschrift offensichtlich nicht ein. Vor diesem Hintergrund hat die oben vorgenommene Auslegung[640] den § 6 Abs. 3 EStG als wirtschaftspolitisch motivierte Sozialzwecknorm identifiziert. Der regelwidrige Buchwertansatz dient der Erleichterung von Umstrukturierung und Unternehmensnachfolge mit dem Ziel, betriebliche Einheiten zu erhalten. Dieser Gemeinwohlzweck rechtfertigt die Durchbrechung des Leistungsfähigkeits- und des Subjektsteuerprinzips. Der Subventionierung durch Zulassung der interpersonellen Verlagerung stiller Reserven hätte es allerdings gar nicht bedurft, wenn die unentgeltliche Zuwendung eines Betriebes schon keinen Besteuerungstatbestand erfüllen würde. Fehlte dem Vorgang von vornherein die gewinnrealisierende Wirkung, wäre die Begünstigung des § 6 Abs. 3 EStG schlicht überflüssig. Auch unter systematischen Gesichtspunkten ergäbe die Bewertungsnorm ohne einen Gewinnausweistatbestand keinen Sinn. Ein derartiger Fehler ist dem Gesetzgeber jedoch nicht unterlaufen: Wenn ein Unternehmer seinen ganzen Betrieb auf ein anderes Steuersubjekt überträgt, oh-

---

[638] BFH, BStBl. II 1971, 686, 687; BFH, BStBl. II 1981, 566, 567.
[639] GRATZ, H/H/R, § 6 EStG Anm. 1330; KULOSA, H/H/R, § 16 EStG Anm. 405, 427; STUHRMANN, Blümich, § 16 EStG Rn. 317, 348; REIß, K/S/M, EStG, § 16 Rn. A 60.
[640] Vgl. oben 2. Teil, C., II., 3.

ne ein Entgelt zu vereinnahmen, erfüllt er die Voraussetzungen der Aufgabe des Gewerbebetriebs nach § 16 Abs. 3 S. 1 EStG. Der Eintritt der Rechtsfolge – Aufdeckung der stillen Reserven – wird durch den von § 16 Abs. 3 S. 7 EStG abweichenden Ansatz des Buchwerts verhindert. Dem § 6 Abs. 3 EStG kommt deshalb *konstitutive* Bedeutung zu. Freilich kann der Standort der Vorschrift nur befremden; allein in § 16 Abs. 3 S. 9 EStG wäre sie richtig plaziert.

Die Subsumtion des Vorgangs unter den Tatbestand der Betriebsaufgabe ist aus grammatikalischen[641], systematischen und teleologischen Gründen zutreffend: Bei der unentgeltlichen Übertragung eines Betriebes verschiebt der Unternehmer die wesentlichen Erwerbsgrundlagen (Zustandstatbestand) in das Vermögen eines anderen Steuerpflichtigen und stellt, weil sämtliche Wirtschaftsgüter nun vom Rechtsnachfolger zur Fortführung des Betriebs genutzt werden (können), die eigene werbende Tätigkeit (Handlungstatbestand) endgültig ein. Die Merkmale einer Betriebsaufgabe liegen daher vor. Von der Betriebsveräußerung des § 16 Abs. 1, 2 EStG unterscheidet sich die Zuwendung des § 6 Abs. 3 EStG lediglich durch ihre Unentgeltlichkeit – ein systematisches Indiz dafür, daß sie dem Paralleltatbestand des § 16 Abs. 3 EStG unterfällt. Außerdem wäre die gesetzliche Fixierung einer Steuersubvention und Bewertungsregel rein deklaratorischen Charakters – wie oben bereits erwähnt – absolut sinnfrei. Vor allem aber erzwingt der Zweck des § 16 Abs. 3 EStG die Erfassung auch der unentgeltlichen Betriebsübertragung. Denn die Gewinnrealisierungsnorm verwirklicht den Grundsatz, daß im Zeitpunkt des Ausscheidens aus der Steuerverstrickung die stillen Reserven trotz Fehlens eines Umsatzaktes als ultima ratio aufzudecken sind. Bei diesem Entstrickungsprinzip handelt es sich um die logische Konsequenz des Leistungsfähigkeitsgrundsatzes und des Subjektsteuerprinzips. Mit der unentgeltlichen Übertragung des Betriebs ist der letzte Moment gekommen, um die stillen Reserven bei dem Steuersubjekt zu erfassen, das sie gebildet hat[642]. Der Grundsatz der vollständigen Berücksichtigung der Leistungsfähigkeit einer natürlichen Person verlangt, daß der staatliche Steueranspruch jetzt durchgesetzt wird. Trotz Fehlens eines Umsatzaktes am Markt verbietet das Entstrickungsprinzip ein längeres Zuwarten des Fiskus. Die Steuerwürdigkeitsentscheidung des § 16 Abs. 3 S. 1, 7 EStG betrifft deshalb auch die unentgeltliche Betriebsübertragung nach § 6 Abs. 3 EStG.

Nicht unerwähnt bleiben soll, daß das Merkmal der Zerschlagung des „Betriebs als selbständigem Organismus des Wirtschaftslebens" auch herangezogen

---

[641] Auch REIß, K/S/M, EStG, § 16 Rn. A 60, ist der Auffassung, daß es sich mit dem Sprachgebrauch durchaus vereinbaren ließe, die unentgeltliche Übertragung eines Betriebs als Betriebsaufgabe nach § 16 Abs. 3 S. 1 EStG zu verstehen.

[642] Daher liegt es auch nach Ansicht von REIß, K/S/M, EStG, § 16 Rn. A 60, nahe, die unentgeltliche Übertragung eines Betriebs als Betriebsaufgabe im Sinne des § 16 Abs. 3 S. 1 EStG anzusehen.

wird, um die Betriebsaufgabe von der bloßen Betriebsunterbrechung oder Betriebsverlegung abzugrenzen[643]. Hierfür eignet es sich jedoch ebenso wenig wie für die Unterscheidung zwischen Betriebsaufgabe und –veräußerung. Aufgrund der Subjektbezogenheit des Betriebsbegriffs des § 16 EStG kommt es vielmehr auf die Betätigung des Gewerbetreibenden, den Handlungstatbestand an. Erst wenn der Unternehmer seine gewerbliche Tätigkeit hinsichtlich einer konkreten Erwerbsgrundlage endgültig einstellt, ist eine Betriebsaufgabe nach § 16 Abs. 3 S. 1 EStG zu bejahen.

cc. Teilergebnis

Der Tatbestand der Betriebsaufgabe verlangt vom Unternehmer die endgültige Einstellung seiner gewerblichen Tätigkeit. Dieses Kriterium folgt aus dem Handlungstatbestand des Betriebsbegriffs, der der persönlichen Zurechnung der Einkünfte dient und den Grundsatz der Individualbesteuerung verwirklicht. Nicht erforderlich ist dagegen eine Betriebsbeendigung in der Weise, daß der „Betrieb als selbständiger Organismus des Wirtschaftslebens" zu bestehen aufhört. Die Betriebsaufgabe kann daher auch durch die unentgeltliche Übertragung des wesentlichen Betriebsvermögens auf ein anderes Steuersubjekt, das das Geschäft fortführt, vollzogen werden. Bei dem Vorgang des § 6 Abs. 3 EStG handelt es sich um eine Aufgabe des Betriebs nach § 16 Abs. 3 S. 1 EStG.

c. Aufgabehandlung

Da der Betriebsbegriff des § 16 Abs. 3 S. 1 EStG nicht allein durch die gewerbliche Betätigung (Handlungstatbestand), sondern auch durch das dieser Betätigung gewidmete Vermögen (Zustandstatbestand) bestimmt wird, ist die Betriebsaufgabe ein *zwei*aktiger Tatbestand. Neben die endgültige Einstellung der werbenden Tätigkeit tritt eine weitere Voraussetzung: Die Wirtschaftsgüter müssen aus dem Betriebsvermögen des Aufgebenden ausscheiden[644]. Dies geschieht nicht automatisch mit Beendigung der gewerblichen Betätigung. Erforderlich ist vielmehr eine auf die Herauslösung der Wirtschaftsgüter aus dem Betriebsvermögen gerichtete Handlung des Steuerpflichtigen[645]. In § 16 Abs. 3 S. 6, 7 EStG werden mehrere Varianten der Aufgabehandlung benannt. Eine Möglichkeit der Betriebsaufgabe besteht danach darin, die Betriebsgrundlagen an verschiedene Erwerber zu veräußern, § 16 Abs. 3 S. 6 EStG. Die Veräußerung

---

[643] KULOSA, H/H/R, § 16 EStG Anm. 415; HÖRGER/RAPP, L/B/P, EStG, § 16 Rn. 78.

[644] REIß, K/S/M, EStG, § 16 Rn. F 8.

[645] BFH, BStBl. III 1964, 406 (LS); BFH, BStBl. II 1975, 168, 171; REIß, K/S/M, EStG, § 16 Rn. F 26, 37.

des gesamten betrieblichen Vermögens an nur ein Steuersubjekt scheidet hingegen aus, weil dann der Unterschied zum Tatbestand der Betriebsveräußerung aufgehoben wäre. Die Betriebsaufgabe kann ferner durch Nichtveräußerung der Wirtschaftsgüter bewirkt werden, § 16 Abs. 3 S. 7 EStG. Schließlich ist eine Kombination beider Spielarten denkbar.

Es drängt sich die Frage auf, welche Aufgabehandlung(en) § 16 Abs. 3 S. 7 EStG meint, wenn er vom Fehlen einer Veräußerung der Vermögenswerte ausgeht. Oben[646] wurde bereits herausgearbeitet, daß die unentgeltliche Übertragung eines Betriebes nach § 6 Abs. 3 EStG zu diesen Vorgängen zählt. Die Verlagerung der Wirtschaftsgüter in das Vermögen eines anderen Steuersubjekts erfüllt demnach den Tatbestand der Betriebsaufgabe, was dessen Zweck geschuldet ist, die vollständige Erfassung der stillen Reserven beim richtigen Steuerpflichtigen sicherzustellen (Entstrickungsprinzip, Subjektsteuerprinzip). Das gilt sowohl für die Überführung des gesamten Betriebsvermögens als auch für die Weggabe einzelner Betriebsmittel[647]. Aus demselben Grund genügt die Herausnahme der Wirtschaftsgüter aus dem Betriebs- ins eigene Privatvermögen den Anforderungen des § 16 Abs. 3 S. 1, 7 EStG[648]. Denn wegen des Dualismus der Einkunftsarten hat die Verbringung ins Privatvermögen steuerentstrickende Wirkung. Übrig bleibt der Transfer der Erwerbsgrundlagen in einen anderen Betrieb desselben Unternehmers:

Ausgehend vom engen Betriebsbegriff, der dem Tatbestand des § 16 Abs. 3 EStG zugrunde liegt, müßte es sich bei dieser Vermögensverschiebung ebenfalls um die Aufgabe eines von mehreren Gewerbebetrieben des Steuerpflichtigen handeln. Gemäß den §§ 15 Abs. 1 bis 3, 4 Abs. 1 S. 1 und 2, 6 Abs. 1 Nr. 1, 2, 4 S. 1, 16 Abs. 1 bis 3 EStG wird der Gewinn für jeden Einzelbetrieb derselben oder verschiedener Einkunftsarten getrennt ermittelt. Deshalb ist auch das Vorliegen einer Betriebsaufgabe für jeden Einzelbetrieb separat zu beurteilen. Diese Systematik spricht dafür, daß die Verbringung der Wirtschaftsgüter in ein anderes Betriebsvermögen des Geschäftsinhabers eine taugliche Aufgabehandlung darstellt. Dem Wortlaut des § 16 Abs. 3 S. 1, 7 EStG kann nichts Gegenteiliges entnommen werden; er schließt die künftige Verwendung der Erwerbsmittel in einem anderen Betrieb ein. Mit dem Zweck der Regelung läßt sich das Auslegungsergebnis jedoch nicht vereinbaren. Denn das Auslösen der Gewinnrealisierung trotz Fehlens eines Umsatzaktes ist nur zulässig, wenn ansonsten die Besteuerung der stillen Reserven endgültig unterbleiben würde[649]. Zwar begründet bereits jeder nicht realisierte Wertzuwachs des Betriebsvermögens die wirtschaftliche Leistungsfähigkeit, nach der sich die Verteilung der Steuerlast auf

---

[646] Vgl. 2. Teil, D., II., 3., b., bb.
[647] Letzterem stimmt REIß, K/S/M, EStG, § 16 Rn. F 4, zu.
[648] KULOSA, H/H/R, § 16 EStG Anm. 425.
[649] REIß, K/S/M, EStG, § 16 Rn. A 23.

die Bürger richtet. Das Gebot einer wirtschaftlich maßvollen Besteuerung des Eigentums präzisiert das Leistungsfähigkeitsprinzip aber dahingehend, daß Wertsteigerungen grundsätzlich erst bei ihrer Realisierung am Markt steuerlich erfaßt werden dürfen (Realisationsprinzip). Der vorzeitige Zugriff ist dem Fiskus allerdings dann gestattet, wenn er andernfalls einen endgültigen Ausfall hinsichtlich des einzelnen Steuersubjekts erleiden würde. Dies folgt aus der Belastungsentscheidung des Gesetzgebers in den §§ 1, 2 EStG, die auf die Erfassung der ganzen Leistungsfähigkeit einer natürlichen Person abzielt (Subjektsteuerprinzip). Mit dem endgültigen Ausscheiden des Wirtschaftsguts aus der Steuerverstrickung muß also die Aufdeckung der stillen Reserven einhergehen (Entstrickungsprinzip). Doch fließen dem Unternehmer wegen des Fehlens eines Umsatzgeschäfts keine liquiden Mittel zu, um die entstandene Steuerschuld zu tilgen. Er könnte deshalb zur Veräußerung oder Beleihung der Substanz gezwungen sein. Angesichts dieser Härte leuchtet ein, daß der Gewinnausweis *ohne* Umsatzakt nur als ultima ratio erfolgen soll. Der Entstrickungsgedanke setzt sich gegen den Eigentumsschutz und das Übermaßverbot des Grundgesetzes lediglich dann durch, wenn die Erfassung der stillen Reserven bei dem Steuersubjekt, das sie gebildet hat, nicht länger gewährleistet ist. Insoweit muß der Entstrickungstatbestand des § 16 Abs. 3 S. 1, 7 EStG teleologisch reduziert werden: Eine Aufgabehandlung ohne steuerentstrickende Wirkung kann es nicht geben. Die Überführung eines Wirtschaftsguts in ein anderes Betriebsvermögen desselben Steuerpflichtigen erfüllt somit nicht die Voraussetzungen der Betriebsaufgabe. Für deren Vollzug kommen ausschließlich die Verbringung ins Privatvermögen und die Übertragung auf ein anderes Steuersubjekt in Frage[650].

Bei der Aufgabe des ganzen Gewerbebetriebs brauchen nicht *sämtliche* Erwerbsgrundlagen in den außerbetrieblichen Bereich zu gelangen. Erforderlich und ausreichend ist, daß das *wesentliche* Betriebsvermögen in den Aufgabevorgang einbezogen wird[651]. Welche Betriebsmittel darunter fallen, hängt vom Normzweck ab. Im Anwendungsgebiet des § 16 Abs. 3 EStG muß eine funktional-quantitative Betrachtung angestellt werden, wobei die quantitativen und die funktionalen Merkmale alternative Kriterien zur Begründung der Wesentlichkeit sind. Danach liegt wesentliches Betriebsvermögen vor, wenn in einem Wirtschaftsgut erhebliche stille Reserven ruhen (quantitative Betrachtung) oder wenn das Wirtschaftsgut in seiner Funktion für den Betrieb wesentlich ist (funktionale Betrachtung). Letzteres setzt voraus, daß der Vermögensgegenstand zur Erreichung des Betriebszwecks erforderlich ist und ihm ein besonderes wirtschaftli-

---

[650] BFH, BStBl. II 1968, 276, 277; BFH, BStBl. II 1982, 707, 709; BFH, BStBl. II 1987, 342, 344; BFH, BStBl. II 1990, 373, 375f. zum Teilbetrieb; BFH, BStBl. II 2003, 133, 138; REIß, K/S/M, EStG, § 16 Rn. A 16, 142; KULOSA, H/H/R, § 16 EStG Anm. 425; WACKER, Schmidt, EStG, § 16 Rn. 188.

[651] KULOSA, H/H/R, § 16 EStG Anm. 406.

ches Gewicht für die Betriebsführung zukommt. Die funktionale Bestimmung der Wesentlichkeit ergibt sich schon aus der Wortbedeutung der Betriebsaufgabe. Trennt sich der Unternehmer nicht von den wichtigsten Grundlagen seiner gewerblichen Betätigung, kann keine Betriebsbeendigung angenommen werden. Unverzichtbar sind qualitative Anknüpfungspunkte für die Abgrenzung der bloßen Betriebsunterbrechung oder –verlegung von der Betriebsaufgabe und unmittelbaren Neueröffnung eines artgleichen Betriebs. Entgegen der gängigen Praxis in der Kommentarliteratur[652] darf jedoch nicht ohne weiteres auf die Rechtsprechung zur Betriebsveräußerung verwiesen werden. Denn die funktionale Betrachtungsweise im Rahmen des § 16 Abs. 1 EStG rührt daher, daß die Möglichkeit der Geschäftsfortführung durch den Erwerber zu den Tatbestandsvoraussetzungen der Betriebsveräußerung gehört. Folglich muß der Rechtsvorgänger die für die Unternehmensführung und den -erfolg entscheidenden Wirtschaftsgüter auf den Rechtsnachfolger übertragen. Eine solche Bedingung kennt die Betriebsaufgabe gerade nicht; lediglich bei der unentgeltlichen Zuwendung des ganzen Betriebs wird der Empfänger in die Lage versetzt, das Gewerbe weiterzubetreiben. Die quantitative Betrachtung reflektiert den Zweck des § 16 Abs. 3 EStG, die Versteuerung der Wertsteigerungen des Betriebsvermögens durch dessen Inhaber sicherzustellen. Zudem erzwingen die Begünstigungen des § 34 EStG und des § 16 Abs. 4 EStG eine quantitative Beurteilung, weil Grund ihrer Gewährung die zeitlich zusammengeballte Aufdeckung erheblicher stiller Reserven ist.

Wird ein Betrieb schlicht stillgelegt, ohne daß die Wirtschaftsgüter veräußert oder erkennbar ins Privatvermögen oder das Vermögen eines anderen Steuersubjekts überführt werden, fehlt es an der für die Gewinnrealisierung erforderlichen Aufgabehandlung[653]. Es genügt aber, daß der Steuerpflichtige das Nichtbestehen der Verwertungsabsicht eindeutig dokumentiert[654]. Deshalb kann die Betriebsaufgabe ausnahmsweise auch durch Erklärung gegenüber dem Finanzamt vollzogen werden[655].

d. Einheitlicher Vorgang innerhalb angemessener Zeit

Der Tatbestand der Betriebsaufgabe verlangt, daß sämtliche Aufgabehandlungen zusammen einen wirtschaftlich einheitlichen Vorgang bilden. Alle wesentlichen Erwerbsgrundlagen müssen innerhalb eines kurzen Zeitraums aus dem Betriebs-

---

[652] STUHRMANN, Blümich, § 16 EStG Rn. 314; WACKER, Schmidt, EStG, § 16 Rn. 189.
[653] KULOSA, H/H/R, § 16 EStG Anm. 426.
[654] REIß, K/S/M, EStG, § 16 Rn. F 26.
[655] REIß, K/S/M, EStG, § 16 Rn. F 25.

vermögen ausscheiden[656]. Davon zu trennen ist die allmähliche Abwicklung eines Gewerbebetriebs, die den Anforderungen des § 16 Abs. 3 S. 1 EStG nicht genügt[657]. Hinter dieser Abgrenzung verbergen sich einmal mehr die mit der Betriebsaufgabe verbundenen Steuerbegünstigungen: § 34 EStG will nur die *zusammengeballte* Aufdeckung der stillen Reserven privilegieren, weil in diesem Fall die Progression des Einkommensteuertarifs zu einer besonderen Belastung führt[658]. Die sachliche Steuerbefreiung des § 16 Abs. 4 EStG läßt sich einzig dann rechtfertigen, wenn die bisherige Betätigung als Erwerbsquelle vollständig versiegt[659]. Außerdem macht die einkommensteuerrechtliche Systematik eine Differenzierung erforderlich. So würden die Grenzen zwischen der Gewinnermittlung nach § 15 EStG und der nach § 16 EStG ohne eine zeitliche Beschränkung der Betriebsaufgabe verschwimmen. Spiegelbildlich dazu muß sich die Vergleichbarkeit mit der Betriebsveräußerung im Tatbestand des § 16 Abs. 3 S. 1 EStG niederschlagen.

Erscheinen die sukzessiv vorgenommenen Einzelübertragungen als Teilgeschehen eines wirtschaftlich einheitlichen Vorgangs, ist eine Betriebsaufgabe gegeben[660]. Der „wirtschaftlich einheitliche Vorgang" wird dabei durch eine zeitliche Komponente konstituiert. Als Faustregel für die Annahme einer noch angemessenen Frist gilt die Zeitspanne von sechs Monaten zwischen erster und letzter Aufgabehandlung[661]. Der Betriebsaufgabeplan kann aber auch innerhalb eines Jahres umgesetzt werden[662]. Die Rechtsprechung wendet diese Vorgaben nicht schematisch an, sondern hält bei schwer verkäuflichen Wirtschaftsgütern sogar einen längeren Zeitraum für unschädlich. Denn der Steuerpflichtige soll nicht gezwungen sein, Wirtschaftsgüter unter Zeitdruck weit unter Wert zu veräußern[663]. Im Ausnahmefall wurde ein Zeitraum von achtzehn Monaten als ausreichend gewertet[664].

---

[656] RFH, RStBl. 1932, 624; BFH, BStBl. III 1967, 70, 71; BFH, BStBl. II 1993, 710, 712; KULOSA, H/H/R, § 16 EStG Anm. 405, 430.

[657] KULOSA, H/H/R, § 16 EStG Anm. 405, 432; REIß, K/S/M, EStG, § 16 Rn. F 10; STUHRMANN, Blümich, § 16 EStG Rn. 317; HÖRGER/RAPP, L/B/P, EStG, § 16 Rn. 71.

[658] BFH, BStBl. II 2000, 123, 126f.; KULOSA, H/H/R, § 16 EStG Anm. 430; REIß, K/S/M, EStG, § 16 Rn. F 10; HÖRGER/RAPP, L/B/P, EStG, § 16 Rn. 71.

[659] REIß, K/S/M, EStG, § 16 Rn. F 10.

[660] BFH, BStBl. II 1975, 168, 171; BFH, BStBl. II 1977, 66, 67; BFH, BStBl. II 1992, 437, 438; REIß, K/S/M, EStG, § 16 Rn. F 10; HÖRGER/RAPP, L/B/P, EStG, § 16 Rn. 71.

[661] BFH, BStBl. II 1970, 719f. (LS); BFH, BStBl. III 1967, 70, 72; BFH, BStBl. II 1982, 707, 709; KULOSA, H/H/R, § 16 EStG Anm. 431.

[662] BFH, BStBl. II 1982, 707, 709; HÖRGER/RAPP, L/B/P, EStG, § 16 Rn. 71.

[663] BFH, BStBl. III 1967, 70, 72; BFH, BStBl. II 1982, 707, 710; HÖRGER/RAPP, L/B/P, EStG, § 16 Rn. 71.

[664] BFH, BStBl. II 1977, 66, 68; BFH, BStBl. III 1967, 70, 72.

e. Aufgabewille oder Aufgabeentschluß

Im Schrifttum[665] und in der Rechtsprechung[666] wird häufig der Aufgabewille oder der Aufgabeentschluß als subjektives Tatbestandsmerkmal der Betriebsaufgabe nach § 16 Abs. 3 S. 1 EStG angeführt. Zutreffend ist, daß Beginn und Ende eines Gewerbebetriebs grundsätzlich vom Willen des Unternehmers abhängen. Selbst wenn äußere Ereignisse eine Betriebsaufgabe zu erzwingen scheinen, liegt die Entscheidung darüber grundsätzlich immer noch beim Betriebsinhaber. Er muß bestimmen, ob das Geschäft endgültig aufgegeben oder aber wiederaufgebaut, verlegt, unterbrochen oder allmählich abgewickelt werden soll. So ziehen beispielsweise die Eröffnung des Insolvenzverfahrens über das Betriebsvermögen[667] oder die Zerstörung der Betriebsmittel durch Brand[668] nicht automatisch eine Betriebsaufgabe nach sich.

Dennoch kommt dem Aufgabewillen keine eigenständige Bedeutung im Tatbestand des § 16 Abs. 3 S. 1 EStG zu. Für die Beurteilung des Vorliegens einer Betriebsaufgabe sind stets die objektiven Umstände maßgeblich. Der zusätzlichen Feststellung eines subjektiven Elements bedarf es nicht. Im Falle der Eröffnung des Insolvenzverfahrens ist auf die vom Insolvenzverwalter entfaltete Tätigkeit abzustellen: Die Handlungen des Insolvenzverwalters werden steuerlich dem Gemeinschuldner zugerechnet[669]. Sie bilden die Grundlage für die Beantwortung der Frage, ob eine Betriebsaufgabe gegeben ist oder nicht[670]. Wird ein Unternehmen durch Brand zerstört, müssen die sich an die Zerstörung anschließenden Verwertungsvorgänge betrachtet werden[671]. Lassen die äußerlich erkennbaren Umstände auf die Absicht schließen, den Betrieb innerhalb eines überschaubaren Zeitraums wiederaufzunehmen, so daß der stillgelegte und der fortgeführte Betrieb wirtschaftlich identisch sind, dann handelt es sich lediglich um eine Betriebsunterbrechung, nicht um eine Betriebsaufgabe[672]. Findet ein *bestehender* Aufgabewille in Aufgabehandlungen seinen objektiven Ausdruck, dann ist die Feststellung des subjektiven Elements zwar unproblematisch[673], aber angesichts der objektiven Merkmale auch ohne eigene Aussa-

---

[665] KULOSA, H/H/R, § 16 EStG Anm. 435; HÖRGER/RAPP, L/B/P, EStG, § 16 Rn. 64; WACKER, Schmidt, EStG, § 16 Rn. 173.

[666] BFH, BStBl. II 1975, 168, 171; BFH, BStBl. II 1981, 566, 567; BFH, BStBl. II 1994, 838, 839.

[667] BFH, BStBl. III 1964, 70, 71; BFH, BStBl. II 1993, 594 (LS).

[668] BFH, BStBl. II 1992, 392, 394.

[669] BFH, BStBl. III 1964, 70, 72.

[670] HÖRGER/RAPP, L/B/P, EStG, § 16 Rn. 70g.

[671] BFH, BStBl. II 1982, 707, 709f.

[672] BFH, BStBl. II 1992, 392, 394; HÖRGER/RAPP, L/B/P, EStG, § 16 Rn. 65.

[673] KULOSA, H/H/R, § 16 EStG Anm. 435.

gekraft[674]. Andererseits kann sich der Steuerpflichtige nicht darauf berufen, daß ihm der Aufgabewille fehlte, wenn eindeutige Aufgabehandlungen vorliegen. Denn sobald er die objektiven Voraussetzungen des § 16 Abs. 3 S. 1 EStG erfüllt hat, spielt sein (angeblich) widerstreitender Wille keine Rolle mehr[675]. Das ist sachgerecht, denn jeder Aufgabehandlung liegt die Entscheidung zugrunde, konkrete Wirtschaftsgüter in ein bestimmtes Vermögen – das eigene Privatvermögen oder das Vermögen eines anderen Steuersubjekts – zu überführen. Selbst dann, wenn die Aufgabe"handlung" in der Beibehaltung einer Nutzungsart der Wirtschaftsgüter trotz geänderter Qualifikation der Einkünfte besteht[676], basiert sie auf dem Willen, die Gegenstände ins Privatvermögen übergehen zu lassen und nicht etwa in ein anderes Betriebsvermögen des Steuerpflichtigen zu überführen. Gemeint sind hier beispielsweise die Fälle des Wegfalls der personellen Verflechtung einer Betriebsaufspaltung[677] oder der Fortsetzung der Nutzungsüberlassung des Sonderbetriebsvermögens trotz Veräußerung des Mitunternehmeranteils[678].

Zweifel an der Entbehrlichkeit eines Aufgabewillens entstehen nur in den Fällen, in denen der Unternehmer durch äußere Faktoren zur endgültigen Einstellung seiner werbenden Tätigkeit gezwungen wird, mit der Folge, daß die Aufgabehandlungen faktisch unfreiwillig erfolgen. Entfällt zum Beispiel die personelle Verflechtung einer Betriebsaufspaltung aufgrund einer Änderung der steuerrechtlichen Rechtsprechung, ist das Besitzunternehmen zur Einstellung der gewerblichen Betätigung genötigt[679]. Wird das Betriebsvermögen nicht ausnahmsweise von einem anderen Betrieb des Steuerpflichtigen übernommen und findet sich auch kein Erwerber, ist die Überführung der Wirtschaftsgüter ins Privatvermögen unumgänglich, weil die Fortsetzung der Nutzungsüberlassung an die Betriebsgesellschaft eine vermögensverwaltende Tätigkeit bedeutet und den Übergang der Gegenstände ins Privatvermögen bewirkt. Ähnlich verhält es sich bei der behördlichen Erteilung eines Berufsverbots, die ebenfalls zur Beendigung der gewerblichen Tätigkeit nötigt[680]. Dennoch müssen diese Sachverhalte als Betriebsaufgabe mit der Folge der Aufdeckung der stillen Reserven des Betriebsvermögens behandelt werden. Die erzwungene Einstellung der werbenden Tätigkeit ändert nichts daran, daß im Betriebsvermögen des Unternehmers Wertsteigerungen aus den Jahren seiner gewerblichen Betätigung verborgen

---

[674] HÖRGER/RAPP, L/B/P, EStG, § 16 Rn. 67.
[675] KULOSA, H/H/R, § 16 EStG Anm. 435.
[676] Dazu ausführlich unten 2. Teil, D., II., 3., g.
[677] Dazu ausführlich unten 2. Teil, D., II., 3., g., bb.
[678] Dazu ausführlich unten 2. Teil, D., II., 3., g., aa.
[679] Dazu ausführlich unten 2. Teil, D., II., 3., g., bb.
[680] BFH, Urt. v. 11.08.1983 – IV R 156/80, n.v., zitiert nach HÖRGER/RAPP, L/B/P, EStG, § 16 Rn. 70g.

sind, auf deren Besteuerung der Staat einen Anspruch hat. Der in Art. 3 Abs. 1 GG verankerte Grundsatz der Besteuerungsgleichheit verlangt die Geltendmachung dieses Anspruchs. Solange der Steuerpflichtige noch keine eindeutige Aufgabehandlung vorgenommen hat und sich um die zügige Verwertung der Vermögensgegenstände bemüht, dürfen diese die Eigenschaft als Betriebsvermögen vorübergehend behalten. Dem Unternehmer soll ermöglicht werden, eine günstige Verwertungsgelegenheit am Markt abzuwarten, um liquide Mittel für die Steuerzahlung freizusetzen. Wenn dagegen – wie beim Wegfall der personellen Verflechtung einer Betriebsaufspaltung – durch Fortsetzung der früheren Nutzung der Wirtschaftsgüter – die nunmehr als vermögensverwaltende Betätigung einzustufen ist – die Überführung der Gegenstände ins Privatvermögen bewirkt wird, dann liegt zum einen eine Aufgabehandlung vor[681]. Zum anderen entgehen die stillen Reserven nunmehr endgültig der Besteuerung, werden sie nicht umgehend aufgedeckt. Im Zeitpunkt der Entstrickung können sich das Übermaßverbot und der grundrechtliche Eigentumsschutz nicht länger gegenüber dem Subjektsteuer- und dem Leistungsfähigkeitsprinzip behaupten, die die vollständige Erfassung der wirtschaftlichen Leistungsfähigkeit des einzelnen Steuersubjekts gebieten[682]. Nur ein sofortiger Zugriff des Fiskus stellt Besteuerungsgleichheit her. Vor diesem Hintergrund kann es für die endgültige Einstellung der werbenden Tätigkeit nicht auf Freiwilligkeit ankommen[683]. Der Aufgabehandlung geht hingegen immer eine Entscheidung über die künftige Vermögenszugehörigkeit der Wirtschaftsgüter voraus. Solange diese Entscheidung nicht getroffen ist, bleibt die Betriebsvermögenseigenschaft bestehen.

Sind Aufgabehandlungen schließlich nicht zweifelsfrei auszumachen und bereitet die Identifizierung des unternehmerischen Willens deshalb Schwierigkeiten, muß an die Stelle der Handlungen ein anderes *objektives* Kriterium treten: die Aufgabeerklärung[684]. Insbesondere wenn es um die Abgrenzung der Betriebsaufgabe von der allmählichen Abwicklung geht, verlangt die Rechtsprechung zur Dokumentation des Aufgabewillens eine ausdrückliche Aufgabeerklärung gegenüber dem Finanzamt[685]. Damit wird die notwendige Rechtssicherheit hinsichtlich der Entstehung eines Aufgabegewinns hergestellt. Solange die Wiederaufnahme des Betriebs objektiv noch möglich erscheint und der Steuerpflichtige keine Aufgabeerklärung abgibt, ist von einer bloßen Betriebsunterbrechung auszugehen[686]. Die Aufgabeerklärung dient lediglich der ersatzweisen Objekti-

---

[681] Vgl. unten 2. Teil, D., II., 3., g.

[682] Vgl. oben 2. Teil, D.

[683] So auch BFH, BStBl. II 1991, 802, 804.

[684] REIß, K/S/M, EStG, § 16 Rn. F 25f.; BFH, BStBl. II 1998, 379, 380.

[685] BFH, BStBl. III 1964, 406ff.; BFH, BStBl. III 1965, 88, 89; BFH, BStBl. II 1972, 936, 937.

[686] Vgl. zu den Einzelheiten KULOSA, H/H/R, § 16 EStG Anm. 417f.

vierung der Aufgabeentscheidung, sollte diese anders nicht erkennbar werden. Sie ist hingegen überflüssig, wenn der Unternehmer den Tatbestand des § 16 Abs. 3 S. 1 EStG durch eindeutige Vermögensverschiebungen erfüllt hat. In diesem Fall liegt ein tatsächlicher Vorgang vor, der nicht durch eine Willenserklärung des Steuerpflichtigen gestaltet werden kann[687].

f. Ausscheiden aus der inländischen Steuerpflicht

Der Höhepunkt der Auseinandersetzungen um die Reichweite des § 16 Abs. 3 S. 1 EStG ist erreicht, wenn es um die Einbeziehung der Sachverhalte mit Auslandsbezug geht. Größte Uneinigkeit herrscht darüber, ob die Verlegung des Betriebs ins Ausland, die Verlegung des Wohnsitzes ins Ausland und der Abschluß eines Doppelbesteuerungsabkommens eine Aufgabe des Gewerbebetriebs bedeuten. Unter Hinweis auf den Zweck des Entstrickungstatbestandes, die steuerliche Erfassung der stillen Reserven im letztmöglichen Zeitpunkt zu sichern, hat die Rechtsprechung den sog. finalen Betriebsaufgabebegriff entwickelt. Danach liege eine Betriebsaufgabe auch dann vor, wenn der Betrieb als wirtschaftlicher Organismus zwar bestehen bleibt, aber durch eine Handlung oder einen Rechtsvorgang so in seiner ertragsteuerlichen Einordnung verändert wird, daß die Erfassung der stillen Reserven nicht mehr gewährleistet ist[688]. Um den endgültigen Verlust von Besteuerungssubstrat zu verhindern, verzichtet die Rechtsprechung mithin auf einzelne (von ihr aufgestellte) Tatbestandsvoraussetzungen des § 16 Abs. 3 S. 1 EStG. So handele es sich bei der Verlegung des Betriebs ins Ausland um eine Betriebsaufgabe, wenn der Betrieb aufgrund eines DBA aus der inländischen Besteuerung ausscheidet[689], obwohl von einer Zerschlagung des betrieblichen Organismus hier keine Rede sein kann. Dasselbe gelte für die Verlegung des Wohnsitzes ins Ausland unter der Voraussetzung, daß der Betrieb zuvor zu Buchwerten in eine Kapitalgesellschaft eingebracht worden ist[690]. Befinde sich aber eine Betriebsstätte des Steuerpflichtigen in einem Land, mit dem bisher kein DBA besteht, dann führe der spätere Abschluß eines DBA, das das Besteuerungsrecht dem Wohnsitzstaat entzieht, mangels Aufgabehandlung oder eines substituierenden Rechtsaktes nicht zu einer Betriebsaufgabe[691]. Das Schrift-

[687] BFH, BStBl. II 1983, 412, 413; WACKER, Schmidt, EStG, § 16 Rn. 188.
[688] BFH, BStBl. II 1982, 381, 383; BFH, BStBl. II 1984, 474, 478; BFH, BStBl. II 1975, 168, 171.
[689] BFH, BStBl. II 1971, 630; BFH, BStBl. II 1975, 168, 171; BFH, BStBl. II 1977, 76.
[690] BFH, BStBl. II 1977, 283, 284f.
[691] BFH, BStBl. II 1976, 246, 247f.

tum[692] tritt der finalen Interpretation des Entstrickungstatbestandes entgegen, allerdings aus ganz unterschiedlichen Gründen.

Im Hinblick auf die Gewinnverwirklichung wirft das Ausscheiden aus der inländischen Steuerpflicht folgende zwei Fragen auf: Zunächst ist zu klären, ob der Vorgang im Wege der *Auslegung* des § 16 Abs. 3 S. 1 EStG als Betriebsaufgabe erfaßt werden kann. Läßt der Wortlaut dies nicht zu, muß sich die Untersuchung anschließen, ob eine *teleologische Extension* der Vorschrift angezeigt und zulässig ist.

aa. Grenzen des Wortlauts des § 16 Abs. 3 EStG

Das von Rechtsprechung und Literatur formulierte Tatbestandsmerkmal, der Betrieb müsse als „selbständiger Organismus des Wirtschaftslebens" zu bestehen aufhören, wurde oben[693] bereits abgelehnt. Auf die Zerschlagung der betrieblichen Einheit kommt es für die Einordnung eines Sachverhalts als Betriebsaufgabe nicht an. Dies verkennt die Rechtsprechung bei ihren Bemühungen, das Ausscheiden aus der inländischen Steuerpflicht unter § 16 Abs. 3 S. 1 EStG zu subsumieren. Es ist nicht das Fortbestehen des Geschäfts im Ausland, das den Wortlaut der Entstrickungsnorm sprengt.

Der Tatbestand der Betriebsaufgabe verlangt aber einerseits die endgültige Einstellung der gewerblichen Tätigkeit durch den Betriebsinhaber. Zum anderen bedarf es einer Aufgabehandlung in der Form, daß die wesentlichen Betriebsgrundlagen in das Privatvermögen oder in das Vermögen eines anderen Steuersubjekts überführt werden. Das Aufgeben eines Betriebes bedeutet also das Beenden der werbenden Betätigung in Bezug auf bestimmte Wirtschaftsgüter, womit ein Lösen des Unternehmers von diesen Gütern einhergehen muß; lediglich zur privaten Lebensführung darf er die Vermögensgegenstände weiter nutzen. Beide Kriterien kennzeichnen das Wesen der Betriebsaufgabe und sind zur Ausfüllung des Tatbestandes unentbehrlich. An dieser Stelle wird bereits offensichtlich, daß das bloße Ausscheiden aus der inländischen Steuerpflicht den Anforderungen des § 16 Abs. 3 S. 1 EStG nicht genügt. Denn die Verlegung des Betriebs ins Ausland ist weder mit einer endgültigen Einstellung des betrieblichen Engagements noch mit einer Weggabe der Betriebsgrundlagen verbunden. Deshalb verbietet es sich, diesen Vorgang in der Gewinnrealisierungsfrage anders als die Verlegung des Gewerbebetriebs *innerhalb* des Landes zu beurteilen. Noch deutlicher verfehlen die Wohnsitzverlegung in einen anderen Staat sowie der Abschluß eines DBA, der den Verlust des deutschen Besteuerungsrechts

---

[692] KULOSA, H/H/R, § 16 EStG Anm. 437f.; REIß, K/S/M, EStG, § 16 Rn. F 66ff.; HÖRGER/RAPP, L/B/P, EStG, § 16 Rn. 70ff.; WENDT, StKongRep 1976, 173, 185.
[693] Vgl. 2. Teil, D., II., 3., b., bb.

nach sich zieht, den Wortlaut des Betriebsaufgabetatbestandes. Hier ist der Betrieb überhaupt keiner Veränderung unterworfen; der Steuerpflichtige setzt seine gewerbliche Tätigkeit mit denselben Erwerbsmitteln am gleichen Ort fort. Vor diesem Hintergrund läßt sich das Ausscheiden aus der inländischen Besteuerung beim besten Willen nicht als Betriebsaufgabe nach § 16 Abs. 3 S. 1 EStG erfassen[694].

Zu einem anderen Auslegungsergebnis gelangt *Reiß*[695]: Aufgrund der Kopplung des einkommensteuerrechtlichen Betriebsbegriffs an die persönliche Steuerpflicht liege es nicht außerhalb des möglichen Wortsinns, das Ausscheiden aus eben dieser Steuerpflicht als Betriebsaufgabe anzusehen. Neben der sachlichen gehöre auch die persönliche Einkommensteuerpflicht zum Steuertatbestand: So werde die in § 15 Abs. 2 EStG genannten Betätigung von einem persönlich Steuerpflichtigen entfaltet. Und der in den §§ 4 und 16 EStG angesprochene Betrieb sei einem persönlich mit diesem Betrieb(svermögen) Steuerpflichtigen zuzurechnen. Deshalb meine der Betriebsbegriff der §§ 2 Abs. 1, 4, 15, 16 EStG nur den Betrieb während seiner unbeschränkten oder beschränkten Einkommensteuerpflicht. Einer Betriebsaufgabe stehe folglich nicht entgegen, daß der Unternehmer nach Ausscheiden aus der persönlichen Steuerpflicht im Ausland weiter eine gewerbliche Tätigkeit ausübt, der das bisherige Betriebsvermögen dient.

Soviel Spitzfindigkeit des Gesetzgebers würde allerdings gegen das rechtsstaatliche Bestimmtheitsgebot verstoßen. Gemäß dem Grundsatz der Tatbestandsbestimmtheit muß ein Steuertatbestand nach Inhalt, Gegenstand, Zweck und Ausmaß bestimmt sein[696] und sich vom Bürger erschließen lassen[697]. Das dem Rechtsstaatsprinzip innewohnende Vertrauensschutzprinzip ergänzt insoweit den Grundsatz der Gesetzmäßigkeit der Besteuerung. Von einem Abgabentatbestand ist mithin zu verlangen, daß er den Eingriff in das Vermögen des Einzelnen genau zu erkennen gibt[698]. Der Steuerbürger muß sich auf die drohenden Belastungen einstellen können[699]. Zwar hat das BVerfG diese Anforderungen dahingehend gemildert, daß der Normgeber dem Grundsatz der Tatbestandsbestimmtheit schon genügt, wenn er die wesentlichen Bestimmungen mit einer hinreichenden Genauigkeit trifft, die die Verwaltungsbehörden und Gerichte in die Lage versetzt, auftauchende Zweifelsfragen mittels anerkannter Ausle-

---

694 So auch KAUFFMANN, Frotscher, EStG, § 16 Rn. 144.

695 REIß, K/S/M, EStG, § 16 Rn. F 69.

696 BVerfG, BVerfGE 13, 153, 160.

697 BVerfG, BVerfGE 34, 348, 367; BVerfG, BVerfGE 49, 343, 362; BVerfG, BVerfGE 99, 216, 243.

698 BIRK, Steuerrecht, Rn. 145.

699 BIRK, Steuerrecht, Rn. 145.

gungsmethoden zu beantworten[700]. Doch auch diese niedrigeren Hürden erlauben es nicht, das Ausscheiden des „lebenden" Betriebs aus der inländischen Steuerpflicht als Betriebsaufgabe zu verstehen. Wer die Aufgabe des Betriebs bejaht, obwohl die werbende Tätigkeit mit denselben Betriebsmitteln zum Teil[701] sogar am gleichen Ort fortgeführt wird, setzt sich über die Wortbedeutung des Aufgebens hinweg[702]. Der historische Gesetzgeber hatte bei der Begriffswahl nicht die „Flucht" ins Ausland, sondern das Einstellen der betrieblichen Betätigung und die Verwertung oder private Verwendung des Betriebsvermögens vor Augen. Selbst bei weitestem Verständnis der „Aufgabe des Gewerbebetriebs" kann die Subsumtion der bloßen Steuerentstrickung unter den § 16 Abs. 3 S. 1 EStG nicht gelingen. Da der Wortlaut die Grenze jeglicher Tatbestandsauslegung markiert, würde auch ein gegenläufiger Normzweck an diesem Ergebnis nichts ändern.

Teilergebnis: Das Ausscheiden aus der inländischen Steuerpflicht ist keiner Auslegung als Betriebsaufgabe nach § 16 Abs. 3 S. 1 EStG zugänglich[703]. Den Fall der Verlegung des Wohnsitzes ins Ausland, wenn der Betrieb zuvor zu Buchwerten in eine Kapitalgesellschaft eingebracht worden ist, regelt mittlerweile aber § 21 Abs. 2 S. 1 Nr. 2 UmwStG.

bb. Teleologische Extension des § 16 Abs. 3 EStG

Zu prüfen bleibt, ob eine teleologische Ausdehnung des Entstrickungstatbestandes auf den Vorgang des Ausscheidens aus der inländischen Steuerpflicht angezeigt und zulässig ist. Dabei muß zwischen der Betriebsverlegung ins Ausland,

---

[700] BVerfG, BVerfGE 21, 209, 215.

[701] im Falle der bloßen Wohnsitzverlegung ins Ausland und beim schlichten Abschluß eines Doppelbesteuerungsabkommens

[702] So auch KAUFFMANN, Frotscher, EStG, § 16 Rn. 144, gemäß dem eine Beschränkung auf eine Tätigkeit im Geltungsbereich des EStG dem Betriebsbegriff nicht immanent ist.

[703] Aus der Gesetzesbegründung zu § 6 Abs. 1 Nr. 4 S. 1 EStG in der Fassung des SEStEG (Entwurf S. 43, Stand 04.07.2006) folgt, daß § 4 Abs. 1 S. 3 EStG in der Fassung des SEStEG auch im Rahmen der Betriebsaufgabe Anwendung finden soll, soweit die Wirtschaftsgüter des Betriebsvermögens nicht veräußert werden. Dem ist zu widersprechen: Denn im Falle der Verlegung des Betriebs ins Ausland wird selbst bei Bestehen eines Freistellungs-DBA das Besteuerungsrecht Deutschlands für die stillen Reserven, die unter deutscher Steuerhoheit entstanden sind, überhaupt nicht ausgeschlossen (vgl. unten 2. Teil, D., II., 3., f., bb., (1)). Entsprechendes gilt für den nachträglichen Abschluß eines Doppelbesteuerungsabkommens.

Die Verlegung des Wohnsitzes ins Ausland kann zwar zur Entstrickung der stillen Reserven des Betriebsvermögens führen. Die Anknüpfung der Besteuerung stiller Reserven unmittelbar an das Ausscheiden aus der deutschen Steuerhoheit verstößt aber gegen die europäischen Grundfreiheiten (vgl. unten 2. Teil, D., II., 3., f., bb., (2), (c)).

der Wohnsitzverlegung ins Ausland und dem bloßen Abschluß eines Doppelbesteuerungsabkommens unterschieden werden.

(1) Verlegung des Betriebs ins Ausland

Die teleologische Extension verfolgt das Ziel, den Zweck einer Vorschrift über
deren Wortlaut hinaus zu verwirklichen. Der Entstrickungstatbestand des § 16
Abs. 3 S. 1 EStG dient als ultima ratio der steuerlichen Erfassung der stillen Reserven bei dem Steuersubjekt, das sie gebildet hat. Eine teleologische Ausdehnung des Anwendungsbereichs kommt demzufolge nur dann in Betracht, wenn
durch die Verlegung des Betriebs ins Ausland die nicht realisierten Wertsteigerungen des Betriebsvermögens der deutschen Besteuerung entgehen.

Von vornherein ausgeschlossen ist dies, wenn das DBA zwischen dem Zielstaat und der Bundesrepublik Deutschland letzterer das Recht zur Besteuerung
zuweist. Für die Betriebsverlegung in ein Land, mit dem ein Anrechnungs-DBA
geschlossen wurde, bedarf es mithin keiner teleologischen Extension des Betriebsaufgabetatbestandes. Ebenso verhält es sich, wenn zwischen den Staaten
überhaupt kein DBA besteht. Dann kann der deutsche Fiskus auf der Grundlage
des Welteinkommensprinzips weiterhin auf die ins Ausland verbrachten stillen
Reserven zugreifen. Doch auch im Falle eines Freistellungs-DBA mit dem Zielstaat gilt nichts anderes: Die den Art. 7, 13, 23 A OECD-MA entsprechenden
Regelungen stellen nur die Gewinne von der deutschen Besteuerung frei, die
dem ausländischen Betrieb zuzurechnen sind, sog. Betriebsstättenprinzip[704]. Dazu zählen nicht die *vor* der Überführung der Wirtschaftsgüter angesammelten
stillen Reserven[705]. Sie unterliegen auch künftig der deutschen Besteuerung[706].
Sobald der Unternehmer *nach* der Betriebsverlegung einen Realisationstatbestand erfüllt, werden die versteckten Wertsteigerungen aufgedeckt und mit Einkommensteuer belastet[707]. Bis zu diesem Moment ist trotz des Vermögenstrans-
fers ins Ausland die Erfassung der stillen Reserven sichergestellt. Selbst bei

---

[704] Vgl. oben 2. Teil, D., I., 3., d.; REIß, K/S/M, EStG, § 16 Rn. F 71; DEBATIN, BB 1990,
826, 826f.; KEMPKA, StuW 1995, 242, 246f.; LOOKS, Löwenstein/Looks, Betriebsstättenbesteuerung, Rn. 838; KROPPEN, Becker/Höppner/Grotherr/Kroppen, DBA, Art. 7 OECD-MA
Rn. 149/1; BUCIEK, DStZ 2000, 636, 637, 638; WASSERMEYER, Debatin/Wassermeyer, Doppelbesteuerung, Art. 7 MA Rn. 246; ders., GmbHR 2004, 613, 616; PFAAR, IStR 2000, 42,
46.
[705] REIß, K/S/M, EStG, § 16 Rn. F 71; DEBATIN, BB 1990, 826; BUCIEK, DStZ 2000,
636, 637.
[706] REIß, K/S/M, EStG, § 16 Rn. F 71; STAHL, Korn, EStG, § 16 Rn. 25; HÖRGER/RAPP,
L/B/P, EStG, § 16 Rn. 70ff.; DEBATIN, BB 1990, 826, 826f.; KEMPKA, StuW 1995, 242,
246f.; WASSERMEYER, GmbHR 2004, 613, 616; PFAAR, IStR 2000, 42, 44ff.
[707] REIß, K/S/M, EStG, § 16 Rn. F 71; DEBATIN, BB 1990, 826.

Vorliegen einer DBA-Regelung mit Freistellung besteht deshalb kein Bedürfnis für eine teleologische Extension des § 16 Abs. 3 S. 1 EStG.

Teilergebnis: Die Verlegung des Betriebs ins Ausland führt nicht zur Entstrickung der stillen Reserven; eine teleologische Extension des § 16 Abs. 3 S. 1 EStG auf diesen Vorgang würde dem Normzweck zuwiderlaufen.

(2) Verlegung des Wohnsitzes ins Ausland

Verlegt der Steuerpflichtige seinen Wohnsitz vom Inland ins Ausland, können verschiedene Folgen für das deutsche Besteuerungsrecht eintreten: Wird der inländische Betrieb als Betriebsstätte nach § 49 Abs. 1 Nr. 2 a EStG fortgeführt, ist mit dem Umzug lediglich ein Wechsel von der unbeschränkten zur beschränkten Einkommensteuerpflicht gemäß § 1 Abs. 4 EStG verbunden. Die stillen Reserven des inländischen Betriebsvermögens unterliegen weiter dem Zugriff des deutschen Fiskus, so daß sich die Frage nach einer teleologischen Extension des Betriebsaufgabetatbestandes gar nicht stellt. Scheidet dagegen das Betriebsvermögen unmittelbar durch die Wohnsitzverlegung aus der deutschen Besteuerung aus, ist der Entstrickungsgrundsatz betroffen. Wenn zum Beispiel die im Inland verbliebenen Wirtschaftsgüter einem im Ausland unterhaltenen Gewerbebetrieb dienen und wegen der isolierenden Betrachtungsweise des § 49 Abs. 2 EStG eine Umqualifizierung in vermögensverwaltende Einkünfte hinsichtlich des im Inland verbliebenen Vermögens stattfindet, dann gehen dessen stille Reserven verloren[708]. Auch ausländisches Betriebsvermögen wird aufgrund der Verlegung des Wohnsitzes endgültig der deutschen Besteuerung entzogen. Diese Folgen des Wegzugs lassen sich mit dem System der einkommensteuerrechtlichen Gewinnrealisierung nicht vereinbaren. Das Gebot der gleichmäßigen Besteuerung der Bürger nach ihrer wirtschaftlichen Leistungsfähigkeit erlaubt es nicht, daß Wertsteigerungen des Betriebsvermögens dauerhaft unbelastet bleiben. Deshalb gewährleistet das Entstrickungsprinzip die Erfassung der stillen Reserven trotz fehlender Realisierung am Markt im letzten Moment, der einen Zugriff bei dem Steuerpflichtigen ermöglicht, der sie gebildet hat. Geht es um die Entstrickung aller wesentlichen Wirtschaftsgüter einer betrieblichen Einheit, wird dieser Grundsatz durch § 16 Abs. 3 EStG verwirklicht. Eine Ausdehnung der Betriebsaufgabebesteuerung auf die genannten Fälle des entstrickenden Wohnsitzwechsels würde daher dem Zweck des Tatbestandes entsprechen.

---

[708] vgl. BFH, BStBl. II 1978, 494, 495f.

(a) Zulässigkeit der teleologischen Extension im Steuerrecht

Steuerliche Eingriffe sind nur zulässig, wenn und soweit sie auf einer gesetzlichen Grundlage beruhen, sog. Grundsatz der Gesetzmäßigkeit der Besteuerung. Im allgemeinen Verwaltungsrecht, für das der Vorbehalt des Gesetzes ebenfalls gilt, wird davon ausgegangen, daß die Ausfüllung einer gesetzlichen Lücke durch Analogieschluß auch bei Eingriffsnormen in Betracht kommt[709]. Im Steuerrecht herrscht dagegen Streit, ob eine Analogie zum Nachteil des Steuerpflichtigen möglich ist. Die Rechtsprechung des BFH hatte sich zunächst überwiegend zum Analogieverbot bekannt[710]. Seit einigen Jahren schließt sie eine Analogie aber dann nicht mehr aus, wenn die Lückenausfüllung der Verwirklichung des Gleichheitssatzes zu dienen bestimmt und aufgrund des analog angewandten Gesetzes vorhersehbar ist[711]. Durfte der Bürger also auf die Grenzen des Wortlauts eines Steuertatbestandes vertrauen, scheide der Analogieschluß zu seinen Lasten aus. Konnte er dagegen nach dem erkennbaren Zweck des Gesetzes erwarten, daß der Regelungsgehalt über den Wortsinn hinausgeht, so genieße er keinen Schutz[712]. Teile der Literatur lehnen die steuerverschärfende Analogie mit der Begründung ab, sie widerspreche den rechtsstaatlichen Prinzipien der Tatbestandsmäßigkeit, der Rechtssicherheit, der Gesetzesbestimmtheit sowie der Voraussehbarkeit[713]. Die Auffassung von der Analogieunfähigkeit des Steuerrechts hat sich jedoch nicht durchgesetzt[714].

Beim Entstrickungsprinzip handelt es sich um ein analogiefähiges Prinzip des Einkommensteuerrechts, denn es verwirklicht mit dem Grundsatz der individuellen Besteuerung nach der wirtschaftlichen Leistungsfähigkeit die Vorgaben des Art. 3 Abs. 1 GG und dient damit der Steuergerechtigkeit. Füllt der Gesetzesanwender die Lücken durch Analogie aus, bestreitet er nicht die Kompetenz des demokratischen Gesetzgebers. Er verhilft vielmehr dem lückenhaft oder sprachlich unvollkommen zum Ausdruck gebrachten Willen der Legislative zur Geltung, indem er im Sinne der gesetzgeberischen Intention nachbessert. Die Vervollkommnung des unvollkommenen Gesetzes zu einem prinzipiell stimmi-

---

[709] Vgl. BIRK, Steuerrecht, Rn. 144.

[710] BFH, BStBl. II 1976, 246, 248; BFH, BStBl. II 1977, 524, 525; BFH, BStBl. II 1978, 628, 630; BFH, BStBl. II 1984, 315, 316.

[711] BFH, BStBl. II 1984, 221, 224; BFH, BFHE 168, 300, 304 mwN.

[712] BIRK, Steuerrecht, Rn. 144.

[713] FLUME, StbJb. 1964/65, 55, 68ff.; ders., StbJb. 1985/86, 277, 290ff.; THIEL, StbJb. 1963/64, 161, 181; PAPIER, Die finanzrechtlichen Gesetzesvorbehalte und das grundgesetzliche Demokratieprinzip, S. 171ff.; FRIAUF, StbJb. 1977/78, 39, 58ff.; BRINKMANN, Tatbestandsmäßigkeit der Besteuerung und formeller Gesetzesbegriff, S. 95ff., 102, 106, 109ff., 120ff.; DANZER, Die Steuerumgehung, S. 59ff., 76ff.

[714] Dazu mwN TIPKE, StRO I, S. 185ff.

gen Konzept gehört zum Auftrag eines denkenden Gehorsam übenden Rechts-
anwenders[715]. Weder das Demokratieprinzip noch der Grundsatz der Gewaltenteilung stehen daher dem Analogieschluß im Wege. Durch konsequentes Wei-
terdenken der Prinzipien, die den Gewinnrealisierungsvorschriften zugrunde liegen, beseitigt die Analogie Verstöße gegen den Gleichheitssatz und stellt so
Steuergerechtigkeit her. Dem Bedürfnis nach Rechtssicherheit wird durch die
entsprechende Anwendung der Regeln des Rückwirkungsverbots Rechnung getragen; gegen Analogieentscheidungen ex nunc bestehen keine Bedenken[716]. Die
Grenze des möglichen Wortsinns schafft ohnehin nur begrenzt Rechtssicherheit,
da es innerhalb der Wortlautschranken meist nicht nur eine einzige Deutungsva-
riante gibt. Das Recht läßt sich nicht aus isolierten Textstellen ablesen; statt dessen sind die Vorschriften des Gesetzes in ihren Beziehungen und Abhängigkei-
ten als Ganzes und unter Beachtung des Gesetzeszwecks zu verstehen[717]. Deshalb muß der material-rechtsstaatlichen Gesetzesanwendung, die die Analogie
neben der Auslegung als stringente teleologische Methode anerkennt, gegenüber
dem formal-rechtsstaatlichen Denken der Vorzug gegeben werden.

Die teleologische Extension des § 16 Abs. 3 EStG zur konsequenten Umsetzung des Entstrickungsgedankens ist nach alldem zulässig.

(b) Gesetzeslücke

Um dem Grundsatz der Gewaltenteilung und dem Demokratieprinzip gerecht zu
werden, verlangt die teleologische Extension das Vorliegen einer unbewußten
oder bewußten Gesetzeslücke.

Eine unbewußte Gesetzeslücke ist eine planwidrige, mit dem Gesetzeszweck
nicht zu vereinbarende Unvollständigkeit des Gesetzestextes. Dem Gesetzgeber
ist die Realisierung eines bestimmten systematischen Plans nicht gelungen. Es
handelt sich um eine Panne bei der Verwandlung eines bestimmten Zwecks in
gesetzliche Tatbestände[718]. Entweder hat der Gesetzgeber einen zu regelnden
Lebenssachverhalt schlicht übersehen oder er konnte einen Sachverhalt noch
nicht bedenken, weil der erst nach Erlaß des Gesetzes durch eine Veränderung
der tatsächlichen Umstände Bedeutung erlangt hat, oder es ist ihm sprachlich
nicht geglückt, seine Normidee umzusetzen[719].

Von einem solchen Regelungsversehen kann im Falle der Wohnsitzverlegung
ins Ausland nicht ausgegangen werden. Das Problem der Steuerentstrickung
durch Ausscheiden aus der beschränkten oder unbeschränkten Steuerpflicht wird

---

[715] LANG, Tipke/Lang, StR, 17. Aufl., § 4 Rn. 189.

[716] LANG, Tipke/Lang, StR, 17. Aufl., § 4 Rn. 191, 193.

[717] LANG, Tipke/Lang, StR, 17. Aufl., § 4 Rn. 191.

[718] LANG, Tipke/Lang, StR, 17. Aufl., § 4 Rn. 185; BIRK, Steuerrecht, Rn. 144.

[719] LANG, Tipke/Lang, StR, 17. Aufl., § 4 Rn. 185; BIRK, Steuerrecht, Rn. 144.

seit Jahrzehnten in der Steuerwissenschaft diskutiert und war Gegenstand von Entscheidungen der Rechtsprechung und der Verwaltung. Versuche und Anregungen[720], eine allgemeine Entstrickungsklausel im EStG zu verankern, sind ohne Erfolg geblieben. Statt dessen wurden für einzelne Lebenssachverhalte Gewinnrealisierungsvorschriften geschaffen und stetig weiterentwickelt: Verlegt beispielsweise eine unbeschränkt steuerpflichtige Körperschaft, Personenvereinigung oder Vermögensmasse ihre Geschäftsleitung oder ihren Sitz ins Ausland und scheidet sie dadurch aus der unbeschränkten Steuerpflicht aus, dann ordnet § 12 Abs. 1 S. 1, 3 KStG die Anwendung des § 11 KStG und damit die Aufdeckung der stillen Reserven an. Dasselbe gilt nach § 12 Abs. 2 S. 1 KStG, wenn die inländische Betriebsstätte einer beschränkt steuerpflichtigen Körperschaft, Personenvereinigung oder Vermögensmasse ins Ausland verlagert wird. § 12 KStG enthält demnach Spezialtatbestände der Gewinnverwirklichung ohne Umsatzakt für die Beendigung der unbeschränkten und beschränkten Steuerpflicht, die die Besteuerung der im Inland gebildeten stillen Reserven sicherstellen sollen[721]. Direkt auf den Wohnsitzwechsel einer natürlichen Person bezieht sich § 6 Abs. 1 S. 1 AStG: Endet die unbeschränkte Steuerpflicht einer natürlichen Person durch Aufgabe des Wohnsitzes, ist hinsichtlich ihrer Anteile an einer inländischen Kapitalgesellschaft die Regelung des § 17 EStG über die Entstehung eines Veräußerungsgewinns einschlägig, auch wenn keine Veräußerung stattfindet. Eine ähnliche Entstrickungsnorm für den Fall des Wegzugs einer natürlichen Person ins Ausland wurde schließlich in § 21 Abs. 2 S. 1 Nr. 2 UmwStG plaziert: Hat ein Unternehmer durch die Einbringung seines Betriebs zu Buchwerten in eine Kapitalgesellschaft Anteile an dieser erworben und wird das Besteuerungsrecht der Bundesrepublik Deutschland hinsichtlich des Gewinns aus der Veräußerung dieser Anteile ausgeschlossen, muß auch ohne Veräußerung ein Gewinn nach § 21 Abs. 1 S. 1 UmwStG versteuert werden. Mit diesem und den oben genannten speziellen Entstrickungstatbeständen zeigt der Gesetzgeber, daß ihm die Gefahr des Ausscheidens von Vermögenswertsteigerungen aus der inländischen Steuerpflicht – auch infolge einer Wohnsitzverlegung ins Ausland – seit langem bekannt ist. Trotz dieser Kenntnis und der Aussicht, daß in den parlamentarischen Gremien in naher Zukunft keine Einigung über den Erlaß einer allgemeinen Entstrickungsklausel erreicht werden wird, hat der Gesetzgeber die Erweiterung des § 16 Abs. 3 EStG und die Verabschiedung weiterer Spezialgesetze unterlassen. Dadurch ist das gesamte der Erzielung von Gewinneinkünften gewidmete Vermögen einer natürlichen Person von der Besteuerung ausgenommen, wenn und soweit dessen stille Reserven aufgrund des Wegzugs aus der inländischen Steuerpflicht ausscheiden. Dieser Lebenssachverhalt wurde

---

[720] BT-Drucks. 7/1470; Bericht der Bundesregierung zur Fortentwicklung des Unternehmenssteuerrechts v. 19.4.2001, FR 2001, Beilage zu Nr. 11.

[721] REIß, K/S/M, EStG, § 16 Rn. F 63.

182

von der Legislative nicht übersehen[722], sondern bewußt keiner gesetzlichen Regelung zugeführt. Mithin muß das Vorliegen einer unbewußten Gesetzeslücke verneint werden.

Auch eine bewußte Gesetzeslücke in dem Sinne, daß der Normgeber keine Entscheidung trifft, weil er die Materie nicht für gesetzesreif hält und die Rechtsfolgenbestimmung einstweilen Rechtsprechung und Lehre überlassen möchte[723], ist nicht gegeben. Abgesehen davon, daß Gesetzesreife unzweifelhaft vorlag, konnte sich der Gesetzgeber nicht auf die Gerichte verlassen. Denn in den Fällen der Steuerentstrickung durch Verlegung des Wohnsitzes ins Ausland übten sie Zurückhaltung bei der Lückenschließung. Der Tatbestand des § 16 Abs. 3 EStG wurde nicht derart überdehnt, daß der deutsche Fiskus jede stille Reserve noch zu fassen bekam. Nur wenn der Weggang aufgrund der isolierenden Betrachtungsweise des § 49 Abs. 2 EStG für die im Inland verbliebenen Wirtschaftsgüter eine Umqualifizierung in vermögensverwaltende Einkünfte bedeutete, bejahte der BFH die Betriebsaufgabe[724].

Teilergebnis: Die teleologische Erstreckung des § 16 Abs. 3 EStG auf die bloße Wohnsitzverlegung ins Ausland scheitert schon am Fehlen einer unbewußten oder bewußten Gesetzeslücke.

(c) Vereinbarkeit einer Besteuerung, die an das Ausscheiden aus der deutschen Steuerhoheit anknüpft, mit dem Europarecht

Darüber hinaus ist eine Besteuerung stiller Reserven, die an das Ausscheiden aus der deutschen Steuerhoheit anknüpft, mit europarechtlichen Vorgaben nicht vereinbar.

Je nach dem Zweck der Wohnsitzverlegung wäre der Schutzbereich der Niederlassungsfreiheit (Art. 43 EG), der Dienstleistungsfreiheit (Art. 49 EG), der Kapitalverkehrsfreiheit (Art. 56 EG) oder der Arbeitnehmerfreizügigkeit (Art. 39 EG) von der Entstrickungsregelung betroffen. Die Besteuerung nicht realisierter Wertsteigerungen des Betriebsvermögens anläßlich des Wegzugs eines Unternehmers ist geeignet, die Ausübung der Grundfreiheiten zu beeinträchtigen, und stellt deshalb einen Eingriff dar. Zur Rechtfertigung des Eingriffs hat der EuGH zwingende Erfordernisse des Allgemeininteresses akzeptiert, zu denen die Wahrung der Kohärenz der nationalen Steuerordnung gehört[725]. Ein auf Wegzugsfälle erweiterter Tatbestand des § 16 Abs. 3 EStG könnte sich auf diesen Rechtfertigungsgrund berufen. Denn die Entstrickungsvorschrift verfolgt aus

[722] Das meint auch KULOSA, H/H/R, § 16 EStG Anm. 438.
[723] LANG, Tipke/Lang, StR, 17. Aufl., § 4 Rn. 185; BIRK, Steuerrecht, Rn. 144.
[724] BFH, BStBl. II 1978, 494, 495ff.
[725] Vgl. oben 2. Teil, D., I., 3., e., bb., (2).

Gründen der Besteuerungsgerechtigkeit das Ziel, die Erfassung sämtlicher stiller Reserven bei dem Steuerpflichtigen zu gewährleisten, der sie gebildet hat. Damit stellt sie die Folgerichtigkeit des Systems der Gewinnverwirklichungsnormen her, die trotz vorhandener Leistungsfähigkeit den Steuerpflichtigen solange schonen, wie er nach der Eigentumsgarantie und dem Übermaßverbot schutzwürdig bleibt. Zum endgültigen Steuerausfall darf die Schonung jedoch nicht führen, da dann der Gleichbehandlungsgrundsatz verletzt würde. Der Anspruch des deutschen Staates auf Besteuerung der unter seiner Steuerhoheit entstandenen stillen Reserven ist folglich ein Gebot der Kohärenz der Steuerordnung[726]. Entgegen einer in der Literatur[727] vertretenen Ansicht ergibt sich aus der EuGH-Entscheidung „Hughes de Lasteyrie du Saillant"[728] nichts anderes. Die streitgegenständliche Norm des Art. 167 CGI verfolgt nämlich nicht das Ziel, die Geschlossenheit des französischen Steuerrechts zu wahren, sondern will einer Steuerflucht vorbeugen. Angesichts dieses speziellen Zwecks hat der EuGH keine Entscheidung darüber getroffen, ob Entstrickungstatbestände, die beim Ausscheiden von Wirtschaftsgütern aus der Steuerverstrickung die Abrechnung der stillen Reserven sichern sollen, gegen Grundfreiheiten verstoßen.

Es würde allerdings an der Verhältnismäßigkeit der Extension des § 16 Abs. 3 EStG fehlen, weil der sofortige Steuerzugriff im Moment des Wegzugs nicht erforderlich ist. Als milderes Mittel kommt ein Zahlungsaufschub bis zur Erfüllung eines Gewinnverwirklichungstatbestandes im Ausland in Frage[729]. Trotz der zinslosen Stundung der Steuerschuld, die zu einer deutlich geringeren Belastung des Steuerpflichtigen führt, müssen keine Abstriche bei der effektiven Erfassung der stillen Reserven gemacht werden; dafür sorgen die Beitreibungs-[730] und die Amtshilferichtlinie[731]. Die Verletzung der europäischen Grundfreiheiten steht folglich einer Anknüpfung der Besteuerung an den Wegzug entgegen, soweit der Wohnsitz innerhalb der Europäischen Union verlegt wird.

(d) Teilergebnis

Die Verlegung des Wohnsitzes ins Ausland kann zur Entstrickung der stillen Reserven führen. Eine teleologische Extension des § 16 Abs. 3 EStG auf diesen Vorgang ist nach dem Normzweck angezeigt und unterliegt keinem Analogie-

---

[726] Vgl. oben 2. Teil, D., I., 3., e., bb., (2), (a).

[727] HÖRGER/RAPP, L/B/P, EStG, § 16 Rn. 70a und c; STAHL, Korn, EStG, § 16 Rn. 24.

[728] EuGH, Hughes de Lasteyrie du Saillant, GmbHR 2004, 504ff.

[729] Vgl. oben 2. Teil, D., I., 3., e., bb., (2), (b).

[730] RL 76/308/EWG v. 15.03.1976, ABl. EG v. 19.03.1976, L 073, S. 18; geändert durch die RL 2001/44/EG v. 15.06.2001, ABl. EG v. 28.06.2001, L 175, S. 17 (Art. 2 g der Beitreibungsrichtlinie).

[731] RL 77/799/EWG v. 19.12.1977, ABl. EG v. 27.12.1977, L 336, S. 15.

verbot. Zum einen fehlt es jedoch an einer unbewußten oder bewußten Gesetzes-lücke. Zum anderen verstößt eine Besteuerung stiller Reserven, die unmittelbar an das Ausscheiden aus der deutschen Steuerhoheit anknüpft, gegen die europäi-schen Grundfreiheiten.

(3) Abschluß eines Doppelbesteuerungsabkommens

Werden durch den bloßen Abschluß eines DBA der deutschen Besteuerung stille Reserven entzogen, stellt sich ebenfalls die Frage nach einer analogen Anwen-dung des § 16 Abs. 3 EStG auf diesen Entstrickungsvorgang. Doch auch im Hinblick auf diesen Sachverhalt liegt keine bewußte oder unbewußte Regelungs-lücke vor. Oben[732] wurde bereits dargelegt, daß dem Gesetzgeber die Steuerent-strickung durch das Ausscheiden aus der inländischen Steuerpflicht hinlänglich bekannt war. Anstatt eine allgemeine Entstrickungsklausel zu installieren oder den Betriebsaufgabetatbestand zu erweitern, reagierte die Legislative mit dem Erlaß der oben[733] aufgezeigten, nur punktuell greifenden Spezialregelungen. Mit dem KStG 1977 wurde außerdem § 13 KStG ins Gesetz aufgenommen, der ei-nen dem Abschluß eines DBA ähnlichen Sachverhalt betrifft. § 13 Abs. 1 KStG ordnet das Aufstellen einer Schlußbilanz für eine Körperschaft, Personenverei-nigung oder Vermögensmasse an, die von der Körperschaftsteuer befreit wird. In dieser Schlußbilanz sind gemäß § 13 Abs. 3 S. 1 KStG die Wirtschaftsgüter mit dem Teilwert zu bewerten, wodurch die bisher nicht realisierten Wertsteige-rungen der Besteuerung unterworfen werden. Der Tatbestand verfolgt offen-sichtlich das Ziel, bei Beginn einer persönlichen Steuerbefreiung die Erfassung der bis dahin gebildeten stillen Reserven sicherzustellen[734]. Wenn der Gesetzge-ber einerseits die Steuerentstrickung durch Entstehung einer persönlichen Steu-erbefreiung im KStG regelt, andererseits aber das Ausscheiden eines Betriebs-vermögens aus der Steuerpflicht aufgrund des Abschlusses eines DBA im EStG unbehandelt läßt, dann muß von einer *absichtlichen* Nichtbelastung der Wert-steigerungen ausgegangen werden. Neben einer planwidrigen Unvollständigkeit fehlt auch eine bewußt der Ausfüllung durch Rechtsprechung und Lehre über-lassene Gesetzeslücke. Denn Rechtsprechung[735] und Literatur[736] unterwerfen den Vorgang keiner Besteuerung. Demokratie- und Gewaltenteilungsprinzip verbieten es daher, daß sich der Rechtsanwender durch teleologische Extension des § 16 Abs. 3 EStG über die Entscheidung des Gesetzgebers, bei der Entstri-

---

[732] Vgl. oben 2. Teil, D., II., 3., f., bb., (2), (b).
[733] Vgl. oben 2. Teil, D., II., 3., f., bb., (2), (b).
[734] REIß, K/S/M, EStG, § 16 Rn. F 65.
[735] BFH, BStBl. II 1976, 246, 247f.
[736] KULOSA, H/H/R, § 16 EStG Anm. 439; HÖRGER/RAPP, L/B/P, EStG, § 16 Rn. 70 b.

ckung durch bloßen Abschluß eines DBA keinen Gewinnausweis zu verlangen, hinwegsetzt.

cc. Ergebnis

Das Ausscheiden aus der inländischen Steuerpflicht durch die Verlegung des Betriebs oder des Wohnsitzes ins Ausland oder durch den Abschluß eines Doppelbesteuerungsabkommens ist keiner Auslegung als Betriebsaufgabe nach § 16 Abs. 3 EStG zugänglich. Auch eine teleologische Extension des Entstrickungstatbestandes kommt nicht in Betracht. Zwar besteht kein Analogieverbot im Steuerrecht. Jedoch ist die Erfassung der nicht realisierten Wertsteigerungen im Falle der Betriebsverlegung ins Ausland gar nicht gefährdet, weil der deutsche Staat selbst bei Abschluß eines Freistellungs-DBA seinen Anspruch auf die Besteuerung der stillen Reserven, die unter seiner Steuerhoheit entstanden sind, behält. Eine teleologische Extension des § 16 Abs. 3 EStG würde dem Normzweck daher zuwiderlaufen. Bei der Verlegung des Wohnsitzes ins Ausland und dem bloßen Abschluß eines Doppelbesteuerungsabkommens fehlt es dagegen an einer bewußten oder unbewußten Gesetzeslücke, ohne die eine Analogie unzulässig ist. Zudem verstößt die Anknüpfung des Steuerzugriffs an das Ausscheiden aus der deutschen Steuerhoheit gegen die europäischen Grundfreiheiten.

g. Die Aufgabehandlung substituierender Rechtsvorgang

Den sog. finalen Betriebsaufgabebegriff hat die Rechtsprechung nicht allein für Entstrickungssachverhalte mit Auslandsbezug entwickelt. Nach ihrer Vorstellung existiert vielmehr eine zweite Gruppe von Vorgängen, die zum Ausscheiden ganzer Betriebsvermögen aus der Steuerverhaftung führen, bei engem Begriffsverständnis jedoch keine Betriebsaufgabe bedeuten. In diesen Fällen fehle es an der Zerschlagung der betrieblichen Einheit, an der Aufgabehandlung und an einem Aufgabewillen. Um den endgültigen Verlust von Besteuerungssubstrat zu verhindern, verzichtet die Rechtsprechung ausnahmsweise auf diese (von ihr aufgestellten) Merkmale und formuliert die Voraussetzungen des § 16 Abs. 3 S. 1 EStG wie folgt: Eine Betriebsaufgabe liege auch dann vor, wenn der Betrieb als wirtschaftlicher Organismus zwar bestehen bleibt, aber durch eine Handlung oder einen Rechtsvorgang so in seiner ertragsteuerlichen Einordnung verändert wird, daß die Erfassung der stillen Reserven nicht mehr gewährleistet ist[737]. Danach genüge ein die Aufgabehandlung substituierender Rechtsakt, um die

---

[737] BFH, BStBl. II 1982, 381, 383; BFH, BStBl. II 1984, 474, 478; BFH, BStBl. II 1975, 168, 171.

Rechtsfolge des Betriebsaufgabetatbestandes auszulösen[738]. Dieser Rechtsvorgang sei als Einwirken außersteuerrechtlicher Normen auf einen steuerrechtlich relevanten Sachverhalt zu charakterisieren, womit der BFH die Folgen der Anwendung erbrechtlicher oder gesellschaftsrechtlicher Regelungen meint. Es dürfe sich hingegen nicht um das Wirksamwerden von Wertungen steuerrechtlicher Art handeln, etwa infolge einer geänderten steuerrechtlichen Beurteilung oder des Eingreifens einer anderen Besteuerungsvorschrift[739]. Nur durch eine solche Modifikation des Betriebsaufgabebegriffs glaubt die Rechtsprechung, die Wertsteigerungen des trotz Beendigung der Mitunternehmerstellung entgeltlich zur Nutzung überlassenen Sonderbetriebsvermögens[740] sowie die stillen Reserven des Besitzunternehmens beim Wegfall der tatbestandlichen Voraussetzungen einer Betriebsaufspaltung[741] steuerlich erfassen zu können. Keine substituierenden Rechtsvorgänge seien hingegen der Strukturwandel, weil es sich dabei um ein tatsächliches Geschehen handele, bei dem die Wirtschaftsgüter im Betriebsvermögen verblieben[742], sowie der Übergang zur Liebhaberei, weil es sich hier lediglich die steuerrechtliche Beurteilung ändere[743].

Das Merkmal des die Aufgabehandlung substituierenden Rechtsaktes sprengt den Wortsinn der „Betriebsaufgabe". Es läßt sich daher nicht im Wege der Auslegung des Tatbestandes des § 16 Abs. 3 EStG gewinnen. Die Rechtsprechung, die das weite Begriffsverständnis mit der Verwirklichung des Entstrickungsgrundsatzes rechtfertigt, könnte jedoch von der Methode der teleologischen Extension zulässigerweise Gebrauch gemacht haben. Dazu bedarf es aber einer bewußten oder unbewußten Gesetzeslücke, deren Vorliegen von Teilen der Literatur[744] bestritten wird. Die Vertreter der Lehre sind der Auffassung, der substituierende Rechtsvorgang sei ein überflüssiges Kriterium, ohne daß sich sämtliche oben aufgeführte Sachverhalte befriedigend steuerlich würdigen ließen. Ob dies zutrifft, soll nachfolgend untersucht werden:

---

[738] BFH, BStBl. II 1991, 802, 804; BFH, BStBl. II 1982, 381, 383; BFH, BStBl. II 1984, 474, 478; BFH, BStBl. II 1983, 771, 773; BFH, BStBl. II 1983, 448, 449 zur Entnahme.

[739] BFH, BStBl. II 1982, 381, 384; BFH, BStBl. II 1984, 474, 478; im Anschluß an STOLL, Ruppe, Gewinnrealisierung im StR, DStJG 4, S. 207, 234f.

[740] BFH, BStBl. III 1967, 751, 752; BFH, BStBl. II 1983, 771, 773.

[741] BFH, BStBl. II 1997, 460, 461; BFH, BStBl. II 1984, 474, 478; BFH, BStBl. II 1989, 363, 364; BFH, BFH/NV 1991, 439, 440; dieser Auffassung schließt sich KULOSA, H/H/R, § 16 EStG Anm. 437, 439, an.

[742] BFH, BStBl. II 1975, 168, 171.

[743] BFH, BStBl. II 1982, 381, 383ff.; ebenso KULOSA, H/H/R, § 16 EStG Anm. 437, 439.

[744] REIß, K/S/M, EStG, § 16 Rn. F 39; KNOBBE-KEUK, Bilanz- u. UnternehmensStR, S. 281; HÖRGER/RAPP, L/B/P, EStG, § 16 Rn. 70f.

aa. Beendigung der Mitunternehmerstellung unter Beibehaltung der entgeltlichen Nutzungsüberlassung des Sonderbetriebsvermögens

Der zweiaktige Tatbestand der Betriebsaufgabe verlangt neben der endgültigen Einstellung der werbenden Tätigkeit das Ausscheiden der Wirtschaftsgüter aus dem Betriebsvermögen des Aufgebenden. Letzteres geschieht nicht automatisch mit Beendigung der gewerblichen Betätigung – die Betriebsvermögenseigenschaft wird davon nicht berührt[745]. Erforderlich ist vielmehr eine auf die Herauslösung der Wirtschaftsgüter aus dem Betriebsvermögen gerichtete Handlung des Steuerpflichtigen[746]. In seinem Strukturwandelbeschluß hielt der Große Senat des BFH[747] an der Notwendigkeit einer Aufgabe- bzw. Entnahmehandlung fest, fügte jedoch hinzu: „In besonders gelagerten Fällen kann auch ein Rechtsvorgang genügen, der das Wirtschaftsgut aus dem Betriebsvermögen ausscheiden läßt, ..." Dabei dachte das Gericht ua. an das Sonderbetriebsvermögen eines Gesellschafters, der aus einer Personengesellschaft durch Anteilsveräußerung oder auf andere Weise ausscheidet, die entgeltliche Nutzungsüberlassung der Wirtschaftsgüter des Sonderbetriebsvermögens aber beibehält[748].

Aus der entgeltlichen Nutzungsüberlassung von Vermögen werden grundsätzlich Überschußeinkünfte aus Vermietung und Verpachtung gemäß den §§ 2 Abs. 1 S. 1 Nr. 6, 21 EStG erzielt. Hat aber ein Mitunternehmer Wirtschaftsgüter, die ihm nach § 39 AO steuerlich zuzurechnen sind, der Mitunternehmerschaft entgeltlich oder unentgeltlich zur Nutzung überlassen, handelt es sich um Sonderbetriebsvermögen, dessen Wertveränderungen zu Einkünften aus Gewerbebetrieb führen[749]. Endet die Mitunternehmerstellung des Steuerpflichtigen beispielsweise durch Veräußerung des Mitunternehmeranteils unter Zurückbehaltung des Sonderbetriebsvermögens, kommt die Aufdeckung der stillen Reserven des Sonderbetriebsvermögens aufgrund § 16 Abs. 3 EStG in Betracht. Die Voraussetzung der endgültigen Einstellung der werbenden Tätigkeit ist durch die Beendigung des mitunternehmerischen Engagements unproblematisch erfüllt[750]. Eine Aufgabehandlung vermag die Rechtssprechung jedoch dann nicht zu erkennen, wenn der Steuerpflichtige die entgeltliche Nutzungsüberlassung beibe-

---

[745] REIß, K/S/M, EStG, § 16 Rn. F 26.

[746] BFH, BStBl. III 1964, 406; BFH, BStBl. II 1975, 168, 171; REIß, K/S/M, EStG, § 16 Rn. F 26, 37; Vgl. oben 2. Teil, D., II., 3., c.

[747] BFH, BStBl. II 1975, 168, 171.

[748] Vgl. den Hinweis des Großen Senats in BStBl. II 1975, 168, 171, auf das Urteil des BFH, BStBl. III 1967, 751f.

[749] St. Rspr. seit RFH, RStBl. 1932, 388, 389; BIRK, Steuerrecht, Rn. 1029ff.; JAKOB, Einkommensteuer, Rn. 1028ff.

[750] REIß, K/S/M, EStG, § 16 Rn. F 39; KNOBBE-KEUK, Bilanz- u. UnternehmensStR, S. 281; HÖRGER/RAPP, L/B/P, EStG, § 16 Rn. 70f.

hält. Sonderbetriebsvermögen können die Wirtschaftsgüter allerdings nicht bleiben, weil diese Eigenschaft an die Mitunternehmerstellung gebunden ist. Deshalb geht die Rechtsprechung von der Überführung der Wirtschaftsgüter ins Privatvermögen durch einen betriebsaufgabeähnlichen Rechtsvorgang aus[751].

In dem Tatbestandsmerkmal der „Aufgabehandlung" spiegelt sich der Zustandtatbestand des Gewerbebetriebs: Die Aufgabe des Betriebes setzt voraus, daß die betrieblichen Wirtschaftsgüter aus dem Betriebsvermögen ausscheiden. Dazu bedarf es einer auf die Herauslösung der Wirtschaftsgüter aus dem Betriebsvermögen gerichteten Handlung des Unternehmers. Als mögliche Aufgabehandlungen nennt § 16 Abs. 3 S. 6, 7 EStG die Veräußerung und die Nichtveräußerung. Letztere bedeutet die Verlagerung von Wirtschaftsgütern in das Vermögen eines anderen Steuersubjekts oder ins eigene Privatvermögen[752]. Für das Vorliegen einer Aufgabehandlung genügt mithin jedes schlüssige Verhalten, durch das die betrieblichen Wirtschaftsgüter dem Vermögen eines anderen Steuersubjekts oder dem Privatvermögen zugeordnet werden[753].

Die Veräußerung des Mitunternehmeranteils darf nicht als konkludente Aufgabehandlung verstanden werden[754]. Sie beendet zwar das mitunternehmerische Engagement und bewirkt dadurch die Einstellung der werbenden Tätigkeit. Sie nimmt den Wirtschaftsgütern sogar die Eigenschaft des Sonderbetriebsvermögens, weil diese an die Mitunternehmerstellung gekoppelt ist. Die Anteilsveräußerung löst jedoch keine automatische Überführung der Betriebsgrundlagen ins Privatvermögen aus. Sie entscheidet nicht darüber, ob die Wirtschaftsgüter künftig zum Privatvermögen, zu einem anderen Betriebsvermögen des Steuerpflichtigen oder aber zum Vermögen eines anderen Steuersubjekts gehören sollen. Dazu bedarf es einer Aufgabehandlung, die auf konkrete Wirtschaftsgüter als Entnahmeobjekte gerichtet ist und deren Übergang ins Privatvermögen oder ein fremdes Vermögen bewirkt.

Eine taugliche konkludente Aufgabehandlung stellt hingegen die Änderung der Nutzung der Wirtschaftsgüter dar: Wird bisheriges Betriebsvermögen nach der Einstellung der werbenden Tätigkeit für die private Lebensführung oder durch entgeltliche Nutzungsüberlassung an Dritte vermögensverwaltend genutzt, liegt eine konkludente Überführung vom Betriebs- ins Privatvermögen vor[755].

An einer Nutzungs*änderung* fehlt es freilich, wenn ein Wirtschaftsgut schon vor der Einstellung der werbenden Tätigkeit entgeltlich Dritten überlassen wur-

---

[751] BFH, BStBl. III 1967, 751, 752; BFH, BStBl. II 1983, 771, 773; BFH, BStBl. II 1975, 580, 581, allerdings zur Entnahme.

[752] Vgl. oben 2. Teil, D., II., 3., c.

[753] BFH, BStBl. III 1964, 406; BFH, BStBl. II 1975, 168, 171; REIß, K/S/M, EStG, § 16 Rn. F 26, 37.

[754] REIß, K/S/M, EStG, § 16 Rn. F 39.

[755] REIß, K/S/M, EStG, § 16 Rn. F 32; BFH, BStBl. III 1964, 406f.

de und dies beibehalten wird. In diesem Fall besteht die Entnahmehandlung aber in der *weiteren* Verwendung zur entgeltlichen Nutzungsüberlassung, obwohl der wirtschaftliche Zusammenhang mit der – eingestellten – werbenden betrieblichen Tätigkeit inzwischen weggefallen ist[756]. Denn die Fortsetzung der Verwendung des Vermögens trotz einer Änderung der Rahmenbedingungen, die die Umqualifizierung der Einkünfte bewirkt hat, kann nicht anders behandelt werden als die zur Umqualifizierung führende Änderung der Verwendungsart[757]. Immerhin liegt der Beibehaltung der Nutzungsüberlassung die Entscheidung des Steuerpflichtigen zugrunde, die Wirtschaftsgüter künftig zur Erzielung von privaten Mieteinkünften und nicht etwa in einem anderen seiner Betriebsvermögen einzusetzen. Die Aufgabehandlung darf folglich auch in einem Beibehalten der Nutzung bestehen, wenn dieses einer Nutzungsänderung gleichkommt. Das ist dann der Fall, wenn das Fortsetzen der Verwendung den Übergang der Wirtschaftsgüter ins Privatvermögen (oder in das Vermögen eines anderen Steuersubjekts) bewirkt. Entscheidend ist demnach, daß durch die Beibehaltung der Nutzung ebenso wie durch deren Änderung, eindeutig bestimmt wird, welchem Vermögen die Wirtschaftsgüter künftig angehören sollen. Im vorliegenden Fall ist diese Eindeutigkeit gegeben: Bei der Fortsetzung der entgeltlichen Nutzungsüberlassung trotz Wegfalls des mitunternehmerischen Engagements kann es sich nur um private Vermögensverwaltung handeln; die überlassenen Wirtschaftsgüter zählen zum Privatvermögen. Will der Steuerpflichtige die Betriebsvermögenseigenschaft aufrechterhalten, muß er die Gegenstände mit Beendigung der Mitunternehmerstellung in ein anderes seiner Betriebsvermögen verbringen. An der geforderten Eindeutigkeit würde es fehlen, wenn ohne ein auf die Wirtschaftsgüter gerichtetes aktives Tun unklar bliebe, ob der Betrieb endgültig aufgegeben oder aber bloß verlegt, unterbrochen, allmählich abgewickelt oder wiederaufgebaut werden soll. Dann muß eine Handlung, die auch in der Abgabe einer Erklärung bestehen kann, die künftige Zugehörigkeit des bisherigen Betriebsvermögens verdeutlichen.

Nach alldem ist folgendes festzuhalten: Stellt der ehemalige Mitunternehmer die Wirtschaftsgüter seines bisherigen Sonderbetriebsvermögens auch nach der Anteilsveräußerung noch der Mitunternehmerschaft entgeltlich zur Verfügung, liegt darin die konkludente Aufgabehandlung. Sowohl die Nutzungsänderung als auch die Fortsetzung der nunmehr als vermögensverwaltend zu qualifizierenden Nutzungsüberlassung bedeuten eine taugliche Aufgabehandlung. Die Hilfskonstruktion eines „die Aufgabehandlung substituierenden Rechtsvorgangs" ist überflüssig.

---

[756] REIß, K/S/M, EStG, § 16 Rn. F 32, 39; BFH, BStBl. II 1987, 113, 115.
[757] REIß, K/S/M, EStG, § 16 Rn. F 32; BFH, BStBl. II 1987, 113, 115.

190

Obwohl sämtliche Voraussetzungen des Betriebsaufgabetatbestandes erfüllt sind, will *Reiß*[758] den Eintritt der Rechtsfolge – die Aufdeckung der stillen Reserven des Sonderbetriebsvermögens – im Wege der teleologischen Reduktion unterbinden. Er betont zu Recht, daß die steuerliche Erfassung nicht realisierter Gewinne nur als ultima ratio in Betracht kommt, wenn andernfalls betrieblich gebildete stille Reserven endgültig der Besteuerung entzogen würden. Letzteres aber schließt er für den Fall der Veräußerung des Mitunternehmeranteils unter Beibehaltung der entgeltlichen Nutzungsüberlassung des Sonderbetriebsvermögens aus. Ihm kann nicht gefolgt werden, wenn er die künftige Steuerverstrickung der stillen Reserven deshalb bejaht, weil er die Fortführung der vermögensverwaltend genutzten Wirtschaftsgüter als sog. gewillkürtes Betriebsvermögen für möglich hält. *Reiß* beruft sich auf die Rechtsprechung[759], die durch die Anerkennung gewillkürten Betriebsvermögens die Annahme einer Entnahme aus dem *lebenden* Betrieb vermeide. Dieselben Wertungen müßten bei der endgültigen Einstellung der werbenden Tätigkeit gelten. Die Beibehaltung von ehemals notwendigem als gewillkürtes Betriebsvermögen sei nur dann ausgeschlossen, wenn nach endgültiger Einstellung der werbenden Tätigkeit keine Einkünfte aus Gewerbebetrieb mehr vorliegen könnten. Die Einkünfte aus der entgeltlichen Nutzungsüberlassung von bisherigem Betriebsvermögen ließen sich jedoch ohne Schwierigkeiten als nachträgliche Einkünfte im Sinne des § 24 Nr. 2 EStG qualifizieren. Der notwendige Bezug zur werbenden Tätigkeit als konstitutivem Merkmal des Gewerbebetriebs sei dadurch hergestellt, daß die nunmehr zur entgeltlichen Nutzungsüberlassung verwendeten Wirtschaftsgüter ihre Betriebsvermögenseigenschaft durch die auf die werbende Tätigkeit bezogene Funktion im damaligen Betrieb erlangt haben.

Reiß kann nicht entgegengehalten werden, ohne eine werbende Betätigung existiere kein Betriebsvermögen. Denn der endgültigen Einstellung der werbenden Tätigkeit folgt nicht automatisch der Übergang des Betriebsvermögens ins Privatvermögen[760]. Vielmehr verlangt der zweiaktige Betriebsaufgabetatbestand eine Handlung, die die Wirtschaftsgüter aus dem Betriebsvermögen herauslöst. § 16 Abs. 3 EStG geht davon aus, daß im Anschluß an die endgültige Einstellung der werbenden Tätigkeit die Wirtschaftsgüter nach und nach veräußert oder entnommen werden. Gelingt jedoch beispielsweise die Veräußerung von nicht wesentlichem Betriebsvermögen im Zeitrahmen der Betriebsaufgabe nicht, ändert das nichts an der Betriebsvermögenseigenschaft dieser Wirtschaftsgüter; deren spätere Verwertung führt zu nachträglichen Einkünften gemäß § 24 Nr. 2

---

[758] REIß, K/S/M, EStG, § 16 Rn. F 30 bis F 34.

[759] BFH, BStBl. II 1972, 942, 943; BFH, BStBl. II 1986, 711, 712; BFH, BStBl. II 1990, 128, 129f.

[760] REIß, K/S/M, EStG, § 16 Rn. F 24f.; BFH, BStBl. III 1964, 406; BFH, BStBl. II 1972, 936, 937; BFH, BStBl. II 1983, 412, 413.

EStG[761]. Auch im Falle der allmählichen Abwicklung eines Betriebes kann die werbende Tätigkeit irgendwann endgültig eingestellt werden, unabhängig davon, ob einzelne Wirtschaftsgüter des Betriebsvermögens noch vorhanden sind und bleiben. Diesen Sachverhalten ist allerdings gemein, daß trotz endgültiger Beendigung der betrieblichen Tätigkeit bisher keine Verwertungs- oder Überführungshandlung in Bezug auf das konkrete Wirtschaftsgut vorgenommen wurde, eine solche aber in naher Zukunft erfolgen wird. Bis zu dieser Handlung dürfen die Gegenstände ausnahmsweise Betriebsvermögen bleiben. Dadurch soll dem Steuerpflichtigen ermöglicht werden, eine günstige Verwertungsgelegenheit am Markt abzuwarten, die ihn in die Lage versetzt, die entstehende Steuerschuld zu begleichen.

Anders verhält es sich aber bei der Veräußerung des Mitunternehmeranteils unter Beibehaltung der entgeltlichen Nutzungsüberlassung des Sonderbetriebsvermögens. Hier ist eine eindeutige Aufgabehandlung bereits vorgenommen worden: Trotz der künftigen Qualifizierung als vermögensverwaltende Tätigkeit gemäß § 21 Abs. 1 EStG hat sich der Steuerpflichtige entschieden, die Nutzungsüberlassung an die Mitunternehmerschaft fortzusetzen. Dadurch hat er die Wirtschaftsgüter betriebsfremden Zwecken zugeführt, denn die Vermietung oder Verpachtung an die Mitunternehmerschaft steht seit dem Verlust der Mitunternehmerstellung in keinem wirtschaftlichen Zusammenhang mit der – eingestellten – betrieblichen Tätigkeit als Mitunternehmer. Mit der Verlagerung des Betriebs- in das Privatvermögen wurde der Gewerbebetrieb aufgegeben und eine private Vermietung oder Verpachtung begonnen. An diesen Tatbestand knüpft § 16 Abs. 3 EStG zu Recht die Besteuerung der im Betriebsvermögen angesammelten stillen Reserven. Im Unterschied zu den oben beschriebenen Fällen hat der Steuerpflichtige also eine Entscheidung über die künftige Vermögenszugehörigkeit der Wirtschaftsgüter getroffen und objektiv umgesetzt.

Ein Verzicht auf die Besteuerung der stillen Reserven trotz eindeutiger Aufgabehandlung ist nicht zu rechtfertigen. Zwar sind dem Steuerpflichtigen im Rahmen der Betriebsaufgabe keine liquiden Mittel zugeflossen, um die Steuer zu entrichten. Dennoch gebietet der in Art. 3 Abs. 1 GG verankerte Grundsatz der Besteuerungsgleichheit den Zugriff des Fiskus. Denn ein Aufschub der Besteuerung würde sich nicht auf den überschaubaren Zeitraum bis zur Verwertung des letzten, noch vorhandenen Betriebsvermögens beschränken. Statt dessen wäre der Steueranspruch bis zum Ende der Nutzungsüberlassung und damit auf unabsehbare Zeit gestundet. Einer Umgehung des Gewinnrealisierungstatbestandes des § 16 Abs. 3 EStG wären Tür und Tor geöffnet. Zum einen könnte durch die Begründung immer neuer Vermietungsverhältnisse die Besteuerung für eine unendliche Zeit aufgeschoben werden. Und selbst nach Beendigung der Nutzungs-

---

[761] REIß, K/S/M, EStG, § 16 Rn. F 24.

überlassung würde eine Verwendung der Gegenstände für die private Lebensführung keine Mittel zur Steuerzahlung freisetzen. Zum anderen wären nicht nur
die Fälle der Beendigung einer Mitunternehmerstellung vom Besteuerungsaufschub betroffen. Vielmehr könnte jeder ehemalige Betriebsinhaber dem Zugriff
des Fiskus dadurch entgegen, daß er seinen Gewerbebetrieb endgültig aufgibt,
das Betriebsgrundstück aber umgehend an einen Dritten verpachtet oder vermietet. Die Steuerpflichtigen wären in die Lage versetzt, den Zeitpunkt der Besteuerung nach eigenem Belieben zu bestimmen. Dabei handelt es sich um einen ek-
latanten Verstoß gegen die Besteuerungsgleichheit. Auch aus dem Grundrecht
der Eigentumsfreiheit und aus dem Übermaßverbot ergibt sich keine andere
Wertung: Sobald die Erfassung der stillen Reserven nicht mehr gesichert ist,
dem Staat mithin ein endgültiger Steuerausfall droht, treten diese Verfassungsgrundsätze hinter den Gleichheitssatz des Art. 3 Abs. 1 GG zurück. Dieses Verhältnis der Gebote des Grundgesetzes zueinander regelt das Entstrickungsprinzip, das seinen Ausdruck im Betriebsaufgabetatbestand des § 16 Abs. 3 GG gefunden hat. Erfüllt der Steuerpflichtige die Voraussetzungen der Betriebsaufgabe, behandelt er die nunmehr vermieteten oder verpachteten Wirtschaftsgüter
aber dennoch als gewillkürtes Betriebsvermögen, dann wird die Besteuerung in
die Unendlichkeit aufgeschoben, so daß die Verwirklichung des staatlichen
Steueranspruchs nicht mehr als gesichert betrachtet werden kann. Hier muß sich
das Entstrickungsprinzip durchsetzen.

Der Hinweis von *Reiß*[762] auf die Rechtsprechung des BFH führt zu keinem
abweichenden Ergebnis. *Reiß* verweist auf Entscheidungen, gemäß denen Wirtschaftsgüter eines *werbenden* Betriebs, die zulässigerweise oder zwingend als
Betriebsvermögen behandelt worden seien, Betriebsvermögen bleiben könnten,
sofern sie nicht zur privaten Lebensführung benutzt würden. Insbesondere werde
eine vermögensverwaltende entgeltliche Nutzungsüberlassung als unschädlich
angesehen, weil es für den objektiven Zusammenhang mit dem Betrieb genüge,
daß das Wirtschaftsgut Erträge abwerfe[763]. Ebenso blieben überhaupt nicht ge-
nutzte Wirtschaftsgüter Betriebsvermögen[764]. *Reiß*[765] ist der Meinung, daß für
die endgültige Einstellung der werbenden Tätigkeit mit anschließender entgeltlicher Nutzungsüberlassung der Wirtschaftsgüter des Betriebsvermögens dasselbe
gelten müsse. Dem ist nicht zuzustimmen: Das Anliegen der Rechtsprechung[766]
besteht nämlich darin, die Rechtsfolgen einer Entnahme nicht schon bei der nur
vorübergehenden außerbetrieblichen Nutzung eines Wirtschaftsguts des Betriebsvermögens eintreten zu lassen. Deshalb macht sie die fortgesetzte Aner-

---

[762] REIß, K/S/M, EStG, § 16 Rn. F 33.
[763] BFH, BStBl. II 1988, 490ff.; BFH, BStBl. II 1972, 942, 943.
[764] BFH, BStBl. II 1986, 711, 712.
[765] REIß, K/S/M, EStG, § 16 Rn. F 34.
[766] BFH, BStBl. II 1987, 113ff.; BFH, BStBl. II 1970, 754; BFH, BStBl. II 1980, 40, 41ff.

kennung als Betriebsvermögen davon abhängig, daß lediglich eine *vorüberge-hende* und keine dauernde außerbetriebliche Nutzung vorliegt. Demgemäß be-jaht sie den steuerentstrickenden Übergang ins Privatvermögen, wenn objektive Merkmale darauf schließen lassen, daß eine spätere Verwendung zu betriebli-chen Zwecken ausgeschlossen ist. Das Wirtschaftsgut muß folglich irgendwann dem Betrieb wieder dienen können, soll es als Betriebsvermögen beibehalten werden. Durch dieses Erfordernis wird der Aufschub der Besteuerung der stillen Reserven denknotwendig auf die Lebenszeit des Betriebes beschränkt. Ange-sichts dieser Kriterien kann es nach der endgültigen Einstellung der Mitunter-nehmertätigkeit auf Dauer kein gewillkürtes Betriebsvermögen geben: Denn mit der Anteilsveräußerung ist die Nutzung des vormaligen Sonderbetriebsvermö-gens im selben Betrieb[767] objektiv unmöglich geworden. Entsprechend hat die Rechtsprechung[768] den Fortbestand von Betriebsvermögen *nach* der Veräuße-rung oder Aufgabe eines Betriebes bisher nur für betriebliche Schulden aner-kannt: Soweit die Schuld durch Verwertung der Wirtschaftsgüter oder durch den Veräußerungspreis nicht abgedeckt werden könne, bleibe sie Betriebsschuld, mit der Folge, daß die Schuldzinsen nachträgliche Betriebsausgaben darstellten. Vermietete und verpachtete Wirtschaftsgüter dürften dagegen nicht als Betriebs-vermögen ohne Betrieb fortgeführt werden[769]. Denn auch für Wirtschaftsgüter des Aktivvermögens setze die Annahme der Fortexistenz von Betriebsvermögen voraus, daß sie weiter den betrieblichen Zwecken zu dienen bestimmt sind. Dar-an fehle es, wenn die Wirtschaftsgüter vermietet würden und in der Vermietung gleichzeitig eine Zuführung zu außerbetrieblichen Zwecken liege[770].

Abschließend soll nicht unerwähnt bleiben, daß kritische Stimmen der Litera-tur[771] die Auffassung von *Reiß* nur scheinbar stützen: Sie propagieren zwar ebenfalls ein fortbestehendes Betriebsvermögen, das zu nachträglichen Einkünf-ten gemäß § 24 Nr. 2 EStG führe. Im Gegensatz zu *Reiß* gehen sie im Falle der Beibehaltung der entgeltlichen Nutzungsüberlassung an die Mitunternehmer-schaft allerdings vom Fehlen einer Aufgabehandlung aus. Sie betonen, daß die Wirtschaftsgüter nur so lange Betriebsvermögen bleiben könnten, wie sie nicht durch eine Aufgabehandlung – wie die tatsächliche Nutzungsänderung oder eine ausdrückliche Entwidmungserklärung – eindeutig in das Privatvermögen über-führt würden.

---

[767] nämlich dem des Mitunternehmers
[768] BFH, BStBl. II 1983, 373ff.
[769] BFH, BStBl. II 1987, 113ff.
[770] BFH, BStBl. II 1987, 113ff.
[771] KNOBBE-KEUK, Bilanz- u. UnternehmensStR, S. 284; DÖTSCH, Einkünfte aus Gewer-bebetrieb nach Betriebsveräußerung und Betriebsaufgabe, S. 26f.; FELIX, StBKongRep 1980, S. 129, 156f.

Teilergebnis: Für die Beschreibung des Tatbestandes der Betriebsaufgabe bedarf es keines „die Aufgabehandlung substituierenden Rechtsvorgangs". Stellt der Steuerpflichtige seine werbende Tätigkeit durch die Veräußerung seines Mitunternehmeranteils endgültig ein, dann erfüllt die fortgesetzte entgeltliche Nutzungsüberlassung des Sonderbetriebsvermögens an die Mitunternehmerschaft die Anforderungen des § 16 Abs. 3 EStG an eine Aufgabehandlung. Denn die Fortsetzung der Verwendung des Vermögens trotz einer Änderung der Rahmenbedingungen, die die Umqualifizierung der Einkünfte bewirkt hat, kann nicht anders behandelt werden als die zur Umqualifizierung führende Änderung der Verwendungsart, die unproblematisch eine Aufgabehandlung ist. Dem von *Reiß* verlangten Besteuerungsaufschub durch teleologische Reduktion des Betriebsaufgabetatbestandes und Beibehaltung des ehemaligen Sonderbetriebsvermögens als gewillkürtes Betriebsvermögen steht das Gebot der Besteuerungsgleichheit des Art. 3 Abs. 1 GG entgegen.

bb. Wegfall der Voraussetzungen einer Betriebsaufspaltung

Die grundsätzlich vermögensverwaltende Tätigkeit der Vermietung oder Verpachtung ist als gewerbliche Tätigkeit anzusehen, wenn sie im Rahmen einer sog. Betriebsaufspaltung erfolgt[772]. Dieses von der Rechtsprechung entwickelte Institut setzt voraus, daß ein Besitzunternehmen einer Betriebs(kapital)gesellschaft für ihren Betrieb wesentliche Betriebsgrundlagen entgeltlich oder unentgeltlich zur Nutzung überläßt (sog. sachliche Verflechtung)[773]. Außerdem müssen die das Besitzunternehmen tatsächlich beherrschenden Personen in der Lage sein, auch in der Betriebsgesellschaft ihren Willen durchzusetzen, so daß in beiden Unternehmen ein einheitlicher Betätigungswille besteht (sog. personelle Verflechtung)[774]. Nach Auffassung der Rechtsprechung nimmt das Besitzunternehmen über den einheitlichen Betätigungswillen am allgemeinen wirtschaftlichen Verkehr teil und ist deshalb gewerblich tätig; die entgeltliche Nutzungsüberlassung erzeugt Einkünfte aus Gewerbebetrieb; die überlassenen Wirtschaftsgüter stellen Betriebsvermögen dar.

Verschiedene Vorgänge können die personelle Verflechtung entfallen lassen und dadurch der Vermietung oder Verpachtung ihren gewerblichen Charakter nehmen, ohne unmittelbar auf die überlassenen Wirtschaftsgüter gerichtet zu sein. So bedeuten mitunter die Aufnahme eines neuen Gesellschafters in das Be-

---

[772] BFH, BStBl. II 1972, 63, 64; BFH, BStBl. II 1991, 405, 406; BFH, BStBl. II 1991, 713, 714.

[773] BFH, BStBl. II 1991, 405, 406f.; BFH, BStBl. II 1989, 1014ff.; BFH, BStBl. II 1990, 500, 501.

[774] BFH, BStBl. II 1989, 455f.; BFH, BStBl. II 1987, 858, 859; BFH, BStBl. II 1989, 96, 97; BFH, BStBl. II 1990, 500, 501f.

sitzunternehmen, die Veräußerung von Anteilen an der Betriebsgesellschaft, das Entstehen von Meinungsverschiedenheiten zwischen Ehegatten und das Volljährigwerden von Kindern, deren Anteile unter bestimmten Voraussetzungen bei der Beherrschungsfrage den Eltern zugerechnet werden können[775], den Untergang der Betriebsaufspaltung[776]. Im Gegensatz dazu kann der Verlust der sachlichen Verflechtung, der ebenfalls die Betriebsaufspaltung beendet, zumindest infolge einer auf die überlassenen Wirtschaftsgüter bezogenen Handlung eintreten, wie beispielsweise der Veräußerung dieser Vermögensgegenstände oder der Kündigung des Pachtvertrages[777]. Doch auch hiervon existieren Ausnahmen: Unter Umständen geht die Betriebsaufspaltung aufgrund von Investitionen der Betriebsgesellschaft unter, die den überlassenen Wirtschaftsgütern die Eigenschaft als wesentliche Betriebsgrundlagen nehmen[778]. In diesem Fall entfällt die sachliche Verflechtung ohne eine auf diese Vermögensgegenstände gerichtete Handlung.

Betrachtet man allein die Fälle, in denen die Betriebsaufspaltung durch einen Vorgang beendet wird, der sich *nicht* unmittelbar auf die zur Nutzung überlassenen Wirtschaftsgüter bezieht, dann hat sich die Rechtsprechung[779] bisher nur zur Veräußerung der Anteile an der Betriebskapitalgesellschaft geäußert. Sie beurteilt diesen Sachverhalt als Aufgabe des Besitzunternehmens nach § 16 Abs. 3 EStG, weil die ertragsteuerliche Einordnung des Betriebes durch einen *Rechtsvorgang* – die Anteilsveräußerung – so verändert werde, daß die Erfassung der stillen Reserven nicht mehr gewährleistet sei. Doch auch für den Wegfall der Voraussetzungen einer Betriebsaufspaltung gilt nichts anderes als für die Beendigung der Mitunternehmerstellung unter Beibehaltung der entgeltlichen Nutzungsüberlassung des Sonderbetriebsvermögens: Die Verwirklichung des in § 16 Abs. 3 EStG verankerten Entstrickungsprinzips erfordert keine Erweiterung des Tatbestandes um einen „die Aufgabehandlung substituierenden Rechtsakt". Vielmehr läßt sich der Wegfall der sachlichen oder personellen Voraussetzungen der Betriebsaufspaltung ohne teleologische Extension unter § 16 Abs. 3 EStG subsumieren:

Da die Rechtsprechung das Vorliegen einer gewerblichen Tätigkeit des Besitzunternehmens allein aus dessen sachlicher und personeller Verflechtung mit der Betriebsgesellschaft ableitet, endet die gewerbliche Betätigung mit dem Ent-

---

[775] STUHRMANN, Blümich, § 15 EStG Rn. 620 mwN.

[776] Vgl. STUHRMANN, Blümich, EStG, § 16 Rn. 337; HÖRGER/RAPP, L/B/P, EStG, § 16 Rn. 70.

[777] Vgl. HÖRGER/RAPP, L/B/P, EStG, § 16 Rn. 70.

[778] STUHRMANN, Blümich, EStG, § 15 Rn. 644.

[779] BFH, BStBl. II 1984, 474, 478; BFH, BStBl. II 1989, 363ff.; BFH, BStBl. II 1994, 23ff.

fallen entweder der sachlichen oder der personellen Verflechtung[780]. Dabei ist unerheblich, ob dieser Vorgang auf einer Willensentscheidung der vom Steuerzugriff betroffenen Personen beruht, denn ein Aufgabewille gehört nicht zu den gesetzlichen Merkmalen der Betriebsaufgabe[781]. Wenn der Unternehmer durch äußere Faktoren zur Aufgabe genötigt wird, ist dies unschädlich für die Tatbestandserfüllung; § 16 Abs. 3 EStG braucht nicht freiwillig verwirklicht zu werden[782]. Aufgrund des Untergangs der Betriebsaufspaltung wird die fortgesetzte Nutzungsüberlassung zur vermögensverwaltenden Tätigkeit, so daß der Handlungstatbestand des Gewerbebetriebs nicht länger gegeben ist.

Für die den Zustandstatbestand betreffende Aufgabehandlung genügt ein schlüssiges Verhalten, das die Verknüpfung der Wirtschaftsgüter mit dem Betriebsvermögen löst. Entscheidend ist die Richtung dieses Verhaltens: Es muß auf konkrete Wirtschaftsgüter als Entnahmeobjekte bezogen sein[783]. Unproblematisch gegeben ist die Aufgabehandlung, wenn die Betriebsaufspaltung wegen des Verlusts der *sachlichen* Verflechtung ihr Ende findet, weil die überlassenen Vermögensgegenstände veräußert werden oder der Pachtvertrag gekündigt wird. Denn sowohl die Verwertung des Betriebsvermögens als auch die Nutzungsänderung (durch Übergang von der betrieblichen zur privaten Nutzung) beziehen sich auf konkrete Wirtschaftsgüter und stellen deshalb taugliche Aufgabehandlungen dar.

Schwierigkeiten bereitet hingegen die Beurteilung des Wegfalls der *personellen* Verflechtung. Die Aufnahme eines neuen Gesellschafters in das Besitzunternehmen und die Veräußerung von Anteilen an der Betriebsgesellschaft können zwar der Vermietung oder Verpachtung ihren gewerblichen Charakter nehmen. Diese Handlungen sind jedoch nicht unmittelbar auf die überlassenen Wirtschaftsgüter als Entnahmeobjekte gerichtet. Sie lösen keine automatische Überführung der Betriebsgrundlagen ins Privatvermögen aus. Dem Steuerpflichtigen bleibt es überlassen, die Wirtschaftsgüter in ein anderes seiner Betriebsvermögen, ins Privatvermögen oder das Vermögen eines anderen Steuersubjekts zu verlagern. Das den Wegfall der personellen Verflechtung bewirkende Verhalten ist daher nicht als schlüssige Aufgabehandlung anzuerkennen.

Behält nun das Besitzunternehmen die entgeltliche Nutzungsüberlassung an die Betriebsgesellschaft bei, nutzt es sein Vermögen nicht anders als vor dem Untergang der Betriebsaufspaltung. Aus diesem Grund verneinen Teile der Literatur[784] das Vorliegen einer Aufgabehandlung und damit die Erfüllung des § 16 Abs. 3 EStG. Sie verkennen allerdings, daß nicht nur die Nutzungs*änderung*,

---

[780] REIß, K/S/M, EStG, § 16 Rn. F 35.
[781] REIß, K/S/M, EStG, § 16 Rn. F 35; Vgl. oben 2. Teil, D., II., 3., e.
[782] BFH, BStBl. II 1991, 802, 804.
[783] Vgl. oben 2. Teil, D., II., 3., c.
[784] KNOBBE-KEUK, Bilanz- u. UnternehmensStR, S. 283.

sondern auch die Beibehaltung einer Nutzung, obwohl der wirtschaftliche Zusammenhang mit der – beendeten – gewerblichen Tätigkeit weggefallen ist, als
Aufgabehandlung gewertet werden kann. Denn die Fortsetzung der Verwendung
des Vermögens trotz einer Änderung der Rahmenbedingungen, die die Umqualifizierung der Einkünfte bewirkt hat, darf nicht anders behandelt werden als die
zur Umqualifizierung führende Änderung der Verwendungsart[785]. Als Aufgabehandlung ist folglich auch das Beibehalten der Nutzung anzusehen, wenn dies
den Übergang der Wirtschaftsgüter ins Privatvermögen nach sich zieht[786]. Das
ist bei der Aufrechterhaltung der entgeltlichen Nutzungsüberlassung trotz Wegfalls der personellen Voraussetzungen der Betriebsaufspaltung der Fall, außer
die Vermietung oder Verpachtung durch das Besitzunternehmen ist ohnehin[787]
als gewerblich zu qualifizieren.

Die von Reiß[788] vertretene teleologische Reduktion des Betriebsaufgabetatbestandes mit der Folge des Verzichts auf die Aufdeckung der stillen Reserven ist
auch für den Wegfall der Voraussetzungen einer Betriebsaufspaltung abzulehnen. Die Fortführung der vermögensverwaltend genutzten Wirtschaftsgüter als
gewillkürtes Betriebsvermögen, obwohl alle Voraussetzungen einer Betriebsaufgabe erfüllt sind, scheidet aus. Der Grundsatz der Besteuerungsgleichheit des Art. 3 Abs. 1 GG gebietet den unmittelbaren Zugriff des Fiskus[789].

Die Rechtsprechung des BFH zur Veräußerung von Anteilen an der Betriebsgesellschaft übertragen Vertreter der Literatur[790] auf andere Varianten des Untergangs der Betriebsaufspaltung. So könne eine zum Wegfall der personellen
Verflechtung führende Rechtsprechungs- oder Gesetzgebungsänderung nicht als
ein die Aufgabehandlung substituierender Rechtsvorgang angesehen werden[791].
Denn nach Auffassung des BFH dürfe es sich bei dem Rechtsvorgang nicht um
das Wirksamwerden von Wertungen steuerrechtlicher Art handeln. Zu denken
ist hier an den Beschluß des BVerfG[792], der der Zusammenrechnung von Ehe-
gattenanteilen zur Begründung eines einheitlichen geschäftlichen Betätigungswillens bei der Betriebsaufspaltung faktisch die Grundlage entzogen hat. Danach
stehe die Vermutung[793], daß Ehegatten stets gleichgerichtete Interessen verfolgen und die Ehegattenanteile demnach zusammenzurechnen sind, nicht im Ein-

---

[785] Reiß, K/S/M, EStG, § 16 Rn. F 32; BFH, BStBl. II 1987, 113, 115.
[786] Vgl. oben 2. Teil, D., II., 3., g., aa.
[787] etwa weil das Besitzunternehmen als Personengesellschaft neben der vermietenden
Tätigkeit noch eine echte gewerbliche Tätigkeit entfaltet, § 15 Abs. 3 Nr. 1 EStG
[788] Reiß, K/S/M, EStG, § 16 Rn. F 35.
[789] Vgl. oben 2. Teil, D., II., 3., g., aa.
[790] Knobbe-Keuk, Bilanz- u. UnternehmensStR, S. 282.
[791] Knobbe-Keuk, Bilanz- u. UnternehmensStR, S. 282.
[792] BVerfG, BStBl. II 1985, 475, 480.
[793] BFH, BStBl. II 1983, 136, 137f.

198

klang mit der Verfassung. Zur ehelichen Lebensgemeinschaft müßten noch besondere Umstände oder Gestaltungen hinzukommen, um gleichgerichtete Interessen annehmen zu können. Aufgrund dieser verfassungsgerichtlichen Rechtsprechung war die Betätigung vieler Besitz"unternehmen" wegen des Wegfalls der personellen Verflechtung nicht länger als gewerblich zu behandeln[794]. Für eine Betriebsaufgabe nach § 16 Abs. 3 EStG habe es jedoch sowohl an einer Aufgabehandlung – die Nutzung der Wirtschaftsgüter blieb unverändert – als auch an einem die Aufgabehandlung substituierenden Rechtsvorgang gefehlt. Denn den Beschluß des BVerfG erkenne der BFH nicht als Rechtsvorgang an[795].

Tatsächlich weist der BFH[796] darauf hin, daß der die Aufgabehandlung substituierende Rechtvorgang allein als Einwirken außersteuerrechtlicher Normen auf den steuerrechtlich relevanten Sachverhalt zu verstehen sei, also beispielsweise erbrechtliche Vorgänge, gesellschaftsrechtlich bedingte Veränderungen und Enteignungen umfasse. Nicht unter den Begriff fielen das Eingreifen einer anderen als der bisher anzuwendenden Besteuerungsvorschrift oder eine geänderte steuerrechtliche Beurteilung. Der Grund für diese Auffassung ist erst bei *Stoll*[797] zu finden, dessen These der BFH[798] aufgegriffen hat: „Würde ... jeder geänderte steuerrechtliche Beurteilungsgrund eine ... gewollte Aufgabemaßnahme ersetzen, dann wäre der alte, aber überholte, weil nicht normativ nachweisbare ‚allgemeine Grundsatz' der Gewinnverwirklichung durch ‚Steuerentstrickung' durch die Hintertür ... wieder eingeschleust ... . Ebenso wie bei Fehlen der Entnahmeelemente die finale Vorstellung vom Wesen der Entnahme allein die Annahme der Verwirklichung des Entnahmetatbestandes nicht rechtfertigt ..., ebensowenig (und noch viel weniger) ist es gerechtfertigt, de[m] Entstrickungsgrundsatz über den Weg der Betriebsaufgabe Wirkung verleihen zu wollen."[799]

Die obige Analyse des Tatbestands der Betriebsaufgabe zeigt, daß *Stoll* und mit ihm der BFH gleich mehreren Fehlvorstellungen unterliegen. Zwar existiert ein von *Stoll* und anderen[800] gefürchteter „allgemeiner Entstrickungsgrundsatz" nicht, weil im Steuerrecht als Teil der Eingriffsverwaltung der Vorbehalt des Gesetzes gilt. Das Prinzip der Steuerentstrickung liegt jedoch mehreren Gewinnrealisierungsvorschriften zugrunde und wird auch durch § 16 Abs. 3 EStG verwirklicht[801]. Deshalb sind die Merkmale des Betriebsaufgabetatbestandes im Lichte des Zwecks der Regelung, die vollständige Erfassung der stillen Reser-

---

[794] Vgl. KNOBBE-KEUK, Bilanz- u. UnternehmensStR, S. 282.
[795] KNOBBE-KEUK, Bilanz- u. UnternehmensStR, S. 282.
[796] BFH, BStBl. II 1982, 381, 384; BFH, BStBl. II 1984, 474, 478.
[797] STOLL, Ruppe, Gewinnrealisierung im StR, DStJG 4, S. 207, 234f.
[798] Vgl. BFH, BStBl. II 1984, 474, 478.
[799] STOLL, Ruppe, Gewinnrealisierung im StR, DStJG 4, S. 207, 234f.
[800] KNOBBE-KEUK, Bilanz- u. UnternehmensStR, S. 277f.; HELLWIG, DStR 1979, 335ff.
[801] Vgl. oben 2. Teil, D., II., 2.

ven beim richtigen Steuerpflichtigen sicherzustellen, zu entwickeln und auszulegen. Vor diesem Hintergrund wurde die Betriebsaufgabe als endgültige Einstellung der werbenden Tätigkeit und Überführung des Betriebsvermögens ins
Privatvermögen oder das Vermögen eines anderen Steuersubjekts durch eine auf
die konkreten Wirtschaftsgüter gerichtete Handlung (Aufgabehandlung) definiert[802]. Weder ein Aufgabewille[803] noch ein die Aufgabehandlung substituierender Rechtsvorgang[804] konnten als Tatbestandsmerkmale anerkannt werden.
An diesen Kriterien muß sich auch der Untergang der Betriebsaufspaltung aufgrund einer Rechtsprechungsänderung messen lassen.

Wenn der Beschluß des BVerfG[805] der Zusammenrechnung von Ehegattenan-
teilen zur Begründung eines einheitlichen geschäftlichen Betätigungswillens die
Grundlage entzogen hat und infolge dessen die personelle Verflechtung von Be-
sitz- und Betriebsunternehmen weggefallen ist, dann bedeutet dies die endgültige Einstellung der gewerblichen Tätigkeit. Unschädlich ist dabei, daß die Beendigung des Handlungtatbestandes des Gewerbebetriebs ohne den Willen des
Steuerpflichtigen erfolgt. Denn die Einstellung der werbenden Betätigung setzt
keine Freiwilligkeit voraus[806]. Behält das Besitzunternehmen die entgeltliche
Nutzungsüberlassung der Wirtschaftsgüter an das Betriebsunternehmen bei, muß
diese Tätigkeit als eine vermögensverwaltende qualifiziert werden, die zu Einkünften aus Vermietung und Verpachtung führt. Durch die Beibehaltung der
Verwendungsart trotz geänderter Einordnung der Einkünfte verbringt der Steuerpflichtige die Wirtschaftsgüter in sein Privatvermögen. Dieses Verhalten erfüllt die Voraussetzungen einer schlüssigen Aufgabehandlung[807]. Denn die Fortsetzung der Nutzungsüberlassung ist auf konkrete Vermögensgegenstände gerichtet und bewirkt deren Übergang ins Privatvermögen. Auch an einer *gewoll-
ten* Aufgabemaßnahme fehlt es demnach nicht: Während der Beschluß des
BVerfG – der keine taugliche Aufgabehandlung darstellt – die endgültige Einstellung der werbenden Tätigkeit *erzwingt*, ist die Überführung der Wirtschaftsgüter ins Privatvermögen durch Fortsetzung der Nutzungsüberlassung vom Willen des Steuerpflichtigen getragen; ihm stand daneben die steuerneutrale
Verbringung in ein anderes seiner Betriebsvermögen offen. Auf einen die Aufgabehandlung substituierenden Rechtsvorgang braucht nach alldem nicht zurückgegriffen zu werden, um das Vorliegen einer Betriebsaufgabe zu begründen.

Abgesehen davon besteht für die von *Stoll* und der Rechtsprechung vorgenommene Differenzierung zwischen dem Wirksamwerden von Wertungen steu-

---

[802] Vgl. oben 2. Teil, D., II., 3.
[803] Vgl. oben 2. Teil, D., II., 3., e.
[804] Vgl. oben 2. Teil, D., II., 3., g., aa.
[805] BVerfG, BStBl. II 1985, 475, 480.
[806] BFH, BStBl. II 1989, 363ff.; Vgl. oben 2. Teil, D., II., 3., e.
[807] Vgl. oben 2. Teil, D., II., 3., g., aa.

200

errechtlicher Art und dem Einwirken außersteuerrechtlicher Normen kein sachlicher Grund. Die Argumentation von *Stoll* deutet darauf hin, daß er im Falle der geänderten steuerrechtlichen Beurteilung mit der „gewollte[n] Aufgabemaßnahme"[808] ein voluntatives Element vermißt, welches er bei erbrechtlichen, gesellschaftsrechtlichen oder Enteignungsvorgängen jedoch zu erkennen scheint. Hierin liegt ein Irrtum, der auch darauf beruht, daß die Etappen einer Betriebsaufgabe nicht dogmatisch korrekt voneinander abgegrenzt werden. Am Anfang steht ein Vorgang, der die personelle oder sachliche Verflechtung der Betriebe entfallen läßt und die endgültige Einstellung der werbenden Tätigkeit nach sich zieht. Ist dieser Vorgang eine Rechtsprechungsänderung, findet die Einstellung der werbenden Tätigkeit *zwangsweise* statt. Nichts anderes gilt aber für den Vorgang der Enteignung; auch diese ist vom Besitzunternehmen nicht gewollt. Das voluntative Element kann demzufolge bei steuerrechtlichen und bei außersteuerrechtlichen Rechtsvorgängen fehlen. Außerdem stellt der Rechtsakt noch nicht die Aufgabehandlung dar, egal, ob er erbrechtlicher, gesellschaftsrechtlicher oder steuerrechtlicher Natur ist. Endet die werbende Betätigung aufgrund der Veräußerung von Anteilen an der Betriebsgesellschaft oder aufgrund der Aufnahme eines neuen Gesellschafters in das Besitzunternehmen, dann sind das zwar willentliche Handlungen der Gewerbetreibenden. Es handelt sich aber nicht um Aufgabehandlungen, weil sie nicht auf die Herauslösung konkreter Wirtschaftsgüter aus dem Betriebsvermögen gerichtet sind. Wenn *Stoll* hier also das voluntative Element findet, das er beim Wirksamwerden von Wertungen steuerrechtlicher Art nicht zu erkennen vermag, dann vermengt er das Tatbestandsmerkmal der endgültigen Einstellung der werbenden Tätigkeit – das durch den Rechtsakt der Anteilsveräußerung oder der Gesellschafteraufnahme erfüllt wird – mit der Aufgabehandlung. Die Aufgabehandlung ist beim Untergang der Betriebsaufspaltung aufgrund des Wegfalls der personellen Verflechtung nämlich für alle Sachverhalte einheitlich in der Fortsetzung der Nutzungsüberlassung der Vermögensgegenstände an die Betriebsgesellschaft zu sehen. Und diese erfolgt stets mit Willen des Steuerpflichtigen.

Im Übrigen entspricht es dem Zweck des § 16 Abs. 3 EStG, die stillen Reserven der zur Nutzung überlassenen Wirtschaftsgüter aufzudecken. Denn ihre steuerliche Erfassung ist mit Beendigung der Betriebsaufspaltung nicht länger gewährleistet. Ein Aufschub der Besteuerung während des nicht überschaubaren Zeitraums der vermögensverwaltenden Nutzung würde gegen den Grundsatz der Besteuerungsgleichheit des Art. 3 Abs. 1 GG verstoßen. Entgegen der Rechtsprechung des BFH kann folglich eine Betriebsaufgabe nach § 16 Abs. 3 EStG selbst dann vorliegen, wenn das Wirksamwerden von Wertungen steuerrechtlicher Art die personelle Verflechtung innerhalb einer Betriebsaufspaltung aufge-

---

[808] STOLL, Ruppe, Gewinnrealisierung im StR, DStJG 4, S. 207, 234.

hoben hat. Das Tatbestandsmerkmal des die Aufgabehandlung substituierenden Rechtsakts braucht nicht bemüht zu werden.

Teilergebnis: Entfallen die sachlichen oder personellen Voraussetzungen einer Betriebsaufspaltung, wird die entgeltliche Nutzungsüberlassung an die Betriebsgesellschaft aber beibehalten, liegt eine Aufgabe des Besitzunternehmens vor, ohne daß der Tatbestand des § 16 Abs. 3 EStG um das Merkmal des „die Aufgabehandlung substituierenden Rechtsvorgangs" erweitert werden muß. Die Aufgabehandlung ist in der fortgesetzten Verwendung der Wirtschaftsgüter im Rahmen einer nunmehr vermögensverwaltenden Tätigkeit zu sehen.

cc. Übergang zur Liebhaberei

Wird ein Betrieb der Land- und Forstwirtschaft wegen fehlender Gewinnerzielung für die Zukunft als einkommensteuerlich irrelevanter Liebhabereibetrieb eingestuft, bedeutet das nach der Rechtsprechung[809] nicht die Aufgabe des land- und forstwirtschaftlichen Betriebs gemäß den §§ 14, 16 Abs. 3 EStG. Es fehle an der Erfüllung der Tatbestandsvoraussetzungen der Betriebsaufgabe. Weder ein Aufgabeentschluß des Betriebsinhabers noch auf die Einzelwirtschaftsgüter gerichtete Aufgabehandlungen seien gegeben; die Verknüpfung der Wirtschaftsgüter mit dem Betrieb werde nicht gelöst. Vielmehr bestehe der Betrieb als selbständiger Organismus des Wirtschaftslebens ohne jede Änderung in tatsächlicher oder rechtlicher Hinsicht fort; allein die steuerrechtliche Zuordnung ändere sich. Vor diesem Hintergrund liege auch kein Rechtsvorgang vor, der den fortbestehenden wirtschaftlichen Organismus in seiner ertragsteuerlichen Einordnung so verändert, daß die Erfassung der stillen Reserven nicht mehr gewährleistet ist. Denn bei dem die Aufgabehandlung substituierenden Rechtsvorgang dürfe es sich nicht um das Wirksamwerden von Wertungen steuerrechtlicher Art handeln. Es stelle keine Betriebsaufgabe dar, wenn ein Betrieb unverändert weitergeführt werde, aber die anfallenden Verluste und die Unrentabilität des Betriebes aufgrund seiner Wesensart und seiner Bewirtschaftung dazu führten, daß die Verluste nicht mehr als solche aus Land- und Forstwirtschaft, sondern aus privater Liebhaberei beurteilt werden. Schließlich bleibe die Versteuerung der stillen Reserven gewährleistet, weil das Betriebsvermögen „festgeschrieben" werde bis zur Betriebsveräußerung oder –aufgabe bzw. bis zur Veräußerung oder Entnahme einzelner Wirtschaftsgüter. Die dabei realisierten festgeschriebenen stillen Reserven seien als nachträgliche Einkünfte aus Land- und Forstwirtschaft zu versteuern.

Dieser Subsumtion unter den Tatbestand der §§ 14, 16 Abs. 3 EStG muß die Zustimmung versagt werden mit dem Ergebnis, daß eine Betriebsaufgabe zu be-

---

[809] BFH, BStBl. II 1982, 381ff.

jahen ist, ohne daß auf einen „die Aufgabehandlung substituierenden Rechtsvorgang" zurückgegriffen zu werden braucht. Zunächst kommt der Feststellung des Senats, der Betrieb als selbständiger Organismus des Wirtschaftslebens bestehe fort, keine Bedeutung zu, da ihr ein unzutreffender Betriebsbegriff zugrunde liegt[810]. Ein Betrieb ist dann aufgegeben, wenn der Betriebsinhaber seine werbende Tätigkeit endgültig eingestellt (Handlungstatbestand) und die Wirtschaftsgüter aus dem Betriebsvermögen herausgenommen hat (Zustandstatbestand).

Von einer Liebhaberei spricht man, wenn dem Steuerpflichtigen die Einkünfteerzielungsabsicht fehlt, was aus einer langjährigen Verlusterzielung (objektives Moment) und aus der Ausübung der verlustbringenden Tätigkeit nur aus in der Lebensführung liegenden persönlichen Gründen oder Neigungen (subjektives Moment − „zweigliedriger Liebhabereibegriff") abgeleitet wird[811]. Hinter dem sog. Übergang zur Liebhaberei verbirgt sich folglich der Wegfall der Absicht, Gewinn zu erzielen. Da die Gewinnerzielungsabsicht aber zum Handlungstatbestand des Gewerbebetriebs (§ 15 Abs. 2 S. 1, Abs. 3 EStG) und des land- und forstwirtschaftlichen Betriebs (§ 15 Abs. 2 S. 1 EStG analog) zählt, bedeutet ihr Entfallen die endgültige Einstellung der werbenden Tätigkeit[812]. Einen gesonderten Aufgabeentschluß oder Aufgabewillen verlangt der Betriebsaufgabetatbestand entgegen der Ansicht der Rechtsprechung nicht[813].

Hinsichtlich des Vorliegens einer Aufgabehandlung kann wiederum auf die oben[814] herausgearbeiteten Grundsätze verwiesen werden. Zwar ist Stoll[815] nicht zu folgen, wenn er eine Nutzungsänderung von der betrieblichen zur außerbetrieblichen Nutzung der Wirtschaftsgüter annimmt. Denn die tatsächliche Verwendung der einzelnen Vermögensgegenstände zum Betreiben von Boden- und Viehwirtschaft wird trotz des Wegfalls der Gewinnerzielungsabsicht beibehalten. Allerdings erfolgt die Fortsetzung der Nutzung trotz einer Änderung der Rahmenbedingungen (Wegfall der Gewinnerzielungsabsicht), die die Umqualifizierung der Verluste bewirkt hat. Das für die Liebhaberei eingesetzte Vermögen dient der persönlichen Lebensführung und stellt daher notwendiges Privatvermögen dar[816]. Die Beibehaltung der Verwendung (statt beispielsweise der Verbringung der Wirtschaftsgüter in ein anderes Betriebsvermögen des Steuerpflichtigen) führt zum Übergang der Gegenstände ins Privatvermögen. Bei der

---

[810] Vgl. oben 2. Teil, D., II., 3., b., bb.; so auch REIß, K/S/M, EStG, § 16 Rn. F 41.
[811] BVerfG, DStR 1998, 1743, 1746; BFH, BStBl. II 1984, 751, 765ff.; BFH, BStBl. II 1998, 727, 728; BFH, BStBl. II 1998, 663, 664f.
[812] So auch REIß, K/S/M, EStG, § 16 Rn. F 41.
[813] Vgl. oben 2. Teil, D., II., 3., e.
[814] Vgl. oben 2. Teil, D., II., 3., c.
[815] STOLL, Ruppe, Gewinnrealisierung im StR, DStJG 4, S. 207, 235.
[816] BFH, BStBl. II 1982, 381ff.; REIß, K/S/M, EStG, § 16 Rn. F 41.

Fortsetzung der Nutzung handelt es sich mithin um ein Verhalten, das auf die einzelnen Wirtschaftsgüter gerichtet ist und deren Verknüpfung mit dem land- und forstwirtschaftlichen Betriebsvermögen löst. Es ist deshalb als schlüssige Aufgabehandlung zu werten[817].

Nach alldem bedarf es keines „die Aufgabehandlung substituierenden Rechtsvorgangs", um den Übergang zur Liebhaberei als Betriebsaufgabe erfassen zu können. Abgesehen davon ist der Rechtsprechung vorzuwerfen, daß sie den Vorgang nicht konsequent unter das von ihr kreierte Tatbestandsmerkmal subsumiert. Denn beim Übergang zur Liebhaberei wird nicht ein unverändert fortbestehender Sachverhalt einer geänderten steuerlichen Beurteilung unterworfen, sondern es ändert sich der Sachverhalt durch den Wegfall der Gewinnerzielungsabsicht[818].

Keine Zustimmung verdient schließlich die Feststellung, die Versteuerung der stillen Reserven bleibe gewährleistet, weil beim Übergang zur Liebhaberei das Betriebsvermögen „festgeschrieben" werde bis zur Betriebsveräußerung oder – aufgabe bzw. bis zur Veräußerung oder Entnahme einzelner Wirtschaftsgüter, wobei die dann realisierten festgeschriebenen stillen Reserven als nachträgliche Einkünfte aus Land- und Forstwirtschaft zu versteuern seien[819]. Ein „Festschreiben" stiller Reserven kommt nach dem Sinn und Zweck der §§ 14, 16 Abs. 3 EStG nicht in Betracht. Hat der Betriebsinhaber eine eindeutige Aufgabehandlung vorgenommen und alle sonstigen Tatbestandsmerkmale erfüllt, darf die Besteuerung der Wertsteigerungen nicht länger aufgeschoben werden. Denn als gesetzliche Verwirklichung des Entstrickungsprinzips zielt die Betriebsaufgaberegelung darauf ab, die vollständige steuerliche Erfassung der wirtschaftlichen Leistungsfähigkeit des einzelnen zu sichern und so eine Besteuerungsgleichheit nach den Vorgaben des Art. 3 Abs. 1 GG herzustellen. Damit läßt sich ein Zuwarten des Fiskus über einen unabsehbaren Zeitraum nicht vereinbaren; das „Festschreiben" von Betriebsvermögen würde eine unzulässige Umgehung der Entstrickungsvorschrift bedeuten[820].

Teilergebnis: Wird ein Betrieb der Land- und Forstwirtschaft wegen fehlender Gewinnerzielungsabsicht für die Zukunft als einkommensteuerlich irrelevanter Liebhabereibetrieb eingestuft, liegt in dessen „Fortführung" eine Betriebsaufgabe gemäß den §§ 14, 16 Abs. 3 EStG. Das Entfallen der Gewinnerzielungsab-

---

[817] REIß, K/S/M, EStG, § 16 Rn. F 41; vgl. oben 2. Teil, D., II., 3., g., aa.

[818] REIß, K/S/M, EStG, § 16 Rn. F 41; davon geht auch STOLL, Ruppe, Gewinnrealisierung im StR, DStJG 4, S. 207, 234f., aus.

[819] Wie die Rspr. KNOBBE-KEUK, Bilanz- u. UnternehmensStR, S. 284; **abweichend** REIß, K/S/M, EStG, § 16 Rn. F 41, 33f., der die Fortführung des bisherigen Betriebsvermögens als gewillkürtes Betriebsvermögen nicht für möglich hält, weil das Liebhabereivermögen der privaten Lebensführung diene und deshalb notwendiges Privatvermögen sei.

[820] Vgl. oben 2. Teil, D., II., 3., g., aa.

sicht bedeutet die endgültige Einstellung der werbenden Tätigkeit. Die Beibehaltung der „landwirtschaftlichen" Nutzung der Wirtschaftsgüter trotz Wegfalls der Gewinnerzielungsabsicht ist als schlüssige Aufgabehandlung zu würdigen, weil sie die konkreten Wirtschaftsgüter aus dem Betriebsvermögen herauslöst und ins Privatvermögen überführt. Eines Rückgriffs auf den „die Aufgabehandlung substituierenden Rechtsvorgang" bedarf es nicht.

dd. Strukturwandel durch Wechsel der Gewinneinkunftsart

Nach Auffassung der Rechtsprechung[821] ist für den Strukturwandel eines gewerblichen Betriebes zu einem landwirtschaftlichen Betrieb eine Betriebsaufgabe zu verneinen. Zwar könne eine Betriebsaufgabe auch dann gegeben sein, wenn der Betrieb als selbständiger Organismus des Wirtschaftslebens bestehenbleibe, aber durch eine Handlung bzw. einen Rechtsvorgang in seiner ertragsteuerlichen Einordnung so verändert werde, daß die Erfassung der stillen Reserven nicht mehr gewährleistet ist. Beim Strukturwandel fehle es jedoch sowohl an einer Handlung als auch an einem Rechtsvorgang, der die Verknüpfung der Wirtschaftsgüter – insbesondere des Grund und Bodens – mit dem Betrieb löse. Ein auf die Herausnahme der Wirtschaftsgüter aus dem Betriebsvermögen abzielendes Handeln sei nicht erkennbar. Denn das auf die Strukturveränderung gerichtete Verhalten stelle sich als ein Bündel von Einzelmaßnahmen dar, deren erste vor und deren letzte nach der Wandlung des Betriebs liegen könne, und weder die Gesamtheit der Maßnahmen noch eine mit Sicherheit festzustellende Einzelmaßnahme sei auf die Lösung des Grund und Bodens vom Betrieb gerichtet. Ebensowenig sei der Strukturwandel ein Rechtsvorgang, der den Grund und Boden aus dem Betriebsvermögen ausscheiden lasse. Vielmehr liege ein tatsächliches Geschehen vor, bei dem der Grund und Boden notwendiges Betriebsvermögen bleibe.

Auch die Beurteilung des Strukturwandels ist nicht auf den „die Aufgabehandlung substituierenden Rechtsvorgang" angewiesen. Die Rechtsprechung lehnt eine Betriebsaufgabe allerdings zu Recht ab. Der Wechsel von einer gewerblichen zu einer land- und forstwirtschaftlichen und von einer selbständigen zu einer gewerblichen Betätigung (und jeweils umgekehrt) bedeutet zwar die endgültige Einstellung der bisherigen werbenden Tätigkeit und erfüllt damit den Handlungstatbestand der §§ 14, 16 Abs. 3, 18 Abs. 3 EStG[822]. Das folgt schon aus dem engen Betriebsbegriff, der der Regelung des § 16 Abs. 3 EStG zugrunde liegt[823]. Doch auch im Falle einer weiteren Auslegung des Betriebsbegriffes

---

[821] BFH, BStBl. II 1975, 168, 171.

[822] REIß, K/S/M, EStG, § 16 Rn. F 42.

[823] Vgl. oben 2. Teil, D., II., 3., a.

bezeichnet Gewerbebetrieb nur die gewerbliche Betätigung und das zugehörige Betriebsvermögen, während ein Betrieb der Land- und Forstwirtschaft allein die land- und forstwirtschaftliche Tätigkeit und das dieser Tätigkeit dienende Betriebsvermögen umfaßt[824].

Die Betriebsaufgabe scheitert jedoch an der fehlenden Aufgabehandlung. Diese setzt nämlich voraus, daß das Herausnehmen der Wirtschaftsgüter aus dem Betriebsvermögen steuerentstrickende Wirkung hat. Denn nach dem Entstrickungsprinzip ist das Auslösen der Gewinnrealisierung trotz Fehlens eines Umsatzaktes nur zulässig, wenn ansonsten die Besteuerung der stillen Reserven endgültig unterbleiben würde. Das Leistungsfähigkeitsprinzip kann sich nur dann gegenüber dem Eigentumsschutz und dem Übermaßverbot behaupten, wenn die Erfassung der stillen Reserven bei dem Steuersubjekt, das sie gebildet hat, nicht länger gewährleistet ist. Vor diesem Hintergrund wurde oben[825] bereits herausgearbeitet, daß die Überführung eines Wirtschaftsguts in ein anderes Betriebsvermögen desselben Steuerpflichtigen nicht die Anforderungen an eine Aufgabehandlung erfüllt. Um einen solchen Transfer handelt es sich aber beim Strukturwandel durch Wechsel der Einkunftsart. Beim Übergang von einer gewerblichen zu einer land- und forstwirtschaftlichen oder selbständigen Betätigung und umgekehrt verlassen die Wirtschaftsgüter das bisherige – dadurch untergehende – Betriebsvermögen, um künftig einem neuen Betriebsvermögen desselben Steuerpflichtigen zu dienen. Damit ist keine Steuerentstrickung der stillen Reserven verbunden. Die Wirtschaftsgüter gehören auch in Zukunft einem Betriebsvermögen des Steuerpflichtigen an. Die steuerliche Erfassung ihrer Wertsteigerungen bleibt gesichert. Eine Gewinnrealisierung nach den §§ 14, 16 Abs. 3, 18 Abs. 3 EStG würde dem Entstrickungsprinzip widersprechen und findet daher nicht statt[826].

Teilergebnis: Der Strukturwandel durch Wechsel der Gewinneinkunftsart erfüllt nicht den Tatbestand der Betriebsaufgabe. Es fehlt an einer Aufgabehandlung, weil die Wirtschaftsgüter in einem Betriebsvermögen des Steuerpflichtigen verbleiben, so daß die steuerliche Erfassung der stillen Reserven künftig gewährleistet ist. Zu keinem anderen Ergebnis führt das Abstellen auf einen „die Aufgabehandlung substituierenden Rechtsvorgang". Denn auch mit diesem Rechtsakt muß die Entstrickung der stillen Reserven einhergehen. Für die Beschreibung einer Betriebsaufgabe nach § 16 Abs. 3 EStG ist das Merkmal überflüssig.

---

[824] REIß, K/S/M, EStG, § 16 Rn. F 42.

[825] Vgl. oben 2. Teil, D., II., 3., c.

[826] So im Ergebnis auch HÖRGER/RAPP, L/B/P, EStG, § 16 Rn. 70f; ähnlich REIß, K/S/M, EStG, § 16 Rn. F 42, der jedoch offen läßt, ob das Vorliegen einer Aufgabehandlung zu verneinen oder die Rechtsfolge des § 16 Abs. 3 EStG aufgrund der gesicherten Erfassung der Stillen Reserven teleologisch einzuschränken ist.

ee. Teilergebnis

Das von der Rechtsprechung kreierte Tatbestandsmerkmal des „die Aufgabehandlung substituierenden Rechtsaktes" läßt sich nicht im Wege der Auslegung
des § 16 Abs. 3 EStG gewinnen. Auch für eine entsprechende teleologische Extension des Tatbestandes mit dem Ziel, das Entstrickungsprinzip zu verwirklichen, besteht kein Raum. Denn es fehlt an einer bewußten oder unbewußten Gesetzeslücke. Für die sachgerechte Beurteilung der Beendigung der Mitunternehmerstellung unter Beibehaltung der Nutzungsüberlassung des Sonderbetriebsvermögens, des Wegfalls der Voraussetzungen einer Betriebsaufspaltung,
des Strukturwandels durch Wechsel der Gewinneinkunftsart sowie des Über-
gangs zur Liebhaberei im Hinblick auf das Vorliegen einer Betriebsaufgabe ist
das Merkmal nicht notwendig.

h. Ergebnis

Die Betriebsaufgabe nach § 16 Abs. 3 EStG wird durch folgende Merkmale bestimmt:

Den Gegenstand der Betriebsaufgabe bildet der Gewerbebetrieb. Ein Gewerbebetrieb ist die aus organisatorisch zusammengefaßtem Vermögen bestehende
Erwerbsgrundlage (Zustandstatbestand), mit deren Hilfe eine bestimmte betriebliche Betätigung entfaltet wird (Handlungstatbestand). Es gilt der enge Betriebsbegriff, so daß der jeweilige Einzelbetrieb des Steuerpflichtigen von der Aufgabe betroffen ist.

Die Betriebsaufgabe verlangt nicht, daß der „Betrieb als selbständiger Organismus des Wirtschaftslebens" zu bestehen aufhört. Denn diese Forderung basiert auf einem unzutreffenden Betriebsbegriff. Da sich der Gewerbebetrieb aus
einem Handlungs- und einem Zustandstatbestand zusammensetzt, muß sich die
Betriebsaufgabe auf den Handlungs- und den Zustandstatbestand beziehen. Zur
Beendigung des Handlungstatbestandes ist die werbende Tätigkeit endgültig
einzustellen. Mit dem Zustandstatbestand des Gewerbebetriebs korrespondiert
das Erfordernis der Aufgabehandlung – ein schlüssiges Verhalten des Steuerpflichtigen, das auf die Herauslösung der Wirtschaftsgüter des wesentlichen Betriebsvermögens aus dem Betriebsvermögen gerichtet ist. § 16 Abs. 3 S. 1, 7
EStG ist insoweit teleologisch zu reduzieren, als daß die Aufgabehandlung steuerentstrickende Wirkung haben muß. Denn der grundrechtliche Schutz des Eigentums und das Übermaßverbot lassen den Gewinnausweis *ohne* Umsatzakt
nur als ultima ratio zu, mithin nur dann, wenn die Erfassung der stillen Reserven
bei dem Steuersubjekt, das sie gebildet hat, nicht länger gewährleistet ist. Die
Überführung eines Wirtschaftsguts in ein anderes Betriebsvermögen desselben
Steuerpflichtigen erfüllt somit nicht die Voraussetzungen der Aufgabehandlung.
Demgegenüber kann die Betriebsaufgabe durch die unentgeltliche Übertragung

des wesentlichen Betriebsvermögens auf ein anderes Steuersubjekt, das das Geschäft fortführt, vollzogen werden; bei dem Vorgang des § 6 Abs. 3 EStG handelt es sich daher um eine Aufgabe des Betriebs nach § 16 Abs. 3 EStG. Die sukzessiv vorgenommenen Einzelübertragungen müssen als Teilgeschehen eines wirtschaftlich einheitlichen Vorgangs erscheinen. Das ist der Fall, wenn alle wesentlichen Erwerbsgrundlagen innerhalb eines kurzen Zeitraums aus dem Betriebsvermögen ausscheiden.

Der Aufgabewille hat keine eigenständige Bedeutung im Tatbestand des § 16 Abs. 3 EStG. Die endgültige Einstellung der werbenden Tätigkeit kann durch äußere Umstände – ein Berufsverbot, eine Enteignung oder eine Rechtsprechungsänderung – erzwungen werden; auf Freiwilligkeit kommt es nicht an. Die Aufgabehandlung beruht zwar stets auf der Entscheidung des Steuerpflichtigen, die Wirtschaftsgüter in ein bestimmtes Vermögen zu überführen; solange diese Entscheidung nicht getroffen ist, bleibt die Betriebsvermögenseigenschaft bestehen. Für die Beurteilung des Vorliegens einer Betriebsaufgabe sind aber allein die objektiven Umstände maßgeblich. Liegen eindeutige Aufgabehandlungen vor, kann sich der Steuerpflichtige nicht darauf berufen, daß ihm der Aufgabewille fehlte. An die Stelle der Aufgabehandlungen tritt unter Umständen eine Aufgabeerklärung.

Das Ausscheiden aus der inländischen Steuerpflicht durch die Verlegung des Betriebs oder des Wohnsitzes ins Ausland oder durch den Abschluß eines Doppelbesteuerungsabkommens ist keiner Auslegung als Betriebsaufgabe nach § 16 Abs. 3 EStG zugänglich. Auch eine teleologische Extension des Entstrickungstatbestandes kommt nicht in Frage. Im Falle der Betriebsverlegung ins Ausland würde sie dem Normzweck widersprechen. Denn die Erfassung der nicht realisierten Wertsteigerungen ist nicht gefährdet, weil der deutsche Staat selbst bei Abschluß eines Freistellungs-DBA seinen Anspruch auf die Besteuerung der stillen Reserven, die unter seiner Steuerhoheit entstanden sind, nicht verliert. Bei der Verlegung des Wohnsitzes ins Ausland und dem bloßen Abschluß eines Doppelbesteuerungsabkommens fehlt es hingegen an einer bewußten oder unbewußten Gesetzeslücke. Zudem verstößt die Anknüpfung des Zugriffs an das Ausscheiden aus der deutschen Steuerhoheit gegen die europäischen Grundfreiheiten.

Ein „die Aufgabehandlung substituierender Rechtsakt" läßt sich weder durch Auslegung noch durch teleologische Extension des § 16 Abs. 3 EStG als Tatbestandsmerkmal ermitteln. Um die Beendigung der Mitunternehmerstellung unter Beibehaltung der Nutzungsüberlassung des Sonderbetriebsvermögens, den Wegfall der Voraussetzungen einer Betriebsaufspaltung, den Strukturwandel durch Wechsel der Gewinneinkunftsart sowie den Übergang zur Liebhaberei hinsichtlich des Vorliegens einer Betriebsaufgabe sachgerecht beurteilen zu können, bedarf es eines solchen Merkmals nicht.

Ergebnisse

Zwar läßt die formale Anordnung der Normen der steuerlichen Gewinnrealisierung kein äußeres System erkennen. Die einzelnen Tatbestände beruhen jedoch auf vier ordnungsstiftenden Grundwertungen, die ein inneres System der Gewinnverwirklichung bilden. Bei diesen vier Säulen handelt es sich um das Leistungsfähigkeitsprinzip, das Realisationsprinzip, das Subjektsteuerprinzip und das Entstrickungsprinzip.

Die Verteilung der Steuerlast auf die Bürger richtet sich grundsätzlich nach dem auf Art. 3 Abs. 1 GG basierenden Leistungsfähigkeitsprinzip, wobei sich die Leistungsfähigkeit des Steuerpflichtigen aus dem wirtschaftlichen Potential ergibt, das ihm zur Bedürfnisbefriedigung zur Verfügung steht. Vor diesem Hintergrund erhöhen auch noch nicht realisierte Wertsteigerungen des Vermögens die Leistungsfähigkeit.

Das Gebot einer wirtschaftlich maßvollen Besteuerung des Eigentums präzisiert jedoch das Leistungsfähigkeitsprinzip dahingehend, daß Wertsteigerungen zunächst stille Reserven bilden und grundsätzlich erst bei ihrer Realisierung durch einen Umsatzakt am Markt aufzulösen und zu versteuern sind. Durch den Aufschub der Besteuerung bis zur Veräußerung des Wirtschaftsguts wird ein Eingriff in die nicht liquide Vermögenssubstanz vermieden. Gemäß diesem Realisationsprinzip genießt *bis* zum Umsatzakt der Eigentumsschutz Vorrang vor der konsequenten Verwirklichung des Leistungsfähigkeitsprinzips. *Ab* dem Umsatzgeschäft führt die Abwägung der Wertungen des Art. 3 Abs. 1 GG mit denen des Art. 14 GG zum gegenteiligen Ergebnis: Der Grundsatz der maßvollen Besteuerung des Eigentums wird auch dann vom Leistungsfähigkeitsprinzip verdrängt, wenn dem Steuerpflichtigen – wie beim Tausch – anläßlich des Realisationsakts keine liquiden Mittel zufließen; die stillen Reserven sind aufzudecken.

Dahinter verbirgt sich wiederum das Subjektsteuerprinzip, gemäß dem Bemessungsgrundlage und progressiver Tarif der Einkommensteuer auf die einzelne natürliche Person zu beziehen sind, so daß jede Person die von ihr erwirtschafteten Einkünfte versteuern muß. Ein Besteuerungsaufschub über den Zeitpunkt der Realisation hinaus hätte zur Folge, daß die in dem Wirtschaftsgut enthaltenen stillen Reserven nicht mehr bei dem Steuerpflichtigen erfaßt werden können, der sie gebildet hat. Das duldet das Subjektsteuerprinzip nicht: Die Übertragung stiller Reserven von einem auf ein anderes Steuersubjekt würde die Belastung nach der persönlichen Leistungsfähigkeit vereiteln und ist deshalb grundsätzlich untersagt. Die Schonung des Steuerpflichtigen endet also dort, wo der Staat bei Nichtbesteuerung einen endgültigen Ausfall erleiden würde. Die Nichtfortsetzung des Eigentumsschutzes ist zulässig, wenn andernfalls der Steueranspruch unterginge oder gefährdet würde; dann darf die Liquidierung der Substanz als ultima ratio erzwungen werden.

Letztere Überlegungen münden in die vierte Säule der Gewinnrealisierung, das Entstrickungsprinzip. Läßt es der Steuerpflichtige gar nicht zur Realisation der Wertsteigerungen am Markt kommen, sondern überführt er seine Wirtschaftsgüter vom Betriebs- ins Privatvermögen oder überträgt er sie unentgeltlich auf ein anderes Steuersubjekt, entzieht er die stillen Reserven ebenfalls dem Zugriff des Fiskus. Für eine Fortdauer des Eigentumsschutzes ist dann kein Raum; der Staat muß von der „Stundung" des Steueranspruchs zu dessen Geltendmachung übergehen, will er ihn nicht endgültig verlieren. Die Gefahr des Ausfalls erlaubt das Einfordern der Steuer auch um den Preis, daß der Pflichtige zur Veräußerung oder Beleihung der Substanz genötigt ist. Denn das Leistungsfähigkeitsprinzip wird durch den Grundsatz einer wirtschaftlich maßvollen Eigentumsbesteuerung nur solange beschränkt, wie die Steuerforderung beim Schuldner noch realisierbar bleibt. Die Belastungsentscheidung des Gesetzgebers in den §§ 1, 2 EStG zielt mit dem Einkommen als Steuergegenstand eindeutig auf die Erfassung der *ganzen* Leistungsfähigkeit einer natürlichen Person ab. Damit verbindet sich zwingend die Forderung, daß die von einem bestimmten Steuersubjekt gebildeten stillen Reserven zu irgendeiner Zeit von eben diesem Steuersubjekt versteuert werden. Dies garantiert das Entstrickungsprinzip, gemäß dem im Zeitpunkt des Ausscheidens aus der Steuerverstrickung die stillen Reserven als ultima ratio steuerlich abzurechnen sind. Verwirklicht wird der Entstrickungsgrundsatz durch die Regelungen der Entnahme und der Betriebsaufgabe: Sowohl die Bewertung der Entnahme mit dem Teilwert (§ 6 Abs. 1 Nr. 4 S. 1, Abs. 5 S. 1 EStG) als auch der Tatbestand der Betriebsaufgabe (§ 16 Abs. 3 EStG) bezwecken die Erfassung der stillen Reserven beim richtigen Steuersubjekt im letztmöglichen Zeitpunkt.

Bei den Tatbeständen der Veräußerung, des Tauschs, der Entnahme und der Betriebsaufgabe handelt es sich folglich um das Ergebnis des Ausgleichs der vier Prinzipien der steuerlichen Gewinnrealisierung. Die verfassungsrechtlich verankerten Grundsätze überschneiden sich zum Teil in ihren Schutzbereichen, zum Teil widersprechen sie sich und müssen gegeneinander abgewogen werden. Dieser Abwägungsvorgang spiegelt sich in den Merkmalen der gesetzlichen Tatbestände wieder und ist bei ihrer Auslegung nachzuvollziehen. Die Wechselwirkungen von Leistungsfähigkeits-, Realisations-, Subjektsteuer- und Entstrickungsprinzip bilden ein inneres System, dessen Wertungen die Anwendung der Steuertatbestände bestimmen und begrenzen.

Die Besteuerung der Bürger wird allerdings nicht mehr nur durch das Grundgesetz gelenkt. Sie muß vielmehr auch europarechtlichen Anforderungen genügen, insbesondere die europäischen Grundfreiheiten berücksichtigen. Soweit die Belastung stiller Reserven an das Ausscheiden aus der deutschen Steuerhoheit anknüpft, ist Vorsicht geboten: Ein unmittelbarer Zugriff des Fiskus im Moment des Grenzübertritts verletzt die Niederlassungsfreiheit des Art. 43 EG und ist europarechtswidrig. Zwar besteht ein Anspruch der Mitgliedstaaten auf Besteuerung der unter ihrer Steuerhoheit entstandenen stillen Reserven. Dieser Kohärenzgedanke beantwortet aber nicht die Frage, zu welchem Zeitpunkt der Anspruch verwirklicht werden darf. Für eine Sofortbesteuerung bei Verlassen des Hoheitsgebiets fehlt es an der Erforderlichkeit iSd Verhältnismäßigkeitsgrundsatzes. Wird der Zugriff nämlich so lange aufgeschoben, bis der Pflichtige im aufnehmenden Mitgliedsstaat einen Steuertatbestand erfüllt, dann ist bei geringerer Belastung des Bürgers die Erfassung der stillen Reserven ebenso effektiv gewährleistet.

In das herausgearbeitete System der Gewinnrealisierungsvorschriften fügt sich der Verzicht auf die Aufdeckung der stillen Reserven nach § 6 Abs. 3 EStG allerdings nicht ein. Die Regelung gehört nicht zur Gruppe der Fiskalzwecknormen, die konkrete Steuerwürdigkeitsentscheidungen nach Kriterien zuteilender Gerechtigkeit treffen und sich überwiegend am Leistungsfähigkeitsprinzip orientieren. Vielmehr handelt es sich bei der Buchwertanordnung um eine wirtschaftspolitisch motivierte Sozialzwecknorm, also eine Steuersubvention. Sie dient der Erleichterung von Umstrukturierung und Unternehmensnachfolge mit dem Ziel, betriebliche Einheiten zu erhalten. Dieser Gemeinwohlzweck kann die Durchbrechung des Subjektsteuerprinzips zwar grundsätzlich rechtfertigen. In seiner geltenden Fassung ist § 6 Abs. 3 EStG jedoch verfassungswidrig. Denn der Umfang der Subventionierung übersteigt das Maß des Erforderlichen. Das liegt zum einen an der *zwingenden* Bewertung mit dem Buchwert, so daß ein Wahlrecht zur Aufdeckung der stillen Reserven Abhilfe schaffen würde. Zum anderen fehlt es an der ausreichenden tatbestandlichen Vorzeichnung des Lenkungsziels, die durch eine Behaltefrist hergestellt werden könnte.

Abkürzungen

a.A.	andere Ansicht
Abs.	Absatz
AfA	Absetzung für Abnutzung
Allg.	Allgemeine(r)
amtl.	amtlich(e)
Anm.	Anmerkung
AO	Abgabenordnung
Art.	Artikel
AStG	Außensteuergesetz
Aufl.	Auflage
BB	Betriebsberater
Bd.	Band
BewG	Bewertungsgesetz
BFH	Bundesfinanzhof
BFH/NV	Sammlung amtlich nicht veröffentlichter Entscheidungen des Bundesfinanzhofs
BFHE	Entscheidungen des Bundesfinanzhofs
BGBl.	Bundesgesetzblatt
BMF	Bundesminister der Finanzen
BStBl.	Bundessteuerblatt
BT-Drucks.	Bundestagsdrucksache
BVerfG	Bundesverfassungsgericht
BVerfGE	Entscheidungen des Bundesverfassungsgerichts
bzw.	beziehungsweise
CGI	Code générale des impôts
DB	Der Betrieb
DBA	Doppelbesteuerungsabkommen
ders.	derselbe
dies.	dieselbe
Drucks.	Drucksache
DStJG	Deutsche Steuerjuristische Gesellschaft e.V.
DStR	Deutsches Steuerrecht
DStZ	Deutsche Steuerzeitung
Dt.	Deutsche(r)
EGV	Vertrag zur Gründung der Europäischen Gemeinschaft
Einf.	Einführung
ErbStG	Erbschaftsteuergesetz

ESt................................	Einkommensteuer
EStDV...........................	Einkommensteuer-Durchführungsverordnung
EStG.............................	Einkommensteuergesetz
EuGH............................	Europäischer Gerichtshof
f., **ff.**	folgende
Festg.............................	Festgabe
FinArch.........................	Finanzarchiv
Fn.................................	Fußnote
FR................................	Finanz-Rundschau
FS................................	Festschrift
GewArch......................	Gewerbearchiv
GG................................	Grundgesetz
GmbHR..........................	GmbH-Rundschau
GoB..............................	Grundsätze ordnungsmäßiger Buchführung
GrS...............................	Großer Senat
HGB.............................	Handelsgesetzbuch
Hs.................................	Halbsatz
idR..............................	in der Regel
INF...............................	Die Information über Steuer und Wirtschaft
insb..............................	insbesondere
InvZulG.........................	Investitionszulagengesetz
iSd...............................	im Sinne des
IStR..............................	Internationales Steuerrecht
iVm..............................	in Verbindung mit
iwS..............................	im weiteren Sinne
Jb...............................	Jahresband
Jg.................................	Jahrgang
JZ................................	Juristenzeitung
KÖSDI........................	Kölner Steuer-Dialog
krit...............................	kritisch
KStG.............................	Körperschaftsteuergesetz
LS..............................	Leitsatz
mwN..........................	mit weiteren Nachweisen
n.v..............................	nicht veröffentlicht
nF................................	neue Fassung

NF	Neue Folge
NJW	Neue Juristische Wochenschrift
Nr.	Nummer
NWB F	Neue Wirtschafts-Briefe Fach
OECD-MA	Musterabkommen der „Organization for Economic Cooperation and Development" zur Vermeidung der Doppelbesteuerung des Einkommens und des Vermögens
OFD	Oberfinanzdirektion
ÖStZ............................	Österreichische Steuerzeitung
PrGS	Preußische Gesetzessammlung
RegEBegr	Begründung zum Regierungsentwurf
REStG........................	Reichseinkommensteuergesetz
RFH............................	Reichsfinanzhof
RFHE	Entscheidungen des Reichsfinanzhofs
RGBl.	Reichsgesetzblatt
Rn...............................	Randnummer
Rs.	Rechtssache
Rspr............................	Rechtsprechung
RStBl..........................	Reichssteuerblatt
RT	Reichstag
RT-Drucks.	Reichstagsdrucksache
S.	Satz
SEStEG......................	„Entwurf eines Gesetzes über steuerliche Begleitmaßnahmen zur Einführung der Europäischen Gesellschaft und zur Änderung weiterer steuerrechtlicher Vorschriften"
Slg..............................	Amtliche Sammlung von Entscheidungen
sog..............................	sogenannte(n/r/s)
st. Rspr.	ständige Rechtsprechung
StbJb.	Steuerberaterjahrbuch
StEntlG	Steuerentlastungsgesetz 1999/2000/2002
StBKongRep..............	Steuerberaterkongress-Report
StSenkG	Steuersenkungsgesetz
StuB	Steuern und Bilanzen
StuW	Steuer und Wirtschaft
Tz...............................	Teilziffer
u.	und

ua.	und andere, unter anderem
UmwG.	Umwandlungsgesetz
UmwStG	Umwandlungssteuergesetz
UntStFG	Unternehmenssteuerfortentwicklungsgesetz
Urt.	Urteil
v.	von, vom
vgl.	vergleiche
VVDStRL	Veröffentlichungen der Vereinigung der deutschen Staatsrechtslehrer
z. B.	zum Beispiel
ZEV	Zeitschrift für Erbrecht und Vermögensnachfolge
ZRP	Zeitschrift für Rechtspolitik

Literatur

ALBACH, HORST, Gewinnrealisierungen im Ertragsteuerrecht, StbJb. 1970/71, S. 287ff.

ALTHANS, JÖRG, Sonderbetriebsvermögen in Zusammenhang mit einer Änderung der Beteiligungsverhältnisse, BB 1993, S. 1060ff.

ARNDT, HANS-WOLFGANG, Steuerliche Leistungsfähigkeit und Verfassungsrecht, in: Festschrift für Otto Mühl zum 70. Geburtstag am 10. Oktober 1981, herausgegeben von Jürgen Damrau, Stuttgart, 1981, S. 17ff.

BECKER, ENNO, Handkommentar der Reichssteuergesetze, Band 2, Stuttgart, 1929

BECKER, HELMUT/ HÖPPNER, HORST-DIETER/ GROTHERR, SIEGFRIED/ KROPPEN, HEINZ-KLAUS (Hrsg.), DBA-Kommentar, Bände 1 – 3, Loseblattausgabe, Herne/Berlin, Stand Oktober 2005, zitiert als *Bearbeiter, Becker/Höppner/ Grotherr/Kroppen, DBA, Art. ... Rn. ...*

BECKER, JÜRGEN, Der „Grundsatz der Individualbesteuerung" im deutschen Einkommensteuerrecht, Münster, 1970

BEISER, REINHOLD, Die Gewinnrealisierung im Steuerrecht und Handelsrecht, ÖStZ 2001, S. 335ff.

BEISSE, HEINRICH, Gewinnrealisierung – Ein systematischer Überblick über Rechtsgrundlagen, Grundtatbestände und grundsätzliche Streitfragen, Ruppe (Hrsg.), Gewinnrealisierung im Steuerrecht, DStJG Band 4, S. 13ff., zitiert als *Beisse, Ruppe, Gewinnrealisierung im StR, DStJG 4, S. 13ff.*

BILGERY, WOLFGANG, Die steuerrechtliche Vergünstigungsnorm im Lichte der Theorie vom Stufenbau des Steuertatbestandes unter besonderer Berücksichtigung der Einkommensteuer, Tübingen, 1988

BIRK, DIETER, „Besteuerung nach Wahl" als verfassungsrechtliches Problem, NJW 1984, S. 1325ff.

ders., Das Leistungsfähigkeitsprinzip als Maßstab der Steuernormen, Köln, 1983

ders., Das Leistungsfähigkeitsprinzip in der Unternehmenssteuerreform, StuW 2000, S. 328ff.

ders., Gleichheit und Gesetzmäßigkeit der Besteuerung, StuW 1989, S. 212ff.

ders., Steuergerechtigkeit und Transfergerechtigkeit, ZRP 1979, S. 221ff.

ders., Steuerrecht, 8. Auflage, Heidelberg, 2005

ders., Zum Stand der Theoriediskussion in der Steuerrechtswissenschaft, StuW 1983, S. 293ff.

BIRKHOLZ, HANS, Der Entnahmebegriff im Steuerrecht, DStZ A 1978, S. 163ff.

BLÜMICH, WALTER, Einkommensteuergesetz, Körperschaftsteuergesetz, Gewerbesteuergesetz, Kommentar, herausgegeben von Dr. Klaus Elbing, Bände 1 – 5, Loseblattausgabe, München, Stand März 2006, zitiert als *Bearbeiter, Blümich, § ... Rn. ...*

BODDEN, GUIDO, Übertragung eines Mitunternehmeranteils und Überführung von wesentlichen Wirtschaftsgütern des Sonderbetriebsvermögens ins Privatvermögen, FR 1997, S. 757ff.

BODE, CHRISTOPH, Ertragsteuerliche Behandlung der (un)entgeltlichen Aufnahme in ein Einzelunternehmen/ eine Einzelpraxis nach dem UntStFG – Zur Neuregelung des § 6 Abs. 3 EStG i. d. F. des UntStFG, DStR 2002, S. 114ff.

BODENHEIM, DIETER G., Der Zweck der Steuer, Baden-Baden, 1979

BOLK, WOLFGANG, Ertragsteuerliche Probleme bei Erbfolge und Erbauseinandersetzung, wenn zum Nachlaß ein Mitunternehmeranteil gehört, DStZ 1986, S. 547ff.

BONNER KOMMENTAR ZUM GRUNDGESETZ, herausgegeben von Rudolf Dolzer, Klaus Vogel, Karin Graßhof, Kommentar, Bände 1 – 15, Loseblattausgabe, Heidelberg, Stand Juni 2006, zitiert als *Bearbeiter, Bonner Kommentar, GG, Art. ... Rn. ...*

BORDEWIN, ARNO/ BRANDT, JÜRGEN (Hrsg.), Kommentar zum Einkommensteuergesetz, Bände 1 – 8, Loseblattausgabe, Heidelberg, Stand Mai 2006, zitiert als *Bearbeiter, Bordewin/Brandt, EStG, § ... Rn. ...*

BRANDENBERG, HERMANN BERNWART, Personengesellschaftsbesteuerung nach dem Unternehmenssteuerfortentwicklungsgesetz – Teil I –, DStZ 2002, S. 511ff.

BREDEEK, HELMUT, Zur steuerlichen Gewinnverwirklichung beim Tausch, Münster, 1965

BRINKMANN, JOHANNES A., Tatbestandsmäßigkeit der Besteuerung und formeller Gesetzesbegriff, Köln, 1982

BUCIEK, KLAUS D., § 6 Abs. 5 EStG im außensteuerrechtlichen Kontext, DStZ 2000, S. 636ff.

CANARIS, CLAUS-WILHELM, Systemdenken und Systembegriff in der Jurisprudenz, 2. Auflage, Berlin, 1983

CARLÉ, DIETER, „Aufnahme" von Angehörigen in Unternehmen und Praxen zur vorweggenommenen Erbfolge, KÖSDI 2002, S. 13311ff.

CATTELAENS, HEINER, Steuerentlastungsgesetz 1999/2000/2002: Neuregelung der Übertragung von Wirtschaftsgütern, DB 1999, S. 1083f.

CHARLIER, RUDOLF, Gewinnrealisierung bei Entnahmen?, StbJb. 1969/70, S. 361ff.

CORDEWENER, AXEL, Deutsche Unternehmensbesteuerung und europäische Grundfreiheiten – Grundzüge des materiellen und formellen Rechtsschutzsystems der EG, DStR 2004, S. 6ff.

COSTEDE, JÜRGEN, Gewinn und Gewinnrealisierung im Einkommensteuerrecht, StuW 1996, S. 19ff.

DANZER, JÜRGEN, Die Steuerumgehung, Köln, 1981

DAUTEL, RALPH, Steuerneutraler Erwerb von Kapitalgesellschaftsanteilen durch Tausch, BB 2002, S. 1844ff.

DEBATIN, HELMUT, Die sogenannte Steuerentstrickung und ihre Folgen, BB 1990, S. 826ff.

DEBATIN, HELMUT/ WASSERMEYER, FRANZ (Hrsg.), Doppelbesteuerung, Kommentar zu allen deutschen Doppelbesteuerungsabkommen, Bände 1 – 6, Loseblattausgabe, München, Stand Januar 2006, zitiert als *Bearbeiter, Debatin/ Wassermeyer, Doppelbesteuerung, Art. ... Rn. ...*

DONATH, ROLAND/ ZUGMAIER, OLIVER, Finanzierung von Unternehmensakquisitionen durch steuerneutralen Aktientausch?, BB 1997, S. 2401ff.

DORALT, WERNER (Hrsg.), Probleme des Steuerbilanzrechts, DStJG Band 14, Köln, 1991

DÖRING, ULRICH, Zur Vereinbarkeit des Realisationsprinzips mit dem Prinzip der Gleichmäßigkeit der Besteuerung, DStR 1977, S. 271ff.

DÖTSCH, EWALD/ PATT, JOACHIM/ PUNG, ALEXANDRA/ JOST, WERNER F., Umwandlungssteuerrecht, Kommentar, 5. Auflage, Stuttgart 2003, zitiert als *Bearbeiter, D/P/P/J, UmwStG, § ... Rn. ...*

DÖTSCH, FRANZ, Einkünfte aus Gewerbebetrieb nach Betriebsveräußerung und Betriebsaufgabe, Köln, 1987

DRENSECK, WALTER, Gestaltungsüberlegungen aus Anlaß der Neuregelung der Nutzungswertbesteuerung, DStR 1986, S. 379ff.

DÜLL, ALEXANDER/ FUHRMANN, GERD/ EBERHARD, MARTIN, Übertragung eines Mitunternehmer(teil-)anteils bei Vorhandensein von Sonderbetriebsvermögen, DStR 2001, S. 1773ff.

EBLING, KLAUS, Gewinnrealisierung gemäß § 17 EStG beim Tausch von inländischen wesentlichen Beteiligungen, die im Privatvermögen gehalten werden, in: Steuerrecht, Verfassungsrecht, Finanzpolitik, Festschrift für Franz Klein, herausgegeben von Paul Kirchhof, Köln, 1994, S. 801ff.

FELIX, GÜNTHER, Zur Gewinnrealisierung – insbesondere zur Veräußerung, Aufgabe, Entstrickung und Wechsel der Einkunftsart, StBKongRep 1980, S. 129ff.

FICHTELMANN, HELMAR, Veräußerung und Aufgabe von Mitunternehmeranteilen, INF 1998, S. 76ff.

FISCHER, P., Mobilität und (Steuer-)Gerechtigkeit in Europa, FR 2004, S. 630ff.

FLUME, WERNER, Richterrecht im Steuerrecht, StbJb. 1964/65, S. 55ff.

ders., Steuerrechtsprechung und Steuerrecht, StbJb. 1985/86, S. 277ff.

FRIAUF, KARL HEINRICH, Diskussion der Referate des 1. Tages (Bearbeiter: H. G. Ruppe), Ruppe (Hrsg.), Gewinnrealisierung im Steuerrecht, DStJG Band 4, S. 137ff., zitiert als *Friauf, Ruppe, Gewinnrealisierung im StR, DStJG 4, S. 137ff.*

ders., Gewinnrealisierung und Entnahme, StbJb. 1975/76, S. 369ff.

ders., Unser Steuerstaat als Rechtsstaat, StbJb. 1977/78, S. 39ff.

ders., Verfassungsrechtliche Grenzen der Wirtschaftslenkung und Sozialgestaltung durch Steuergesetze, Tübingen, 1966

FROTSCHER, GERRIT (Hrsg.), Kommentar zum Einkommensteuergesetz, Bände 1 – 5, Loseblattausgabe, Freiburg i. Breisgau, Stand April 2006, zitiert als *Bearbeiter, Frotscher, EStG, § ... Rn. ...*

FROTSCHER, GERRIT/ MAAS, ERNST (Hrsg.), Körperschaftsteuergesetz, Umwandlungssteuergesetz, Kommentar, Bände 1 – 3, Loseblattausgabe, Freiburg i. Breisgau, Stand März 2006, zitiert als *Bearbeiter, Frotscher/Maas, § ... Rn. ...*

FUISTING, BERNHARD, Die Preußischen direkten Steuern, Band 4: Grundzüge der Steuerlehre, Berlin, 1902

FUISTING, BERNHARD/ STRUTZ, GEORG, Einkommensteuergesetz, nach dem Tode des Verfassers Bernhard Fuisting bearbeitet von Georg Strutz, Bände 1 – 2, 8. Auflage, Berlin, 1916

GABLER-WIRTSCHAFTSLEXIKON, begründet von Reinhold Sellien, 16. Auflage, Wiesbaden, 2004

GASSNER, WOLFGANG/ LANG, MICHAEL, Das Leistungsfähigkeitsprinzip im Einkommen- und Körperschaftsteuerrecht, Wien, 2000

GEBEL, DIETER, Übertragung eines Mitunternehmeranteils im Wege vorweggenommener Erbfolge unter Zurückbehaltung von Sonderbetriebsvermögen, DStR 1996, S. 1880ff.

ders., Vorwegnahme der Erbfolge durch Einbringung von Betriebsvermögen in eine Personengesellschaft, DStR 1998, S. 269ff.

GECK, REINHARD, Die Auswirkungen des Gesetzes zur Fortentwicklung des Unternehmenssteuerrechts auf die vorweggenommene Erbfolge und die Erbauseinandersetzung, ZEV 2002, S. 41ff.

ders., Neue Erschwernisse bei vorweggenommener Erbfolge über Personengesellschaftsanteile – Auswirkungen des BFH-Urteils vom 24.08.2000, R 51/98, DStR 2000, 1768 –, DStR 2000, S. 2031ff.

GEISSLER, MICHAEL, Gewinnrealisierung am Ende eines Unternehmens, Stuttgart, 1999

HALLER, HEINZ, Die Steuern, 2. Auflage, Tübingen, 1971

ders., Gedanken zur Vermögensbesteuerung, FinArch., Neue Folge, Band 36, S. 222ff.

HANNES, FRANK, Zu Telos und Anwendungsbereich der §§ 16 und 34 EStG, DStR 1997, S. 685ff.

HARITZ, DETLEF/ BENKERT, MANFRED (Hrsg.), Umwandlungssteuergesetz, Kommentar, 2. Auflage, München, 2000, zitiert als *Bearbeiter, Haritz/Benkert, UmwStG, § ... Rn. ...*

HARTMANN, BERNHARD/ BÖTTCHER, CONRAD/ NISSEN, KARL-HEINZ/ BORDEWIN, ARNO (Hrsg. neben anderen), Kommentar zum Einkommensteuergesetz, Bände 1 – 4, Loseblattausgabe, Wiesbaden, Mai 1991, zitiert als *Bearbeiter, H/B/N/B, EStG, § ... Rn. ...*

HELLWIG, PETER, Noch immer Ärger mit den stillen Reserven, DStR 1979, S. 335ff.

HERRMANN, CARL/ HEUER, GERHARD/ RAUPACH, ARNDT (Hrsg.), Einkommensteuer- und Körperschaftsteuergesetz, Steuerreform 1999/2000/2002, Kommentar, Bände I und II, begründet von Alfons Mrozek und Albert Kennerknecht, fortgeführt von Gerhard Heuer und Carl Herrmann, herausgegeben von Arndt Raupach, Ulrich Prinz, Michael Wendt, Loseblattausgabe, Köln, 21. Auflage, Stand August 2001, zitiert als *Bearbeiter, H/H/R, StRef I, § ... Anm. R ...* bzw. *Bearbeiter, H/H/R, StRef II, § ... Anm. R ...*

dies. (Hrsg.), Einkommensteuer- und Körperschaftsteuergesetz, Jahresband 2003 – 2005, Kommentar, begründet von Alfons Mrozek und Albert Kennerknecht, fortgeführt von Gerhard Heuer und Carl Herrmann, herausgegeben von Arndt Raupach, Ulrich Prinz, Michael Wendt, Loseblattausgabe, Köln, 21. Auflage, zitiert als *Bearbeiter, H/H/R, Jahresbd. ..., § ... Anm. J ...*

dies. (Hrsg.), Einkommensteuer- und Körperschaftsteuergesetz, Kommentar, Bände 1-17, begründet von Alfons Mrozek und Albert Kennerknecht, fortgeführt von Gerhard Heuer und Carl Herrmann, herausgegeben von Arndt Raupach, Ulrich Prinz, Michael Wendt u.a., Loseblattausgabe, Köln, Stand April 2006, zitiert als *Bearbeiter, H/H/R, § ... Anm. ...*

dies. (Hrsg.), Jahresband 2002, Kurzkommentar und Materialien zu den Steueränderungsgesetzen 2001, herausgegeben von Arndt Raupach, Ulrich Prinz, Michael Wendt, Sonderdruck, Köln, 2002, zitiert als *Bearbeiter, H/H/R, Jahresbd. 2002, § ... Anm. J 01-...*

HERZIG, NORBERT, Anschaffungskosten und Veräußerungsgewinne bei Erbauseinandersetzung, Erbfallschulden und vorweggenommener Erbfolge, FR 1988, S. 85ff.

ders., Das Ende des Tauschgutachtens?, in: Umwandlungen im Zivil- und Steuerrecht, Festschrift für Siegfried Widmann zum 65. Geburtstag am 22. Mai 2000, herausgegeben von Franz Wassermeyer, Bonn, 2000, S. 393ff.

HOFFMANN, WOLF-DIETER, Unentgeltliche Übertragung eines (Teil-)Betriebs oder Mitunternehmeranteils gemäß § 6 Abs. 3 EStG i.d.F. des UntStFG, GmbHR 2002, S. 236ff.

HONERT, JÜRGEN/ NEUMAYER, JOCHEN, Neue und alte Probleme nach dem „Tausch-Erlaß", GmbHR 1998, S. 1101ff.

HÖRGER, HELMUT/ MENTEL, THOMAS/ SCHULZ, ANDREAS, Ausgewählte Fragen zum Steuerentlastungsgesetz 1999/2000/2002: Unternehmensumstrukturierungen, DStR 1999, S. 565ff.

HUSTER, STEFAN, Rechte und Ziele: Zur Dogmatik des allgemeinen Gleichheitssatzes, Berlin, 1993

ISENSEE, JOSEF, Verfassungsrechtliche Reibungsflächen und Legitimationsprobleme, in: Das akzeptierte Grundgesetz, Festschrift für Günter Dürig zum 70. Geburtstag, herausgegeben von Hartmut Maurer, München, 1990, S. 42ff.

JACHMANN, MONIKA, Steuergesetzgebung zwischen Gleichheit und wirtschaftlicher Freiheit, Stuttgart, 2000

JACOB, FRIEDHELM, Gewinnermittlung bei der Verwendung von Wirtschaftsgütern in ausländischen Betriebsstätten, FR 1988, S. 305ff.

JAKOB, WOLFGANG, Einkommensteuer, München, 3. Auflage 2003

ders. , Zwischen Ertragsrelevanz und Lenkung – die Zukunft des Steuerinterventionismus, in: Steuerrechtsprechung, Steuergesetz, Steuerreform, Festschrift für Klaus Offerhaus zum 65. Geburtstag, herausgegeben von Paul Kirchhof, Wolfgang Jakob, Albert Beermann, 1999, S. 65ff.

JARASS, HANS D./ PIEROTH, BODO, Grundgesetz, Kommentar, 7. Auflage, München, 2004

KEMPKA, BETTINA, Systemkonforme steuerliche Behandlung stiller Reserven bei der grenzüberschreitenden Überführung von Wirtschaftsgütern zwischen Stammhaus und Betriebstätte, StuW 1995, S. 242ff.

KESSLER, WOLFGANG/ HUCK, FRIEDERIKE/ OBSER, RALPH/ SCHMALZ, ANDREAS, Wegzug von Kapitalgesellschaften – Teil II –, DStZ 2004, S. 855ff.

KEUK, BRIGITTE, Die Einbringung eines Personenunternehmens in eine Kapitalgesellschaft, DB 1972, S. 1643ff.

dies., Die neueste Einkommensteuer-Rechtsprechung zur Gewinnrealisierung, zur Abwicklung des Erbfalls und zur Behandlung der Beziehungen zwischen Familienangehörigen, StuW 1973, S. 74ff.

dies., Ertragsbesteuerung der Personengesellschaften, StuW 1974, S. 177ff.

KINDOR, BERND, Der Tausch von Betriebsvermögen im Einkommensteuerrecht, Göttingen, 1993

KIRCHHOF, PAUL (Hrsg.), EStG Kompaktkommentar, 6. Auflage, Heidelberg, 2006

ders., Besteuerungsgewalt und Grundgesetz, Frankfurt am Main, 1973

ders., Der verfassungsrechtliche Auftrag zur Besteuerung nach der finanziellen Leistungsfähigkeit, StuW 1985, S. 319ff.

ders., Empfiehlt es sich, das Einkommensteuerrecht zur Beseitigung von Ungleichbehandlungen und zur Vereinfachung neu zu ordnen?, Gutachten F zum 57. Deutschen Juristentag, München, 1988

ders., in: Balke, Michael, Symposion zu Ehren von Klaus Tipke aus Anlaß seines 70. Geburtstages, StuW 1996, S. 192ff.

ders., Leitsätze des Berichterstatters über: Besteuerung und Eigentum, VVDStRL 39, S. 281ff. und StuW 1980, S. 366f.

KIRCHHOF, PAUL/ SÖHN, HARTMUT/ MELLINGHOFF, RUDOLF (Hrsg.), Einkommensteuergesetz, Kommentar, Bände 1 – 18, Loseblattausgabe, Heidelberg, Stand Juni 2006, zitiert als *Bearbeiter, K/S/M, EStG, § ... Rn. ...*

KLEINERT, JENS/ PROBST, PETER, Endgültiges Aus für steuerliche Wegzugsbeschränkungen bei natürlichen und juristischen Personen, DB 2004, S. 673ff.

dies., Erneute klare Absage an Wegzugsbeschränkungen durch EuGH und Kommission, NJW 2004, S. 2425ff.

KLOSTER, ANJA/ KLOSTER, LARS, Steuersenkungsgesetz – Umstrukturierung von Mitunternehmerschaften, GmbHR 2000, S. 1129ff.

KNOBBE-KEUK, BRIGITTE, Aktuelle Rechts- und Steuerprobleme der mittelständischen Unternehmen, StbJb. 1991/92, S. 215ff.

224

dies., Besteuerung stiller Reserven mit und ohne Gewinnrealisierung, DStR 1985, S. 494ff.

dies., Bilanz- und Unternehmenssteuerrecht, Köln, 9. Auflage 1993, zitiert als *Knobbe-Keuk, Bilanz- u. UnternehmensStR, S. ...*

KOHLENBACH, KARL, Gewinnverwirklichung durch Steuerentstrickung?, DB 1972, S. 360ff.

KÖNEMANN, RAGNAR W., Der Grundsatz der Individualbesteuerung im Einkommensteuerrecht, Frankfurt am Main, 2001

KORN, KLAUS (Hrsg.), Einkommensteuergesetz, Kommentar, Bände 1 – 3, herausgegeben von Klaus Korn, Dieter Carlé, Rudolf Stahl, Martin Strahl, Loseblattausgabe, Bonn/Berlin, Stand März 2006, zitiert als *Bearbeiter, Korn, EStG, § ... Rn. ...*

ders., Vermeidbare Gewinnrealisierungen bei Übertragung oder Zurückbehaltung von Sonderbetriebsvermögen, KÖSDI 1997, S. 11219ff.

KÖRNER, ANDREAS, Europarecht und Wegzugsbesteuerung – das EuGH-Urteil „de Lasteyrie du Saillant", IStR 2004, S. 424ff.

KRAMER, JÖRG-DIETRICH, Gewinnabgrenzung und Gewinnermittlung bei Verbringung von Wirtschaftsgütern zwischen Betriebsstätten im Internationalen Steuerrecht, StuW 1991, S. 151ff.

ders., Verbringung von Wirtschaftsgütern zwischen Betriebsstätten im Internationalen Steuerrecht, IStR 2000, S. 449ff.

KRUSE, HEINRICH WILHELM (Hrsg.), Die Grundprobleme der Personengesellschaft im Steuerrecht, DStJG Band 2, Köln, 1979

ders., Grundfragen der Liebhaberei, StuW 1980, S. 226ff.

KUPKA, WILFRIED, Zum „6:1-Clou" – Ist ein steuerneutraler Tausch auch in Zukunft noch möglich? – Welche Auswirkungen ergeben sich für die Aktionäre, die die zum Tausch hingegebenen Aktien im Betriebsvermögen gehalten haben?, DB 1998, S. 229ff.

LADEMANN, FRITZ (Hrsg.), Kommentar zum Einkommensteuergesetz, Bände 1 – 11, Loseblattausgabe, Stuttgart, Stand Oktober 2005, zitiert als *Bearbeiter, Lademann, EStG, § ... Rn. ...*

LANG, JOACHIM, Die Bemessungsgrundlage der Einkommensteuer, Köln, 1988, zitiert als *Lang, Bemessungsgrundlage der ESt, S. ...*

ders., Gewinnrealisierung – Rechtsgrundlagen, Grundtatbestände und Prinzipien im Rahmen des Bertriebsvermögensvergleichs nach § 4 Abs. 1 EStG, Ruppe (Hrsg.), Gewinnrealisierung im Steuerrecht, DStJG Band 4, S. 45ff., zitiert als *Lang, Ruppe, Gewinnrealisierung im StR, DStJG 4, S. 45ff.*

LARENZ, KARL/ CANARIS, CLAUS-WILHELM, Methodenlehre der Rechtswissenschaft, 3. Auflage, Berlin, 1995

LAUSTERER, MARTIN, Die deutsche Wegzugsbesteuerung nach dem EuGH-Urteil de Lasteyrie du Saillant, DStZ 2004, S. 299ff.

LEISNER, WALTER, Wertzuwachsbesteuerung und Eigentum, Berlin, 1978

LION, MAX, Der Einkommensbegriff nach dem Bilanzsteuerrecht und die Schanzsche Einkommenstheorie, in: Festgabe für Georg von Schanz zum 75. Geburtstag, 12. März 1928, Band 2, Tübingen, 1928, S. 273ff.

LITTMANN, EBERHARD/ BITZ, HORST/ PUST, HARTMUT (Hrsg.), Das Einkommensteuerrecht, Kommentar, Bände 1 – 5, begründet von Eberhard Littmann, herausgegeben von Horst Bitz und Hartmut Pust, Loseblattausgabe, Stuttgart, Stand Mai 2006, zitiert als *Bearbeiter, L/B/P, EStG, § ... Rn. ...*

LITTMANN, KONRAD, Ein Valet dem Leistungsfähigkeitsprinzip, in: Theorie und Praxis des finanzpolitischen Interventionismus, Festschrift für Fritz Neumark zum 70. Geburtstag, herausgegeben von Heinz Haller, Tübingen, 1970, S. 113ff.

LÖWENSTEIN, ULRICH/ LOOKS, CHRISTIAN (Hrsg.), Betriebsstättenbesteuerung, München, 2003, zitiert als *Bearbeiter, Löwenstein/Looks, Betriebsstättenbesteuerung, Rn. ...*

LUCKEY, GÜNTER, Diskussion der Referate des 1. Tages (Bearbeiter: H. G. Ruppe), Ruppe (Hrsg.), Gewinnrealisierung im Steuerrecht, DStJG Band 4, S. 137ff.

ders., Gewinnrealisierung bei Unternehmungsumwandlung und bei Übertragung einzelner Wirtschaftsgüter, StuW 1979, S. 129ff.

MÄRKLE, RUDI, Neue Beratungssignale der Rechtsprechung zur Mitunternehmerschaft, DStR 2000, S. 797ff.

ders., Strategien zur Vermeidung der Zwangsentnahme von Sonderbetriebsvermögen bei qualifizierter Nachfolge, FR 1997, S. 135ff.

MEILICKE, WIENAND, Der GmbHR-Kommentar, GmbHR 2004, S. 511f.

MEINCKE, JENS PETER, Erbschaftsteuer- und Schenkungsteuergesetz, Kommentar, Köln, 13. Auflage 2002

MITSCH, BERND, Übertragungen im Bereich von Einzelunternehmen und Mitunternehmerschaften nach dem UntStFG, INF 2002, S. 77ff.

MOXTER, ADOLF, Das Realisationsprinzip – 1884 und heute, BB 1984, S. 1780ff.

NEUMARK, FRITZ, Grundsätze der Besteuerung in Vergangenheit und Gegenwart, Wiesbaden, 1965

PAPIER, HANS-JÜRGEN, Die finanzrechtlichen Gesetzesvorbehalte und das grundgesetzliche Demokratieprinzip, Berlin, 1973

PATT, JOACHIM/ RASCHE, RALF, Veräußerung des Bruchteils eines Mitunternehmeranteils unter Zurückbehaltung des wesentlichen Sonderbetriebsvermögens als begünstigter Vorgang gemäß § 16 Abs. 1 Nr. 2, § 34 EStG?, DStR 1996, S. 645ff.

PAUS, BERNHARD, Der „Fluch des Sonderbetriebsvermögens" bei Teilanteilsübertragung, INF 2001, S. 109ff.

PEZZER, HEINZ-JÜRGEN, Bilanzierungsprinzipien als sachgerechte Maßstäbe der Besteuerung, Doralt (Hrsg.), Probleme des Steuerbilanzrechts, DStJG Band 14, S. 3ff.

PFAAR, MICHAEL, Keine Besteuerung bei Überführung von Wirtschaftsgütern in ausländische Betriebsstätten, IStR 2000, S. 42ff.

RAUPACH, ARNDT, Diskussion der Referate des 1. Tages (Bearbeiter: H. G. Ruppe), Ruppe (Hrsg.), Gewinnrealisierung im Steuerrecht, DStJG Band 4, S. 137ff., zitiert als *Raupach, Ruppe, Gewinnrealisierung im StR, DStJG 4, S. 137ff.*

ders., Einschlägige Prinzipienfragen der Gewinnrealisierung, Kruse (Hrsg.), Die Grundprobleme der Personengesellschaft im Steuerrecht, DStJG Band 2, S. 87ff., zitiert als *Raupach, Kruse, Personengesellschaft im StR, DStJG 2, S. 87ff.*

REIß, WOLFRAM, Individualbesteuerung von Mitunternehmern nach dem Steuersenkungsgesetz, StuW 2000, S. 399ff.

ders., Übertragung von Wirtschaftsgütern bei Mitunternehmerschaften, StbJb. 2001/02, S. 281ff.

RIEMENSCHNEIDER, MARKUS MICHAEL, Der Tausch in der Handels- und Steuerbilanz, Bonn, 2000

RÖDDER, THOMAS, Deutsche Unternehmensbesteuerung im Visier des EuGH, DStR 2004, S. 1629ff.

RÖHRKASTEN, BURKHARD, Die Gewinnauswirkungen der Sacheinlage in Kapitalgesellschaften, BB 1974, S. 825ff.

RUPPE, HANS GEORG (Hrsg.), Gewinnrealisierung im Steuerrecht, DStJG Band 4, Köln, 1981 ders., Möglichkeiten und Grenzen der Übertragung von Einkunftsquellen als Problem der Zurechnung von Einkünften, Tipke (Hrsg.), Übertragung von Einkunftsquellen im Steuerrecht, DStG Band 1, S. 7ff.

SCHAUMBURG, HARALD, Internationales Steuerrecht: Außensteuerrecht, Doppelbesteuerungsrecht, 2. Auflage, Köln, 1998

ders., Spezielle Gewinnrealisierungsprobleme im außensteuerlichen Kontext, Ruppe (Hrsg.), Gewinnrealisierung im Steuerrecht, DStJG Band 4, S. 247ff., zitiert als *Schaumburg, Ruppe, Gewinnrealisierung im StR, DStJG 4, S. 247ff.*

SCHEMMEL, LOTHAR, Zur Aufnahme des Leistungsfähigkeitsprinzips und anderer Grenzen für den Steuerstaat in das Grundgesetz, StuW 1995, S. 39ff.

SCHINDLER, PHILIPP CLEMENS, Hughes de Lasteyrie du Saillant als Ende der (deutschen) Wegzugsbesteuerung?, IStR 2004, S. 300ff.

SCHMIDT, LUDWIG (Hrsg.), Einkommensteuergesetz, Kommentar, 17. Auflage, München, 1998

ders. (Hrsg.), Einkommensteuergesetz, Kommentar, 18. Auflage, München, 1999

ders. (Hrsg.), Einkommensteuergesetz, Kommentar, 23. Auflage, München, 2004

ders. (Hrsg.), Einkommensteuergesetz, Kommentar, 25. Auflage, München, 2006

ders. (Hrsg.), Einkommensteuergesetz, Kommentar, 9. Auflage, München, 1990

SCHMITT, JOACHIM/ HÖRTNAGL, ROBERT/ STRATZ, ROLF-CHRISTIAN, Umwandlungsgesetz, Umwandlungssteuergesetz, 4. Auflage, München, 2006

SCHMITT, MICHAEL/ FRANZ, ROLAND, Die Umstrukturierung von Personenunternehmen im Lichte des Berichts zur Fortentwicklung des Unternehmenssteuerrechts, BB 2001, S. 1278ff.

SCHNEIDER, DIETER, Bezugsgrößen steuerlicher Leistungsfähigkeit und Vermögensbesteuerung, FinArch., Neue Folge, Band 37, S. 26ff.

ders., Maßgeblichkeit der Handelsbilanz für die Steuerbilanz und Besteuerung nach der Leistungsfähigkeit, BB 1978, S. 1577ff.

ders., Realisationsprinzip und Einkommensbegriff, in: Bilanzfragen, Festschrift zum 65. Geburtstag von Prof. Dr. Ulrich Leffson, herausgegeben von Jörg Baetge, Adolf Moxter, Dieter Schneider, Düsseldorf, 1976, S. 101ff.

SCHNITGER, ARNE, Verstoß der Wegzugsbesteuerung (§ 6 AStG) und weiterer Entstrickungsnormen des deutschen Ertragsteuerrechts gegen die Grundfreiheiten des EG-Vertrags, BB 2004, S. 804ff.

SCHÖN, WOLFGANG, Besteuerung im Binnenmarkt – die Rechtsprechung des EuGH zu den direkten Steuern, IStR 2004, S. 289ff.

ders., Die „Betriebsaufgabe" des Gesellschaftsanteils – ein steuerrechtliches Phantom, BB 1988, S. 1866ff.

SCHULZE ZUR WIESCHE, DIETER, Steuerliche Behandlung des Sonderbetriebsvermögens bei Einbringung von Mitunternehmeranteilen in eine Kapitalgesellschaft, GmbHR 1989, S. 86ff.

ders., Übertragung von Bruchteilen eines Mitunternehmeranteils und Sonderbetriebsvermögen, FR 1999, S. 988ff.

ders., Veräußerung von Gesellschaftsanteilen und Sonderbetriebsvermögen, DStZ 1985, S. 55ff.

SEDEMUND, JAN, Die Bedeutung des Prinzips der steuerlichen Kohärenz als Rechtfertigungsaspekt für Eingriffe in die Grundfreiheiten des EG-Vertrages, IStR 2001, S. 190ff.

SEIBT, CHRISTOPH H., Unternehmenskauf und –verkauf nach dem Steuersenkungsgesetz, DStR 2000, S. 2061ff.

SITZUNGSBERICHT N ZUM 57. DEUTSCHEN JURISTENTAG, Mainz, 1988

SÖHN, HARTMUT, Erwerbsbezüge, Markteinkommenstheorie und Besteuerung nach der Leistungsfähigkeit, in: Die Steuerrechtsordnung in der Diskussion, Festschrift für Klaus Tipke zum 70. Geburtstag, herausgegeben von Joachim Lang, Köln, 1995, S. 343ff.

STEICHEN, ALAIN, Die Markteinkommenstheorie: Ei des Kolumbus oder rechtswissenschaftlicher Rückschritt, in: Die Steuerrechtsordnung in der Diskussion, Festschrift für Klaus Tipke zum 70. Geburtstag, herausgegeben von Joachim Lang, Köln, 1995, S. 365ff.

STERN, KLAUS, Das Staatsrecht der Bundesrepublik Deutschland, Band I, 2. Auflage, München, 1984

STOLL, GEROLD, Gewinnrealisierung ohne Umsatzakt, Ruppe (Hrsg.), Gewinnrealisierung im Steuerrecht, DStJG Band 4, S. 207ff.

STRAHL, MARTIN, Gewinnrealisierungszwänge aufgrund des „Steuerentlastungsgesetzes 1999/2000/2002" bei Personengesellschaften, FR 1999, S. 628ff.

TETTINGER, PETER, Verwaltungsgerichtliche Kontrollmaßstäbe im Subventionsrecht, GewArch. 1981, S. 105ff.

THIEL, JOCHEN, Aufschub der Gewinnrealisierung durch §§ 6b, 6c EStG sowie durch das Auslandsinvestitionsgesetz und das Entwicklungsländersteuergesetz, Ruppe (Hrsg.), Gewinnrealisierung im Steuerrecht, DStJG Band 4, S.

183ff., zitiert als *Thiel, J., Ruppe, Gewinnrealisierung im StR, DStJG 4, S. 183ff.*

ders., in: Herzig, Norbert, Organschaft und Gestaltung von Unternehmensstrukturen, Podiumsdiskussion, StbJb. 1992/93, S. 277ff.

ders., Muß das Tauschgutachten umgeschrieben werden? – Die Rechtssätze des Gutachtens in Konkurrenz zu den gesetzlichen Tatbeständen der steuerfreien Anteilsübertragung (§ 8b Abs. 2 KStG, § 20 Abs. 6 UmwStG 1977), StbJb. 1994/95, S. 185ff.

THIEL, RUDOLF, Die Gewinnverwirklichung bei gesellschaftsrechtlichen Vorgängen, DB 1958, S. 1281ff.

ders., Die Gewinnverwirklichung beim Tausch, DB 1958, S. 1431ff.

ders., Die Gewinnverwirklichung, StKongRep 1968, S. 273ff.

ders., Gedanken zur Methode der steuerlichen Rechtsfindung, StbJb. 1963/64, S. 161ff.

THÖMMES, OTMAR, Aktuelle Fragen zur Gewinnrealisierung bei grenzüberschreitender Tätigkeit, StbJb. 2003/04, S. 201ff.

THÖMMES, OTMAR/ SCHEIPERS, THOMAS, Ausgewählte Fragen zum Steuerentlastungsgesetz 1999/2000/2002: Internationales Steuerrecht, DStR 1999, S. 609ff.

TIEDTKE, KLAUS/ WÄLZHOLZ, ECKHARD, Rechtsfragen zur steuerlich begünstigten Tätigkeitsbeendigung bei Veräußerung eines (Teil-)Betriebes – Voraussetzungen und Sonderfälle bei Weiterführung oder Aufnahme einer nicht identischen Tätigkeit, DStR 1999, S. 217ff.

dies., Zur Übertragung eines Teilanteils an einem Mitunternehmeranteil und zur verdeckten Einlage nach altem und neuem Recht, DB 1999, S. 2026ff.

TIPKE, KLAUS (Hrsg.), Übertragung von Einkunftsquellen im Steuerrecht, DStG Band 1, Köln, 1978

ders., Die Steuergesetzgebung in der Bundesrepublik Deutschland aus der Sicht des Steuerrechtswissenschaftlers – Kritik und Verbesserungsvorschläge, StuW 1976, S. 293ff.

ders., Die Steuerrechtsordnung, Band 1, 2. Auflage, Köln, 2000, zitiert als *Tipke, StRO I, S. ...*

ders., Die Steuerrechtsordnung, Band 2, 1. Auflage, Köln, 1993, zitiert als *Tipke, StRO II, 1. Aufl., S. ...*

ders., Die Steuerrechtsordnung, Band 2, 2. Auflage, Köln, 2003, zitiert als *Tipke, StRO II, S. ...*

ders., Rechtfertigung des Themas; Ziel der Tagung, Ruppe (Hrsg.), Gewinnrealisierung im Steuerrecht, DStJG Band 4, S. 1ff., zitiert als *Tipke, Ruppe, Gewinnrealisierung im StR, DStJG 4, S. 1ff.*

ders., Steuerrecht: ein systematischer Grundriß, Köln, 10. Auflage 1985

ders., Über Grenzen der Auslegung und Analogie, behandelt am Beispiel der „Entstrickung", StuW 1972, S. 264ff.

TIPKE, KLAUS/ LANG, JOACHIM, Steuerrecht, begründet von Klaus Tipke, fortgeführt von Joachim Lang und Roman Seer, Wolfram Reiß, Heinrich Montag, Johanna Hey, Köln, 18. Auflage 2005, zitiert als *Bearbeiter, Tipke/Lang, StR, § ... Rn. ...*

dies., Steuerrecht, begründet von Klaus Tipke, fortgeführt von Joachim Lang, Köln, 17. Auflage 2002, zitiert als *Bearbeiter, Tipke/Lang, StR, 17. Aufl., § ... Rn. ...*

TISMER, WOLFGANG/ OSSENKOPP, MATTHIAS, Veräußerung von Kommanditanteilen bei Vorliegen von Sonderbetriebsvermögen, FR 1992, S. 39ff.

TREDER, LUTZ, Methoden und Technik der Rechtsanwendung, Heidelberg, 1998

TROOST, KLAUS, Die Buchwertfortführung im Steuerrecht auf dem Wege zu einem allgemeinen Rechtsprinzip, Münster, 1995, zitiert als *Troost, Buchwertfortführung, S. ...*

TRZASKALIK, CHRISTOPH, Gewinnrealisierung bei unentgeltlichen Übertragungen (Erbfall, Schenkung) von Betrieben, Teilbetrieben und Mitunternehmeranteilen auf andere Steuerrechtssubjekte – § 7 EStDV im System des Einkommensteuerrechts, Ruppe (Hrsg.), Gewinnrealisierung im Steuerrecht, DStJG Band 4, S. 145ff., zitiert als *Trzaskalik, Ruppe, Gewinnrealisierung im StR, DStJG 4, S. 145ff.*

ders., Personal gebundene Einkommensteuerpflicht und Gesamtrechtsnachfolge, StuW 1979, S. 97ff.

VAHLENS GROßES WIRTSCHAFTSLEXIKON, herausgegeben von Erwin Dichtl und Otmar Issing, Bände 1 – 2, München, 1987

VOGEL, HORST, „Steuergeschenke – Steuervergünstigungen zu rechtfertigen oder abzubauen?", StbJb. 1980/81, S. 49ff.

VOGEL, KLAUS, Begrenzung von Subventionen durch ihren Zweck, in: Hamburg, Deutschland, Europa, Festschrift für Hans Peter Ipsen zum siebzigsten Geburtstag, 1977, S. 539ff.

ders., Bemerkungen zur Gewinnverwirklichung und Gewinnberichtigung im deutschen Außensteuerrecht, StuW 1974, S. 193ff.

ders., Das ungeschriebene Finanzrecht des Grundgesetzes, in: Gedächtnisschrift für Wolfgang Martens, 1987, S. 265ff.

ders., Die Steuergewalt und ihre Grenzen, in: Festschrift 50 Jahre Bundesverfassungsgericht, herausgegeben von Peter Badura und Horst Dreier, Band 2, Tübingen, 2001, S. 527ff.

ders., Eigentumsgarantie, Handlungsfreiheit und Steuerrecht, in: Staat, Kirche, Verwaltung, Festschrift für Hartmut Maurer zum 70. Geburtstag, herausgegeben von Max-Emanuel Geis und Dieter Lorenz, München, 2001, S. 297ff.

VON SCHANZ, GEORG, Der Einkommensbegriff und die Einkommensteuergesetze, FinArch, 13 Jg. 1896, S. 1ff.

WACHTER, THOMAS, Ende der Wegzugsbesteuerung in Europa, GmbHR 2004, S. R 161f.

WASSERMEYER, FRANZ, Die Übertragung von Wirtschaftsgütern unter Vermeidung der Aufdeckung stiller Reserven, BB 1994, S. 1ff.

ders., Erbauseinandersetzung – ertragsteuerlich gesehen, DStR 1986, S. 771ff.

ders., in: Herzig, Norbert, Organschaft und Gestaltung von Unternehmensstrukturen, Podiumsdiskussion, StbJb. 1992/93, S. 277ff.

ders., Steuerliche Konsequenzen aus dem EuGH-Urteil „Hughes de Lasteyrie du Saillant", GmbHR 2004, S. 613ff.

ders., Tausch und Einlage von Anteilen an Kapitalgesellschaften über die Grenze, DB 1990, S. 855ff.

ders., Zur Bewertung von Nutzungsentnahmen und Leistungsentnahmen, DB 2003, S. 2616ff.

WEBER, KLAUS, Verlust der Tarifbegünstigung bei Veräußerung eines Personengesellschaftsanteils und gleichzeitiger Buchwertfortführung des Sonderbetriebsvermögens, DB 1991, S. 2560ff.

WEBER-GRELLET, HEINRICH, Die Steuerbilanz nach dem Steuerentlastungsgesetz 1999/2000/2002, StuB 1999, S. 1289ff.

ders., Handelsrechtliche Bewertungswahlrechte in der Steuerbilanz – Reichweite des steuerrechtlichen Bewertungsvorbehalts, StbJb. 1994/95, S. 97ff.

ders., Steuerbilanzrecht, München, 1996

WENDT, KARL FRIEDRICH, Veräußerung, Verpachtung und Aufgabe des Betriebs im Ertrag- und Umsatzsteuerrecht, StKongRep 1976, S. 173ff.

WENDT, MICHAEL, Teilanteilsübertragung und Aufnahme eines Gesellschafters in ein Einzelunternehmen nach den Änderungen des EStG durch das UntStFG, FR 2002, S. 127ff.

WERNDL, JOSEF, Besteuerung nach Wahl?, ÖStZ 1997, S. 189ff.

WERNSMANN, RAINER, Verfassungsrechtliche Anforderungen an die Einführung und Ausgestaltung von Steuervergünstigungen, NJW 2000, S. 2078ff.

WIDMANN, SIEGFRIED/ MAYER, ROBERT (Hrsg.), Umwandlungsrecht, Kommentar, Bände 1 – 8, Loseblattausgabe, Bonn, Stand April 2006, zitiert als *Bearbeiter, Widmann/Mayer, Umwandlungsrecht, § ... Rn. ...*

WIELAND, JOACHIM, Steuerliche Wohneigentumsförderung, Finanzverfassung und Gleichheitssatz, in: Festschrift für Wolfgang Zeidler, herausgegeben von Walther Fürst, Roman Herzog, Dieter C. Umbach, Bände 1 – 2, 1987, S. 735ff.

WITTMANN, ROLF, Besteuerung des Markteinkommens – Grundlinien einer freiheitsschonenden Besteuerung, StuW 1993, S. 35ff.

WOERNER, LOTHAR, Die Tragweite des Beitragsgedankens bei der Auslegung des § 15 Abs. 1 Nr. 2 EStG, DStZ A 1977, S. 299ff.

WOLLNY, PAUL, Begünstigung des Veräußerungsgewinns bei Anteilsveräußerung, wenn ein Grundstück zum Sonderbetriebsvermögen gehört, FR 1989, S. 713.

ZITZELSBERGER, HERIBERT, Über die Schwierigkeiten mit dem Abbau von Steuersubventionen, StuW 1985, S. 197ff.

Rechtsprechung

GERICHT	DATUM	AKTENZEICHEN	FUNDSTELLE
BFH	10.09.1957	I 294/56 U	BStBl. III 1957, 414
BFH	16.12.1958	I D 1/57 S	BStBl. III 1959, 29
BFH	25.05.1962	I 155/59 U	BStBl. III 1962, 351
BFH	07.11.1963	IV 210/62 S	BStBl. III 1964, 70
BFH	12.03.1964	IV 107/63 U	BStBl. III 1964, 406
BFH	28.10.1964	IV 102/64 U	BStBl. III 1965, 88
BFH	16.09.1966	VI 118/65, VI 119/65	BStBl. III 1967, 70
BFH	16.09.1966	VI 118/65, VI 119/65	BStBl. III 1967, 70
BFH	13.07.1967	IV R 174/66	BStBl. III 1967, 751
BFH	13.07.1967	IV R 174/66	BStBl. III 1967, 751
BFH	20.12.1967	I 103/67	BStBl. II 1968, 276
BFH	16.07.1969	I 266/65	BStBl. II 1970, 175
BFH	29.04.1970	IV R 192/67	BStBl. II 1970, 754
BFH	25.06.1970	IV 350/64	BStBl. II 1970, 719
BFH	23.04.1971	IV 201/65	BStBl. II 1971, 686
BFH	28.04.1971	I R 55/66	BStBl. II 1971, 630
BFH	08.11.1971	GrS 2/71	BStBl. II 1972, 63
BFH	30.05.1972	VIII R 111/69	BStBl. II 1972, 760
BFH	25.07.1972	VIII R 3/66	BStBl. II 1972, 936
BFH	17.08.1972	IV R 104/71	BStBl. II 1972, 942
BFH	07.10.1974	GrS 1/73	BStBl. II 1975, 168
BFH	16.01.1975	IV R 180/71	BStBl. II 1975, 526
BFH	24.04.1975	IV R 115/73	BStBl. II 1975, 580
BFH	16.12.1975	VIII R 3/74	BStBl. II 1976, 246
BFH	16.12.1975	VIII R 3/74	BStBl. II 1976, 246
BFH	24.06.1976	IV R 199/72	BStBl. II 1976, 670
BFH	08.09.1976	I R 99/75	BStBl. II 1977, 66
BFH	13.10.1976	I R 261/70	BStBl. II 1977, 76
BFH	26.01.1977	VIII R 109/75	BStBl. II 1977, 283
BFH	18.02.1977	VI R 177/75	BStBl. II 1977, 524
BFH	12.04.1978	I R 136/77	BStBl. II 1978, 494
BFH	26.04.1978	I R 97/76	BStBl. II 1978, 628
BFH	11.10.1979	IV R 125/76	BStBl. II 1980, 40
BFH	19.02.1981	IV R 116/77	BStBl. II 1981, 566

GERICHT	DATUM	AKTENZEICHEN	FUNDSTELLE
BFH	29.10.1981	IV R 138/78	BStBl. II 1982, 381
BFH	11.03.1982	IV R 25/79	BStBl. II 1982, 707
BFH	04.11.1982	IV R 159/79	BStBl. II 1983, 448
BFH	10.11.1982	I R 178/77	BStBl. II 1983, 136
BFH	21.12.1982	VIII R 48/82	BStBl. II 1983, 373
BFH	19.01.1983	I R 84/79	BStBl. II 1983, 412
BFH	18.05.1983	I R 5/82	BStBl. II 1983, 771
BFH	13.10.1983	I R 76/79	BStBl. II 1984, 294
BFH	20.10.1983	IV R 175/79	BStBl. II 1984, 221
BFH	13.12.1983	VIII R 90/81	BStBl. II 1984, 474
BFH	13.01.1984	VI R 194/80	BStBl. II 1984, 315
BFH	25.06.1984	GrS 4/82	BStBl. II 1984, 751
BFH	03.10.1984	I R 116/81	BStBl. II 1985, 131
BFH	03.10.1984	I R 119/81	BStBl. II 1985, 245
BFH	27.02.1985	I R 235/80	BStBl. II 1985, 456
BFH	28.03.1985	IV R 88/81	BStBl. II 1985, 508
BFH	25.04.1985	IV R 83/83	BStBl. II 1986, 350
BFH	13.03.1986	IV R 1/84	BStBl. II 1986, 711
BFH	01.10.1986	I R 96/83	BStBl. II 1987, 113
BFH	09.12.1986	VIII R 26/80	BStBl. II 1987, 342
BFH	17.03.1987	VIII R 36/84	BStBl. II 1987, 858
BFH	29.10.1987	VIII R 5/87	BStBl. II 1989, 96
BFH	26.11.1987	IV R 171/85	BStBl. II 1988, 490
BFH	14.06.1988	VIII R 387/83	BStBl. II 1989, 187
BFH	29.11.1988	VIII R 316/82	BStBl. II 1989, 602
BFH	30.11.1988	I R 114/84	BStBl. II 1990, 117
BFH	15.12.1988	IV R 36/84	BStBl. II 1989, 363
BFH	15.12.1988	IV R 36/84	BStBl. II 1989, 363
BFH	26.01.1989	IV R 151/86	BStBl. II 1989, 455
BFH	02.03.1989	IV R 128/86	BStBl. II 1989, 543
BFH	09.08.1989	X R 20/86	BStBl. II 1990, 128
BFH	09.08.1989	X R 62/87	BStBl. II 1989, 973
BFH	24.08.1989	IV R 135/86	BStBl. II 1989, 1014
BFH	13.09.1989	I R 117/87	BStBl. II 1990, 57
BFH	26.10.1989	IV R 25/88	BStBl. II 1990, 373
BFH	01.12.1989	III R 94/87	BStBl. II 1990, 500
BFH	02.02.1990	III R 173/86	BStBl. II 1990, 497

GERICHT	DATUM	AKTENZEICHEN	FUNDSTELLE
BFH	22.03.1990	IV R 15/87	BFH/NV 1991, 439
BFH	04.07.1990	GrS 1/89	BStBl. II 1990, 830
BFH	18.12.1990	VIII R 17/85	BStBl. II 1991, 512
BFH	23.01.1991	X R 47/87	BStBl. II 1991, 405
BFH	25.02.1991	GrS 7/89	BStBl. II 1991, 691
BFH	19.03.1991	VIII R 76/87	BStBl. II 1991, 635
BFH	24.04.1991	X R 84/88	BStBl. II 1991, 713
BFH	08.05.1991	I R 33/90	BStBl. II 1992, 437
BFH	22.05.1991	I R 32/90	BStBl. II 1992, 94
BFH	03.07.1991	X R 163-164/87	BStBl. II 1991, 802
BFH	17.10.1991	IV R 97/89	BStBl. II 1992, 392
BFH	24.03.1992	VII R 39/91	BFHE 168, 300
BFH	16.12.1992	X R 52/90	BStBl. II 1994, 838
BFH	19.01.1993	VIII R 128/84	BStBl. II 1993, 594
BFH	26.05.1993	X R 101/90	BStBl. II 1993, 710
BFH	25.08.1993	XI R 6/93	BStBl. II 1994, 23
BFH	09.09.1993	IV R 30/92	BStBl. II 1994, 105
BFH	16.05.1995	VIII R 18/93	BStBl. II 1995, 714
BFH	31.08.1995	VIII B 21/93	BStBl. II 1995, 890
BFH	13.02.1996	VIII R 39/92	BStBl. II 1996, 409
BFH	09.05.1996	IV R 77/95	BStBl. II 1996, 476
BFH	09.05.1996	IV R 77/95	BStBl. II 1996, 476
BFH	12.06.1996	XI R 56, 57/95	BStBl. II 1996, 527
BFH	12.12.1996	IV R 77/93	BStBl. II 1998, 180
BFH	26.02.1997	X R 31/95	BStBl. II 1997, 561,
BFH	06.03.1997	XI R 2/96	BStBl. II 1997, 460
BFH	16.12.1997	VIII R 11/95	BStBl. II 1998, 379
BFH	10.03.1998	VIII R 76/96	BStBl. II 1999, 269
BFH	22.04.1998	XI R 10/97	BStBl. II 1998, 663
BFH	17.06.1998	XI R 64/97	BStBl. II 1998, 727
BFH	22.09.1999	XI R 46/98	BStBl. II 2000, 120
BFH	18.10.1999	GrS 2/98	BStBl. II 2000, 123
BFH	12.04.2000	XI R 35/99	BStBl. II 2001, 26
BFH	24.08.2000	IV R 51/98	BStBl. II 2005, 173
BFH	24.08.2000	IV R 51/98	BFH/NV 2000, 1554
BFH	06.09.2000	IV R 18/99	BStBl. II 2001, 229
BFH	06.12.2000	VIII R 21/00	BStBl. II 2003, 194

GERICHT	DATUM	AKTENZEICHEN	FUNDSTELLE
BFH	18.09.2002	X R 28/00	BStBl. II 2003, 133
BFH	18.09.2003	X R 2/00	BStBl. II 2004, 17
BVerfG	20.07.1954	1 BvR 459/52	BVerfGE 4, 7
BVerfG	17.01.1957	1 BvL 4/54	BVerfGE 6, 55
BVerfG	17.01.1957	1 BvL 4/54	BVerfGE 6, 55
BVerfG	24.06.1958	2 BvF 1/57	BVerfGE 8, 51
BVerfG	12.11.1958	2 BvL 4/56, 2 BvL 26/56, 2 BvL 40/56, 2 BvL 1/57, 2 BvL 7/57	BVerfGE 8, 274
BVerfG	29.07.1959	1 BvR 394/58	BVerfGE 10, 89
BVerfG	10.10.1961	2 BvL 1/59	BVerfGE 13, 153
BVerfG	30.10.1961	1 BvR 833/59	BVerfGE 13, 181
BVerfG	24.01.1962	1 BvL 32/57	BVerfGE 13, 290
BVerfG	24.01.1962	1 BvR 845/58	BVerfGE 13, 331
BVerfG	24.07.1962	2 BvL 15/61, 2 BvL 16/61	BVerfGE 14, 221
BVerfG	22.05.1963	1 BvR 78/56	BVerfGE 16, 147
BVerfG	12.02.1964	1 BvL 12/62	BVerfGE 17, 210
BVerfG	07.04.1964	1 BvL 12/63	BVerfGE 17, 306
BVerfG	27.01.1965	1 BvR 213/58, 1 BvR 715/58, 1 BvR 66/60	BVerfGE 18, 315
BVerfG	24.09.1965	1 BvR 228/65	BVerfGE 19, 119
BVerfG	14.03.1967	1 BvR 334/61	BVerfGE 21, 209
BVerfG	14.05.1968	2 BvR 544/63	BVerfGE 23, 288
BVerfG	09.03.1971	2 BvR 326/69, 2 BvR 341/69, 2 BvR 342/69, 2 BvR 343/69, 2 BvR 344/69, 2 BvR 345/69, 2 BvR 327/69	BVerfGE 30, 250
BVerfG	28.02.1973	2 BvL 19/70	BVerfGE 34, 348
BVerfG	17.07.1974	1 BvR 51/69, 1 BvR 160/69, 1 BvR 285/69, 1 BvL 16/72, 1 BvL 18/72, 1 BvL 26/72	BVerfGE 38, 61
BVerfG	23.11.1976	1 BvR 150/75	BVerfGE 43, 108
BVerfG	11.10.1977	1 BvR 343/73, 1 BvR 83/74, 1 BvR 183/75, 1 BvR 428/75	BVerfGE 47, 1
BVerfG	12.10.1978	2 BvR 154/74	BVerfGE 49, 343
BVerfG	19.12.1978	1 BvR 335/76, 1 BvR 427/76, 1 BvR 811/76	BVerfGE 50, 57
BVerfG	01.03.1979	1 BvR 532/77, 1 BvR 533/77, 1 BvR 419/78, 1 BvL 21/78	BVerfGE 50, 290

GERICHT	DATUM	AKTENZEICHEN	FUNDSTELLE
BVerfG	03.11.1982	1 BvR 620/78, 1 BvR 1335/78, 1 BvR 1104/79, 1 BvR 363/80	BVerfGE 61, 319
BVerfG	06.12.1983	2 BvR 1275/79	BVerfGE 65, 325
BVerfG	22.02.1984	1 BvL 10/80	BVerfGE 66, 214
BVerfG	22.02.1984	1 BvL 10/80	BVerfGE 66, 214
BVerfG	12.03.1985	1 BvR 571/81 u.a.	BStBl. II 1985, 475
BVerfG	29.05.1990	1 BvL 20/84, 1 BvL 26/84, 1 BvL 4/86	BVerfGE 82, 60
BVerfG	26.01.1993	1 BvL 38/92, 1 BvL 40/92, 1 BvL 43/92	BVerfGE 88, 87
BVerfG	30.03.1993	1 BvR 1045/89, 1381/90, 1 BvL 11/90	BVerfGE 88, 145
BVerfG	08.06.1993	1 BvL 20/85	BVerfGE 89, 15
BVerfG	22.06.1995	2 BvL 37/91	BVerfGE 93, 121
BVerfG	22.06.1995	2 BvR 552/91	BVerfGE 93, 165
BVerfG	04.07.1995	1 BvF 2/86, 1 BvF 1/87, 1 BvF 2/87, 1 BvF 3/87, 1 BvF 4/87, 1 BvR 1421/86	BVerfGE 92, 365
BVerfG	08.04.1997	1 BvR 48/94	BVerfGE 95, 267
BVerfG	30.09.1998	2 BvR 1818/91	DStR 1998, 1743
BVerfG	10.11.1998	2 BvR 1057, 1226, 980/91	BVerfGE 99, 216
BVerfG	11.11.1998	2 BvL 10/95	BVerfGE 99, 280
EuGH	28.01.1992	C-204/90 – Bachmann	EuGHE I 1992, 276
EuGH	28.01.1992	C-300/90 – Kommission./.Belgien	EuGHE I 1992, 305
EuGH	14.02.1995	C-279/93 – Schumacker	EuGHE I 1995, 225
EuGH	15.05.1997	C-250/95 – Futura Participations und Singer	EuGHE I 1997, 2471
EuGH	16.07.1998	C-264/96 – ICI	EuGHE I 1998, 4695
EuGH	13.04.2000	C-251/98 – Baars	EuGHE I 2000, 2787
EuGH	06.06.2000	C-35/98 – Verkooijen	EuGHE I 2000, 4071
EuGH	08.03.2001	C-397/98 und C-410/98 – Metallgesellschaft u.a.	EuGHE I 2001, 1727
EuGH	15.01.2002	C-55/00 – Gottardo	EuGHE I 2002, 413
EuGH	03.10.2002	C-136/00 – Danner	EuGHE I
EuGH	21.11.2002	C-436/00 – X und Y	EuGHE I 2002, 10829
EuGH	12.12.2002	C-324/00 – Lankhorst-Hohorst	EuGHE I 2002, 11779
EuGH	12.12.2002	C-385/00 – de Groot	EuGHE I 2002, 11819
EuGH	13.11.2003	C-42/02 – Lindman	EuGHE I 2003, 13519

238

GERICHT	DATUM	AKTENZEICHEN	FUNDSTELLE
EuGH	04.03.2004	C-334/02–Kommission./.Frankreich	EuGHE I 2004, 2081
EuGH	11.03.2004	C-9/02 – Hughes de Lasteyrie du Saillant	GmbHR 2004, 504; EuGHE I 2004, 2409
RFH	30.06.1923	VIe A 50/23	RFHE 12, 242
RFH	25.10.1923	III A 298/23	RFHE 13, 101
RFH	29.10.1924	VIe A 186/24	RFHE 15, 47
RFH	22.10.1931	VI A 1949/29	RStBl. 1932, 388
RFH	26.11.1931	VI A 1978/31	RStBl. 1932, 624
RFH	05.06.1935	VI A 109/34	RStBl. II 1935, 1356

Peter Lang · Internationaler Verlag der Wissenschaften

Jia Li

Nutzungen und Nutzungsrechte im Einkommensteuerrecht

Frankfurt am Main, Berlin, Bern, Bruxelles, New York, Oxford, Wien, 2007.
167 S.
Schriften zum Wirtschafts- und Medienrecht, Steuerrecht und Zivilprozeßrecht.
Herausgegeben von Jürgen Costede und Gerald Spindler. Bd. 30
ISBN 978-3-631-57355-6 · br. € 36.20*

Die einkommensteuerliche Bedeutung von Nutzungen und Nutzungsrechten ist zuerst in der Praxis der Steuerberatung erkannt worden. Man hat Nutzungsrechte, etwa den Nießbrauch, aber auch Nutzungen als Instrumente zur Reduzierung der Steuerschuld einzusetzen versucht. Dies hat eine breite wissenschaftliche Diskussion und eine umfangreiche Rechtsprechung über Grundfragen des Einkommensteuerrechts ausgelöst, über die Problematik, nach welchen Kriterien Einkünfte zuzurechnen sind, wie der Begriff des Wirtschaftsgutes zu verstehen ist und ob danach Nutzungen in ein Betriebsvermögen eingelegt werden können, aber auch darüber, nach welchen Gesichtspunkten Betriebsausgaben oder Werbungskosten zuzuordnen sind. Die Untersuchung arbeitet diese Fragen auf, gibt den augenblicklichen Meinungsstand wieder und steuert eigene Lösungsansätze bei.

Aus dem Inhalt: Die Entwicklungsgeschichte der einkommensteuerlichen Behandlung von Nutzungen und Nutzungsrechten · Nutzungen und Nutzungsrechte als Wirtschaftsgüter? · Aktivierung von Nutzungen und Nutzungsrechten? · Absetzungen von Nutzungsrechten · Persönliche Zuordnung von Betriebsausgaben und Werbungskosten

Frankfurt am Main · Berlin · Bern · Bruxelles · New York · Oxford · Wien
Auslieferung: Verlag Peter Lang AG
Moosstr. 1, CH-2542 Pieterlen
Telefax 00 41 (0) 32 / 376 17 27

*inklusive der in Deutschland gültigen Mehrwertsteuer
Preisänderungen vorbehalten
Homepage http://www.peterlang.de